网络霸权

冲破因特网霸权的中国战略

张捷 著

长江文艺出版社

北京长江新世纪文化传媒有限公司
www.cjxinshiji.com
出品

目录 | CONTENTS

自　序　"互联网"是美国最大的冷战成果　　/ 1

引　言　中国网络大发展战略的危险系数　　/ 3

第一章　裸奔时代——网络上的透明人
  一　我们都是网络透明人　　/ 001
  二　西方对华信息战已经全面开动　　/ 012
  三　生物识别技术用于网络的问题　　/ 019
  四　重建身份体系的成本绑架透明中国　　/ 029
  五　网络黑社会下的透明　　/ 033
  六　虚拟数字身份证戳穿网络透明谬论　　/ 038

第二章　透明化和非对称被套利
  一　为何美联储不监管金融衍生品　　/ 041
  二　掠夺数据的网络倾销　　/ 047
  三　透明制带来的中外利益套利　　/ 058
  四　透明化背后核心信息垄断　　/ 062
  五　离岸港不透明和美国全球征税　　/ 071

第三章　区块"乌云"与虚拟、熵
  一　云计算与区块链要你交出命脉　　/ 074
  二　耗散结构下的数据垄断　　/ 093
  三　全面认识虚拟经济　　/ 104
  四　虚拟价值是从属价值　　/ 107
  五　虚拟下的财富博弈游戏　　/ 109
  六　数字货币区块链的摩尔悖论　　/ 111

第四章　套利、寻租下繁荣的互联网"枷"

一　"互联网+"是美国因特网"嫁"　/ 114

二　"互联网+"是税收套利带来的繁荣
　　——"互联网+"让征税权流失和税负不平等竞争　/ 116

三　"互联网+"创新变网络特权寻租
　　——白马非马与制度食利下虚假创新　/ 119

四　"互联网+"的社会成本不可忽视
　　——社会生态沙漠化和财富流失　/ 123

五　案例分析："网店第一村"背后的毒瘤　/ 126

六　网络更关键的是全球利益再分配
　　——科技进步是生产力不是分配力　/ 129

七　网络金融必须严控　/ 135

八　网络霸权迈向金融的ICO　/ 140

第五章　经济结构重组

一　贝叶斯定律与透明人身份　/ 147

二　分享经济、共享经济与透明利益　/ 152

三　产业链碎片化、透明化让中国制造被控制
　　——"互联网+"将中国制造变为美国制造　/ 153

四　"互联网+"、智能制造、工业4.0的似是而非
　　——软规则和产业生态下定价权博弈才是关键　/ 156

五　传统经济依然有活力　/ 160

第六章　网络的财富博弈

一　网络时代的传媒新规律　/ 162

二　"互联网+"让货币霸权发挥更大优势
　　——资本倾销下经济主权变傀儡　/ 169

三　为什么中国的网络就是贵　/ 171

四　中国防火墙的经济意义　/ 174

五　网络空间新疆域　/ 175

六　全方位新型战争模式　/ 178

七　建设自主标准的网络是一场战争　/ 183

第七章　网络主权的博弈与信息的较量

一　被网络绑架的社会　　/ 189
二　网络信息战的毁灭力量　　/ 190
三　央行开放电子货币印钞权　　/ 194
四　网络买办渗透中国　　/ 196
五　网络资本挑战现实政权　　/ 198
六　区块链、暗网与黑暗虚拟权力　　/ 201
七　从网约车谈"田氏代齐"式的和平演变
　　——公共服务是政府义务更是政权权力　　/ 208
八　网络空间博弈的焦点是主权　　/ 216
九　美国真的放弃了"互联网"管理权？　　/ 223

第八章　网络法权

一　美国因特网的法理分析　　/ 236
二　网络的数据所有权到底是怎么回事　　/ 244
三　美国最终控制网络司法裁决权　　/ 247
四　网络安全法是根本大法　　/ 252

第九章　网络反透明与国家安全

一　中国的崛起必须改变信息环境　　/ 262
二　中美博弈与网络虚拟身份　　/ 269
三　网络知识产权壁垒与安全　　/ 282
四　中国需要自己的公网和规则　　/ 288
五　抗衡因特网：中国主权网络关键技术标准横空出世　　/ 294

跋　　中华公网共图强　　/ 296

附录文件

附录一　台湾与 ICANN 的美国因特网接入协议　　/ 297
附录二　美国因特网之——《新 GTLD 注册管理机构协议提案》　　/ 318
附录三　相关备忘录　　/ 432

后　记　　/ 440

我们已经被美国因特网"绑架"

实体与网络谁离不开谁？离不开网络。
美国断网，
我们要断网，
断网是一种权利！
世界是否还有备份？
网络透明下赤身裸体的我们，
是否可以"关门穿衣服"？

自　序

"互联网"是美国最大的冷战成果

第一次世界大战后，美国得到了道威斯债券和杨债券的全球发行权，美元的全球结算量飙升。第二次世界大战后，美国提出了以美元和黄金为基础的金汇兑本位制，其实质是建立一种以美元为中心的国际货币体系——布雷顿森林体系，美元成为了国际金本位的核心，取代了英镑的世界霸主地位。到了冷战后，美国将因特网的根节点紧紧握在手里，全球以主从协议接入美国网络，接受根服务器和域名解释服务器管辖，继续巩固自己的霸主地位。

为何美国能够在全球建立独立的一张"网"，让其他国家争相接入呢？其背后的原因还要从苏联的垮台说起。20世纪90年代初苏联解体，否则苏联主导的华约联盟，不可能接受以被管理的方式接入他国军方控制的根服务器，而是建立一套独立的网络体系并形成二者的互联。苏联解体后，在网络空间方面没有谁能够对美国管理权提出挑战。

20世纪90年代初，美国大力推广"互联网"，允许各国企业机构接入，而这个过程绕过了国家主权由企业和机构来完成，必然不能取得平等主权协议。这个过程如果在冷战对抗的情况下是不可能发生的。

在因特网变得越来越重要的今天，世界各国要求美国将有关网络的管理权交给联合国进行网络国际化，但事实上美国于2016年将因特网的管理权给了ICANN——一家在美国注册的私人机构并进行了私有化，彻底断绝了各国要求网络国际化的外交途径。"互联网"在私人机构的管理下变成了商业秘密。

冷战后，美国推进全球化最重要的内容就是让世界各国接入被称为"互联网"的美国因特网。如果谁追求与之真正互联，美国主导的舆论就会抨击他是"网络分裂主义者"。目前，真正与美国因特网形成互联的只有朝鲜。如果在冷战时期的两大利益集团，则绝对不会接受此种情况，形成现在这样的局面可能需要世界级大战的胜利者才能实现，就如"二战"后建立了布雷顿森林体系一样。

有人说布雷顿森林体系不是破裂了吗？其实，美国的霸权恰恰体现在布雷顿森林体系的破裂之后，美国不再承担原有义务，却保留了体系带来的权利，这也是美国突然发力取得冷战胜利的根本原因之一。苏联解体的原因，不是军事上的而是经济金融上的，经济战的失利，正是布雷顿森林体系破裂后，美国不用承担义务却拥有权力所带来的利益的结果！

布雷顿森林体系破裂之后，美国之所以不尽兑付黄金义务，美元还享有国际货币的权利，原因就在于此前三十年时间里，国际贸易结算尤其是石油贸易结算绑定了美元，被美元"绑架"的结果。

今天，美国在享受网络红利，还在尽义务，进行各种管理并承诺不会断网。如果，未来美国可以不再履行这个义务，却还拥有管理网络的权利，将会出现怎样的后果？现在正在普及的区块链实现去中心化，当出现问题时需要一个中心来解决，这个权利属于谁呢？美国能够不负责任和代价撕毁《布雷顿森林协议》，同样也可以把现在对"互联网"的一切承诺瞬间扔进垃圾堆，到那时我们是否有相应的对策呢？想明白这一点，我们就会知道美国早已布好了局，只不过还没有到收网的时候。

2017年1月23日，新任美国总统特朗普签署行政命令，正式宣布美国退出跨太平洋伙伴关系协定（TPP，也被称作"经济北约"），进行全球战略性的收缩，但美国的网络、人工智能则在全球扩张，AlphaGo人工智能的能力又提高了十倍，对医疗、金融等领域都有重大影响。更关键的是，高度的人工智能和大数据技术可以在网络上自动的收集和分析"被透明"的所有信息。这种大规模占有数据的行为表明，谁是网络平台的控制者，谁就能够成为主导者。谁主导了信息、数据，谁就有可能主导了未来几十年。

全球公共网络由美国因特网代表，这种美国控制和管理的格局不改变，美国的冷战霸权就能得到很好的保障，中国还将受美国霸权的盘剥。全球网络是美国付出战争的代价取得的，是冷战的胜利果实。要打破其网络垄断建立中华公网，也许我们也会付出一定的代价，或许是一场"战争"。

引 言

中国网络大发展战略的危险系数

"互联网+"，"互联网+各个传统行业"，利用信息通信技术以及"互联网"平台，让"互联网"与传统行业进行深度融合，创造新的发展生态，它代表一种新的社会形态，成了中国当前的热点。但在"互联网+"里被植入外国资本的带路利益、对中国主权安全的侵害等问题显而易见，它的过度发展可能成为未来中国崛起的"伤疤"和"枷锁"。2015年年底的"e租宝事件"，对社会稳定究竟造成了多大的影响？对此隐含的深度问题，笔者特撰写此文进行深度剖析。

"互联"和"接入"、互联网和接入网，被混淆的两个概念

2016年4月19日，习近平总书记在京主持召开的网络安全和信息化工作座谈会上指出："安全是发展的前提，发展是安全的保障。在践行新发展理念上先行一步，推进网络强国建设，推动我国网信事业发展，让互联网更好地造福国家和人民。"

说到网络问题，我们混淆了两个重要的概念，"互联"和"接入"是不同的，互联网和接入网也是不同的。被我们称作"互联网"的网络，实际上是接入网——美国因特网，很多人对其概念和主权关系并不了解；说到网络经济，我们既要讲"互联"又要讲"接入"，既要讲美国因特网，也要主张建立自己的网络，并且与全球互联，还要讲网络带来的经济效应。在这里我们先要澄清一下"接入"和"互联"这两个概念。

2010年4月修订的CNSS第4009号标准中，美国国家信息安全词汇表对Internet作了如下的定义：单一的、相互联系的、世界范围内的商业、政府、教育和其他计算及网络系统，它共享（a）由IAB指定的协议套件和（b）由分配域名和号码的Internet协会（ICANN）管理分配的域名和地址空间。

美国因特网，就是现在的所谓的"互联网"，名要符实。在美国，internet与Internet是不同的含义，互联网是网络互联接入的一类公网的通用名词，而现在的网络是接入美国的网络的，这个网络美国人叫"互联网"，以英文字母开头是否大写来区别，这里如果是惯例的翻译，不应当翻译成互联网，对事物的名称，我们是音译的，应当叫作因特网，就如我们对美国总统Bush要翻译为布什不能翻译为这个词语的含义灌木丛在中国。这样的翻译让人顾名思义产生了偷换概念的效果。

"互联网"，本文当中带有引号的"互联网"一词，特指现在叫作互联网，但不是互联的，挂着互联网羊头的美国因特网狗肉。

1927年诞生的电视机，从黑白发展到彩色，从电子管、晶体管电视迅速发展到集成电路电视直到现在的智能化的电视，在这里，我们要讲的不是科技本身，而是以科技为载体的内容，它影响了社会和改变人们的生活。经过40多年发展的"互联网"，从最初以技术为王也逐步变得越来越重视内容。"互联网"下的经济模式和金融模式，将会带来怎样的影响，也是值得我们深入探讨的课题。

对网络而言，技术发展到现阶段，网络上的经济活动规模远远大于网络产品的市场规模，网络经济模式远比网络技术更重要。网络已经处于国家和社会发展战略核心位置，认清网络的金融内涵和利益输送以及政治意义，对国际博弈具有重要意义。

中国网络大发展的战略目标

依据2016年年中党中央和国务院发布的《国家信息化发展战略纲要》，中国制定了网络大发展的明确目标如下：

到2020年，固定宽带家庭普及率达到中等发达国家水平，第三代移动通信（3G）、第四代移动通信（4G）网络覆盖城乡，第五代移动通信（5G）技术研发和标准取得突破性进展。信息消费总额达到6万亿元，电子商务交易规模达到38万亿元。核心关键技术部分领域达到国际先进水平，信息产业国际竞争力大幅提升，重点行业数字化、网络化、智能化取得明显进展，网络化协同创新体系全面形成，电子政务支撑国家治理体系和治理能力现代化坚实有力，信息化成为驱动现代化建设的先导力量。

互联网国际出口带宽达到20太比特/秒（Tbps），支撑"一带一路"建设实施，与周边国家实现网络互联、信息互通，建成中国—东盟信息港，初步建成网上丝绸之路，信息通信技术、产品和互联网服务的国际竞争力明显增强。

到2025年，新一代信息通信技术得到及时应用，固定宽带家庭普及率接近国际先进水平，建成国际领先的移动通信网络，实现宽带网络无缝覆盖。信息消费总额达到12万亿元，电子商务交易规模达到67万亿元。根本改变核心关键技术受制于人的局面，形成安全可控的信息技术产业体系，电子政务应用和信息惠民水平大幅提高。实现技术先进、产业发达、应用领先、网络安全坚不可摧的战略目标。

互联网国际出口带宽达到48太比特/秒（Tbps），建成四大国际信息通道，连接太平洋、中东欧、西非北非、东南亚、中亚、印巴缅俄等国家和地区，涌现一批具有强大国际竞争力的大型跨国网信企业。

到21世纪中叶，信息化全面支撑富强民主文明和谐的社会主义现代化国家建设，网络强国地位日益巩固，在引领全球信息化发展方面有更大作为。

依据此计划，到2020年我国的电子商务交易规模将达到38万亿元，GDP按照7%的增长率计算，2020年的GDP约为92万亿元，电子商务的交易规模占到了GDP的40%；到2025年，预计中国的信息消费总额达到12万亿元，接近2015年限额以上单位消费品零售额（14.2558万亿元），电子商务交易规模达到67万亿元，与2015年全年GDP总额（67.67万亿元）相差无几，以GDP7%的年增长率计算，到2025年GDP总额大约是130万亿元，电子商务交易将超过GDP总额的50%；如果网络经济达到《国家信息化发展战略纲要》中规模，意味着网络经济将超过了国民经济的50%，在中国经济中起到至关重要的作用。然而，我国的网络真的是我们能够决定吗？愿望是美好的，现实却是骨感的。网络的巨大风险，需要我们全方位地思考。

习近平总书记给倪光南等院士的批示[①]

2013年年初,微软公司宣布将停止XP系统的服务,强推可信控制的Windows8政府采购,此举涉及我国2亿多台安装XP系统的电脑安全问题,引发社会各界关注。倪光南、沈昌祥等26名院士经过调研,起草了一封建议信。

建议信的内容大致为:面对XP系统停止补丁服务,完全不需要恐慌,用自主创新的可信计算,加固XP操作系统,替代原来的打补丁服务,可以有效提高网络与信息系统的安全性、可控性,不必用巨资购买被控制权。未来怎么办?要实现弯道超车,加强国产操作系统自主创新,实行替换。

2013年12月20日,习近平总书记做了如下批示:计算机操作系统等信息化核心技术和信息基础设施的重要性显而易见,我们在一些关键技术和设备上受制于人的问题必须及早解决。要着眼国家安全和长远发展,抓紧谋划制定核心技术设备发展战略并明确时间表,大力发扬"两弹一星"和载人航天精神,加大自主创新力度,经过科学评估后选准突破点,在政策、资源等方面予以大力扶持,集中优势力量协同攻关实现突破,从而以点带面,整体推进,为确保信息安全和国家安全提供有力保障。

---

① 2013年12月20日,习近平总书记做的《在中国工程院一份建议上的批示》(简称"1220批示")。

第一章　裸奔时代——网络上的透明人

美国著名政客、前国务卿希拉里有一句名言：Across the Great Wall, we can reach every corner in China.（跨越长城，我们可以到达中国每一个角落。）

换句话说，在因特网之下美国可以让中国一丝不挂，完全透明，没有死角。

一、我们都是网络透明人

你是否接到过这样的骚扰电话：对方能说出你的名字，知道你的近况，甚至知道你正想买房、买车或者刚刚怀孕？你是否还接到过这样的诈骗电话：对方冒充你的领导，或者司法机关，以各种理由诱骗你的钱财？当你上网聊QQ、刷微信、玩陌陌、逛淘宝时，个人信息可能已经泄露。即使你不用网络社交，也不网购，当你使用网银的时候，个人信息可能也已经泄露了。就算不上网，只是发短信或是电话订票、订酒店等，仍然存在信息泄露的风险。当你参加社保医保、结婚、买房买车……哪怕是一个刚刚出生的小宝贝，甚至在监狱服刑的犯人，都有可能遭遇信息泄露。下面这则《整理一下手机短信，原来我这一生就是传奇》[1]消息曾刷爆朋友圈，说明了网络诈骗疯狂，也是"网络透明人"的真实写照。

> 自本人拥有手机以来，短信一直没有删除，不完全统计：中奖137次，资金总额7260万元，各种iPhone手机168部，笔记本电脑136台，轿车27辆，中过电视台一等奖56次，被大学录取15次，儿子被拐带13次、女儿43次，被法庭传召31次，

---

[1]《整理一下手机短信，原来我这一生就是传奇》，"新华网"2016年8月25日，http://www.xinhuanet.com/forum/sqgj/201401/dzf806.htm。

银行卡异常231次，儿子嫖娼在外地被抓103次……我这传奇的一生。

1. 是诈骗还是抢劫？

遭遇过盗号的人不在少数，各种账户密码的找回基本依靠个人信息验证，这些验证信息成为盗号者最容易突破的。比如用生日作为密码，对不起，在网络透明状态下，这根本就不是秘密！找回密码一般会使用提示问题，对不起，盗号者同样找得到答案。网络上的各种账号具有虚拟价值，被盗后个人的损失很大，且难以挽回，却很难追究盗号者的法律责任。

在成为网络透明人状态下，身份被冒用变得非常普遍。我的身份也曾经被别人冒用而进了12306订票系统的黑名单。想取消不良记录恢复身份，仅提供身份证都不行，必须要注册的手机号（冒用者的手机号）才可以取消。哪里去找冒用者的手机号去呢？最后经过铁路局验证，只有本人使用自己的电话才可定票其他人还是无法为我买火车票。还有一次，我同一位著名的经济学者出差，他的身份在订火车票时也被冒用进入了黑名单，我俩只能各买各的票，想买两张挨着的票都办不到。类似的事情已经成为了大概率的事件，很多人都曾碰到过。

网络发展到大数据阶段，我们几乎都成了网络上的透明人，网络行为被广泛挖掘，大量的企业以此获得商业利益，他们美好地宣传：你的需求被广告精准地投放，生病了医生可以远程服务，了解你所有的既往病史，你被各种服务所包围。但是，这些美丽的宣传背后，令人发指的事情也在不断发生。

前有徐玉玉大学学费被骗猝死，后有武警因公牺牲，家人被骗走17万抚恤金，再有清华教授1760万元卖房款被骗，网络精准诈骗已经是无孔不入了。其根源是公民信息的泄露，犯罪分子利用这些信息进行诈骗，当事人很难辨别。自以为足够聪明就不会被诈骗？网络诈骗案中，被骗的都是老人吗？

我从事律师事务多年，从司法角度看，网络精准诈骗实际上已经具有了非常明确的抢劫特征。

从事诈骗活动的人员利用网络透明后取得受害人详细信息，以受害人的人身安全、财产安全为要挟，或者冒充具有暴力权力组织以及国家权力机关威胁受害者，让当事人无法分辨只能依从。在网络信息不对称的情况下，对受害人实行强制性和命令性的指令欺骗。比如清华大学教授被骗事件，就是从事诈骗的人员冒充以公检法人员以强制为由进行欺诈活动，而更多诈骗活动则是以家人安全相要挟。从法律的角度上看，这些诈骗活动，虽然有诈骗的虚假描述，让受害人得出错误认知，同时也具有抢劫特有的威胁性和胁迫性。

再如著名的"孩子哭"诈骗手段，就是在冒充绑匪诈骗时，模拟孩子哭声，并且能够详说出你与孩子之间的细节，甚至还知道你的位置（可能手机被植入木马），当你心神大乱时，只能按照他们的要求乖乖汇款了。如果你要有其他动作，绑匪便会威胁说要砍断孩子的手，这种情况你能有其他选择吗？上述事件中对当事人的胁迫程度，与持刀抢劫没有什么两样，这应当具有抢劫罪的特征。

由于诈骗罪的立案相对困难，很多诈骗未遂或者诈骗数额较小的在实际操作中很难立案，这也增加了网络诈骗打击的困难。若把网络精准诈骗的司法解释为"网络抢劫"，则情况大为不同。

> 根据《刑法》第263条的规定，以暴力、胁迫或者其他方法抢劫公私财物的，应当立案。抢劫罪是行为犯罪，刑法对构成抢劫罪没有规定数额、情节方面的限制，只要行为人当场以暴力、胁迫或者其他方法，实施了抢劫公私财物的行为，无论是否抢到钱财，也不论实际抢到钱财的多少，原则上都构成抢劫罪，公安机关应当立案侦查。

抢劫罪立案是没有金额底线的，抢劫罪的最高刑罚是死刑。诈骗罪和抢劫罪的侦查力度也是不同的。这里还有一个巨大的差别，售卖信息的人数众多，处罚却较轻。如果将网络诈骗按照抢劫罪定性，故意泄露信息给违法犯罪的人可视为共犯。

如果把网络精准诈骗定义为网络抢劫，有些法学家就要找其他国家是否有相关的规定。但是，这里我们不能忽略国情，忽略"网络抢劫"在中国的特殊性。"网络抢劫"根源于中国的网络实名制，而在美国或者其他很多国家网络是匿名的。

这里我们不得不提中国还有一个法外之地——台湾地区，在那里精准诈骗已经成为产业，从业人员十数万，每年带来外汇流入上百亿。难以追查的主要原因在于台湾地区是法外庇护之地，境外抓到台湾籍嫌疑人，引渡回台湾后还会无罪释放。如果我国能主动推动精准诈骗以抢劫犯罪量刑，此情况就很可能会进入国际刑警组织的侦办范围，对跨国、跨法域的网络犯罪的侦破工作是特别有利的。

因此，作为网络精准诈骗的受害国，我们首先要考虑在立法上对这类犯罪保持高压态度，任由其发展会导致整个社会的公信力缺失。

可以说，这是一场网络战争！

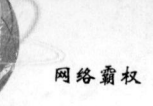

2. 从实名制到透明制，开启网络裸奔时代

网络实名制，相信大家已经非常熟悉了。面对目前互联网用户的心理、行为问题，网络实名制作为一种以用户实名为基础的互联网管理方式，可以成为保护、引导互联网用户的重要手段和制度，并保护青少年免受网络不良因素影响。首先我们来看看我国网络实名制的发展历程。

2004年5月13日，中国互联网协会发布了《互联网电子邮件服务标准》（征求意见稿），首次提出实名制并且强调电子邮件服务商应要求客户提交真实的客户资料。

2005年2月，信息产业部会同有关部门要求境内所有网站主办者必须通过为网站提供接入、托管、内容服务的IDC、ISP来备案登记，或者登录信息产业部备案网站自行备案。

2006年10月，中华人民共和国信息产业部提出对博客实行实名制。2008年1月，"两会"召开，网络实名制立法进程启动。

2008年8月，国家工业和信息化部正式答复网络实名制立法提案，虽未获通过，但表示，"实现有限网络实名制管理"将是未来互联网健康发展的方向。

2013年3月28日国务院办公厅发布《关于实施（国务院机构改革和职能转变方案）任务分工的通知》。通知规定了2014年将完成的28项任务，包括发布新的行政事业性收费和政府性基金项目目录及收费标准并组织实施、推动建立统一的信用信息平台、建立以公民身份证号码为基础的公民统一社会信用代码制度、出台并实施不动产统一登记制度、出台并实施信息网络实名登记制度等。

2015年至2018年是《规划》的重点推进阶段：修订或制定各级各部门各行业信用法规制度；初步建立信用信息目录和信用标准体系。

在该条件下，如何保证网民的监督权和言论空间？对此社会上产生了争议，网络实名制带来的不仅是利，还有弊。实施的过程中，让身份信息在网络上透明，使网络实名制变成了网络透明制！各种利用身份信息的营利活动，在中国变成了所谓的法不禁止皆可为的现象。某些网站售卖用户信息，已成为其营利的关键点。网络的免费规则，变成了利用个人信息的潜规则。

各网站将其用户信息进行挖掘利用,变成了商业利益来源,并称之为"大数据"!网络实名制后,在网站注册时需要用户提供大量真实信息,多数网站还需要提供身份证号码和手机号。对身份证号这类的隐私,西方社会是不允许收集的,在美国甚至连身份证都不普及[①],并且规定网站收集其纳税号、社保号、驾照号等个人信息是不合法的。但在中国则是相反的!收集信息有实名制政策的保护,由此赋予了商家巨大的权力。

如果将手机的位置信息获取由默认变成提醒,你就会发现很多应用程序即使在未提供服务的状态,每隔几分钟甚至几秒钟就会收集一次所在的位置信息,最终将用户的活动规律记录在案。但如果不接受此项设置则程序提供的功能不能使用。某些软件通过多种倾销手段达到垄断以后,使人很难舍弃。比如打车软件,几块钱的打车补贴,买到了用户的活动路线图。这种做法对普通人来说没什么,但对大量的社会名流来说则存在一定的安全隐患。如果活动线路与身份信息对应起来的隐私信息被出售,谁也不知道将被何人利用、如何利用,这难道不可怕吗?即使网络平台有操守,却又防不住黑客!此前新闻报道过,大批酒店住宿记录被泄露,我们要说安全感在哪里呢?

网络实名制不是给网站和商家的,而是给政府相关机构的,通过网络虚拟技术可以实现。就如护照号码和身份证号码是不同时使用的,我们去国外时不需要填身份证号码,这样外国是无法将护照和国内的身份一一对应,这是国际惯例,类似的做法是否可以用在网络之上。这就是我想说的网络是实名制的,但不是透明制。可是很少有人关注这个区别。

3. 身份信息因滥用而透明

随着我们对个人身份信息的高度重视,以及互联网技术的普及和发展,现在一个普通民众不携带身份证几乎无法出行。人们提醒自己每天出门必带的东西:"伸手要钱",就是身份证(伸)、手机(手)、钥匙(要)、钱包(钱),身份证排在出门前必须要检查携带的第一位。可以说,没有身份证,几乎寸步难行。

携带一张身份证可以很便捷地享受技术带来的服务,但处处都强制要求出示身份证,登记身份信息。无论是乘坐航班还是火车,有些地方甚至乘坐公共汽车都需要登记身份证信息。中国的公民身份信息被滥用的情况非常严重。有的地方要求提供手机号、银行

[①] 美国没有户籍制度,美国人也没有户口的概念,但并不代表美国没有并不代表美国没有"身份证",只不过美国人的身份证是以各州发行的驾驶执照为主的,各级政府是从 DMV(机动车辆处)那里获得公民信息的。不会开车没有驾照的人,比如一辈子都不开车的残疾人,或者新移民来的老人等,这一类人就办身份证。身份证也是到 DMV 去办。美国政府了解公民信息的另一个渠道是居民的社会保障记录。

卡等全面的信息，无不与身份证紧密联系在一起。在中国手机号和银行卡本就是实名制的，这样的过度使用造成中国人在信息社会被透明。在进入国家重要机构时，为了安全需要我们提供相关信息是可以理解的，可是写字楼也要这样登记，这些信息谁能保证不被泄露呢！这些信息很可能被用于商业挖掘，被商业利用，甚至被用于犯罪。

接下来我要说一个例子，你就知道信息滥用到底有多可怕了。2016 年在天津召开的达沃斯论坛上，参会人员被强行要求提供身份证和护照号，否则不让入场！而我国的身份证号和护照号对外不是一一对应的。想一下这是国际最高端的会议之一，与会的很多是中国知名人士，他们居然公然收集我国知名人士国内身份与国际身份进行对应，而美国大多数人是没有身份证的，是不可能要求他们同时提供身份证和护照，美国的护照与他们的纳税号、社保号、驾照号也不是同时填写的。从而可以看出，这种做法是有意收集中国核心人士的关键信息，让核心人群都变得透明。

实名制实行当初看着确实很美，可是随着大数据的发展，实名制变成透明制，公民的实名信息的安全得不到很好地保障，其负面的影响就会与日俱增。我们不能只看一时，要长远地看信息安全，我们是要实名，但不是透明。

4. 区块链与云计算下的透明更可怕

技术就是一把双刃剑。

如今网络最热的技术要属区块链技术和云计算技术了，但这两个技术在网络实名变为透明的情况下，带给我们的影响不可忽视。

> 区块链（Blockchain）是比特币的底层技术，像一个数据库账本，记载所有的交易记录。区块链在网络上是公开的，可以在每一个离线比特币钱包数据中查询。
>
> 云计算（Cloud computing）是基于互联网的相关服务的增加、使用和交付模式，通常涉及通过互联网来提供动态易扩展且经常是虚拟化的资源。云是网络、互联网的一种比喻说法。过去在图中往往用云来表示电信网，后来也用来表示互联网和底层基础设施的抽象。

这些技术带来了去中心化，它们将各种信息存储在公开的多个地方，并且在多个地方进行处理。如果个人的隐私变成透明的了，如果这些透明的信息被区块链和云计算处理，则意味着个人的隐私信息在各个区块留下了永远的记录，然而这些信息却能在各个区块中被方便地得到！

而云计算为何有"云"这个比喻，就是在个人信息被处理的时候，个人信息在网络的具体位置我们是不知道的，就像在云端一样，但是云端的高层级网络平台和管理者是知道的，他们可以对这些信息进行大数据分析，对应他们个人的信息是透明的，而且云计算的过程是不可逆的。

区块链之所以变成数字货币交易的底层技术，就是由于交易信息无法更改，并且大家都可以看到。这样的交易实际上是让个人的商业行为变得透明。如果网络是实名制的，实名信息也被透明到了网络上，这意味着个人的线下信息是透明的且不可改的，可以被公开查阅。而在国外，交易者的身份在网络上是匿名的，这样的匿名身份对区块链和云计算而言是完全不同的。

那么，我们的安全在哪里？对实名制与透明制、网络线上与线下完全对应的问题，在技术更新的面前，政策的改进如何跟上技术进步需要我们重新思考。

5. 透明让人肉搜索自动化

网络时代，提起"人肉搜索"就会让人胆战心惊，从 2006 年的"高跟鞋虐猫事件"[1]到"钱军打人事件"[2]和"Die 豹事件"[3]无一不伴随着个人信息的不合法公开。网民对被搜索者从指名道姓地谩骂，暴力词语铺天盖地，逐步演变为侮辱当事人的"网络暴力"行为。"人肉搜索"是区别于机器搜索之外的另一种搜索信息方式。如百度这类搜索引擎属于机器搜索。但如果我们成为网络上的透明人，在大数据、云计算、人工智能等技术的支持下，机器的自动化搜索功能就与人肉搜索没有什么区别了。只要网络的控制者需要，随时随地可以进行这样的搜索。

信息透明让"人肉搜索"自动化变为现实，且搜索能力相比人工有了极大的加强，成本也会极大地降低，每一个人都有被"人肉"的可能。搜索的权力是被网站掌握的，很有可能是国外的网站，更可怕的是网络的电子信息存储是不会遗忘的，所有信息被记录于

---

[1] 高跟鞋虐猫事件是指在黑龙江省鹤岗市萝北县名山镇的名山岛公园拍摄的女子以高跟鞋虐杀小猫的视频，于 2006 年 2 月底在网上公布所引发的事件。
[2] 钱军打人事件是指 2007 年 4 月，年过六旬的欧阳先生走在家门口的人行道上，莫名其妙被一辆快速倒车的轿车撞倒。他爬起来与肇事司机理论，反被司机钱军诬蔑偷车，继而遭到拳打脚踢造成轻伤。直到 6 月 12 日，深圳新闻网将此事公布，并将记录整个过程的视频在网上公开所引发的事件。
[3] Die 豹事件是指 2008 年 5 月 12 日下午，四川地震发生后不久，一名叫"Die 豹"的网友在某网站的讨论区发表自己的感想：她第一次亲身经历地震，很兴奋，希望地震来得更猛烈一点；她得知地震导致某中学死了 5 个人，觉得相比印尼海啸和唐山地震，死得不够多。当地震的严重后果被披露，网友从表示同感变成攻击，从而在网络上形成了一场舆论战。

信息系统内，这比"人肉搜索"依靠人脉要持久得多，届时每个人都可能没有任何隐私了。

6. 物联网叫我们更透明

2009年1月28日奥巴马就任美国总统后，与美国工商业领袖举行了一次"圆桌会议"，作为仅有的两名代表之一IBM首席执行官彭明盛首次提出"智慧地球"这一概念，建议新政府投资新一代的智慧型基础设施。当年，美国便将新能源和物联网列为振兴经济的两大重点。目前，各国政府主要在医疗、电子政务、电网、教育、交通、城市管理等领域推行物联网。物联网真的如看上去那么美吗？

物联网是新一代信息技术的重要组成部分，也是"信息化"时代的重要发展阶段。其英文名称为Internet of things（IoT）。顾名思义，物联网就是物物相连的互联网。这其中包含两层含义：一是物联网的核心和基础仍然是互联网，是在互联网基础上的延伸和扩展的网络；二是其用户端延伸和扩展到了任何物品与物品之间，进行信息交换和通信，也就是物物相息。

物联网通过智能感知、识别技术与普适计算等通信感知技术，广泛应用于网络的融合中，也因此被称为继计算机、互联网之后世界信息产业发展的第三次浪潮。物联网是互联网的应用拓展，与其说物联网是网络，不如说物联网是业务和应用。因此，应用创新是物联网发展的核心，以用户体验为核心的创新2.0是物联网发展的灵魂。

这个技术听起来很美，对我们的服务也的确是无微不至，但你也会每时每刻地被网络所包围，这将使得"人肉搜索"变得更为容易。因为家里的电器都"长了眼睛"，你时刻可能被盯住了，而且这双"眼睛"过目不忘，记录所有信息并长期保存。你所有生活细节、习惯，它们都了如指掌。但是，它们了解你，而你却不了解它们，就连它们是谁你都不知道，你和它们之间存在着信息不对称，你的信息会用于做什么，你也不得而知。

美国的密码学学者、资讯安全专家布鲁斯·施奈尔早在2014年说过，监视是互联网时代的商业模式。而在物联网时代，监视将变成一切的商业模式，会有越来越多的企业去收集数据。我们是否真正理解放弃数据以交换某些折扣交易对我们意味着什么？如果有车险优惠我们是否愿意接受持续的驾驶行为监视？或者允许电力消费数据上传到云端以交换它的"智能数据"？

了解这些信息的还可能是黑客或者犯罪分子。最近报道，无人飞行器已经成为物联网的噩梦。因为它们可以悄无声息地飞到我们住所附近，接入Wi-Fi或者蓝牙，从而入侵家里的物联网系统，这样物联网系统将不再安全！国际隐私保护组织的Richard Tynan

博士将环绕在我们身边的物联网称为"幽灵",一个持续上传数据的用户自身的镜像。这些幽灵生活在云端,很容易被情报机构询问。为何研究这些技术的公司不告诉我们这些安全隐患呢?

美国网络安全研究员尼古拉斯·韦弗曾指出,根据外国情报监视法修正案的702条NSA款,能直接向Google索要通过其Nest服务收集的国外情报目标的数据,通过合法途径询问对方的数字幽灵,合法手段之外还有非法手段。但物联网的监视和黑客入侵能直接对我们构成威胁。想象一下一个敌人远程关闭你的汽车刹车,或者通过入侵冰箱毒化食物。这是一种新的力量,一种终极的噩梦。

物联网外表很美且高估值的背后,就在于所谓的大数据,在其融资路演中早已经说得赤裸裸了。但这种透明是否需要一块遮羞布呢?网络透明需要底线,线下和线上应当有一道防火墙。

7."透明"后,国家安全将会如何

如今中国的快速发展离不开网络应用带来的管理成本下降,以前很难实现的事情,现在网络上都可以实现了,但我们不得不说的是,有关网络负面的消息也越来越多了。

网络透明终将把网络变成负能量

2016年10月27日,中国手机反骚扰反诈骗联盟发布了《2016诈骗电话活动规律与行为特征分析报告》,全国诈骗电话的成功率约为1‰。使用手机拨打的诈骗电话,成功率更高,达到了0.28%。也就是说,每拨打357个电话,便有一个接近成功。有人统计正规公司产品销售拨打的营销电话,成功率也只有0.5%~2.5%。可见,电信诈骗之猖獗,已到了令人发指的地步。

这些诈骗者为了让你相信,掌握了大量隐私信息,而这些信息多源于某些实名制的网站。世界上主张网络实名的主要以中国为主的部分国家,这给了不法分子留下了巨大的犯罪空间,从而造成了人们"网络社会"的恐慌,同时带来了人们对社会的不信任感,让人们不再相信陌生人。有一个真实的案例,某人出了意外,给家人打了几十次电话都被当作了骗子。出现这种结果的原因实际上是,社会总效率在网络时代并未得到有效的提高反而降低了。

如今,社会事务管理很多是利用先进的通信手段、公示信息等,但随着冒充政府机关、公检法机构工作人员的网络精准诈骗的兴起,社会事务管理难度增加,管理成本也会相应增加。同时这种诈骗行为，也侵害了政府的公信力，侵害了政府机关的社会公共管理能力。此时，网络也带来负能量。如果不能有效打击网络诈骗，社会公信力会将逐步丧失。而网络诈骗的核心在于网络让信息变成了透明的，想要改变这种情况，则要考虑如何改变网络透明制的现状。

对于这一点，韩国不惜花数十亿美元的代价改变国民的身份系统就是一个警示，中国如果走到这一步，代价更大，费用将按照人数非线性快速增加！而韩国愿意花费巨资改变网络透明的现状，在于韩国已经认识到如果网络公信力沦丧，对国家竞争力和未来发展要付出的代价更大。而爱沙尼亚的数字社会则堪称网络信息管理的典范，其采取网络虚拟身份证的经验是值得学习和借鉴的。

对此我们需要有清醒的认识，网络不能不受限制地透明下去，让我们与世界上那些网络匿名制的国家形成信息不对称。

"透明"的国家安全

试想我国国民信息被外国大数据和人工智能随时地进行类似于"人肉搜索"式的挖掘，国民的信息将暴露无遗，那么国家安全在哪里？当他们比我们自己还了解我们，我们的重要行为可能会被预测。例如，关乎国家利益的商业活动，他们可以通过分析每一位决策者的性格特点，预测决策方向并进行针对性地营销。

再如，国家领导人在国人中产生，若他们过去的行为以及周边人员的信息已经在网络上透明且无法消除，如果这些信息被外国组织收集，很可能分析出国家决策人的政策倾向，并采取相应的对策，我国将会在国际竞争中变得被动。

值得注意的是，国外在文化传播和意识形态渗透方面给我国带来的危险隐患。外国势力更容易通过泄露的信息找到战略传播对象的性格弱点，取得他们的认同，通过他们的社会地位影响整个社会。现在社会上一些"公知"的思想倾向，有很多是西方国家利用了其特殊时期遭受不公正待遇，进行西方战略传播影响、洗脑的结果。国外一些势力培植他们成为国内"精神领袖"，瓦解社会公信力。同时，西方对中华民族中有智慧、有思想的人，能够提高民族整体素质和文明高度的人，还会采取孤立和打击的做法。

其实更可怕的是，外国情报组织的渗透。尤其是敌对国家、竞争国家的情报组织，他们可以从大数据中分析出可发展、可诱导的对象，以及阻碍他们对象，其准确程度有时比我们的某些部门更胜一筹。

在"透明人"时代,国家安全是不得不重新评估的。个人应该是对国家透明,而不是对什么都透明,成就商业机构和外国势力"人肉搜索"国民的权利!而"人肉搜索"权利是网络资本梦寐以求的掌控世界之法宝,针对网络各种舆论背后的利益是我们必须考虑的。我认为,网络实名是需要,但并不意味着需要透明。

背景资料:4个死在2016的年轻人,背后真相震惊世人!(节选)[①]

每天都有人死去。

2016年8月21日,山东临沂,18岁的姑娘徐玉玉,死在了医院里。本来9月1日,她将到南京邮电大学报到,成为一名大学生。

她的死因比较特殊。

徐玉玉的家境比较贫寒,拿到大学通知书后,8000元的学费成了家里的一个巨大负担。8月18日,在向亲戚借了一部分之后,父亲徐连彬终于凑够了1万元,并打到了学校指定的银行卡,等着学校划转学费。

第二天,骗子的电话打来了。不设防的徐玉玉,按骗子的"指示"将9900元转到了指定账户。就这样,好不容易凑来的学费瞬间丢了。她先是大哭,然后拉着父亲去派出所报了案。

走出派出所,坐上父亲的三轮车几分钟后,父亲发现徐玉玉"身体发软"了。然后,她被送到了医院,21日那天死在了医院。

22日,徐玉玉已经收拾好的去大学报到的行囊,陪着她一起被带到了火葬场。

……

当此之际,很多人在谴责骗子丧尽天良。但我觉得这样的谴责意义不大,骗子在决定骗人的那一刻,就不再考虑"良知"。倒是,徐玉玉的信息能够被精准地掌握,说明骗局的背后一定有一个精密的链条。链条上,一系列的帮凶,联手编织了这个社会凶险的一面。即便抓到链条上的所有人,也不会有一个人为徐玉玉"偿命"——似乎,怪只怪,18岁的孩子,对社会的凶险太不了解。

一个孩子长大的过程,就是面对一系列凶险的过程。

[①] 王海涛:《4个死在2016的年轻人,背后真相震惊世人!》,2016年9月13日,http://blog.sina.com.cn/s/blog_55b4c9270102wzbz.html。

二、西方对华信息战已经全面开动

1. 企业实名制和工商税务信息开放为对华信息战提供便利

在我国企业登记是实名制的,企业法人在网络上的透明程度与自然人一样。中国企业信息的透明,源于工商税务等信息的开放,可以进行公开查询,这与世界很多国家是不同的。而世界很多跨国公司,股权的中间地带都是由离岸公司①控制的,且信息对外保密。

如果是传统纸媒时代,想了解某企业信息需要到工商局去查询,大数据公司无法做到像网络数字爬虫一样去抓取,一一查询信息成本高,没法将企业信息变成大数据进行挖掘。而现在企业信息可以通过网络来查,海外的各种机构很容易就将企业间的关系梳理清楚,产业结构变得异常透明,使得中外信息不对称。

2. 政务系统的数据流失

在我国一些政府的政务系统会外包给大数据公司。数据公司做项目政府出钱,看似合乎情理,实际情况则是它们占有了政府的关键性数据,如统计部门的核心数据。如果政府要使用这些数据还需要另付费用,同时也可能导致数据的流失。

数据的大量流失,其结果就是政府信息透明。对外的舆论是透明的,政府决策公开,能方便群众监督,但实际上是数据安全流失。这些机构对我们的决策能够进行评估和预测。而这些信息服务于资本,甚至是服务于竞争国家,使其能够赚取更大的利益。

3. 金融交易数据的流失

在我国除了网上银行、电子信用卡等支付方式,第三方机构的支付模式迅猛发展,网上信息和交易平台来配资,网上支付平台来付款和清算,其实就是掌握了中国金融市场的核心信息。其结果是各种金融交易数据的流失。

2015年中国股市波动,网络交易配资平台的无序是其原因之一。但是,针对这些平台的统计数据呢?阅后即焚。为何要阅后即焚?阅后即焚真的可能吗?对外表态,

---

① 离岸公司泛指在离岸法区内依据其离岸公司法规范成立的有限责任公司或股份有限公司。当地政府对这类公司没有任何税收,只收取少量的年度管理费,同时,所有的国际大银行都承认这类公司,为其设立银行账号及财务运作提供方便。具有高度的保密性、减免税务负担、无外汇管制三大特点。

各平台没有利用、挖掘这些交易数据和信息，实际上这种不允许查询的作法是违规操作。那么，这些信息对股市波动有没有影响呢？实际情况如何呢？网络金融交易平台如何保障平台上的信息不被利用？西方的金融交易平台本身就是资本的，它们掌握其中的关键性信息，但并不对中间平台透明而是直接给监管者。西方和我国的操作模式有很大的差别。

在我国某个电商平台注册用户数亿，年成交 2 万亿元以上，多以小件零售商品为主，此等规模的账户信息背后的交易数据有多少？对应的企业又有多少？这些信息流失或被挖掘后，很可能成为国外压低中国商品出口的依据，在产业链和定价权上掠夺中国利润。对此我们有何应对方法？真正能够监管的有多少？一些网络公司的大股东是外国的并且在国外上市，也就有法定义务给注册国情报机构提供数据。例如，美国的《爱国者法案》规定，如果本地的子公司与美国总部有关联，并且子公司的信息被认为与国家安全有关，这些信息将不得向公众透露，必须接受相关机构检查。《网络安全法》也有相关规定，"斯诺登事件"也实际说明这些法律的执行情况。[①]我们能够依据法律要求这样的 VIEs（Variable Interest Entities 可变利益实体）在中国进行对等操作吗？

所以，我们信息的公开和透明，造成网络上的数据流失，但又无法获取国外的信息，就形成了信息的不对等。信息不对等就是我国的"枷锁"，互联网"枷锁"。

4. 信息公开的底线与透明的相对性

信息时代，政府信息化发展很快，信息公开进展很快，但这里要说的是政府信息公开也不是没有原则和底线的，"透明"是有相对性的。

个人认为信息公开的第一个原则是将信息公开给当事人而非公众。这些信息会涉及当事人的隐私，是不该公布给公众的。另外，有些信息可能涉及多个当事人，当事人是否愿意公开？如法院判决，胜诉方想要公开，败诉方不愿意。有人要说了，败诉方应当承担一定的法律后果，但事实是不能一刀切，要根据实际情况而定。还有很多信息属于政府机构，带有机密性质，则不应公开。

第二个原则是信息的线下公开不等于可以公开到网上。线下公开与网络上公开是不同的，差别类似于是否愿意被"人肉"、被围观。很多人推崇西方宣扬的媒体监督，但在西方电视中是不允许播放法庭上的内容，新媒体和其他媒体也是受限的。

[①] 详情可参看文章《谷歌承认把欧洲资料交给美国情报机构》，
http://finance.ifeng.com/news/hqcj/20110817/4404474.shtml

但是在我国，对传播媒体的监管相对不足，有些法院将判决书被放到网上，判决书中很可能带有一定的商业秘密、个人隐私等。如果案件本身具备不公开审理的条件，却被放到网上是否有不妥。同样，有关部门给当事人的书面信息是否应当放在网络上呢？

如今信息一旦公布到网络上，各大数据公司可以使用"信息爬虫"软件，无时无刻不在抓取信息、扫描和掏空信息数据库。网络无国界，信息抓取可以在境外直接进行，这些信息被整合后变成大数据分析的基础。信息抓取将使社会和政府变得透明，成为信息安全的隐患。如果信息公开有一定的限度，线下逐个查询的成本将会很高。

如果各种信息在网络上无原则公开，将会给政府公信力带来很大压力，信息公开也应当是有原则地公开。

5. 西方对华信息战已经全面开动

为了阻止中国的经济快速发展，西方早就采取了各种手段限制我国获取自己国家有价值的信息，同时大量收集各种情报，并且将其提到国家安全的高度。例如美国早已经全面介入世界经济领域的信息之争。信息战，西方国家对中国是以国家情报组织为核心的。

无论是政治领域还是经济领域，美英情报部门一直都没有放弃"中国间谍论"的立场。美国专业新闻网站"审核者"（Examiner）在转述美国联邦调查局（FBI）提交给全美警长联合会的一份战略报告中说，美英情报部门都认为中国海外商业机构的间谍活动目前是他们提防的重点。称英国军情五处的反间谍部门目前对中国商业间谍在英国境内的行动"非常忧虑"，但英国情报部门的专家也不确定"具体形势已经蔓延到何种程度"。英国军情五处称，大约有15个外国情报部门正在英国活动，其中俄罗斯与中国嫌疑最大。FBI的报告称，美国与英国抱有同样的忧虑。尽管FBI怀疑俄罗斯、朝鲜、伊朗等多个国家的间谍都在美国"各取所需"，但他们最担心的还是在美国境内的2600多家中资公司。美国情报部门还称，目前的形势对于美国来说是"有史以来最复杂的时刻"。因为美国面对的不仅有传统的军方间谍，还有以非政府组织为掩护的新型间谍。美方认为，这些间谍搜罗的情报不再仅限于国防信息，而是延伸到国家能源、经济发展等方方面面。

FBI计划利用手中权力，要求对国家戒严法以及情报侦测规章给予适度调整，并获取中央情报部门的支持。FBI称，将利用周边联合力量，对在美国的外资企业和其资产运作进行调查，限制被怀疑人的行动。对于涉及美国国家资产、科技信息或是工业计划等内容的案件，FBI有权进行主导性调查。

值得注意的是，西方的情报机构所保护的多是私人企业利益。在美国的严查下，中国的留学生回国动不动就被怀疑成间谍，尤其是近些年，美国从来不按照他们的无罪推定和疑罪从无的司法标准进行处理，而是以各种莫须有的罪名来迫害中国归国人员，著名的"李文和事件"[①]就这样发生了。1996年美国《商业间谍法》通过以来，司法当局多次对涉嫌外国政府从事"商业间谍"活动的人士正式提起诉讼，反映出美方密切关注包括硅谷在内的从事高科技行业的华人行踪。

西方在华的企业是什么情况呢，尤其是网络企业？我们的信息流失非常严重，外国在华企业、人员肆无忌惮。这里我们可以注意一下著名的"薛峰间谍案"，这个案件美国辩称是无罪，因为他的数据都可以通过商业手段"得到"。

薛峰是美籍华人，1966年出生于西安，在美国芝加哥大学获得博士学位，2001年加入了美国IHS公司，担任的是"东北亚经理"。他在2007年出售了中国石油行业的商业数据库。请大家注意，资料中包括大概三万个油井和天然气的资料。油井精确位置泄露后，很容易成为战略攻击的目标，这对中国国家安全造成重大威胁。

然而，现在网络透明以后，更多的信息数据的获得已经用不着有人到中国来研究了，在公开的网络中就可以获得相关信息。美国的一些网络公司，大量收集这些带有一定情报性质的资料，比如各国的低比例尺精确地图都是保密的，但谷歌公开进行收集。谷歌地图全球都在用，所有的地点都有一个修正参数，这些地点都是实测的坐标，即使在美国国内，这个参数绝对不会给别人，只有军事部门有权调用。在谷歌收集的地图信息中，即使中南海的位置也是很详细的，恐这种情况对国家安全是否是很大的威胁呢？我们是否可以对外国有对等的要求呢？我们信息公开了、透明了，美国是否也能将重要设施的资料透明一下？所以我们的网络透明，对美国的情报战是完全非对称的，国家安全压力很大。

---

① 李和文事件是指1999年12月，因被怀疑所谓"向中国提供机密"，供职于美国能源部洛斯阿拉莫斯国家实验室的华裔核武器科学家李文和被美国警方逮捕。不过，调查审理的最终结果是，李文和仅仅是对电脑资料处理不当，并未从事间谍活动。但美国政府有关部门却仍然以"非法下载机密材料"等其他59项罪名对李文和提出起诉，并对其监禁长达9个月之久。

背景资料：细思恐极，比舆论战更恐怖的是大数据控制权[①]

很多互联网人，都在关注网络舆论战交锋，却很少有人关注这样一个事实：由于外资控制了中国的互联网，加上深厚的资金技术优势，中国的互联网的大数据，实际上也被外资牢牢控制。如果大型互联网公司，有技术水平能够知道中国网民的一切信息，包括电话号码、身份证、家庭住址、信用情况，等等。而这些互联网公司，股权结构并不属于中国，这算不算一个细思恐极？

前一阵沸沸扬扬的赵某电影事件，终于渐渐有走向尾声的迹象：制片方替换了演员，网上的争吵声逐渐减弱，各种洗地的鸡汤文也开始陆陆续续出台。

如果最近又出来什么新热点，那么这件事很快会慢慢平息，互联网的热点话题转换很快，赵某事件占据头条时间已经足够久，多数人已经有点不耐烦。

赵某以后是否能够东山再起，或者就此一蹶不振，这已经并不重要。江山代有才人出，影视圈十几年都是这几张老脸，本身就不正常。偌大的中国，选几个更漂亮、演技更好、三观也正的演员，又不是什么大不了的难事。少了谁，中国演艺圈还不是一样运转？

回头看这一场舆论交锋，还真是一场不对等的战争，资本高度控制下的互联网媒体，体现了非常强大的舆论控制引导能力，虽然最终当事人低头屈服，但是其背后的力量，仍然让人不寒而栗。

这是中国，资本可以控股互联网媒体，但是并不代表互联网就是法外之地，更不可能左右国家权力和意志。

什么是互联网大数据？通俗地说，就是所有人上网的行为记录。这些记录，综合成复杂的关联关系。

说起来有点复杂，举几个简单的例子：

当一个孩子刚刚出生，还没有抱回家里，就有进口奶粉的推销厂商把电话打到父母的手机里。

当你刚刚在证券公司开户，刚转入一点钱，不用多久，就会有电话打过来，想给你提供炒股信息。

如果登记过买房的意向，用不了多久，你的手机就会收到各种房地产的信息。

……

[①] 本文引自察网，http://www.cwzg.cn/politics/201607/29536.html。

这一切都说明，有人在花钱，购买关于你的信息。所以你的手机号码，会被各种机构卖来卖去，变成各种推销电话的目标。

实际上，由于互联网提供了极大的便利性，越来越多的人，除了在网络上看新闻、逛论坛、发微博、玩微信以外，还会购物、炒股、理财、转账，而这些行为，最终都变成数据，存储在服务器里。

数据已经变成互联网公司最重要的资产，大部分的数据最终会被分类、挖掘、分析，变成图表、报告和分析材料。

大数据有多强大？通过大数据的分析，会得到非常多有价值的数据情报。这些情报，如果用于商业决策，可以提升效益避开风险；如果用于金融分析，可以精确分析资金流向；最可怕的一点，如果用于追踪个人信息，可以拿到个人几乎全部的相关资料。

而现在，互联网的大数据，大部分掌握在以外资为主的互联网企业手上。他们不仅拿着第一手的原始数据，还掌握着强大的数据处理分析技术，当然这些数据分析结果同时也在源源不断地流向了美国和西方。

这些数据分析的结果，详细到什么程度呢？

只要给定任何一个人的身份证（实际上很多网站都需要身份证实名认证）。从这个人的身份证出发，掌握大数据的一方，可以轻松弄到这个人的住宅地址、银行卡存款、亲人关系、收入状况、消费状况——总而言之，只要你正常上网，你的一切信息都逃不过大数据的掌控。你的每一次购物交易、每一次的付款记录，都会成为大数据的原始输入，最终转换为你个人全面无可抵赖的信息。

按照我们国家的法规，只有国家相关的机构才有权力查找相关公民的隐私信息。

然而，这一切法规，在外资控制下的中国互联网面前只不过是一纸空文而已，他们谈不上道德高尚，因为从来就没有过道德。在大数据强大的分析能力面前，所谓的公民个人隐私，压根就不会有任何人在意。

这些提供给国外机构的大数据，如果仅仅是用于普通的商业用途，那也只是提高国外企业的竞争力而已，危害性不会大到哪里去。但是这些数据，一旦被用于不可告人的目的，那么它们就会变成攻击我们的武器，会带来巨大的危害。

大数据失去控制权，会有巨大的危害？是不是夸大其词，危言耸听？

大数据失去控制权的危害，不是将来时，而是已经发生，并且还在持续。已经发生的，损失很惨重；面向将来，我们并没有很好的制约手段，连法律、法规也不完善。

我接触到一些很有正义感文笔也很好的作者，在网络线上线下都异常小心，甚至从

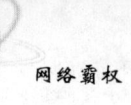

来不留下任何个人的信息。因为担心被敌方阵营使用人肉手段，公布自己个人的信息。实际上，这种事情已经发生过不止一次两次。

从微博到你的信用卡里有多少钱，其实数据的逻辑链路很简单，我们来看看大数据的查询路径：你发表某篇微博，得罪了某些敌对势力，人家就会从微博登记的实名电话，查到你的身份证信息，然后再找到你银行卡，再查清楚你银行卡有多少钱，甚至通过你登记的物流发货地址，知道你住在哪里。

也就是说，只要这些大公司愿意，任何一个中国网民，上网的一切行踪，都逃不过大数据的分析。

其实早在10年前，网络上就有这样的业务。提供大概2000多元咨询费，再提供待查询的身份证号码。那么对方的一切信息，包括家庭住址、银行存款等信息，都可以买得到。

有好事的记者，想揭穿证明这是一个骗局。在缴纳2000元以后，他报了自己的身份证信息。等三天以后，对方将信息发回给这个记者，结果却让记者汗毛倒竖，因为他发现，这并非骗局，对方提供的信息，竟然100%准确。

在数据被出卖的完整食物链里，有人出卖中国网民的信息，有人在分析中国相关的一切信息；还有的人，利用这些数据牟取利益；同时，居心不良的组织，在利用这些数据，达到更多不可告人的目的。

如果一个作者，宣传正能量并且言辞激烈。那么很可能会被对手人肉搜索。人家人肉的手段，才不是派什么私家侦探尾随跟踪。只需大数据一秒不到的计算，所有这个作者的相关信息，都会出现在计算机屏幕上。

如果一个人接到电话，对方这么说："xxx，你小心点，别在网络上嘚瑟。你是谁、你老婆是谁、你孩子是谁、你们一家人在哪里，我们统统都知道，你给老子识相点……"相信没有几个人神经足够大条能够顶得住这压力。

我们的网络舆论战，打得如此狼狈，是因为很多有思考能力的作者，一部分被收买加入敌人阵营，另一部分不愿也不敢发声。人怕出名猪怕壮，这话也适合互联网时代。

也不要指望这些互联网公司有多少爱国意识，他们只关心赚钱、滚动、上市、保持股票高位，等等。连团中央和紫光阁微博（紫光阁是中共中央国家机关工作委员会的杂志），一言不合说删就删，何况区区互联网的个人。

除此之外，被互联网大公司左右的大数据产业在金融领域还很容易被对手利用。实际上，前2年股票市场的金融动荡，就是其中一个重要的例子。

在这一轮金融动荡中，中国最大的融资、融券配股服务商，之前已经被某个大互联网公司控股。因此，在这一场金融战争中，中国一方所有相关股民的资金信息，都被对手掌握。

老谋深算的华尔街，充分利用了这些大数据信息，进行了一波又一波的组合拳攻击，其间众多富豪倾家荡产，很多证券行业高管纷纷落马，坐牢者有之，跳楼者有之，整个股市损失的财富甚至高达几万亿以上。

股市的动荡，甚至迫使证监会不断出台各种措施。当然，这些措施也是有效的——现在很多人都不玩股票了。

明枪易躲暗箭难防。舆论战我们已经如此狼狈，在大数据对战中，由于与普通网民直接关系不大，很少有人意识到其危害性，可以这么说，这种威胁非常隐蔽。

这算不算一个细思恐极的事情？

三、生物识别技术用于网络的问题

1. 生物识别技术的网络应用

指纹识别、虹膜识别、面孔识别等各种生物识别技术被炒得很热，多数人们认为这样的识别技术准确、安全，但生物识别技术真的那么美好吗？当年，我作为系统工程师参与了某股份制银行指纹识别的项目，对此问题是有直接了解的。如果生物识别技术泛滥，我们的感觉可能完全是不一样的。

生物识别技术本身存在着一些问题。首先它存在一个系统性悖论，这与数字密码是不同的。数字密码是可以100%吻合的，而生物识别却达不到100%的吻合。随着人的生长老化，人体的某些生物信息有可能会发生变化，并且各种采集设备也有误差。设备采集的误差和正常生理变化的差异必须在系统内排除，因此系统里吻合程度不像数字密码的100%，这就产生了误识率和拒识率。误识率是把相像的生物信息识别错误，拒识率是因为机器误差和生理变化而无法识别出来。

然而，误识率和拒识率这两个参数是相悖的，很难同步提高。在误识率极小化时，可能就会使得拒识率极大，也就是为了降低误识率，生物信息少量改变的系统可能拒绝识别；反之亦然，怕错过可能产生误认。系统性的悖论总体是一个小概率，对一个人而言可能很小，但对于一个庞大的系统，就会成了大数定律了，各种误识和拒识必然会大

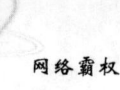

量发生的。

刑侦采用指纹确定犯罪没有问题，百万分之一的误差可能在刑侦上几乎可以忽略，但是，如果用于银行账户识别则问题很大，因为中国十亿多人，即使百万分之一的概率意味着每一个信息都要有1000个重复的，这个概率在银行系统中是不能接受的。即使是在刑侦上，也出现过因为特征值不够而鉴定出错的情况。这就是当年银行搞指纹系统出现的问题。手机是一对一，网络的密码可是一对多，不法分子拿它找到的人的指纹，在网络计算机上搜索枚举，会有很多近似的被误识别，很多人的指纹密码很可能会被攻破了。这与数字密码是完全不同的，几率为百万级的密码只需要6位，现在网络密码都让使用者增加强度多设几位。设9位密码就是十亿分之一了，如果密码是字母和数字的方式，6位密码就可能达到十亿分之一了。

生物识别技术还存在一个巨大的问题就是仿真。各种生物识别技术研发者都会说仿真不了，手指被砍下来与长在手上不一样，等等，生命体本身难以仿真重构。但生物特征信息是可以仿真重构的，尤其是变成网络体系里的电子信息信号就更容易了。这里且不说制作指模、脸模的技术进步很快，已经与人体自然状态差别逐渐缩小，更关键的是仿真不单单是仿真生物体，更多的是仿真生物体的电子信号！描述身体特征的电子信号是可以被网络仿真的。因为这些生物识别信息需要在网络上传播的，只要传播就可能被截取、仿真。

生物特征的规律是自然规律，一些人用各种手段采集生物特征数据，生物特征是公开的，采集器所形成的电子信号规则也是公开的，而且这个电子信号很容易得到。黑客在个人电脑中植入潜伏木马，截获机主的生物识别信号以备在网络上仿真冒用机主的身份，只需再度出具这些身份识别信号就可以了，是不需要生物体存在的。而数字密码则不同，它在系统内传输，每一次的验证是双方共同对一个相同的随机数进行运算，比对运算的结果，每一次传输的验证数据都不一样，没有密码对数据根本无法解读，下次也无法仿真，截获这个结果毫无意义。

生物识别技术还存在一个更大的问题，是它的不可撤销性。如果是数字密码，我们发现有存在泄密的风险更换一个就可以了，安全要求高的保密体系密码需要定期更换，但生物特征能够更换吗？即使整容，一些根本的要素性也改不了！如果大规模应用，一旦网站的服务器被非法入侵，这些生物特征数据信息被泄密，而泄密的信息是无法更改、更换，则必须与非法者共享，而且今后的各种应用也一直要与其共享。可以说是把个人的生物信息给了某个网站、某个应用，大数据分析还可以进入其他所有的应用了解其账户，这多么可怕！再进一步分析，如果我们都成了网络的透明人，个人的生物信息再被别人掌握、仿真且不能撤销，这可怕的程度在将来很可能是爆炸式的。

综上所述，生物识别技术在网络上大规模使用的背后没有大家想的那样美丽。鉴于生物特征识别技术大规模应用于网络存在巨大的不确定性、不安全性，必须给予足够的重视。各种生物特征识别技术，笔者建议用于国家安全保障的特殊场合、特殊应用，或者是本人手机指纹识别、单位考勤打卡这样私有专用设备的简单应用之上。

2. 智能可穿戴设备遇冷

可穿戴设备在近几年的投资领域是非常火爆的，可是最近这些设备的投资热度大幅度下降了，其背后的原因是可穿戴设备的潜规则被打破了。

1999年成立的Jawbone公司，号称智能手环鼻祖级公司，曾经是可穿戴之王。2015年年初，凭借8亿多美元的总融资额，市场估值高达30亿美元，约合200亿人民币。仅仅一年后，刚刚融完1.65亿美元的Jawbone，总融资额已超过10亿美元，估值却缩水到15亿美元，相当于2011年时的水平。融资缩水，同时还有4%的裁员，以及加入Jawbone只有8个月的董事长萨米尔·萨玛特的离职等消息不时传出。其中更惨的消息是，据美国财富网站引述有关消息人士称Jawbone计划对外转让无线音箱业务，Up系列手环已经全面停产，现有库存全部出售给了第三方经销商，Jawbone很可能退出运动手环领域。一个估值高达200亿人民币的公司，为何在一年时间上演大溃败？虽然这与公司内部的经营问题有关，但与外部环境的变化关系也是很大的。

一个小设备是无法支持这样大的估值的，可穿戴设备火爆的潜规则是设备带有的生物特征识别和对个人信息定位、收集等。西方对这类可能涉及隐私的行为越来越警惕，这样的潜规则能够走多久、多远变成了未知数，这种担忧被投资界非常敏锐地捕捉到了。而我国对此认识是不足的，西方的各种势力都在中国幡然醒悟前大肆收集信息。

对此，我们的安全意识必须提高。

3. 指纹识别、人脸识别等生物识别应用是隐私的最新噩梦

人的生物特征与人的身份结合以后，尤其是这些特征完全透明，对我们将是万劫不复的。生物学特征是无法改变的，尤其是无法掩盖的生物学特征更是如此，比如人脸。毕竟我们不是戴面纱的族群，即使是戴面纱眼睛总要露出来，这样便也可以记录虹膜。

建立人脸库的人脸从哪儿来？我们的面部信息会被算法公司用作商用用途吗？这样的担忧在人脸识别技术最发达的美国最先引发。2016年6月，美国消费者权益组织退出了长达一年的面部识别技术监管研讨会，原因就在于"你的脸被刷走要不要你同意？"在这一点上消费者权益组织与技术方争执不休。人脸库一旦建立起来是非常可怕的，美国可是网络匿名的国家，可是在我国"网络透明"结合人脸识别会怎样？首先，我们来看看美国的担忧。

从人脸识别到"无脸识别"[①]

人工智能对社会的渗透远比你能看到的更多。在具体的AI应用中，人脸识别是最广泛的几大技术之一，不管是执法、广告、管理甚至教堂，人脸识别都在发挥作用。在人脸识别领域，最新的技术甚至做到了"无脸识别"，也就是说在图像模糊和变形的情况下，机器也可以根据此前学习到的模型正确识别出人脸。《经济学人》副主编 Tom Standageis 撰文指出：现在的人脸识别为AI技术的负面效应提供了一个例子。由AI引发的伦理和监管窘境并非理论上的：它们已经发生了，就在你的智能手机里。

人脸识别的最新进展：无脸识别

根据 MotherBoard 的报道，Max Planck Institute（德国马普研究所）的研究者展示了在人脸图像变得模糊或者残缺的情况下，算法依然可以经过训练来通过与此前观察到的头部和身体模型来辨认人。

这一系统被研究者们命名为"无脸识别"系统。该系统用一个包含了模糊或者脸部残缺的照片数据库来训练一个神经网络。经过训练的神经网络可以在"无脸"的情况下识别出一个人的身份。训练的完整脸部图像数量平均数只有1.25的情况下，该系统的识别准确率为69.6%；在平均数量为10的情况下，系统的识别准确率为91.5%。

机器视觉离人类视觉又近了一步。但是，不少人对技术的进步是表示担忧的，比如《经济学人》副主编 Tom Standageis。

战斗民族的人脸识别，比你想象的更危险

下文是《经济学人》副主编 Tom Standageis 在 *1843magazine* 上谈人脸识别所带来的社会负面效应的文章。

[①] Tom Standageis，译者：张冬君 胡祥杰，Motherboard，1843magazine.com。

如果你收到一条消息，上面直接称呼你的名字，而发送人是昨晚在酒吧见过你的陌生人，这种情况你会作何感想？大多数人会觉得这让人毛骨悚然。然而，这种情况在俄罗斯已经成为现实，这要得益于 2 月推出的一款智能手机应用 FindFace。它实际上是一个在真实世界搜人的搜索引擎：用你的手机给某人拍一张照片，它会把该照片与 VKontakte（俄罗斯的一款社交网站，用户约有 2 亿人）上的众多个人资料照片进行比对，然后准确地告诉你这个人是谁。在一次试验中，FindFace 正确识别了圣彼得堡地铁里 70% 的人。网络安全公司 Kapersky Labs 进行了另一项试验，FindFace 正确识别了该公司在莫斯科办事处的 90% 员工。

FindFace 认为自己是一个高科技的约会类应用，而这类产品都称自己是"发现新朋友的创新平台"。如果有人吸引到你，你要做的就是拍一张照，看看他们是谁。该应用的技术来自另一家俄罗斯初创公司 NTechLab 的人脸识别软件。NTechLab 的创始人 Artem Kukharenko 和 Alexander Kabakov 表示，该应用比其他交友应用有更多的用途。你可以在应用里输入你最喜欢的电影明星或是前任的照片，它会给你列出一系列长相类似的人。该应用已经被下载近 65 万次，已经执行超过 3 百万次的搜索。NTechLab 的网站上说，公司"致力于开发让世界更加安全、舒适的软件"。

但是，FindFace 却让很多人觉得事情正好相反。Dvach（一个恶意的俄罗斯留言板）的用户已经用 FindFace 来识别和骚扰从事卖淫的妇女和色情片明星，将她们的工作告知她们的朋友和家人。如果说 FindFace 听起来还不像是跟踪狂的神器，那你可以看看它的广告，在广告里，该应用只用来确定年轻女性的身份。FindFace 承诺，将"全面监督其使用情况……并禁止组织和个人的不当使用"。

对于 NTechLab 的创始人来说，约会仅仅是个开始：他们说该技术在帮助执法方面有巨大潜力，能从照片或监控录像中识别证人和嫌犯。有人就用 FindFace 通知警方在圣彼得堡有两名纵火犯。FindFace 还被用于零售业，基于顾客在店内的行为来向顾客定向投放广告。跟踪和定位在网络上已是常态，而 FindFace 将其带入现实世界。某一新闻标题写道："俄罗斯的人脸识别应用是隐私的最新噩梦"。

不过，现在还无须惊慌。FindFace 目前仅在俄罗斯盛行，这得益于 VKontakte 网站公开所有的个人资料图片。另一家知名的社交网站公司 Facebook 就没有这么做：它尽可能多地保护用户的个人资料。因此，只有 Facebook 能用自家的个人资料图片来开发类似的应用。虽然 Facebook 并不打算这么做，但是也使用人脸识别技术帮你标记照片里的人和整理个人照片，而这已经在多个司法管辖区引起法律问题。

Facebook 不是唯一一家使用这种技术的互联网巨头。谷歌、腾讯和百度都有同样的软件。它们都依赖于一项人工智能技术——深度学习。深度学习是建立在仿照大脑结构的神经网络上。然而，NTechLabs 的软件 FaceN 似乎更有优势。在人脸识别世界大赛中——是的，真的有这样的比赛，叫作 MEGAFACE——FaceN 击败了其他软件，在多达一百万张照片的测试数据库中，正确识别出了 73.3% 的照片，而谷歌的人脸识别软件以 70.5% 的准确率位居第二。谷歌似乎因为隐私问题，还没有将其技术开放于众。但是，在各大照片分享网站和社交网络上有数百万的标记照片，因此，从技术上来说，西方版的 FindFace 是完全能开发出来的。

如果人脸识别技术不受限制，我们是否应该欢迎它？它可以帮助寻找失踪人员；你能在聚会上识别出那个眼熟的家伙是谁；你只要刷脸就行了而不再需要密码，反正人们已经习惯被自己的智能手机随处追踪。那么，这次又有什么不同呢？

这么说吧，你可以将手机关机或者压根就不用手机来摆脱手机的监控，但是，你不能让自己的脸不出现在这个世界上。

人脸识别技术可以彻底摧毁你想在公共区域隐藏自己的想法，除非你伪装一番。一家日本公司已经开始销售一种面罩，能骗过人脸识别系统。美国艺术家 Adam Harvey 通过变换发型和使用化妆技术，也能达到同样的效果。

关于人脸识别的争论标志着关于在数字时代的个人隐私问题的长久争论到达了高潮：现在，即使是那些不使用任何技术的人，也会被识别出来。而这也提醒我们，AI 引发的忧虑比想象中的来得更快。

Stephen Hawking 和 Elon Musk 等人都曾表示对超级智能计算机可能统治世界的担忧。而现在的人脸识别就为 AI 技术的危险提供了一个例子。由 AI 引发的伦理和监管窘境并非理论上的：它们已经发生了，就在你的智能手机里。

据美国《大西洋月刊》报道，在实际操作中，在面部识别前是否需要征求对方的同意，科技公司目前分成了两派。Facebook 表示，如果用户不愿被纳入该公司的面部信息数据库需要主动提出，这意味着，这些信息默认将被纳入数据库。另一方面，微软表示在进行面部识别之前，会征求用户的同意。

某人脸识别专家向记者分析称，三维库的来源一方面是从某些机构中购买，另一方面，也不排除人们猜测的那样从诸如高校之类的客户那里获得授权使用的可能。上述业内人士认为，随着人们对隐私意识的提升，无论如何人脸识别授权看似"很超前"的讨论环节，都将成为人脸识别算法商们无法回避的话题。科技公司本身已经是人脸识别的技术拥有者，利益集团尚且如此，那真实情况将更加堪忧。而在中国，网络是实名制的，网站是知道你的实名信息的，这比美国将更加可怕。

我们现在对隐私还有一定的选择权，比如位置信息，你可以选择是否接受软件获取信息，哪些软件可以获取信息，一旦人脸信息与身份结合起来，那么，各种摄像头就不为个人所控制，到处可以摄像识别。有时你会走入很多私人空间，比如各种店铺所拍摄的图像是可以上网的，如果有人要收集给点钱就可以了，你的行踪根本不知道会被谁知道。

有些高档场所的门童或接待是有潜规和灰色收入的，以前他们就盯着名人或者与其同行的人，将这些信息卖给某些娱乐记者、各个媒体等。现在网络透明以后，不需要他们这样的眼线，盯着的也不仅仅是名人了，所有人都可能成为被记录的对象、隐私外泄的对象、商业渔利的目标。

我们可以再进一步地想一下，视频、音频仿真技术飞速进步，可能在不远的将来，我们就能够实现真人的视频、音频仿真，也就是说可以完全仿真出一个视频、音频的你，让你的亲人听不出来、看不出来，很有可能被应用于侵害个人或者他人的利益，这个时候是多么可怕？诈骗者仿真出来一个你家人的求救视频，同时定位了你的位置，让你不挂断电话立即付款否则家人挨刀，你能怎么办？还可以仿真出你干坏事的录像来污蔑你，可以仿真出不雅视频敲诈你，可以仿真出你的商业伙伴来欺骗你。以后你接到亲朋好友的电话，你都不能够确定那个人是你的朋友还是骗子等仿真出来的视频、音频，就如现在，你如果没有专业的技术分辨，根本看不出来是否为"PS"过的图。这些仿真的内容与他们的身份信息对应，整个社会很可能会失去通信公信力。

人工指纹的指模识别技术大规模应用同样很可怕，制作成功的指模是可以打开手机指纹密码的，2016中国网络安全（上海）论坛上，公安部的有关部门做了现场的演示。指模技术成熟的结果就是依靠指纹保护的系统将面临全面崩溃。如果在黑市上可以方便地得到公民的指纹信息，指模制作黑市化，就如同手机卡被轻而易举地复制一样，这样的结果很可能导致采集的指纹证据不可信，未来刑侦系统识别也将面临瘫痪。因为犯罪分子可以采集相关人的指模来作案，伪造他人指纹来栽赃，而且在人脸数字信息外泄后，模拟出来的面膜假面，在摄像头面前也会让整个系统的监控失效。这是在透明之下，假面和指模具体对应于某个人，对应于罪犯需要对应的人，任何人都有可能成为被陷害的对象，安全感全无！现代刑侦的大部分生物识别都要陷入困境。

所以，人脸识别技术与身份识别的结合是不能滥用的，是不能随便给各种商业网站的，网络透明下的危害是无法弥补的。

潘多拉魔盒一旦打开，后果将无法控制。

案例：赵薇老公被人脸仿真卖掉豪宅[①]

据中国法治报道，赵薇老公黄有龙被告上法庭，原因是有人买了他的房子，却迟迟无法入住，因而提告，要求黄有龙腾退房屋。

看上去是黄有龙无理，可这房子却不是黄有龙卖掉的，而是他的司机卖掉的。司机为何能卖掉黄有龙的房产呢？究其原因，竟然是该司机冒充黄有龙到公证处，通过人脸识别技术办理了委托公证证明，委托另一人将房屋卖给了武某。事情败露，该房屋自然无法腾退交付，黄有龙也就被武某告上了法庭，要求交付房屋。

到底什么是公证处的人脸识别技术？中国法治客户端记者也帮大家查了查，目前已有部分公证处引进了人脸识别技术，人脸识别系统采用最新人脸识别方法，结合最新第二代身份证阅读器应用技术，通过摄像头捕获到的人像或是指定的人像与数据库中已登记的某一对象作比对核实，确定其是否为同一人。

而某品牌人脸识别系统的广告称，识别率高于98.3%。

看上去，要骗过人脸识别系统不是容易的事，但这位司机为何能冒充黄有龙通过人脸识别呢？难道他俩长得一模一样？还是其中另有乾坤。

背景资料：人脸识别已经被攻破[②]

在我们不知不觉间，人脸识别等生物识别和图像识别技术的规模化商业应用已初见端倪，行业巨头纷纷入驻人脸识别领域。

由于金融与数据有着天然联系，人脸识别大规模应用也将产生大量"人脸数据"。目前腾讯微众银行可以人脸开户，支付宝也开刷脸支付，人脸识别和金融系统的技术联姻对金融生态影响深远，例如金融远程自助身份认证系统，通过智能终端办理相关业务

---

① 文章引自《中国法治》。
② 文章引自中国安防展览网。

进行预设的人脸数据身份鉴权验证，可替代线下网点或后台人工验证身份，极大地提升远程业务办理的安全性、时效性，使银行服务更加精细化、专业化，且也简化人工认证的程序，不但降低人眼识别失误率，同时也可以大幅度节约人力成本，让审核运作管理更加有效和便捷。

但是美国斯坦福大学的研究团队近期研发出一款人脸跟踪软件Face2Face，它可以通过摄像头捕捉用户的动作和面部表情，然后使用Face2Face软件驱动视频中的目标人物做出一模一样的动作和表情，效果极其逼真。

上图是通过人脸高效仿真的布什。

到底谁真谁假？难以辨认！这款软件的根本原理是使用一种密集光度一致性方法（dense photometric consistency measure）来实时跟踪源和目标视频中的面部表情。研究人员们称，由于源素材与被拍摄者之间快速而有效的变形传递，从而使复制面部表情成为可能。由于口型与其所说的内容高度匹配，因此可以产生非常准确、可信的契合。

此前有公司为防止网上身份冒用，采用人脸识别的方式进行网上身份识别，但是随着科技发展，仿真头套、全息投影、人脸跟踪等高科技攻击手段不断出现，未来随着高科技的普及，人脸识别的攻击成本将不断降低，在线上不可控的环境中，不法分子将很容易伪造人脸视频通过身份认证。并且由于生物特征的不可撤销性，一旦生物特征信息泄露，基于生物特征的身份识别系统将彻底崩溃，因此大规模的网上身份识别绝不能依靠人脸识别！

4. 生物特征信息识别只能是最后救济手段

2016年9月，公安部试点身份证"刷脸"住酒店不需要证件，将身份信息和生物特征一一对应，问题很大。因为生物特征是不可撤销的，而且很容易仿真，假冒起来更可怕，而且网络变得更透明，未来很可能会让中国付出巨大的代价。

在2000年，我参与了某银行的指纹卡项目，对生物特征作为识别手段的问题有深刻认识。可是，很多人的理解是似是而非的，有人说可能整容，但其实人脸的模糊识别外科整形还真的不容易逃避，反而可以通过这个技术验证是否是整容还是换人了。整容只不过是对某个或某几个特征值的改变，其他的不改。

为了提高安全性，即使是我们的网络强大现在足够安全，但新技术日新月异，谁能说几十年后不会被破解？一但被破解或者泄密，不是像数字密码和号码那样可以重新置换的，不是像数字密码一样可以升级位数变得复杂来对抗的。

而更关键的问题是，生物识别是我们最后的救济手段！这才是核心！很多人说可以使用多种验证，密码和生物特征同时使用，这样多重验证不就安全了吗？问题恰恰不是那样简单，生物特征应当是我们的最后一道防线，一定要掌握在特别部门。

为何说是最后一道救济？如果你的密码丢失、身份证丢失，别人盗用你的身份信息给你造成巨大损失，或者别人假冒你的身份犯罪，你该怎样办？现在，不就是到公安部门处理嘛！公安部门有你的身份信息和生物识别信息采用人工比对的方式解决问题。如果这些信息外流，或者放到网络上，各种网络处理使用的都是你的正确的信息，而且现在的技术还可以仿真出你进行操作的视频，并且这个仿真视频的技术已经开发成熟，比如：美国斯坦福大学研发出一款人脸跟踪软件Face2Face，它可以通过摄像头捕捉用户的动作和面部表情，然后使用软件制作出和目标人物一模一样的动作和表情，效果极其逼真，这时候你该怎么办呢？

现在，网络霸权、网络资本极为发达，他们都希望政府的各种权力放到网络上，而这些生物特征信息一旦放到网络上必然被网络资本所掌握，他们将拥有和政权一样的社会公共管理能力，在网络上出现问题的时候我们政府是没有最后救济手段的。

有些事情看起来很美，但也是只能看不能做的。

为何美国网络是匿名的，禁止收集公民的线下社会福利号码、驾照号码等信息，为何实名制的欧盟数字化国家管理典范爱沙尼亚，采取虚拟身份制而不是把公民生物特征信息放置网上，作为数字化社会的识别标志，这里面的问题其实早有结论，只是有些人装糊涂罢了。

为了隐私安全，有关生物特征信息上不上网的斗争是很残酷的！手机上是不是使用指纹作为开机的密码？谁知道手机生产商是否将密码在后台给谁共享或存储了？在我国手机是实名制的，这就相当于全社会的公民指纹被某些厂商掌握了？好在本人只用国产手机，没有使用与美国情报机构共享信息的苹果手机，但又有多少人的指纹被"苹果"掌握了呢？

这些事情真的是细思恐极！

因此，我们需要提高网络安全的认识，生物信息是我国公民的隐私和国家公共安全最后的救济手段，这个权柄有关部门绝对不能放弃，需要通过立法加强管理。

和我持相同观点的不在少数，在这里引用陈彪[①]先生的评论：

> 商业手段替代国家顶层设计，必须谨慎。身份证管理上的混乱，已经是公开的事实。身份证治理，从何下手？是在上位入手还是下位入手，这是一个国家事权上的智慧问题，绝对不是技术问题，更不是一家研究所、事业部可以擅自主张的。根据国家身份证法律规定，身份证是现实社会唯一的法定身份文件。这具有排他性也即安全性。公安部采取身份证后台比对的技术，就是保障安全也保证便利。任何便利的商业手段，都不能允许冲击摇撼国家身份证管理制度。这次某研究所事业部，以使用市场上最新尝试而且也很不成熟应用的刷脸技术，改变身份证管理的基石，这既没有法律依据，也没有实验数据。公开宣布这一消息，直接摇撼国家身份证法律法规的严肃性，事涉国家安全大局。这是某研究所下属事业部的实验技术，不是公安部的决定，更没有通过全国人大的法定程序。混乱再用混乱治，屋漏更遭连夜雨。说到底，还是利益驱使！媒体炒作吸睛，很笑话！我以中国网络空间安全（上海）论坛组委会执行主任的身份，发出上述呼吁的，希望国家重视顶层设计，要有智慧，不要为产业利益驱使！

四、重建身份体系的成本绑架透明中国

1. 韩国的教训

当身份信息透明后，各种网络侵害呈指数型增长，带来的巨大危害很可能是国家无

---

① 陈彪：上海防灾安全策略研究中心常务副理事长、中国网络空间安全（上海）论坛组委会执行主任。

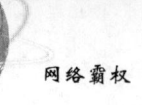

法承受的，那么就必须更换线下身份系统，这不是危言耸听，这样的悲剧在某些国家已经发生，其中韩国考虑将身份证系统推倒重来。

韩国为了建立网络秩序，2006年年底国会通过了《促进信息通信网络使用及保护信息法》修正案，规定主要门户网站在接受网民留言、发布照片和视频等操作前，必须先对网民个人的真实姓名和身份证号码等信息进行记录和验证，否则将对网站处以最高3000万韩元的罚款。由此，韩国成为世界上首个强制推行"网络实名制"的国家。网络信息与线下信息对应，韩国人在网络上透明。这样的做法不但没有达到良好的治理效果，反而滋生了各种网络犯罪，带来了巨大的社会负能量，被社会各阶层所痛恨，最终被韩国最高法院裁定为违宪，拟全国身份系统重建。2012年8月，韩国政府宣布分阶段废除网络实名制。

经过评估，韩国5000多万公民、移民中80%的个人身份信息和其他隐私信息从网络银行、社交网站等网络机构上泄露，其中包括前任总统朴槿惠，这已经威胁到了国家安全。韩国政府酝酿给17岁以上的公民发新的身份证，耗资数十亿美元，耗时十年，这仅仅是乐观估算的成本，实际上每个公民受到影响要支出的间接成本还没有估算。[①]

由此可以看出，网络实名制存在很大的问题，韩国政府为什么要花这样大的代价更换国民的身份信息是值得大家深思的。

2. 身份证重号的成本

我们要换一个身份证号码损失有多大呢？很多人是没有这个概念的，好像就是到派出所换一个身份证就成了，我们的身份证号码从15位变成18位，好像也很简单，不过尔尔嘛！

事实上，大家对这个损失的认识是不足的。因为当初身份证号码从15位到18位是简单对应的升级，而如果改变原来的全社会身份透明状态，则升级是不能如此公开透明简单对应的，这样一来对个人身份信息的确认就困难多了，而且线下的各种数据和信息都是要修改的，比如：银行账户、学历、房产证、电话号、结婚证、工作证、与你有关的司法文书等，都要线下一一认证、比对、修改档案等，原始证件在还好，如果证件也丢失了，又该如何证明我就是我？

重置的费用、个人的花费可以比照当年有几百万个身份证重号，每一个重号的个人要更改，谁改号谁付出成本，当时有人测算是2000元，其实这个数据是有争议的，实

---

① 引用公安部第三研究所eID事业部书记严则明在2016网络安全（中国）论坛（上海）的演讲时所用的数据。

际上还存在着不少对不改信息的补偿修改的人，有的 10000 元都无法达成一致，这个花费可见一斑。如果我们是全国改号会怎么样呢？

3. 中国重建身份证系统的成本估算

如果中国重建身份系统要花多少钱？这里不光是个人改号的问题，还有一个人按照当年身份证重号的成本估算几千块，现在则至少需要 2 万多，中国 10 多亿人口，这就是 30 万亿，而这个事情还不算完。

大家记得当年的"千年虫"吗？因为当初系统纪年的时候是忽略年份的千位百位的，到 2000 年的时候千位百位进位问题就来了，由于其中的年份只使用两位十进制数来表示，因此当系统进行（或涉及）跨世纪的日期处理运算时（如多个日期之间的计算或比较等），就会出现错误的结果，进而引发各种各样的系统功能紊乱甚至崩溃。涉及身份信息系统的更改费用是巨大的，而且这增加两位数是非常固定的，当初没有考虑这个问题是在 20 世纪 90 年代以前的事情，那个时候的系统才多大？信息经济的规模才多大？那个时候我们的数据是按照多少 K 来计算的，现在我们的数据是按照 G 来计算的，现在的信息量是当年的 100 万倍以上，这个工程量有多大？而这个大系统重置的错误难以避免，还会出现一些人为问题，甚至还会出现一些意想不到的事情。当年身份证的几百万重号是多么的麻烦，而如今大系统重建可能的错误的麻烦程度与之相比是指数型增加的。

如果把这些因素都考虑进去，中国要真的做一次身份系统重置，成本可能高达数十万亿，那是我们一年的 GDP 总和。因此，对这个成本必须要有清醒的认识。

4. 网络透明成本在"绑架"中国

现在各种舆论要让中国的社会在网络上透明化，如果中国网络全部透明化想要回到原来状态，更新重置的巨大成本实际是难以操作的，只是理论上可行的。这样的透明以后，社会信息被网络巨头所"绑架"，变成了他们的赚钱工具。

别说韩国身份系统重置需要几十亿美元，中国的规模与之相比人口是他们的几十倍，成本随着规模增长成指数型增加，大国与小国系统的规模完全不一样。这里系统规模是要论人口数量的，印度虽然人口不少，但工业化人口不多，数字化人口更少，而西方的大国，其数字化人口只有中国一个省的规模，即便是美国也不过两三个大省的规模，这样的体系只有中国有，而中国还没有美国因特网的管理权，系统性地修改

会更加困难。

因此，中国只要国民数字化被透明了，改变透明的趋势基本很难，是被网络"绑架"的，在我们透明而竞争对手不透明的情况下，中国的未来将毫无竞争优势，这是关乎国家发展的大事。

背景资料：公安部专家谈保护身份信息安全[1]

在日前召开的中国网络空间安全（上海）论坛上，公安部某研究所网络身份技术事业部主任严则明透露，旨在保护个人身份信息安全的网络身份证 eID 将通过银行卡、社保卡被推广。

身份证被滥用是信息泄露的重要源头

严则明指出，目前国内有七亿多网民、四百多万个在册网站，APP 应用就有九百多万个，新技术层出不穷，包括云计算、物联网、大数据、人工智能等。当全社会在享受"互联网+"便利的同时，也要关注盗取个人信息的互联网违法犯罪行为。

从公安视角看网络公共安全的现状，持续不断的个人信息泄露值得关注。严则明表示，在互联网企业大规模搜集公民身份信息的同时，不法分子也在窃取、买卖公民信息。特别值得关注的是，犯罪分子利用公民隐私信息通过电信和网络进行精准诈骗。"我们十年前还只是接到普通骚扰电话，现在对方知道你的姓名身份、网络活动，从信息诈骗开始发展到场景化的诈骗。"严则明说。

在严则明看来，很严重的问题是在信用体系里身份证信息的滥用，即线下"他证"滥用于互联网线上"自证"。"他证"即身份证等关键信息，在网络"自证"场景下，个人在互联网上被要求提供包括身份证在内的身份相关信息来远程识别身份，不断地上传个人信息，使得个人的隐私可能被泄露出去，严则明指出，这是个人信息泄露的重要源头。另外，以打车软件为例，如果不能解决身份认证问题，恶性事件发生的概率就会增加。调研显示，目前中国的互联网用户中只有 30% 习惯在线支付，其中原因正是很多人对于网络现状的不信任。

eID 芯片将通过银行卡、社保卡推广

---

[1] 俞立严："公安部专家：保护身份信息安全，网络身份证 eID 将推广"，澎湃新闻，2016年7月24日，http://www.thepaper.cn/newsDetail_forward_1503357。

严则明透露，出于保护个人身份信息安全，公安部相关研究所建设的 eID 系统此前通过了国家密码管理局的系统安全性审查及技术鉴定，并被公安部和国家密码管理局正式命名为"公安部公民网络身份识别系统"。所有 eID 的签发均由该系统提交全国人口库进行身份审核，确保 eID 的真实性、有效性，并且每个公民只能有 1 个与其真实身份唯一对应的 eID。

据介绍，eID 是一个芯片，可以搭载在任何一个银行卡、社保卡等卡片里，也可以制成手环等便携形态。eID 会提供一个对应的"公钥"和"私钥"，私钥发放给用户，公钥将由公安部相关研究所统一管理。当用户把搭载了 eID 的银行卡或社保卡放在读卡器或智能手机背面读取时，不需要在网上提交自己的姓名、住址、电话、身份证号码等个人信息，就能方便地进行网上交易。

五、网络黑社会下的透明

据中国互联网络信息中心统计，截至 2015 年 12 月中国网民规模达 6.88 亿，互联网普及率达到 50.3%，超过全球平均水平。互联网几乎成了我们生活的一部分。可是，你是否意识到，你在网上看到的消息、新闻，特别是论坛、朋友圈里的很多帖子、话题，并非全部真实而是一些网络公关公司雇人炮制出来的。他们践踏民意、包庇罪恶、棒杀品牌，这样的公关公司与黑社会无异。那么，当实名制遭遇到网络黑社会，我们将情何以堪？我们不能总看网络阳光的一面，对其背后充耳不闻。

所谓"网络黑社会"俗称"网络推手""网络打手""发帖水军"，也叫"网络公关公司""网络营销公司"。之所以称其"黑社会"主要在于它们不仅能为客户提供品牌炒作、产品营销、口碑维护、危机公关等服务，还能按客户指令进行密集发帖、诋毁、诽谤竞争对手，使其无法正常运营。甚至控制舆论，左右法院判决。

网络公关公司主要的业务流程：

接受订单：可以为企业提供品牌炒作、产品营销、口碑维护、危机公关；也可按客户指令，捏造负面新闻，诋毁竞争对手。

分析心理：为企业炒作时，会事先分析网民的心理，按照愤青、仇富、同情弱者等因素制作网帖。

  制作帖子:"每个帖子,一定要有错别字,一定要有一句语句不通。"才能让人相信是发帖人在网上敲出来、未经修饰的真实说法。

  雇用"水军":雇用的发帖手多是大学生、残疾人、闲散人员等,100人为1组;公司中1人负责10组,通常掌握五六十个水军小组。

  密集发帖:有的公司掌握着50多万个网络论坛地址,很容易让一张帖子出现在数千个论坛中,形成集束效应。

  在这些网络公关公司的运作下,发帖能赚钱,删帖更能赚钱,有的网站专门收集负面报道,挂在显要位置守株待兔,等着报道中的被批评者上门送钱,删帖。宾主皆大欢喜,却欺骗了大多数善良的网民。

  例如,大学生患者魏则西按照某搜索引擎搜索结果,到某武警医院治疗,花了20万依然没有效果,最终不幸去世,这件事在社会上引发了轩然大波。搜索引擎为了赚钱,把其付费客户、关系户的负面信息放到十万八千里远,让你根本看不到,同时将正面信息都排列在前面,这样的信息排序扭曲了原有的排序规律,是一种失真的现象,已经严重影响了我们的生活,引发了社会的高度不安。这个事件充分说明了网络对我们生活的切实影响。

  网络黑社会对我们更大的影响是这些信息的来源。这些信息来自各种"水军",而"水军"并非都是个人,还可能来自流氓软件,甚至是被黑客控制的"肉机"和病毒。网络公关公司通过与这些人合作,进行网络公关和攻击,而部分黑客、病毒客依附于网络公关公司。

  "经济利益"成为目前病毒制造者不断追求技术突破的原动力,受此利益驱使,网络普及以来电脑病毒的感染率呈爆炸式增长,网络经济犯罪率不断增加,病毒的绝大部分变化都是围绕此中心展开的,有人偷窥别人隐私、盗取别人的网络账号、获取游戏装备,有人想提高网站流量、捆绑强制安装……在巨大的经济利益诱惑下,病毒制造者的技术力量也有了飞跃式的发展。

  对透明的网络,病毒显得更为可怕。例如著名的病毒"熊猫烧香",除了带有病毒的所有特性外,还具有强烈的商业目的,暗中盗取用户网络账号供出售牟利,控制电脑将其变为"网络僵尸",暗中访问付费网站从而获利。这都表明网络黑社会是一条龙式,有人制毒、有人植入、有人销售、有人协调……"熊猫烧香"的编写者李俊以自己出售或由他人代卖的方式,非法获利10万余元。经病毒购买者进一步传播,该病毒的变种在网上大面积传播。据估算被"熊猫烧香"病毒控制的"网络僵尸"数以百万计,一年来累计获利上千万元。在一些人眼中,制造并散布病毒已经成为成本最低、风险最小和获利最快的牟利手段。现在网络大发展,欺诈行为变得更为隐蔽,且已经转移到移动终端上,各种APP披着合法的外衣,收集信息、控制终端,窃取大量数据,免费的APP+植入广告已经成为程序开发者惯用的敛财手段。腾讯移动安全实验室发布的《2013年7月手机安全报告》显示,在巨大利益链条的推动下,7月恶意病毒的推广呈现爆发态势,截获的感染用户前十位的恶意推广类病毒中,感染用户总数达135.79万。工具类APP开始成为恶意推广类病毒紧盯的类型。

网络黑社会在移动终端时代的危害更大。据360手机安全卫士发布的《2016年安卓恶意软件专题报告》中显示,在各种恶意软件中,几款"经典"类型仍然是侵害用户的主要类别,钓鱼软件、勒索软件、色情播放器成为主流,而极难查杀的顽固木马正在成为威胁手机系统安全的顽疾。与钓鱼软件的"偷"不同,勒索软件的目的在于"抢"。而色情播放器软件的目的在于"骗"。而此时,这些恶意软件得到的不仅是虚拟信息,还有与我们线下身份密切相关的实体信息,这些信息被用于犯罪集团的精准诈骗,让我们防不胜防。

网络黑社会背后的各种木马更是让大家防不胜防,给公众造成巨大经济损失。例如,2014年著名的"温柔木马"案,该案制售"温柔"系列病毒案由公安部挂牌督办,共涉及全国16个省市,涉案人员多达百余人,涉案金额3000多万元。至案发前,被告人吕轶众等人制售的"温柔"系列木马程序达28款,盗窃游戏账号、密码超过530万组。

不法分子还能利用成千上万中了特殊"木马"病毒的电脑组成"僵尸"网络,进行大规模的网络攻击,甚至危害国家安全。2014年5月19日,我国部分省份互联网瘫痪,正是缘于"僵尸"网络发起的对域名解析服务器大规模攻击所致。

定制"木马"、出售"木马"、"木马"制作培训的信息在网络上随处可见,"木马"病毒在网络上为何如此泛滥?利益驱动是主要动力,其背后隐藏一个巨大的地下信息黑市。以"温柔木马"案为例,涉案人员之所以能在短时间内获取巨额利益,原因很简单——他们不缺买家。众多的网络游戏玩家成为他们潜在的买家和用户。除了个人买家和一些网络游戏"私服"网站,网络公关公司等也是潜在的买家。

我们把网络描述的那么美好,每一个人对网络透明,线下身份都交给网络,但网络的黑社会让人防不胜防,我们的安全保障在哪里?因此,线下身份的泄露和安全隐患,一旦失去控制将很难挽回,所以这些信息的透明以及"网络黑社会"带来的威胁是我们不得不考虑的。

背景资料：网络信息泄露形成黑色产业链[①]

2016年7月24日，《法制日报》记者从公安部了解到，近年来，网络侵犯公民个人信息犯罪持续高发、屡打不绝，呈现网络信息泄露源头多样、数额巨大、形成利益链条及黑色产业等特点，滋生电信诈骗、网络诈骗、敲诈勒索等下游犯罪，社会危害严重，群众反映强烈。

非法获利涉及人员众多

2016年2月，安徽省合肥市公安局网安支队发现，本地网民黄某涉嫌倒卖公民个人信息，数量巨大，涉及全国多地工商、银行卡、车主等公民个人信息。经缜密侦查，公安机关抓获犯罪嫌疑人黄某、杨某、刘某。经查，3名犯罪嫌疑人专门注册多个网络账号，通过在网络上购买大批量个人数据，转而以更高的价格在网络上转卖给其他各地人员。这一团伙通过贩卖公民个人信息非法获利近130万元，涉及公民个人信息数据约5000万条。目前，专案组已将黄某团伙的上线罗某抓获，案件仍在进一步侦办中。

记者从公安部了解到，当前网络侵犯公民个人信息犯罪活动的一大特点，是非法获取的公民个人信息种类多样、涉及人员众多。非法获取的公民个人信息已经从简单的身份信息、电话号码、家庭地址等，扩展到手机通信录和手机短信、网络账号和密码、银行账号和密码、购物记录、出行记录等，被侵害的人员涉及各地各行各业。

2016年5月，湖北省襄阳市公安机关接群众举报称，本地网民李某涉嫌通过网络大量贩卖公民个人信息。经缜密侦查，公安机关抓获郑某、黄某、郭某等7人。经查，2009年10月，郑某等人在襄阳、宜昌两地成立公司，从事短信营销和微信公众平台制作业务。在公司运营的7年间，这一团伙利用其短信营销平台，不断获取客户上传信息，形成一个多达200余万条的公民个人信息资料库，将其中的手机号码信息作为增值业务，提供给向其购买营销服务的客户，非法获利100余万元。

形成利益链条黑色产业

2017年2月，江苏省淮安市公安机关发现，有人利用互联网大肆倒卖车主、车牌号、车辆类型等公民个人信息。经缜密侦查，淮安公安机关抓获犯罪嫌疑人陈某，当场查获

[①]《法制日报》2016年7月25日报道。

公民信息1500余万条。警方根据陈某供述，抓获其下线何某和上线网站管理员蒋某等7人。经查，蒋某于2015年5月开办网站论坛，将其多年搜集和购买的公民个人信息发到论坛分享，吸引全国各地人员注册会员充值购买公民信息，牟利11万余元。自2015年以来，陈某非法售卖、提供公民个人信息1177万余条，牟利3000余元。其下线何某从陈某处非法购买公民个人信息100余万条，从蒋某开办的网站购买各类公民信息500余万条，用于推销产品并在网络上贩卖。

记者从公安部了解到，当前网络侵犯公民个人信息犯罪活动，形成"源头——中间商——非法使用人员"的交易模式。各层级人员身份既相对独立又相互交叉，形成非法获取、贩卖、使用的利益链条以及以牟取不法利益为目的、市场化运作、专业分工实施、交易金额巨大的黑色产业。据了解，公安部近日发布的网络侵犯公民个人信息犯罪典型案例中，多个案例涉及团伙作案。

2015年11月，四川省绵阳市公安机关例行检查时，在一辆汽车后备箱发现正在运行的伪基站一套，现场抓获犯罪嫌疑人赖某，发现赖某通过网络在多名上线处购买了3200余条公民个人信息。经深入侦查，公安机关先后赴四川绵阳、四川成都、湖南长沙、浙江东阳、山东潍坊等地，抓获犯罪嫌疑人赖某、陈某、刘某、马某等9人。经查，自2015年以来，这个团伙以非法牟利为目的，交叉结伙在互联网上非法买卖公民个人信用报告类信息。案件共查获个人信用报告等公民个人信息200余万条，扣押涉案资金15万元。

2017年1月，重庆市公安局巴南分局网安支队民警在工作中发现，网民"楼盘、资料员"在网上大肆贩卖公民个人信息，涉及信息量巨大。经缜密侦查，公安机关成功抓获犯罪嫌疑人李某，查获李某存储的海量公民个人信息数据，信息存储量达61.9G。截至目前，本案共抓获犯罪嫌疑人53名，涉及各类公民个人信息数千万条。

技术类窃取成重要源头

2016年4月，某快递公司到上海市公安局网安总队报案称，其下属位于广东省广州市的几处快递网点，自3月起被人使用公司内部账号查询客户信息，获取公民个人信息达2.5万余条。经缜密侦查，公安机关在广州市抓获犯罪嫌疑人刘某、吴某、陈某、林某4人。经查，吴某从林某处购买过快递公司的内部系统员工账号，下载大量个人信息出售牟利。后吴某通过陈某认识该快递公司广州网点工作人员刘某，吴某使用刘某提供的速递公司账号，获取公民个人信息2800条，以每条两元的价格出售，获利5600元。

记者了解到，当前网络公民个人信息泄露源头多样化。经公安机关多次打击整治，机关企事业单位、服务机构以及个体企业相关人员参与的泄露活动更加隐蔽，黑客通过技术手段实施攻击、撞库或利用钓鱼网站、木马、免费Wi-Fi、恶意APP等"技术类"窃取方式成为重要源头。

2017年6月，山东省青岛市公安局网警支队在工作中发现，一名网民利用黑客技术非法控制计算机信息系统窃取信息，并将非法获取的各类信息在网络上出售。经对海量数据分析比对，公安机关最终确定并一举抓获年仅18岁的犯罪嫌疑人韩某。经查，韩某初中期间自学黑客技术，2014年开始入侵网站，利用黑客工具非法获取网站后台登录密码后上传木马程序，对入侵网站文件进行操作，并下载网站数据库数据。截至案发，韩某利用黑客技术已非法入侵航空公司订票服务系统、贵金属交易平台、医疗中心、职教中心等数百家网站，窃取各类公民个人信息数据10亿余条，贩卖公民个人信息数据获利20余万元。

六、虚拟数字身份证戳穿网络透明谬论

1. 利益下的网络透明谬论

有些网络舆论说，未来我国各种信息在网络下必须是透明的，其实这种透明是向网络资本交权的一个过程，这些网络舆论明显是站在自己利益的角度。

网络真的一定就要透明化吗？网络可以是透明的，但也可以是不透明的。透明与否是有立场的。在网络透明之下，各种大数据、云计算等的商业价值比非透明时巨大得多。

曾几何时，在网络匿名时代，大家可以在网络上匿名发帖，享受网络隐身带来的快乐。但是，网络匿名确实存在很多负面影响，所以我们需要网络有一定的透明度，需要监管。可是当提出网络实名制时，网络舆论又在说，隐身、不透明才是网络的特征，怎么现在实名制被他们变成透明制后，同样一张嘴说法就变成了透明是网络的规律了呢？这里的逻辑是什么呢？把前后说法对应起来，我们会发现这是自相矛盾的双重标准，完全是利益决定嘴巴。

未来大数据时代，"必须是透明人"的说法为何是谬论？我们可以看看2015年中国的股市波动，场外配资大多数是在网络上成交的，后来监管部门要来查询时，说法就变成了所谓的阅后即焚了，这时怎么不说是网络透明论了？实名制和透明是金融监管政策法规所要求的，这些人的做法不是故意违法吗？说两样话的其实是同一批所谓的网络

专家巨头。

实际上美国的网络用户，就远远没有我们透明。美国禁止在网络上收集个人隐私，注册用户也没有实名制的要求，但他们使用的是固定IP，实际上使用者的身份是可查的，但网站查不了。中美为何有这样的差别，我们为何不见贤思齐呢？

所以，网络未来一定是透明的说法，实质上是网络资本群体为了追逐商业利益，为了更多地收集、利用用户隐私而营造的一个舆论环境，这个声音又被一群似懂非懂的"鹦鹉经济学家"放大，似乎这就是真理了，可事实上这种做法毒害了民众，蒙蔽了政策制定和决策部门，保证了网络资本的利益，这个现象被一些人调侃为羊毛出在猪身上，那么，谁是透明的猪！

2. 虚拟数字身份证解决实名制与透明制的矛盾

在网络实名和透明度的问题上，一些人制造舆论说，网络实名就一定要透明化，将实名制与透明制变成必然的因果关系。实际上二者没有必然关系，可以通过技术手段，做到实名而不透明。

做到网络实名且非透明，数字身份证技术是非常关键的，通过虚拟数字身份证技术就可实现。数字身份证是指将真实身份信息浓缩为数字代码，可通过网络、相关设备等查询和识别的公共密钥。虚拟数字身份可以通过与公安部门的身份查询渠道与身份证信息绑定，并实现相关证件的第三方核实验证。此时身份信息对公安部门是透明的，但对在网络上、各种商业平台都是不透明的，网络上我们依然可以有多个身份，这与线下个人身份是不对应的，从而保障信息的安全。就如护照号和身份证号在各种场合只填写一个，不进行对应，外国相关人员不能通过护照号直接建立跟踪我们在国内的行为。虚拟数字身份证的应用，在国际上已经有非常成功的案例。

爱沙尼亚是数字化最成功的国家，很多成功经验值得借鉴。

背景资料：爱沙尼亚的数字身份证[①]

在日常生活中，无论是在银行存款还是约会，如果你不知道你是在和什么人打交道，

---

① 本文作者谭思，来源于BI中文站。

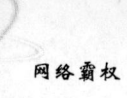

那么你很容易受到欺骗。如果你想要办理某种事务，例如在银行开户，你将需要履行一套烦琐的手续，如扫描和上传文件，以提供你的个人信息和资料。

如果你有数字身份证，这一切将变得简单，因为它将包含你的各类个人信息和资料。这个梦想已经在爱沙尼亚变成现实。

在爱沙尼亚，安全的、经过认证的身份是每个公民与生俱来的权利：在一个新生儿出生前，医院就会为他颁发一个数字出生证，他的健康保险也将自动生效。在爱沙尼亚，所有15岁以上的居民都拥有一个电子身份证，它可以被用于医疗保健、电子银行服务、购物、签署合同和加密电子邮件等许多事项，甚至可以用来投票。数字身份证提高了爱沙尼亚人的生活效率：报税只需要不到一个小时，退税将在48小时内支付。根据法律规定，爱沙尼亚政府要求公民提供任何一条个人信息的次数不能超过一次，人们有权知道政府保存了他们的哪些数据，所有的政府数据库必须是兼容的。总之，爱沙尼亚政府向公民提供600项电子服务，向企业提供2400项电子服务。爱沙尼亚的数字身份系统采用适当而强有力的加密术。只有最少量的个人数据被存储在数字身份证卡内。丢失的数字身份证卡可以简单报废。在过去十年中，爱沙尼亚媒体也没有关于数字身份证系统安全漏洞的报道。与数字身份证卡一同颁发的还有两个PIN码，一个用于身份验证（证明谁是持有人），一个用于授权（签署文件或付款）。如果某项服务需要对数字身份证卡持有者进行鉴定，相关机构可以查询中央数据库，以检查该卡和相关代码是否匹配。验证过程只会涉及最少量的个人信息，例如，持卡人可能会被询问这样的问题："卡主超过18岁了吗？"但他们不会被问："卡主多大了？"

其他一些国家的政府也试图采用电子身份证，但它们面临两个问题：成本一直居高不下，公众的阻力也很大。有些人担心公民的数据泄露，有窥探的担忧。英国政府曾经有过建立公民数字身份证系统的计划，并为此花费了3.7亿美元，但在2010年废止了该计划。这在全球市场留下了一个缺口，而爱沙尼亚希望填补这个缺口。从2017年开始，爱沙尼亚将为没有居住在本国的爱沙尼亚人颁发数字身份证，从而创造一个全球性的、政府标准的数字身份系统。申请者将需要为此支付一小笔费用。

而且，欧盟将很快实施一项法规，要求各成员国接受其他成员国的公民数字身份证。这意味着，爱沙尼亚数字身份证的持有人，无论他们身居何处，将不仅能够相互发送加密电子邮件，而且可以与任何欧盟成员国政府做生意。

第二章　透明化和非对称被套利

透明并不可怕，可是有的人"穿着衣服"，有的人是"透明的"那就可怕了！然而美国人不透明，我们是全社会都是透明的，透明给美国人，一览无余这是最可怕的。这样的信息不对称，我们如何能和美国、和世界竞争？又从何谈中国的崛起！

一、为何美联储不监管金融衍生品

市场经济讲的是信息充分，为何作为世界"灯塔"的代表——美国为何不把信息公开，这里是有立场，有秘密的。占有这种信息是一种霸权的行为。

1. 美联储的信息不对称性

2005年美国不在公布M3数据了，理由是M3并不比M2给美国带来的经济信息更多，其实这是一句废话，因为M3比M2多的原因，主要是在海外衍生出来的美元。

我们在研究金融市场时，常常提到M0、M1、M2、M3、L货币供应量，它们是什么意思？

首先谈谈什么是货币供应量（Monetary Aggregates）：它是计算具有不同变现能力的货币数量，表现货币总体结构的指标。货币供应量构成如下：

M0——现金

M1——M0+活期存款

M2——M1+定期存款+非支票性储蓄存款

M3——M2+私有机构和公司的大额定期存款+海外流通货币+可支付证券

M4——M3+ 金融衍生品

M5——M4+ 电子货币 + 虚拟货币

对 M0—M5 的分野，各国央行有差别，在美国不公布 M3 以后，对这个分野也没有最终全球通用的划分，大致的划分以上述为分野。

对 M2 到 M3 的衍生过程，我们可以举例一下。比如，在美国境外中国人存了 100 亿美元的现金到某银行，中国某银行有 100 亿美元存款，而中国某银行可能早把这 100 亿美元现金当中的 99 亿美元在外汇市场上卖回到了美国，它不持有那么多美元，只留下 1 亿美元现金备付金应对日常，等你来提取大额现金或者进行大额付款时，它再从国际外汇市场买入支付给你就可以了。这 100 亿美元以美元记账的存款就是 M3 不是 M2。这个时候以包含中国人在某银行存单计算美元总量时，中国人的 100 亿美元存单是包含在内的，美国的买入银行 99 亿美元的持有者账户也是计算的，这样 M3 是算了 199 亿美元；但以美国的金融机构实际持有的美元和现金来计算，则中国只算某银行的现金，只有 1 亿美元，另外就是美国买入银行的 99 亿美元，只有 100 亿美元，也就是 M2 只有 100 亿美元。这多出来的 99 亿美元就是金融衍生下 M3 和 M2 的差别。这样的风险敞口我国央行是限制的，但很多国家的限制比我们松多了，美元在海外衍生很大，我们人民币走出去，也是要取得上述衍生的利益，这个利益是巨大的。

而 M3 的数据不公布，我们无法知晓美元在世界市场的头寸松紧，虽然现在利率极低，但你真的需要美元时，它却没有，它的流动性是可以挤兑你的价格的，就如 2016 年 4 月那一次石油价格暴跌一样。金融资本的收益不在于利率而在于流动性的松紧，而流动性松紧的信息，是至关重要的。

在各种商品中，受流动性影响最大的就是金融衍生品。现在金融衍生品的规模已经远远超过了实体商品交易，金融衍生品的数据和信息，在某种意义上决定着市场的走向。如果这些数据公开透明，专业人员从中可以作出正确判断，剪羊毛的傻子则会少了很多。金融衍生品如此重要，难道不该监管吗？然而，美联储对金融衍生品一直持不监管的态度。2008 年的全球金融危机的罪魁祸首就是金融衍生品，即使在造成全球巨大经济损失的情况下，美联储依然拒绝监管金融衍生品，这是为什么呢？

不监管金融衍生品，保障了数据的保密性，如果被监管，那么监管的各种信息就要公开，各种利益输送就搞不了了，美国是裁判但也是要下场参与游戏的。美联储背后的股东各家储备银行也参与金融衍生品交易，金融衍生品的信息不公开，但不等于没有人不知道，这里面存在着巨大的利益输送。这就如我们央行监管货币市场，同时央行也进行公开货币市场操作，央行的操作是要公告的。而美联储等金融机构对金融衍生品的操作是不公开的，我们知道美国 QE 大约宽松了 4 万亿美元，但美国参议院的桑切斯做过一个报告，美联储在不公开操作当中，以不高于 QE 的成本提供了 16 万亿美元的流动。

而现在的金融交易多以互联网为载体，符合互联网的定义，只不过不是那个美国因特网。网络是互联的，在网络下单家炒股，这个不叫网络金融。网络金融是指基于金融电子化建设成果在国际互联网上实现的金融活动，包括网络金融机构、网络金融交易、网络金融市场和网络金融监管等方面。而在中国交易机构就变成透明的了，但美国自己却不这样干。现在，在美国透明的只是证券买卖等普通金融交易，但交易量更大的金融衍生品却不透明、不监管，其中的利益输送到底有多少？

美国操控着全球的美元数量，美元流动性的变化对全球金融衍生品市场是起决定性作用的。别讲市场是自由的，只要货币是人为制定的政策，市场就是被货币控制的，信息不透明是对我们的，对美联储则是透明的。如果我们的社会再进一步透明，对方能够把我们算计得更清楚，这意味着我们给了对方更多的权力。如果国内经济和社会可以相对不透明，更多地了解一些其他国家的信息，起码在经济上我们可以安全一些，少被掠夺一些。

2. 金融透明的不对称

全球金融信息的透明度是不对称的，透不透明的关键在于谁掌控市场，美国对全球市场的掌控力是其货币霸权的体现，越透明货币霸权的威力就越大。

美国金融在透明层面的优势首先是美元清算。清算体系掌握在美联储手里，美元的流动性，各种交易数据，只要使用国际货币美元，他们便会知晓。如果是一个大国使用美元的记录被知晓，美国便会制定针对性的政策，在金融层面上稍有不慎就被掠夺。风险和概率双方是不对等的。

美国金融另一个优势就是黄金清算。掌控了黄金清算就能够压制金本位的复活，保障美元的地位。全球范围的黄金交易、清算还是在美国！而且美联储有黄金租赁的业务，谁知道重复出租了多少、衍生了多少，在很多机构账户上，黄金其实只是美联储的纸黄金。很多国家央行的黄金存放在美联储，他们所持有的实质上多数是纸黄金，想要看一眼自己的黄金都难，更甭说提取了。2012 年德国央行想要看一眼存储在纽联储银行金库中自己的金子都被拒绝，从而引发巨大的风波，但最后还不是不了了之。

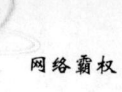

美国在金融层面的交易所，更是金融透明和信息垄断的核心。虽然欧洲也有一些交易所，但如英国老牌金融机构的衍生品起步较晚，多数金融衍生品的交易机构在美国，美国不监管金融衍生品，给这些交易所预留更大的空间。这些交易所还有场外交易，这些交易所是金融衍生品场内的对赌方，但到底场外该怎样交易？其实场内是给他们大量信息的，如果中国的金融信息都是透明的，中国就会成为渔利的对象。就如当年我国出台4万亿人民币经济刺激计划以应对金融危机的信息泄露，海外矿山企业恶意串通日本厂商提高价格赚了大钱。在我国金融交易、社会信息透明和西方信息不对称的情况下，西方在金融市场上可以预先布局，最后就是中国埋单了。

3. 国际清算体系与人民币海外清算体系

在金融信息透明的层面，我们需要注意清算体系的重大作用。美国控制了全球的金融结算体系，对世界的信息了如指掌。但人民币在国内的交易信息对美国清算体系来说是死角，我们与美国制裁的一些国家的交易信息美国也是找不到的。

以美元为主的SWIFT（环球同业银行金融电讯协会）、CHIPS（纽约清算所银行同业支付系统）、CHAPS（清算所自动支付体系）是世界三大金融清算系统，同时也是美国控制金融信息的途径。布雷顿森林货币体系建立了全球央行对于美联储的主奴清算关系，在信息时代其带来的利益被放大。美联储的货币政策，有这些大数据的支持，自然比我国央行的决策更准确、更有预见性。

由此看来，中国要走向世界，搞自己的全球人民币清算系统是非常必要的，不过人民币交易还很少。应该联合一些国家另搞一个类似SWIFT的系统。现在我国已经走出了第一步——2015年10月8日上午人民币跨境支付系统（一期）正式启动。它的成功上线运行，为境内外金融机构人民币跨境和离岸业务提供资金清算、结算服务。

目前，人民币已经成为中国第二大跨境支付货币和全球第四大支付货币，迫切需要建设基础设施支撑业务发展。中国人民银行于2012年启动建设人民币跨境支付系统（CIPS），该系统按计划分两期建设，一期主要采用实时全额结算方式，为跨境贸易、跨境投融资和其他跨境人民币业务提供清算、结算服务。其主要功能特点包括采用实时全额结算方式处理客户汇款和金融机构汇款业务；各直接参与者一点接入，集中清算业务，缩短清算路径，提高清算效率；运行时间覆盖欧洲、亚洲、非洲、大洋洲等人民币业务主要时区等。二期将采用更为节约流动性的混合结算方式，提高人民币跨境和离岸资金的清算、结算效率。

为培育公平竞争的市场环境，2015年中国人民银行发布了《人民币跨境支付系统业务暂行规则》，规定了参与者的准入条件、账户管理要求和业务处理要求等，同时推动成立了跨境银行间支付清算（上海）有限责任公司，负责独立运营CIPS。该公司接受人民银行的监督和管理。CIPS首批直接参与机构包括中国工商银行、中国农业银行、中国建设银行、招商银行、上海浦东发展银行等19家境内中资和外资银行。此外，同步上线的间接参与者包括位于亚洲、欧洲、大洋洲、非洲等地区的38家境内银行和138家境外银行。这个清算体系的建立是打造中国人民币网络的重大进展。

但是，中国的人民币交易清算体系是需要安全保障的，大肆搞网络金融，清算权利是否要交给网络呢？世界各国的清算网络，各国的金融信息都是相对保密的，只有中国的网络第三方支付平台是如此之大，已经有了足够多的样本数，可以对中国的各种经济数据进行深挖，并且这些网络公司海外上市注册地在离岸港，有的公司最大股东还是外籍，其中大量的关乎经济的核心信息我们是难以深挖的，但我们的对手比我们还清楚，这样的透明不可怕吗？

背景资料：认识SWIFT

SWIFT（Telecommunications环球同业银行金融电讯协会），是一个国际银行间非营利性的国际合作组织，总部设在比利时的布鲁塞尔，同时在荷兰阿姆斯特丹和美国纽约分别设立交换中心（Swifting Center），并为各参加国开设集线中心（National Concentration），为国际金融业务提供快捷、准确、优良的服务。SWIFT运营着世界级的金融电文网络，银行和其他金融机构通过它与同业交换电文（Message）来完成金融交易。除此之外，SWIFT还向金融机构销售软件和服务，其中大部分的用户都在使用SWIFT网络。

SWIFT组织成立于1973年5月，其全球计算机数据通信网在荷兰和美国设有运行中心，在各会员国设有地区处理站，来自美国、加拿大和欧洲的15个国家的239家银行宣布正式成立SWIFT，其总部设在比利时的布鲁塞尔，它是为了解决各国金融通信不能适应国际间支付清算的快速增长而设立的非营利性组织，负责设计、建立和管理SWIFT国际网络，以便在该组织成员间进行国际金融信息的传输和确定路由。

从1974年开始设计计算机网络系统。1977年夏，完成了环球同业金融电信网络（SWIFT

网络）系统的各项建设和开发工作，并正式投入运营。1977年SWIFT在全世界就拥有会员国150多个，会员银行5000多家，SWIFT系统日处理SWIFT电讯300万笔，高峰达330万笔。

在国际贸易结算中，SWIFT信用证是正式的、合法的、被信用证各当事人所接受的、国际通用的信用证，信用证是指凡通过SWIFT系统开立或予以通知的信用证。采用SWIFT信用证必须遵守SWIFT的规定，也必须使用SWIFT手册规定的代号（Tag），而且信用证必须遵循国际商会2007年修订的《跟单信用证统一惯例》各项条款的规定。在SWIFT信用证可省去开证行的承诺条款（Undertaking Clause），但不因此免除银行所应承担的义务。SWIFT信用证的特点是快速、准确、简明、可靠。

该组织创立之后，其成员银行数逐年迅速增加。从1987年开始，非银行的金融机构，包括经纪人、投资公司、证券公司和证券交易所等，开始使用SWIFT。至2010年，该网络已遍布全球206个国家和地区的8000多家金融机构，提供金融行业安全报文传输服务与相关接口软件，支援80多个国家和地区的实时支付清算系统。

1980年SWIFT连接到香港。我国的中国银行于1983年加入SWIFT，是SWIFT组织的第1034家成员行，并于1985年5月正式开通使用，成为我国与国际金融标准接轨的重要里程碑。之后，我国的各国有商业银行及上海和深圳的证券交易所也先后加入SWIFT。

进入20世纪90年代后，除国有商业银行外，中国所有可以办理国际银行业务的外资和侨资银行以及地方性银行纷纷加入SWIFT。SWIFT的使用也从总行逐步扩展到分行。1995年，SWIFT在北京电报大楼和上海长话大楼设立了SWIFT访问点SAP（SWIFT Access Point），它们分别与新加坡和香港的SWIFT区域处理中心主节点连接，为用户提供自动路由选择。

为更好地为亚太地区用户服务，SWIFT于1994年在香港设立了除美国和荷兰之外的第三个支持中心，这样，中国用户就可得到SWIFT支持中心讲中文的员工的技术服务。SWIFT还在全球17个地点设有办事处，其2000名的专业人员来自55个国家，其中北京办事处于1999年成立。为全世界金融数据传输、文件传输、直通处理STP（Straight Through Process）、撮合、清算和净额支付服务、操作信息服务、软件服务、认证技术服务、客户培训和24小时技术支持。

二、掠夺数据的网络倾销

1. 大数据时代，免费、补贴为了收集信息

如今，一些网络企业的经营多为亏损，却一直烧钱，市场估值却很高而且还在海外上市，受到资本的追捧，其中的重要原因在于这些企业掌握的信息的价值。

以小米科技为例，市场估值450亿美元，如此高的估值的理由是小米不是一家手机公司，而是一个网络信息公司。用户使用它的手机，同时成为它的网络客户，接受它的网络服务，由此得到用户的数据，而资本看重的正是这些数据的价值。

在马路上经常能够遇到扫码求关注，并且还有礼品相送，更有甚者，时尚美女冬天在街上裸体扫码求关注。如此高成本下求得的关注，目的很明确，共享你的信息。只要手机安装了某个软件，它就会对机主的隐私进行大扫荡。

一些网络公司疯狂烧钱为的是套取信息，需要你的透明，说明透明下的个人信息价值更大。所以说，与网络相关企业实际上是按照信息体系来估值。根本不管是否营利，只看用户数量，只讲用户黏性和活跃度。它们的营利不在网站的直接经营的利润，所谓的"羊毛出在猪身上"，间接在其他层面进行利益输送。

背景资料：认识无所不在的大数据

大数据（Big data），指无法在一定时间范围内用常规软件工具进行捕捉、管理和处理的数据集合，是需要新处理模式才能具有更强的决策力、洞察发现力和流程优化能力来适应海量、高增长率和多样化的信息资产。

在维克托·迈尔－舍恩伯格及肯尼斯·库克耶编写的《大数据时代》中大数据指不用随机分析法（抽样调查）这样的捷径，而采用所有数据进行分析处理。大数据的5V特点（IBM提出）：Volume（大量）、Velocity（高速）、Variety（多样）、Value（价值）、Veracity（真实性）。

麦肯锡全球研究所给出的定义是：一种规模大到在获取、存储、管理、分析方面大大超出了传统数据库软件工具能力范围的数据集合，具有海量的数据规模、快速的数据流转、多样的数据类型和价值密度低四大特征。

大数据技术的战略意义不在于掌握庞大的数据信息，而在于对这些含有意义的数据

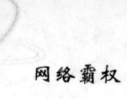

进行专业化处理。换言之，如果把大数据比作一种产业，那么这种产业实现营利的关键，在于提高对数据的"加工能力"，通过"加工"实现数据的"增值"。

从技术上看，大数据与云计算的关系就像一枚硬币的正反面一样密不可分。大数据必然无法用单台的计算机进行处理，必须采用分布式架构。它的特色在于对海量数据进行分布式数据挖掘。但它必须依托云计算的分布式处理、分布式数据库和云存储、虚拟化技术。

随着云时代的来临，大数据也吸引了越来越多的关注。分析师团队认为，大数据通常用来形容一个公司创造的大量非结构化数据和半结构化数据，这些数据在下载到关系型数据库用于分析时会花费过多时间和金钱。大数据分析常和云计算联系到一起，因为实时的大型数据集分析需要像 MapReduce 一样的框架来向数十、数百或甚至数千的电脑分配工作。

适用于大数据的技术，包括大规模并行处理（MPP）数据库、数据挖掘电网、分布式文件系统、分布式数据库、云计算平台、互联网和可扩展的存储系统。

大数据的价值体现在以下几个方面：

1）对大量消费者提供产品或服务的企业可以利用大数据进行精准营销；

2）做小而美模式的中小微企业可以利用大数据做服务转型；

3）面临互联网压力之下必须转型的传统企业需要与时俱进充分利用大数据的价值。

不过，大数据在经济发展中的巨大意义并不代表其能取代一切对于社会问题的理性思考，科学发展的逻辑不能被湮没在海量数据中。著名经济学家路德维希·冯·米塞斯曾提醒过："就今日言，有很多人忙碌于资料之无益累积，以致对问题之说明与解决，丧失了其对特殊的经济意义的了解。"这确实是需要警惕的。

大数据的应用：

洛杉矶警察局和加利福尼亚大学合作利用大数据预测犯罪的发生。

Google 流感趋势（Google Flu Trends）利用搜索关键词预测禽流感的散布。

统计学家内特·西尔弗（Nate Silver）利用大数据预测 2012 美国选举结果。

麻省理工学院利用手机定位数据和交通数据建立城市规划。

梅西百货的实时定价机制。根据需求和库存的情况，该公司基于 SAS 的系统对多达 7300 万种货品进行实时调价。

医疗行业早就遇到了海量数据和非结构化数据的挑战，而近年来很多国家都在积极推进医疗信息化发展，这使得很多医疗机构有资金来做大数据分析。

大数据的普及，带来的趋势主要有：

趋势一：数据的资源化

何为资源化，是指大数据成为企业和社会关注的重要战略资源，并已成为大家争相抢夺的新焦点。因而，企业必须提前制订大数据营销战略计划，抢占市场先机。

趋势二：与云计算的深度结合

大数据离不开云处理，云处理为大数据提供了弹性可拓展的基础设备，是产生大数据的平台之一。自2013年开始，大数据技术已开始和云计算技术紧密结合，预计未来两者关系将更为密切。除此之外，物联网、移动互联网等新兴计算形态，也将一齐助力大数据革命，让大数据营销发挥出更大的影响力。

趋势三：科学理论的突破

随着大数据的快速发展，就像计算机和互联网一样，大数据很有可能是新一轮的技术革命。随之兴起的数据挖掘、机器学习和人工智能等相关技术，可能会改变数据世界里的很多算法和基础理论，实现科学技术上的突破。

趋势四：数据科学和数据联盟的成立

未来，数据科学将成为一门专门的学科，被越来越多的人所认知。各大高校将设立专门的数据科学类专业，也会催生一批与之相关的新的就业岗位。与此同时，基于数据这个基础平台，也将建立起跨领域的数据共享平台，之后，数据共享将扩展到企业层面，并且成为未来产业的核心一环。

趋势五：数据泄露泛滥

未来几年数据泄露事件的增长率也许会达到100%，除非数据在其源头就能够得到安全保障。可以说，在未来，每个财富500强企业都会面临数据攻击，无论他们是否已经做好安全防范。而所有企业，无论规模大小，都需要重新审视今天的安全定义。在财富500强企业中，超过50%将会设置首席信息安全官这一职位。企业需要从新的角度来确保自身以及客户数据，所有数据在创建之初便需要获得安全保障，而并非在数据保存的最后一个环节，仅仅加强后者的安全措施已被证明于事无补。

趋势六：数据管理成为核心竞争力

数据管理成为核心竞争力，直接影响财务表现。当"数据资产是企业核心资产"的概念深入人心之后，企业对于数据管理便有了更清晰的界定，将数据管理作为企业核心竞争力，持续发展，战略性规划与运用数据资产成为企业数据管理的核心。数据资产管

理效率与主营业务收入增长率、销售收入增长率显著正相关;此外,对于具有互联网思维的企业而言,数据资产竞争力所占比重为 36.8%,数据资产的管理效果将直接影响企业的财务表现。

趋势七:数据质量是 BI(商业智能)成功的关键

采用自助式商业智能工具进行大数据处理的企业将会脱颖而出。其中要面临的一个挑战是,很多数据源会带来大量低质量数据。想要成功,企业需要理解原始数据与数据分析之间的差距,从而消除低质量数据并通过 BI 获得更佳决策。

趋势八:数据生态系统复合化程度加强

大数据的世界不只是一个单一的、巨大的计算机网络,而是一个由大量活动构件与多元参与者元素所构成的生态系统,终端设备提供商、基础设施提供商、网络服务提供商、网络接入服务提供商、数据服务使能者、数据服务提供商、触点服务、数据服务零售商等一系列参与者共同构建的生态系统。而今,这样一套数据生态系统的基本雏形已然形成,接下来的发展将趋向于系统内部角色的细分,也就是市场的细分;系统机制的调整,也就是商业模式的创新;系统结构的调整,也就是竞争环境的调整等。从而使得数据生态系统复合化程度逐渐增强。

背景资料:爱沙尼亚的数字生活

这是一个因金发美女而出名的国家,在这里身材高挑、金发碧眼的美女到处可见,她们美丽、时尚,和北欧的阳光一样迷人、让人温暖。除了美女,这个国家还有很多令人羡慕的地方。这个国家森林覆盖率达到 48%,被世界卫生组织评为全球空气质量最好的国家;它还是一个有着悠久历史的文明国度,其首都保存着许多著名的中世纪历史古迹,被列入联合国教科文组织世界文化遗产名录;最近几年来,这个国家因其突出的数字化成果而被当作全球的范例,获得"波罗的海硅谷"的美誉。

它就是位于波罗的海的爱沙尼亚。这个只有 130 万人的小国是全球数字化程度最高的国家,如今爱沙尼亚政府的数字化服务已经惠及所有公民,遍及日常生活的方方面面:超过 99% 的银行交易在线完成;96% 的公民在线申报个人所得税;130 万的市民用手机支付他们的停车费;爱沙尼亚公民的电子病历和处方实现全国联网;2005 年爱沙尼亚成为世界上第一个举行网上投票选举的国家,2007 年首次在议会选举中使用网络进行投票；从2000年政府会议开始无纸化，2002年全国大部分地区就有了免费无线网络……

爱沙尼亚还以其数字化公共服务的便捷性面向全球提供了绝佳的创新创业环境，这里有着世界最快的宽带速度，是欧洲人均拥有新兴公司最多的国家。数据显示，爱沙尼亚15%的GDP都由高新科技贡献。全球著名社交软件Skype、Kazaa（早期共享文件网络）就诞生于爱沙尼亚，著名的Hotmail其大部分技术团队也在爱沙尼亚。

作为一个130万人的小国如何在大国主导的国际社会生存下来，并赶上西方发达国家的水平，是爱沙尼亚人必须考虑的问题，而刚刚兴起的互联网技术被认为是最佳机会。基于此，爱沙尼亚政府从20世纪90年代初就开始大力推进计算机教育，让年青一代从小受到熏陶；同时，政府部门还大力推动信息技术的基础设施建设。

爱沙尼亚的今日成功还与Skype有关。2011年微软以85亿美元现金收购Skype不仅造就了一批富翁，还大大激励了爱沙尼亚人的创业热情。今天在塔林科技园里聚集了超过200家专注于信息科技的企业，其中30家是新创企业。与科技园一墙之隔的塔林理工大学学生创业孵化园里，1万多名学生被鼓励大胆实践他们的创新思想。今天每五个爱沙尼亚人中就会有一个选择创业。正是这些因素交织在一起，促成了爱沙尼亚先后实现了电子政务、投票、报税等一系列"无纸化"服务，而成为全球科技化的翘楚。

人人都有电子身份证

说起爱沙尼亚的数字化，就不得不提到爱沙尼亚公民的数字ID，也称电子身份证，这是爱沙尼亚政府推动所有数字化服务的关键，包括电子政务、报税和投票等所有"无纸化"服务都离不开电子身份证信息。

在爱沙尼亚，每个15岁以上的公民都有一个安全的、经过认证的数字身份，这被认为是每个公民与生俱来的权利：在一个新生儿出生前，医院就会为其颁发一个数字出生证，其健康保险也将自动生效。这个电子身份证可用于医疗保健、电子银行服务、购物、签署合同和加密电子邮件等许多事项，甚至可以用来投票。

与数字身份证一同颁发的还有两个PIN码，一个用于身份验证（证明谁是持有人），一个用于授权（签署文件或付款）。如果某项服务需要对数字身份证卡持有者进行鉴定，相关机构可以查询中央数据库，以检查该卡和相关代码是否匹配。验证过程只会涉及最少量的个人信息。

从2015年开始，爱沙尼亚开始为没有居住在本国的爱沙尼亚人颁发数字身份证，

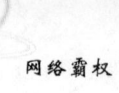

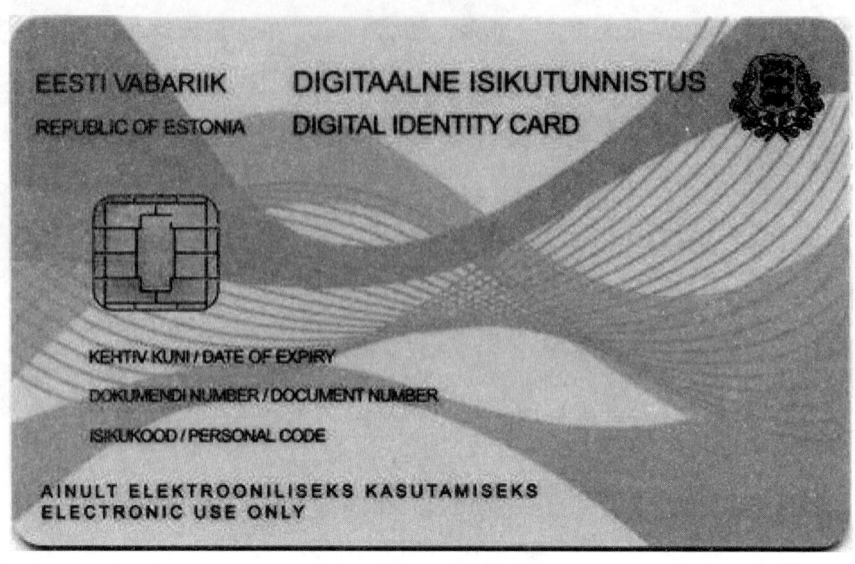

爱沙尼亚带有电子身份证信息的卡

从而创造一个全球性的、政府标准的数字身份系统。而现在这种服务还延展到外国人。比如，中国公民就可以通过爱沙尼亚设在北京和上海的使领馆申请（只需80欧元现金）。有了这个卡之后，投资者无须离开中国，从网上就可以针对在爱沙尼亚的公司进行多项操作，比如开设银行账户等——这是非欧盟人员在欧盟开展经营活动最方便的方式，可以让投资者省下很多旅行的费用。

值得一提的是，欧盟正准备实施一项法规，要求各成员国接受其他成员国的公民数字身份证。这意味着，爱沙尼亚数字身份证的持有人——无论他们身居何处，将不仅能够相互发送加密电子邮件，而且可以与任何欧盟成员国政府做生意。

数字化提升政府服务效率

数字身份证大大提高了爱沙尼亚人的工作效率：报税只需要不到一个小时，退税将在48小时内支付，18分钟就可以办完一个新公司的手续。根据法律规定，爱沙尼亚政府要求公民提供任何一条个人信息的次数不能超过一次，人们有权知道政府保存了他们的哪些数据，所有的政府数据库必须是兼容的。目前，爱沙尼亚政府向公民提供600项电子服务，向企业提供2400项电子服务。

以税收为例。15年前爱沙尼亚政府没有建立电子报税系统时，人们需要手工填写所有文件，包括挣了多少钱、怎么挣的、任职公司的注册代码等，填表费时还需要排队，而今天有了报税系统，最多只需要点击5次就可以完成，即使再慢，5分钟也可以完成，非常简单快捷。

同样，电子投票的顺利进行也与电子身份密不可分。爱沙尼亚是世界上首个举行电子投票选举的国家，2016年3月1日选举国会时就有30%的选民通过在线方式进行投票。爱沙尼亚公民可以通过两种网上身份认证的方式（普通的电子身份证和移动终端电子身份证）连接到互联网投票。如果用普通的电子身份证，选民只需要将身份证插进读卡器中，打开投票网站，通过身份证电子芯片内存有的PIN1码来验证身份。一旦服务器确认其有投票资格，他就可以在网页上选定心仪的候选人，并输入PIN2码再次确认身份，提交选票。同样，选民也可以借助智能手机利用移动终端电子身份证参与选举，只要在网页中输入手机收到的验证码，选民就可以方便地登录投票系统投票。

很显然，电子身份给爱沙尼亚人的工作和生活带来很大方便。而今天的爱沙尼亚人在感受这些方便的同时，也更深切地感受到15年前爱沙尼亚政府做这件事的前瞻性。实际上，当时年轻的爱沙尼亚政府顶住了很大压力，要知道，英国政府曾经有过建立公民数字身份证系统的计划，并为此花费了3.7亿美元，但在2010年废止了该计划。这里最大的困难之一是成本，因为15年前没有今天这种移动ID，需要特殊硬件，如智能卡读卡器，15年前的电脑没安装这种读卡器，因此必须给人们装上，然后还要教人们如何使用、如何安装驱动程序。

实际上，数字化服务不只带来了效率的提升，还带来极大的成本节约。比如，因数字化提高了效率而直接导致人手的减少，仅一套新上线的社会保障系统就减少了大约20%的公务员。还有，由于数字化、集中化让各个政府部门之间的信息建立了联系，也节省了大量的财政资金，精简了政府服务，同时提高了公民的满意度。

统计数据显示，仅仅是给每个人配置数字身份，就直接节省了大约2%的GDP。这2%相当于爱沙尼亚的国防预算。1979年9月出生的爱沙尼亚总理塔维·罗伊瓦斯在一次接受采访时曾很得意地表示"数字签名支付了我们的国防"，显然不无道理。

可以"重启"的国家

15年前，爱沙尼亚政府启动数字身份计划的时候，除了成本方面的压力，另一大压力就是安全，很多人担心自己隐私被窃取而有抵触情绪。可以说，爱沙尼亚的所有在线经济和政府服务都依托于一个身份验证的安全系统，安全是基石，是根本保障，而爱沙尼亚政府很好地解决了这个问题。

首先，爱沙尼亚所有的数据文件并非统一地存放在一个地方，而是分散存储在各个提供数据的机构，这样可以避免因一个数据库遭网络攻击而可能带来的巨大损失。其次，所有数据库都必须通过X-Road接入，这是唯一的通道，而用户接入X-Road系统、再从

X-Road 系统连接到各个数据库都需要 PIN 码验证,其获得的权限也仅仅只限于检索和查看个人信息,从而系统可以在一定程度上保证用户个人信息的安全。

爱沙尼亚政府打造的信息技术基础设施——X-Road 也是一个王牌技术。X-Road 能将所有分散储存和管理在不同数据库中的信息连接起来,在得到数据所有人同意后,所有的数据库都实行共享。

根据规定,政府机构有权查看公众的个人信息,但只能在其权限规定的范围内查看他有权查看的信息。与这项规定配套,爱沙尼亚提供了技术手段让用户可以知道谁查看了自己的信息。如今,用户在"E-爱沙尼亚"的操作页面上就可以清楚地看到有哪些人在什么时间查看了他的信息。如果他觉得有问题,可以要求查看者说明情况,而对方必须在30天内给予回复。

当然,爱沙尼亚的数字化建设进程中也面临了多次安全考验。比如,2007年爱沙尼亚就经历了一起全国规模的网络攻击,网络服务一度瘫痪,而这次事件也给爱沙尼亚敲响了网络安全的警钟,爱沙尼亚于2008年发布了国家网络安全战略,大幅加强了网络安全措施。今天北约网络安全防御中心即建在爱沙尼亚首都塔林与此多少也有些关系。另外,爱沙尼亚政府还有一个非常重要的信息安全政策,即无论是否发现漏洞,每13年整个政府的关键信息系统都要重新设计。值得一提的是,为了应对可能的安全威胁,爱沙尼亚将备份也提到了整个国家的层面。如果需要,爱沙尼亚所有政府和服务可以马上转移到预先安排的6个"临时数据大使馆"中的任何一个都可以。整个过程只需要触碰一个开关,就能自动地将支撑爱沙尼亚国家数据系统运转的代码执行程序切换到境外的另一个服务器集群上。即使境内外的数据联系被切断,最终当战争取得胜利时,国家还是可以基于备份数据恢复重建。

从理论上说,基于这样的数字化国家基础设施,爱沙尼亚完全可以存在于世界上其他任何地方,因为只要有网络,政府官员可以在任何地方办公,国民可以在任何地方生活。

谈及取得今日科技成就的原因时,年轻的爱沙尼亚总理塔维·罗伊瓦斯总结说:"不能说爱沙尼亚人在技术方面特别有悟性,而只能说仅仅是因为我们更务实,认为这样做可以为我们节省时间、节省金钱,使生活变得更加容易。"

2. 保密协议只是遮羞布

我们在从事商业活动中把信息透露给对方时,一般都会签署严格的保密协议,但有些国际机构的保密协议多达几千字，异常繁复，而且存在很多法律装饰的条款，目的就是给人以安全感。实际上，签署的保密协议是没有什么价值的。

为何说保密协议无用呢？首先，对存在争议的信息，我们几乎没有能力证明信息的所有权。尤其是中国现行法律不支持电子证据和自由心证[①]。在实证和书证的要求下，泄密都很难找到足够的证据，这样一来泄密与否就成了道德上的责任了。

再有，对方可以直接利用我们提供的信息应用等诸多方面，比如：决定是否投资、怎样投资、判断行业走势、股票出货等，对方直接使用我们信息的情况就更难主张了。同时，对获得信息进行挖掘，衍生增值，形成更有价值的新信息以全新的面目出现，我们根本无从判定信息泄密者是谁。而这种情况在信息垄断企业中非常普遍，它们利用得到的信息制作出各种针对行业或国家地区的分析报告。

另外，即使我们掌握全部的证据诉之法律，对方应承担的责任也非常小。我国的法律对此赔偿的是直接损失，并没有惩罚性赔偿，但信息泄密所造成的损失多为是间接的，索赔抵不上利益，根本没有什么实质作用。而国外的一些做法则不同，信息泄露的赔偿是有惩罚性赔偿的，同时侵权证据也是可以有自由心证的，和我国的情况完全不一样。所以说，那些保密协议在中国就是遮羞布。

最后，还有一种情况不能忽略，所有的保密协议对于国家情报部门和军事部门都是开放的，而国家情报之争已经从军事、外交转移到经济领域。占有垄断地位的，尤其是国家命脉领域的企业机密，实际上就是国家机密。试想，美国中央情报局过问一些信息，美国的公司能不如实回答吗？中国企业又怎会知道他们过问的内容，即使是知道又能怎么样？

3. 案例分析：达能的中国投资之旅

海外公司是如何在中国进行信息掠夺的，这里我们列举达能的中国投资产战略来进行说明。

法国达能集团在全球食品行业执牛耳，全球鲜乳制品及瓶装水在行业内排名第一，饼干和谷物小食位列全球第二，旗下拥有达能、依云、Volvic和LU等多个著名品牌。集团业务遍布六大洲，产品行销100多个国家。在法国、意大利及西班牙达能都是当地最大的食品集团，欧洲第三大食品集团。2005年年度财务报告显示，达能集团全年营业

[①] 自由心证（在我国又被称为内心确信制度）是指法官依据法律规定，通过内心的良知、理性等对证据的取舍和证明力进行判断，并最终形成确信的制度。

收入为 130 亿欧元，位列全球食品饮料行业第六位。2006 年上半年，达能集团增长率达到 9%，是世界上增长最快的几个大规模食品企业之一。

1987 年达能集团进入中国，业务涉及饼干、纯净水、啤酒、乳业、果汁等领域。通过十余次并购，达能集团已在中国食品饮料行业占据了重要地位。在其大量资本运作中最为著名的为参股光明乳业、控股乐百氏集团及合资娃哈哈等。达能集团持有乐百氏、光明乳业、深圳益力、上海正广和饮用水、汇源果汁等众多龙头饮料企业的股权，与娃哈哈、蒙牛乳业等品牌则通过合资公司的方式分享收益。

达能在华并购大事记：

1994 年，与光明合资建立了上海酸奶及保鲜乳两个项目，达能占 45.2% 的股份。

1996 年，与娃哈哈成立 5 家合资公司，达能获得 41% 的股权。

1996 年，收购深圳益力食品公司 54.2% 股权。

2000 年，收购乐百氏 92% 的股权。

2001 年，达能亚洲司参股光明，到 2006 年 4 月，增持光明股权达到 20.01%。

2004 年，收购"全国桶装水市场老大"梅林正广和 50% 股份。

2006 年 7 月 3 日，成为汇源第二大股东。

2006 年 12 月，达能与蒙牛组建合资公司，持股 49%。致力酸奶等产品生产、研发与销售。

……

达能的并购始终围绕着自身主业，从纯净水、果汁饮料、饼干到乳品。但它对不同企业的渗透方式却有所不同，参与投资娃哈哈，控股乐百氏，全资拥有益力饮用水，参股光明并将品牌交给其运作。达能和其他三家机构投资者共同持有汇源 35% 的股权，达能占有 22.18% 的股权。达能（亚洲）还增加一名董事人选入驻光明乳业董事会担任董事。

对于这些被收购或参股的企业，为何达能总是能够找到最佳的途径？达能的并购和业务开展的咨询服务商是麦肯锡，而达能参股并购的企业很多也是麦肯锡的客户，天平倾斜方向不言而喻了。压到最低价格，突破企业底线，其信息工作的充分是必不可少的前提条件。

达能在对中国企业的资本运作中，得到最多的就是企业的信息，利用这些信息来发展自己在中国的市场，所以它可以把乐百氏给"玩死"（2016 年达能整体抛售乐百氏，其 6 家工厂整体转移到盈投控股），用商标争端困扰娃哈哈运营，同时达能的依云牌矿泉水悄无声息地占据了中国高端市场。

4. 控制中国核心信息遏制中国发展

中国快速崛起让世界震惊，而快速发展的背后改变了世界资源分配方式，给西方世界造成巨大冲击。由此遏制中国的发展成为西方世界主题之一。西方极右翼势力反华叫嚣很强烈，虽然一些国家表现出对中国的友好，但也是出于该国利益的政治家策略而已。中国应当对崛起所面临的挑战有充分的认识。

遏制中国的根本在于破坏中国的可持续发展和产业升级，也就是让中国永远处于产业链的低端。我们常说，一流企业定标准、二流企业推品牌，三流企业搞技术，末流企业在生产，进入标准和品牌领域其根本要拥有产业的核心信息，掌握产业发展方向，否则将永远是一个"打工者"，等你发展了想要提高工资了，"老板"会再找一个比你更加便宜的企业来顶替。目前中国所遭遇的东南亚的制造业成本竞争就源于此。突破自我，走向高端，日本是一个很好的例子，它从加工者向研发者发展。想一下，从当年日本如何重视一个国家信息战略，就可以看到世界的端倪。

全球一体化进程中，金融制高点和货币战争成为世界各国竞争的主流，关乎国家命运的信息情报就更加重要了。西方势力利用货币金融手段掠夺发展中国家的财富已经是公开的秘密。然而在看似"费厄泼赖"[①]的国际金融市场，实际上开展的是完全不对等的战争，这体现在信息不对称和信息霸权上，致使判断出错，将资源和财富在规则下流失到了西方世界。就如经济危机前它们把世界资源和大宗商品炒作到天价，以此算计中国这个新兴的经济体。因为增加的资源需求在中国，而西方世界早就通过长期协议和参股等方法，降低资源价格变化对自身的影响。在经济危机后，把资源价格打入地狱，实际上是为了算计俄罗斯。因为加入国际市场的新增供给多半出自俄罗斯，利用资源的高价让俄罗斯担保借入巨额外债，资源的价格暴跌后，通过逼债和压低价格购买俄罗斯的资源产权。当然，资源价格暴跌对有长期协议的西方社会影响并不算大。

所以，不要说中国的套期保值要是不进行就好了，不进行套期保值资源的价格就不会降下来，价格持续暴涨一样亏损，只能坐等套期。核心信息在别人手里，看着你的牌出牌，想与其抗衡很难。我国已拥有2万亿美元的外汇储备，具备了一定的金融实力，而且还有不断增加的趋势。想要遏制中国的崛起，在核心信息上制约中国是西方的首选。

---

① Firplay，"五四"新文化运动时将其译为费厄泼赖，原为体育运动竞赛和其他竞技所用的术语。意思是光明正大的比赛，不要用不正当的手段，不要过于认真，不要穷追猛打。

三、透明制带来的中外利益套利

网络正在以惊人的速度改变着人们的生活，人在网中央享受着网络的便捷与多彩。有人会问，国外的网络和我们的一样吗？

美国的网络接入与中国是不同的。我们使用动态 IP，每一次登录的 IP 地址都会改变，所以我们不能在家建立自己的网站；而美国使用固定 IP，在美国的根服务器管理和域名管理下，使用者的身份 IP 其实等同于网络上的虚拟身份证，但虚拟身份怎样对应使用者线下的身份是不透明的。而中国实行的是网络实名制，线上和线下的身份信息是一一对应的。

1. 网络信息不对称

西方经济学是建立在逻辑演绎基础之上的一种理论，其特征为从基本前提假设出发，通过数学演绎推理得出结论。西方经济学有三个基本前提假设：第一个理性人假设又称经济人假设，或最大化原则，是西方经济学中最基本的前提假设。第二个信息完全假设，价格机制是传递供求信息的经济机制，信息完全假设具体体现在自由波动的价格上，最大化原则加上完全竞争假设才能推导出信息完全假设；第三个市场出清假设，它与前两个基本前提假设具有明确的因果关系，是前两者的逻辑推论。现代经济学的发展围绕着对这三个基本前提假设的反思而展开。

参与市场经济全球化与世界接轨，市场经济学的基本假设就是市场出清、信息充分、绝对理性等，如果信息不对称市场的公平性就不存在了，当我们与世界进行交易就会成为被掠夺的对象。市场发展到了套利模式，在西方现代金融业的大杠杆下，微小的利差都能够使用高杠杆套取出来，导致我们的体系的"失血"。

西方政治遵循了科斯定理[①]，讲的是只要交易成本足够低，无论所有权怎么样，市场分配会达成帕雷托最优。帕雷托最优（Pareto Optimality）也称为帕雷托效率，是指资源分配的一种理想状态，假定固有的一群人和可分配的资源从一种分配状态到另一种状态的变化中，在没有使任何人境况变坏的前提下，使得至少一个人变得更好。

但我们要说的是，在世界发展的大蛋糕面前，类似的中国出口商品，美国人赚取 3 美元，中国人赚取 1 毛钱，也叫没有人变坏的情况下有人变好的最优，最优的总是美国人，中国得到 1 毛钱总比没有强，就是没有变坏了。现在这样情况下进行价格谈判，中国处于透明状态，价格会被压到最低。双方在市场中处于不对等的状态，在信息不对称下，市场竞争没有公平可言。但他们总说你的交易是自愿的，是帕累托最优下无人受害的，但这却是不公平的，这样的透明差异，已经破坏了市场基本假设和规则。

2. 为何中国网络值得烧钱

中国网络企业烧钱空前，中国电商企业在美国上市的表现非常抢眼，西方各种资本给所谓的中国互联网企业的估值都是高高在上，为何估值如此之高？为何中国烧钱比外国更狠？

首先，中国网络值钱的原因在于中国网络比外国更为透明，每一个中国人的线下信息和线上信息是一致的，网站可以不受限制地收集客户的线下信息，把这些信息进行挖掘而得利。现在网络的免费政策，其目的是通过免费使用网络换取用户信息。网络到底值多少钱，实际上就是换取的信息有多少、有多大价值！

其次，关键在于中国的网络透明，而其他经济体不透明，这样的比较性差异才是中国网络值钱的根源。各种相对性营销，在中国可以搞起来，但是在其他国家就不行的。比如电商，在网络上价格比较成了对线下更大的优势，这里面是有利益输送的。西方没有这样透明，线下就没有这样大的优势。由于一些网店为了逃避税款而不注册，我们的支付信息以及相关信息变成了网络独享，在西方需要报税，其个人支付信息是垄断在金融清算里面的。透明度的差异是可以带来套利的。有些网络模式在中国如此发达，原因就在于此。

在网络异常透明的情况下，如果变回不透明，其价值就变得更大，所以网络的竞价排名显得异常有价值，去掉不利的信息变得更有意义。2016 年的医疗莆田系的"魏则西事件"、某明星"戴立忍事件"，都去除了对当事人不利的信息。这两个事件带有中国网络特色，其巨大的影响力背后就是相关商业利益，有特别的溢价，在透明时代的不透明价值被放大。

中国网络的溢价，还包括政治溢价。2000 年前吕不韦就知道政治投资比百倍珠宝生意更有投资价值，控制一个崛起大国的政治，这个价值和意义当然是要给溢价的。网络

---

① 科斯定理是由罗纳德·科斯提出的一种观点，认为在某些条件下，经济的外部性或曰非效率可以通过当事人的谈判而得到纠正，从而达到社会效益最大化。科斯本人从未将定理写成文字，而其他人如果试图将科斯定理写成文字，则无法避免表达偏差。关于科斯定理，比较流行的说法是：只要财产权是明确的，并且交易成本为零或者很小，那么，无论在开始时将财产权赋予谁，市场均衡的最终结果都是有效率的，实现资源配置的帕雷托最优。

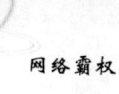

透明背后是资本谋求政治权利，还有溢价，尤其是在外来国际金融资本有所图谋的情况下，金融殖民地的价值溢价是万世之利。

所以，我们看到中国网络的溢价，一些网络股在海外上市，在VIE风险、意识形态风险和对发展中国家整体估值贴水的情况下，还有一些股票高企被追捧，这种现象值得深思。

3. 透明不对称在量化模型时代

当今世界，量化计算机交易成了西方金融资本的重要手段，透明的微小不对称，都可以极为迅速地被放大，取得巨大的经济利益。

量化交易是指以先进的数学模型替代人为的主观判断，利用计算机技术从庞大的历史数据中海选能带来超额收益的多种"大概率"事件以制定策略，极大地减少了投资者情绪波动，避免在市场极度狂热或悲观的情况下作出非理性的投资决策。

量化投资技术包括多种具体方法，在投资品种选择、投资时机选择、股指期货套利、商品期货套利、统计套利和算法交易等领域得到广泛应用。在此，以统计套利和算法交易为例进行阐述。

（1）统计套利

统计套利是利用资产价格的历史统计规律进行的套利，是一种风险套利，其风险在于这种历史统计规律在未来一段时间内是否继续存在。

统计套利的主要思路是先找出相关性最好的若干对投资品种，再找出每一对投资品种的长期均衡关系（协整关系），当某一对品种的价差（协整方程的残差）偏离到一定程度时开始建仓，买进被相对低估的品种、卖空被相对高估的品种，等价差回归均衡后获利了结。

股指期货对冲是统计套利较常采用的一种操作策略，即利用不同国家、地区或行业的指数相关性，同时买入、卖出一对指数期货进行交易。在经济全球化条件下，各个国家、地区和行业股票指数的关联性越来越强，从而容易导致股指系统性风险的产生，因此，对指数间的统计套利进行对冲是一种低风险、高收益的交易方式。

（2）算法交易

算法交易又称自动交易、黑盒交易或机器交易，是指通过设计算法，利用计算机程序发出交易指令的方法。在交易中,程序可以决定的范围包括交易时间的选择、交易的价格,甚至包括最后需要成交的资产数量。

算法交易的主要类型有:1)被动型算法交易,也称结构型算法交易。该交易算法除利用历史数据估计交易模型的关键参数外,不会根据市场的状况主动选择交易时机和交易的数量,而是按照一个既定的交易方针进行交易。该策略的核心是减少滑价(目标价与实际成交均价的差)。被动型算法交易最成熟,使用也最为广泛,如在国际市场上使用最多的成交加权平均价格(VWAP)、时间加权平均价格(TWAP)等都属于被动型算法交易。2)主动型算法交易,也称机会型算法交易。这类交易算法根据市场的状况作出实时的决策,判断是否交易、交易的数量、交易的价格等。主动型交易算法除了努力减少滑价以外,把关注的重点逐渐转向了价格趋势预测上。3)综合型算法交易,该交易是前两者的结合。这类算法常见的方式是先把交易指令拆开,分布到若干个时间段内,每个时间段内具体如何交易由主动型交易算法进行判断。两者结合可达到单纯一种算法无法达到的效果。

算法交易的交易策略有三:一是降低交易费用。大单指令通常被拆分为若干个小单指令渐次进入市场。这个策略的成功程度可以通过比较同一时期的平均购买价格与成交量加权平均价来衡量。二是套利。典型的套利策略通常包含三四个金融资产,如根据外汇市场利率平价理论,国内债券的价格、以外币标价的债券价格、汇率现货及汇率远期合约价格之间将产生一定的关联,如果市场价格与该理论隐含的价格偏差较大,且超过其交易成本,则可以用四笔交易来确保无风险利润。股指期货的期限套利也可以用算法交易来完成。三是做市。做市包括在当前市场价格之上挂一个限价卖单或在当前价格之下挂一个限价买单,以便从买卖差价中获利。此外,还有更复杂的策略,如"基准点"算法被交易员用来模拟指数收益,而"嗅探器"算法被用来发现最动荡或最不稳定的市场。任何类型的模式识别或者预测模型都能用来启动算法交易。

无论是统计套利还是算法交易,关键都是数据,谁有更核心、更准确的数据,谁就是交易的王者,即使数据信息比别人快毫秒、微秒都可以获利巨大,这种现象在以往的历史中是不会出现的,因此可以看出,在量化模型之下,信息不对称的影响被极大地放大。

据国际清算银行(BIS)公布的 2015 年下半年的国际场外交易(OTC)衍生品数据,2015 年下半年利率类衍生品合约名义金额达 384 万亿美元,占全球 OTC 衍生品市场的 78%。其中,掉期交易合约在利率类衍生品市场中的名义金额达 289 万亿美元。

外汇衍生品市场则成为全球 OTC 衍生品市场的第二大组成部分。到 2015 年 12 月,

外汇衍生品合约名义金额为 70 万亿美元。而全球股市的总市值仅区区 70 万亿美元。商业不动产投资常常被视为最显著的财富标志，但也仅仅只有 7.6 万亿美元。金融衍生品的规模可以达到实体总量的 100 倍以上，极为微小的变化都是致命的。在量化时代，这种变化被进一步地放大。在我们和西方存在信息不对称的情况下，金融风险也需要我们放大来看。

四、透明化背后核心信息垄断

1. "路"由不得你

讲到网络权利，很多人痛恨那道"墙"，限制我们随意访问境外网站，于是很多人开始"翻墙"。所谓"翻墙"就是绕过相应的 IP 封锁、内容过滤、域名劫持、流量限制等，实现对网络内容的访问。就在我们处心积虑地"翻墙"时，却不知道我们早已越过山峰跨过海洋周游了多个国家，想要一个不出境、不过墙的网络服务目前是做不到的。

网络域名解释服务器在美国，中国也没有一个根服务器。虽然我们也有自己的域名管理，但 .cn 却是别人的子域名。中国大量企业和网站使用 .com、.net、.edu 等域名，这些根域名与 .cn 是同一级别，这也意味着我们每天都在"出国旅游"。为何这么说呢？我们从域名解析服务的大致过程说起。

> 域名解析服务的大致流程如下：[①]
>
> （1）客户机提出域名解析请求，并将该请求发送给本地的域名解析服务器（LDNS）。
>
> （2）当本地的域名服务器收到请求后，先查询本地的缓存，如果有该记录项，则本地的域名服务器就直接查询结果返回。
>
> （3）如果本地的缓存中没有该记录，则本地域名服务器就直接把请求发送给根域名服务器（Rootserver），根域名服务器再返回给本地的域名服务器一个查询域（根的子域）的主域明服务器（gTLD server）的地址。
>
> （4）本地的域名服务器再向上一步返回的主域名服务器发送请求，然后接受请求的服务器（Name server）查询自己的缓存，如果没有该记录，则返回相关的下级

---

① 卢明欣、李长红编著：《中华公网共图强》，北京邮电大学出版社，2015 年版。

域明服务器的地址。

（5）重复第（4）步，直到找到正确的记录。

（6）如果找到正确的记录，本地的域名服务器把返回的结果保存到缓存，以备下一次使用，同时还将结果返回给客户机，客户机根据返回的 IP 地址访问相应的服务器。

（7）如果找不到正确的记录，则返回出错的结果。

在域名存储解析过程中，根域名服务器虽然没有每个域名的具体信息，但存储了负责解析每个域（如 COM、NET、ORG 等）的域名服务器的地址信息，如同通过北京电信查号台找不到广州某单位的电话，但是它可以告诉你去查 020114。世界上所有的 Internet 访问者的浏览器将域名转化为 IP 地址的请求，理论上都要经过根服务器的指引去该域名的权威域名服务器上得到对应的 IP 地址。从这个流程上看，根域名服务器起着最终解释和决定作用。

如果我们的网络路由必须经过境外，就存在信息被截取的可能性，尤其在网络上主张使用身份信息或者生物特征验证的被截取和仿真的可能性更大。而各种云的应用以及和境外云混杂在一起，在中国很可能找不到几片"干净的云彩"了。

2. 核心信息的取得更加困难

网络盛行，获取信息的途径变得简单多了，在 Google 或者百度这样的搜索引擎上搜索就可以解决很多问题，但是实际情况却恰恰相反。看似获取普通信息的方式变得简单，但想要获得有价值的信息还需要一定的付出。获取有价值的信息，成本也很高。在现行的市场模式下，如果信息所有者无法获得应有利益，谁还会去搜集信息呢？

现在网络上充斥着大量的垃圾信息，识别成本很高，这也加剧了信息的利用难度，尤其是核心信息很可能被埋没于海量的垃圾信息之中。

免费的信息存在，搜索的便捷，使得传播更加容易，大量依靠付费经营的信息机构难以生存，生存下来的机构不得不收取更高的费用，以平衡信息收集和企业运营的费用，这种运作方式只有极少数处于行业顶端的企业有能力进行。一般企业对于信息的价值边际是不允许这样高成本的，从而也导致信息服务企业的减少和垄断。信息领域形成了垄断后，再与实体产业垄断相结合，其市场干预能力将呈几何级数增长。其外在表现之一为普通出版物和图书馆市场萎缩。已经发展了几百年的图书出版和图书馆传播模式，是社会普通阶层取得大量信息来源的经济模式。如今，取而代之的是各种研究机构的研究报告，多数以保密的方式提供给客户，普通人很难接触到，甚至普通企业也难以支付其高昂费用。

网络实名制下，谁能让用户信息透明，谁就有更多的信息筛选优势。虽然每个应用都有用户协议，有保护用户隐私信息的义务，但不出售不等于不利用。他们可以利用这些透明化的信息挖掘更大的价值，可能给用户带来不便，但掌握信息挖掘权利是国家、企业的竞争优势所在。信息透明化，给网络信息垄断带来了更大的价值。

所有这些变化，看似是信息爆炸，实质却是在海量爆炸信息的支撑下，信息制高点更高了，取得核心信息更加不易。谁能够让你的信息透明，谁就有优势。

3. 核心信息机构的垄断

国际信息服务机构加强垄断

说到信息核心机构垄断，必须提及美国国际数据集团和麦肯锡公司，首先我们先了解下这两个公司。

美国国际数据集团（International Data Group，简称 IDG）是全世界最大的信息技术出版、研究、会展与风险投资公司。IDG 公司 2005 年全球营业总收入达到 26.8 亿美元。IDG 集团公司创建于 1964 年，总部设在美国波士顿。目前，在全世界 85 个国家和地区设有子公司和分公司，拥有 13000 多名高级研究专家和编辑人员，采用电子邮件、数据库、电传及联机服务等现代化信息处理和传递手段，建立了快速而全面的世界性信息网络。

麦肯锡公司是世界级领先的全球管理咨询公司。自 1926 年成立以来，麦肯锡采取"公司一体"的合作伙伴关系制度，在全球 44 个国家有 80 多个分公司，共拥有 7000 多名咨询顾问。麦肯锡大中华分公司包括北京、香港、上海与中国台北四家分公司，共有 40 多位董事和 250 多位咨询顾问。在过去 10 年中，麦肯锡在大中华分公司完成了 800 多个项目，涉及公司整体与业务单元战略、企业金融、营销/销售与渠道、组织架构、制造/采购/供应链、技术、产品研发等领域。麦肯锡大多数客户均为各国优秀的大型公司，如排在《财富》杂志前 500 强的公司。这些公司分布于汽车、银行、能源、保健、保险、制造、公共事业、零售、电信和交通等各行各业。

上述两家公司中，IDG 把新兴"互联网"、高科技等产业的咨询服务基本垄断，麦肯锡则垄断了传统行业，世界排名前 100 的 70 多家公司均为其客户。这些企业有很多是存在着互相竞争关系的行业巨头，它们却找同一家服务机构，这本身就说明了市场中的信息垄断，否则谁会轻易选择竞争对手的信息服务机构为自己提供服务。

如今新巨头变得更有实力，一个是谷歌公司（Google Inc.），一个是苹果公司（Apple Inc.）。Google 在收集信息层面所达到的高度是我们难以想象的，如 Google 地图采集地理信息已经无所不及，有媒体曾经报道，英国一位母亲在谷歌地图发现自己 4 岁孩子裸身照且非常清晰。在这个强大的引擎面前，世界变得透明了。

苹果公司则是手机机身和电池一体化的推动者。断电重启或关机时，某些程序仍然在暗中运行，手机变成了信息收集器，并且这些信息有义务分享给美国情报机构，"棱镜门"主角斯诺登曾向媒体爆料，自己从来不用苹果的 iPhone 手机，因为相关部门在 iPhone 里留下了后门，以便随时窥探他们想要获得的信息。

会计师事务所之线下信息

世界上的六大会计师事务所不久前已经变成了四大会计师事务所，垄断更加集中。它们垄断了全球几乎所有国际资本市场运作企业的财务审计等工作，企业在证券市场公开的财务报告必须由他们进行审计。我们来简单地了解下这四家会计师事务所。

普华永道：全球最具规模的专业服务机构，在全球 150 多个国家拥有超过 16.1 万名专业人士。普华永道为 PricewaterhouseCoopers 国际网络成员公司。每一家 PricewaterhouseCoopers 国际网络成员公司都是独立运作的法律实体。

德勤：一个由全球各地众多的成员公司所组成的组织，并在约 150 个国家切实执行其全球性客户服务战略。德勤依托由 12 万名专业人士组成的全球网络，在审计、税务、企业管理咨询和财务资讯四个领域为超过一半的全球最大型企业服务。

毕马威：是一家网络遍布全球的专业服务机构，专门提供审计、税务和咨询等服务，总部位于荷兰阿姆斯特丹。其成员机构遍及全球 156 个国家，拥有 15.2 万名员工。

安永：是一家全球领先的审计、税务、财务交易和咨询服务机构之一，遍布全球 150 多个国家，700 多家办事处的超过 19 万名专业人员，为客户提供全面和优质的服务。

且不说这些机构的人员和分支机构遍及全球，全球国际资本市场的上市公司的财务都要经过这四家会计师事务所的审计,并且这四家公司还为上市企业提供财务管理和多项咨询工作。根据法律规定,他们虽然不能泄露客户的财务信息,但能提早知道其财务情况,难以避免进行相关的渔利。很多公司限制购买客户的股票,但在西方金融市场有太多的金融商品可以选择了,比如购买指数期货。他们知道企业的核心财务情况,通过财务资料汇集,分析当时经济的冷暖。从而在宏观上操作相关指数。这种做法反而更加隐蔽,几乎没有风险。

2009年美国更改了会计准则[1],把过去应当记入损失的大量项目变成不用更改企业的原有会计账目便可进行,企业财务真相被更好地掩盖起来了。企业到底在金融危机中亏损了多少,瞒不过这些机构,其通过全球庞大的企业客户数很容易进行统计概算,深入了解那次金融危机真实损失,使得2008年经济危机后,美国企业实际情况可以不被透明,给了企业金融操作的空间。

对境外机构到中国做审计,本来是需要谈判的,我们可以争取在信息上对等。而我国企业在海外上市,却把这个机会放弃了。而且这些审计机构的底稿也在美国有关部门调查范围内,这使得我国的企业信息变得透明。相关报道可见《四大审计底稿陆续会移交美监管》(《第一财经日报》),《美国要检查阿里百度审计底稿,中美专业领域较量揭开序幕?》。

这些机构的属性,让中国信息更透明而西方不透明,对我们来说就是一个信息的差异,却是能够被套利的。它们还成立了各种信息部门,说是网上分析各种信息,也从各种网站购买信息,我们的透明信息被他们买来作为审计的依据,我们的网络信息透明,带来的信息安全问题需要深思。

背景资料:美国情报组织[2]

2004年12月8日,美国国会通过了50多年来最大规模的情报机构改革法案,决定创设统管全美15个军方和非军方情报机构的国家情报局。

根据新法案,美国将创设国家情报局长的职位,统管全美15个军方和非军方情报

---

[1] 2009年4月2日,美国财务会计准则委员会决定放宽按公允价值计价的会计准则,这条消息引发美国金融股大幅反弹。美国财务会计准则委员会此次仓促调整会计准则,显然是受到国会及金融行业的压力的影响。
[2] 来源于维基百科:United States Intelligence Community.

机构，以确保这些机构在将来相互合作，进而阻止恐怖袭击。国家情报局长不是布什政府的内阁成员，但与国防部长和国务卿同级，有权利用美国在全球的情报资源，监视"基地"等恐怖组织的活动。此举在世界上掀起了轩然大波，世界各国的情报机构也成了人们关注的焦点。美国的情报总监一职是"9·11"之后，为适应新的反恐形势应运而生的。设立该职是9·11独立调查委员会的主要建议，也是美国50年来最大的情报改革措施。情报总监位高权重，监督全美15个情报机构运转，CIA局长需要向其汇报工作。

现任国家情报总监丹·科茨（Dan Coats）于2017年出任。

4. 各种手段让中国信息透明

中国的信息安全意识还不够强，一直处于不自觉地向西方透明的过程中，不知不觉中信息就被外国获取了，致使我们在竞争中很被动，同时给企业造成了经济利益损失，进而国家信息安全还将受到威胁。下面的例子就是我国信息流失和透明的一些典型的情况。

"送货上门"

有一个流传非常广的故事，日本为了了解中国大庆是否发现了大油田、储量有多少，仔细分析了《红旗》杂志上的报道。对铁人王进喜的照片上楼梯扶手的粗细进行了分析和运算，从而得到了准确信息。当时我们将这样的故事当作信息情报流失的反面教材！

如今情况发生了根本的改变，如果按照上面的故事再演绎一下，故事应该这样讲：

在西方的诱饵下，我们主动把所有数据交了出去，这样还不够，人家要问你的数据真实吗？这时中国人就拿出了《红旗》杂志的照片，根据照片上扶手的粗细自己列出算式运算后告诉对方我们是有证据证明数据的真实性。现在中国的海外投资、招商引资等就是陷入这样核心信息流失的境地。下面各节我们将仔细地分析一下具体的情况。

中国企业的海外上市

在我国海外上市的企业队伍中，除了普通企业不乏战略核心企业，很可能导致国家命脉行业的整体信息被泄露。

中石油、中石化和中海油三大石油公司无一例外地在海外上市，使得国外可以方便地了解中国石油行业信息。中国电信、中国联通和中国移动三大电信企业也是海外上市公司，使得中国电信业的信息也暴露无疑。中国银行、建设银行、工商银行等多家大中小型银行也已经在海外上市，尤其是几大国有银行的海外上市，中国的金融信息也可能被泄露。交通领域中，中国远洋、中海发展等也是海外上市公司，国航、东航也在上市之列。中国的航空、航运公司海外上市，交通行业的信息也存在泄露的风险。中国的门户网站几乎都在海外上市，他们上市时有些是为了规避了中国法律。因为根据《外商投资产业指导目录》（2015版）规定，新闻网站、网络出版服务、网络视听节目服务、互联网上网服务营业场所、互联网文化经营（音乐除外）等领域限制外资持股。目前，除上海自贸区内的企业外，国外投资者不允许直投电商。因此国外资本一般通过VIE方式进入中国电商行业。他们以离岸技术公司的身份在海外上市，通过技术公司与国内的同名、同商标的网络公司签署技术服务和商标域名使用授权，通过"奴隶"协议的方式把利润转移到海外。所以此行业的信息实际上对外是透明的，海外技术公司看似只是技术，但是他们就其服务的网络公司进行信息挖掘是轻而易举的事情。

中国的电信、金融、石油、航空航运、网络等最重要行业的信息应当保密，但上市过程中不但要提供企业全部信息，还要提供证据证明自己所说的是真的。

全球范围内企业上市，很多都需要华尔街投资银行的辅导，我国上市公司也不例外。在辅导上市过程中，要求企业必须提供真实的信息，同时以当保荐人身份负有责任等问题，要求企业对自己所提供信息的真实性作出证明。只要企业在海外上市了，每年年报的审计也是由境外四大会计师事务所来办理的。在审计时，所有审计师关心的财务数据也需要你给他们证明，包括各种交易、采购、销售、生产成本等数据，中国的核心信息就此流失了。对方很可能汇总这些信息绘制出整个行业乃至整个国家的经济蓝图，为其再次产生更大的利益。

中国的风投活动

境外风险投资在中国的活动是风风火火，天价融资让中国创业者趋之若鹜，风投公司成了初创企业的上帝。那么为何风险投资公司如此受欢迎呢？"撒钱"的目的何在？

风险投资（Venture Capital，简写VC）又称"创业投资"，不仅仅需要了解企业的情况，还要了解企业所处的市场、创业者的人脉等信息以及经营的思路和智慧。VC会接触所有行业内想要融资的企业，而中国行业内资金奇缺，资金需求量大，想要创业找风险投资公司融资的多为行业精英，掌握行业核心信息，经过融资企业信息尽数被少数垄断国际风险投资公司所套取。只有极少数的创业者可以得到风投的青睐，同时这些幸运儿还会被包装成所谓的"天才"。这是因为在资本市场上，资产的价值、市场的价值、技术的价值都可以评估，而天才是不能评估的，可以任由想象使其最具备在资本市场炒作的价值。

创业思路是无法以保密协议的形式进行约束的，这些"天才"的想法，其中的部分很可能来自风投公司从其他创业者那里套取的创业思路，然后交给所谓的天才去执行。你可以想到的创意，"天才"理所当然能够"想到"。VC以大家想象不到的高估值去投资一个公司，很大程度是为了了解全行业的情况，套取利用全行业的智慧。

所以，以笔者多年从事投资融资的工作经验告诉未来的创业者：如果自己的企业没有发展到一定程度，形成行业门槛，找风险投资是给别人白白提供思路；如果风险投资已经投资了类似的企业，更要小心自己融资时的信息可能会被泄露给竞争对手；创业者应当记住你只是一只乌鸦，你的奶酪和资本就是自己的想法和所掌握的行业信息，风投多是混迹行业多年的狐狸，他们会唱着赞歌让你开口，一旦开口了，得到奶酪后的他们将弃你而去。很多融资的传奇只能当作故事听。

中国的招商引资

中国对外的招商引资长期以来是非常艰巨的政治任务，各地方政府也经常以招商金额作为官员政绩考核的指标，但也会带来企业信息安全的隐患。

外方套取企业信息的手段非常广泛，如参股多个企业，每一个企业占股都不多，但是企业的核心信息需要向其公开，同时有些外资企业还自营与合资企业有重大竞争关系的业务。我国一些审批机构缺需要增强信息安全意识。另外，在我国法律中对外方同业禁止也没有太多的规定，我国《公司法》最多是对公司的经营管理人员的同业禁止，限制董事、经理、监事却不限制委派成员，造成对企业经营信息的实际危害。

外资进入我国核心企业，不仅希望其提供资金，有时把它当作战略合作者引入，当作老师给供养起来，知无不言、言无不尽，即便占有很少的股份，但对企业决策的影响远远超过了持股！国际上通常做法是限制同业投资进入董事会，就如中国平安投资富通公司，虽身为第一大股东却没有获得董事席位，如果有董事席位中国平安也不会遭受那

样大的损失。

外资要套取行业核心信息，甚至用不着实际进行合资、投资，只要对有一定国际知名度的企业提出投资的意向，企业便会将信息和盘托出。外资以投资为诱饵逐个把具有规模的企业洽谈一个遍，甚至还会有企业恶意将行业秘密透露给外商。最终，外商对中国行业的了解有时比我们自己都要多。

保险公司的外资渗透

中国保险业被外资渗透非常严重，除了我国几大保险公司海外上市以外，还有三大保险公司之一的中国平安被外资控股，而海外保险公司在境内投资与国内公司合作，成立了大量合资保险公司，整个行业可以说对国际金融资本透明了，为什么这么说呢？

前面已经提到了海外上市等各种让企业信息流失的方法同样适用于保险公司，但本节将保险行业进行单独的分析其关键在于保险公司掌握了国家重要信息，甚至是国家部分核心信息。

保险公司为了确定其赔付比例和保费收取，需要进行严格精算，而精算所依据的是整个社会经济和人口信息。其中寿险依据的是人口信息，财险依据的是社会经济，可以说保险公司掌握了中国人口、社会等各方面信息。保险公司还在其精算中挖掘了中国人口和社会经济的全部核心信息，当客户积累到一定的程度，就相当于中国信息的统计抽样。

通过对保险公司各种数据的分析，就可以了解一个国家社会和经济，控制了保险公司的核心信息，这个国家就透明了。所以，国外对保险公司的外资限制比较严格，从"中国平安投资富通事件"就可以看出。首先，富通公司不让中国平安进入董事会，一个公司最大股东没有董事席位这合理吗？其后，比利时、荷兰和卢森堡三国不惜违反法律处理富通公司的方式，在司法独立的西方社会极其罕见。

处理富通公司的具体做法是：三国政府采取绕过股东会的权力，安排法国巴黎银行以 57.3 亿欧元收购富通保险比利时业务 100% 的股权；安排荷兰政府以 168 亿欧元收购富通银行荷兰控股公司，包括富通集团此前收购的荷兰银行业务及富通集团荷兰保险业务；此后将其解体为一家资产仅含国际保险业务、结构化信用资产组合部分股权及现金的保险公司。富通公司具有核心信息价值的业务就被全部转移了，平安再怎样主张权益，也只能能够得到一些损失赔偿。损失是可以用钱来计算的，而核心信息的价值是无价的。

如果三国不这样处理，在破产程序中，最大股东主持股东会与债权人大会进行谈判，平安有权追加投资还债取得公司的所有权。

当然，三国政府的违法操作代价是巨大的，比利时政府相关人员集体辞职，对此结果西方政客不会没有预估，明知故犯的背后一定是更大的利益。在此，我们可以看到欧洲各国对于其国家核心信息的重视。

五、离岸港不透明和美国全球征税

我们知道很多跨国公司的注册地址在太平洋的离岸岛国上，这些岛国就是避税的天堂。实质上避税只是其中一个层面，另外的层面则是为各种经济信息提供屏障。因此对这些岛国我们要有更深的认识。

世界上的一些地区或国家，如英属维京群岛、开曼群岛、纽埃岛、巴哈马群岛、塞舌尔群岛、巴拿马共和国、毛里求斯共和国和百慕大等，允许国际人士在其领土上成立一种国际业务公司。当地政府不收取任何税，只收取少量的年度管理费。国际大银行也都承认这类公司，并为其财务运作提供方便。通常这类国家或地区与很多发达国家的贸易关系十分友好。

在上述国家或地区注册的海外离岸公司，均具有高度保密性、减免税务负担、无外汇管制三大特点，因而成为众多商家与投资者采用的经营模式。近年来，世界上一些国家或地区（多数为岛国）纷纷通过法律手段划分、培育出宽松的经济区域，一般称为离岸法区。在离岸法区内依据其离岸公司法规范成立的有限责任公司或股份有限公司被称为离岸公司，其股权结构、账户信息都是不透明的。

离岸公司进行多次转账后，钱的来源难以查证，因此成了世界避税中心和洗钱中心，各种国际资本都盘踞于此而且规模惊人。这个规模究竟有多大？引用较多的是麦肯锡的估算，这也是世界上唯一一次估算，保守估算金额高达 32 万亿美元[1]。32 万亿美元意味

---

[1] 路透社（2012 年 7 月 23 日）消息：据一份公布的研究资料显示，该研究估计在离岸账户里的全球私人金融资产的规模在 21 万亿至 32 万亿美元之间，这部分资产不包括地产、黄金等非金融资产。此研究是由麦肯锡前首席经济学家 James Henry 为反对避税天堂的 Tax Justice Network 组织所做的。该研究使用了世界银行、IMF、联合国以及各国央行的数据。该报告还发出了 139 个发展中国家的私人精英将资金放置于避税天堂对该国资产负债表的影响。该研究估计自 1970 年起到 2010 年为止，139 个国家的最富人群已经累积了 7.3 万亿至 9.3 万亿美元"未被记录的离岸资产"。Henry 在声明中表示，这部分私人持有的离岸资产代表着"世界经济的巨大黑洞"。

着2016年中国和美国GDP总和也达不到（2016年中国GDP总量11万亿美元，美国GDP总量18万亿美元）！这是一个巨大的资本黑洞。

再进一步讲，离岸公司大量采取协议控制方式，也就是我们常说的VIE模式[①]。这种安排可以通过控制协议将境内运营实体的利益转移至境外上市实体，使境外上市实体的股东（境外投资人）实际享有境内运营实体经营所产生的利益，此利益实体系指合法经营的公司、企业或投资。中国的网络公司大量采取这个模式，规避一些政策限制，达到了企业对外不透明的目的！这个模式后面我们还会论述。

"安然丑闻"[②]能够上演，背后就是离岸协议控制下的不透明！而VIE模式也是"安然丑闻"之后产生的新概念。"安然事件"之前，一家公司对另一家公司拥有多数投票权才会要求合并报表。"安然事件"之后，只要这个实体符合VIE的标准就需要合并报表。

"安然事件"之后，美国财务会计标准委员会紧急出台了FIN46。根据FIN46条款，凡是满足以下三个条件任一条件的SPE（特殊目的实体，Special Purpose Entity）都应被视作VIE，将其损益状况并入"第一受益人"的资产负债表中：（1）风险股本很少，这个实体（公司）主要由外部投资支持，实体本身的股东只有很少的投票权；（2）实体（公司）的股东无法控制该公司；（3）股东享受的投票权和股东享受的利益分成不成比例。这些限制就为了让公司透明，但仅限于对美国透明而不是全球对等的透明！

在此之后，美国对其国民的透明要求变得更高，并通过税务申报来实现。美国人持有离岸公司股份和海外开具账户要受到限制。根据美国国家税务局（IRS）发布的《海外账户纳税法案》实施细则，美国公民和绿卡持有者的海外资产超过5万美元，需向美国国税局如实申报。按照美国的税法规定，作为美国的纳税义务人，必须每年把从"全球各地"取得的收入都诚实地向美国税务局汇报。绿卡或有条件绿卡（临时绿卡）生效之日就是美国税务居民的第一天。也就是说，从这一天起每年的收入，不管是否在美国境内产生都必须向美国税务局汇报。但这个申报并不意味着一定要缴税，即使是不缴税的，这些账户信息也必须让美国知道。

[①] VIE模式（Variable Interest Entities，直译为"可变利益实体"），即VIE结构，在国内被称为"协议控制"，是指境外注册的上市实体与境内的业务运营实体相分离，境外的上市实体通过协议的方式控制境内的业务实体，业务实体就是上市实体的VIEs（可变利益实体）。
[②] 安然事件是指2001年发生在美国的安然（Enron）公司破产案以及相关丑闻。安然公司曾经是世界上最大的能源、商品和服务公司之一，名列《财富》杂志"美国500强"的第七名，自称全球领先企业。然而，2001年12月2日，安然公司突然向纽约破产法院申请破产保护，该案成为美国历史上企业第二大破产案。严重挫伤了美国经济恢复的元气，重创了投资者和社会公众的信心，引起美国政府和国会的高度重视。

迫于美国霸权的压力，离岸国家把离岸公司注册的信息均要交给美国。注册公司中有美国人或者有美国人的股份，则开户银行就需要向美国实时报告账户情况，以此达到对美国内部透明。想一下有几个跨国大公司少了美国人的股份呢？尤其是上市公司更是如此。因此，这些离岸公司中的大部分都需要给美国报送各种资料，而我们对离岸公司却完全不透明！

所以，从信息层面我们应当认清美国人对信息透明的需求，其全球征税首先是全球收集信息，让全球资本对美国政府透明。中国不屑于美国的霸权，但需要提高保护国家信息的意识。

第三章　区块"乌云"与虚拟、熵

区块链技术大红大紫，支撑起了更大的虚拟世界，其背后到底是什么？虚拟经济过热，又带了多少的泡沫和掠夺？如果用宏观、有序度来分析，又能得出什么结果？物质世界的元规则中熵的概念、熵增的原理如何看透云计算和区块链这种新型技术的本质？

一、云计算与区块链要你交出命脉

云计算和区块链技术带来了共享空间，但并不是你我能控制的。随着微软、亚马逊和IBM等巨头匆匆将区块链服务（BaaS）引入自己的云环境，区块链的崛起将"云"战争推向了一个全新的高度。为什么区块链会成为这场竞争的焦点呢？首先，我们来认识一下云计算和区块链。

1. 认识一下云计算与区块链

云计算是什么？

云计算是继20世纪80年代大型计算机到客户端—服务器的大转变之后的又一巨变。云计算是分布式计算、并行计算、效用计算、网络存储、虚拟化、负载均衡、热备份冗余等传统计算机和网络技术发展融合的产物。

云计算基于互联网相关服务的增加、使用和交付模式，通常涉及通过互联网来提供动态易扩展且经常是虚拟化的资源。云是网络、互联网的一种比喻说法。过去在图中往往用云来表示电信网，后来也用来表示互联网和底层基础设施的抽象。云计算甚至可以让你体验每秒10万亿次的运算能力，可以模拟核爆炸、预测气候变化和市场发展趋势。

用户可以通过电脑、笔记本、手机等方式接入数据中心，按自己的需求进行运算。

到底什么是云计算，至少可以找到100种解释。现阶段被广为接受的是美国国家标准与技术研究院（NIST）定义：云计算是一种按使用量付费的模式，这种模式提供可用的、便捷的、按需的网络访问，进入可配置的计算资源共享池（资源包括网络、服务器、存储、应用软件、服务），这些资源能够被快速提供，只需投入很少的管理工作，或与服务供应商进行很少的交互。

云计算服务除了提供计算服务外，还提供存储服务，而云存储则是炙手可热的区块链技术的基础。当前云计算服务多数被垄断在私人机构（企业）手中，但其仅能够提供商业信用。对政府机构、商业机构，尤其是银行这类持有敏感数据的商业机构，选择云计算服务应保持足够的警惕。"信息"是至关重要的，一旦商业用户大规模使用私人机构提供的云计算服务，无论其技术优势多强，都不可避免地被以"数据"（信息）的重要性"挟制"。云计算的数据对其所有者以外用户是保密的，但对提供服务的商业机构毫无秘密可言。这些潜在的风险是我们选择云计算服务，特别是国外机构提供的云计算服务时，不得不考虑的因素。

区块链是什么？

区块链（Blockchain）是比特币的底层技术，它像一个数据库账本，记载着所有的交易记录，其本质是一个去中心化的数据库。区块链是一串使用密码学方法相关联产生的数据块，每一个数据块中包含了一次比特币网络交易的信息，用于验证信息的有效性（防伪）并生成下一个区块。区块链在网络上是公开的，可以在每一个离线比特币钱包数据中查询。比特币钱包的功能依赖于与区块链的确认，一次有效检验称为一次确认。通常一次交易要获得数个确认才能进行。轻量级比特币钱包使用在线确认，不用下载区块链数据到设备存储。比特币的众多竞争币也使用同样的设计，只是在工作量证明和算法上略有不同。如权益证明和SCrypt等。

区块链技术在公开层面，主要有以下几个方面的特征：

去中心化　由于使用分布式核算和存储，不存在中心化的硬件或管理机构，任意节点的权利和义务都是均等的，系统中的数据块由整个系统中具有维护功能的节点来共同维护。

开放性　系统是开放的，除了交易各方的私有信息被加密外，区块链的数据对所有人公开，任何人都可以通过公开的接口查询区块链数据和开发相关应用，因此整个系统

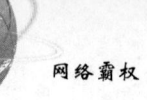

信息高度透明。

自治性 区块链采用基于协商一致的规范和协议（比如一套公开透明的算法）使得整个系统中的所有节点能够在去信任的环境自由安全地交换数据，使得对"人"的信任改成了对机器的信任，任何人为的干预不起作用。

信息不可篡改 一旦信息经过验证并添加至区块链，就会永久地存储起来，除非能够同时控制系统中超过51%的节点，否则单个节点上对数据库的修改是无效的，因此区块链的数据稳定性和可靠性极高。

匿名性 由于节点之间的交换遵循固定的算法，其数据交互是无须信任的（区块链中的程序规则会自行判断活动是否有效），因此交易对手无须通过公开身份的方式让对方自己产生信任，对信用的累积非常有帮助。

云计算和区块链两个技术密切相关，是"互联网+"的重要层面，被看作是未来网络的希望，相关企业股票飞速飙升，背后的真相是又什么？我们可以举个接地气的例子来说明。

一个村子里有100个人，买东西都需要会计记账。有一天村里派老王去买东西，一方面要到会计那去查账拿钱，另一方面还要确认老王这个人到底靠不靠谱。由此可以看出，会计就相当于银行的角色。这样一来，会计这个角色会成为整个交易中效率最低的环节，而且风险不小。比如说会计今天不在，这事就做不成；会计还有可能被贿赂，村里会遭受损失。如果在这里应用区块链技术，就可以为村里每个人都建一个完整的账目，交易时只需找到交易对象，不需要任何第三方，提高了交易效率。由此看出，区块链的好处是账本足够多时（村子里有100个人就有100份账本），很难出现100份账本都丢掉的情况，数据的安全性得到了提升。

但以上的说法其实是有故事的。原来只需要一个账本记账，现在需要100个账本，记账成本会增加，账目也会越来越多越来越复杂，记账成本还要快速上涨；每家一个账本看似大家都安全了，但记账时要给记账人留下一个后门，私密性大大降低，其结果是村里的账目完全透明，外面的人想要了解村里某人的情况，只要找到任意一个账本破解，就可以了解他的隐私。如果是对手村子破解了账本，将会对本村的发展、竞争力带来巨大的影响。区块链看似很美，背后也是有隐患的，随后我们还将更深入地分析这些问题。

2. 区块链、云计算与摩尔定律"瓶颈"[①]

云计算和区块链对计算、存储和网络能力的要求越来越高，原来只存储一次的内容，现在要存储到不同的区块，为了证实区块的真实性，每一个区块内的信息被反复存储，如此一来将产生大量冗余备份信息。而每一条信息的验证，又需要从各个区块信息中调取和比对，计算量也将大幅度增长。云计算和区块链的信息和信息处理需求，存储和计算能力都将急速增长，其增长速度适用于摩尔定律。

目前区块链技术水平，还需要有几个数量级的提升。比如，狭义的区块链全网播报耗时长，每秒只能处理个位数的交易，而传统金融机构每秒的交易量往往超过几千笔。2015年最大的区块链比特币网的日均交易量也就是20多万笔，甚至还出现了一笔交易经过了十几个小时才得以确认的情况。一家较为大型的银行日均交易量往往能超过1亿笔。如果此技术的应用不局限于金融层面在更广泛的推广，将会对此技术提出惊人的需求，那么它还能够符合摩尔定律那样快速进步吗？

信息处理需求的增长与系统规模二者之间不是线性关系。我们可以用简单的模型来说明，比如你要找一个数据，那么数据的数量增加与数据的多少是一个正相关的比例；数据多了，需要找的数据也多了，这又是一个与数据正相关的比例；同时找数据的应用也多了，这还是一个与数据数量正相关的比例。这三个正相关在系统内是一个相乘的关系，那么对系统处理数据的要求就变成随着数据量的增加呈高次方的增长了。区块链和云计算应对信息爆炸和应用推广，系统运算和存储的未来需求极大，如何满足就要看摩尔定律了。

1965年时任仙童半导体公司研究开发实验室主任的摩尔应邀为《电子学》杂志35周年专刊写了一篇观察评论报告，题目是："让集成电路填满更多的元件"。在摩尔开始绘制数据时，发现了一个惊人的趋势：每个新芯片大体上包含其前任两倍的容量，每个芯片的产生都是在前一个芯片产生后的18～24个月内。换言之，每一美元所能买到的电脑性能，将每隔18～24个月翻一倍以上。如果这个趋势继续的话，计算能力相对于时间周期将呈指数式的上升。摩尔的观察资料，就是后来的摩尔定律，所阐述的趋势一直延续至今，且仍不同寻常地准确。

摩尔定律归纳了信息技术进步的速度。摩尔定律应用的50年里，计算机从神秘不可近的庞然大物变成多数人都不可或缺的工具，信息技术由实验室进入无数个普通家庭，因特网将全世界联系起来，多媒体视听设备丰富着每个人的生活。由于高纯硅的独特性，

[①] 本小节中部分内容引用自中国科技大学王川的系列文章《摩尔定律能够走多远》。

集成度越高晶体管的价格越便宜，这样也就引出了摩尔定律的经济学效益。

20世纪60年代初，一个晶体管要10美元左右，随着晶体管越来越小，直到小到一根头发丝上可以放1000个晶体管时，每个晶体管的价格只有千分之一美分。据有关统计，按运算10万次乘法的价格算，IBM704电脑为1美元，IBM709降到20美分，而60年代中期IBM耗资50亿美元研制的IBM360系统电脑已变为3.5美分。

对今后的大数据、云计算和区块链需要的爆发式的信息处理和运算需求，还需要摩尔定律的延续，而摩尔定律还能够走多远？在摩尔定律准确了50年以后，人们对这个快速增长认为总是要有极限的，这个极限到底在哪里？是不是很快就达到极限了呢？对此科学界的争论也是很激烈的。

导致摩尔定律失效的两大主因是高温和漏电，这也正是硅材料寿命终结的原因。这与科学家们最初预测摩尔定律没落大相径庭。科学家正不断地挖掘硅部件的潜力，在未来几年时间里维持摩尔定律的生命力；但在3D芯片等技术也都耗尽潜力以后，摩尔定律是否将达到极限。各领域科学家以及产业分析师们都在预测摩尔定律的失效，同时他们又提出，不断进步的芯片结构和部件使得摩尔定律在今天依然有效。就连被称作"建立在摩尔定律之上"的Intel公司也宣布，随着采用纳米导线等技术发开的新型晶体管逐渐取代传统的半导体晶体管，已经进入"大叔"级别的摩尔定律，将不能继续引领电子设备发展的节奏。但是，在2012年10月28日，美国IBM研究所科学家宣称，最新研制的碳纳米管芯片符合了摩尔定律周期。IBM公司的研究人员在一个硅芯片上放置了1万多个碳纳米晶体管，碳纳米晶体管的电子比硅质设备运行得更快，这也是晶体管最理想的结构形式。

实现摩尔定律的关键在于光刻工艺。我刚刚工作时，研究的就是光刻工艺。当时准备使用同步辐射光进行深紫外或软X射线光刻作为基础理论开始工艺研究。光刻使得芯片的复制就如洗照片，有了底板和照相技术，相片的价格是基本固定的，而光刻决定底片的精度。光刻技术发展的投入和费用极高，一台ASML[①]公司的极紫外光刻机[②]平均售价超过一亿欧元。在这个领域技术不断被英特尔公司找到"高介电常数"的材料，生产45纳米芯片时，解决了栅极漏电的问题。FinFET（鳍式场效应晶体管）的技术在22纳米芯片生产中，极大缓解了短沟道效应下的漏电问题。当栅长在2020年缩小到5纳米时，

---

① ASML（Advanced Semiconductor Material Lithography）中文名称为阿斯麦，总部设在荷兰的费尔德霍芬，是全球最大的半导体设备制造商之一，向全球复杂集成电路生产企业提供领先的综合性关键设备。
② 极紫外光刻（Extreme Ultraviolet Lithography），常称作EUV光刻，它以波长为10～14纳米的极紫外光作为光源的光刻技术。具体为采用波长为13.4nm的软x射线。

对量子隧道效应的限制，一种可能是出现目前大家没有想到的工程解决方案，跳过测不准原理的限制；另外一种可能就是当一个维度走到极限时，从另外一个维度提升产品性能，达到等价的效果。所以，有人认为摩尔定律还可以走很远。

同时面对 CPU 内的快速缓存容量"瓶颈"，并行计算威力显得越来越大。云计算的并行处理可以利用显卡的并行运算能力。我一位同学使用显卡（GPU 图形处理器）做了"挖币机"去挖掘比特币，效果很好，这也说明区块链技术更适合高度的并行运算。但并行运算对信息传输速度也提出了要求。

在云计算和区块链背景下，网络传输能力目前符合摩尔定律。但信息传输速度的增长飞快，移动终端成为目前信息处理的主要设备，其频率和带宽的空间限制，突破难度相对较大。

未来移动终端下的频率和带宽限制的解决方案会是什么？是砷化镓为材料的集成电路还是量子计算机？或者以 DNA 分子为基础的新型计算架构？这些想法在理论上成立，但实现其难度相当大。就如我们对可控热核聚变，在 50 年前曾说过 25 年后能够实现，现在说实现还需要 25 年，"永远的 25 年"已经成了业内段子。

不过芯片市场前景依然广阔，在"钱景"的刺激下，巨额的投入才是实现的关键。普华永道 2015 年的一份报告预测，全球半导体行业的产值将从 2014 年的 3300 亿美元增加到 2019 年的 4300 亿美元。但当时预测模型主要假设半导体在工业生产上的增长，并没有考虑到汽车、电车和物联网等人工智能应用上的爆发。如果区块链和云计算应用爆发的话，资金的需求还要增加。在巨额资金支持下，研发速度会极大地提高，如 2012 年 ASML 获得下游厂商 13 亿欧元资金支持，加快 450 毫米晶圆片相关的器材和下一代极紫外线光刻技术的研发，这些研发在需求带动下依然火热。但 ASML 的研发费用是英特尔、台湾积电和三星提供的，三家行动一致实际上是加强垄断。

在摩尔定律不断前行时，我们还要看到在谈技术、谈发展时不能脱离中国的立场，科学无国界而经济有边疆。

云计算和区块链技术发展之后，看似不需要升级的硬件设备，但是可能要面临大规模的设备更新，如果更新的核心权力不在自己手里，情况将如何？如果中国再次被迫大规模采购外国芯片时，我们的应用发展是否要等一下国内芯片的发展？就如我们推迟部署 3G 移动通信，等待 TD-CDMA（我国自行研制的 3G 网络标准）技术的成熟。我们的产业规划需要大系统协同。

近年来中国的芯片产业发展非常迅速。龙芯中科 2015 年公司销售增长率继续保持

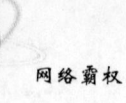

50%以上，销售收入突破亿元大关并实现盈利。我国实现了超级计算机核心芯片的自主研发，接下来还将提高半导体生产设备，我们相信中国有能力赶超世界。如果未来的需求是由云计算和区块链技术创造，如今的局面是在自主研发成功之前，我们已经进口了大量产品，西方现有厂家满足了我们的需求并且形成了事实标准。我们将会被标准背后的版权所控制，国内新品研发市场空间被挤压，资金投入很难收回。因此，网络发展和技术进步、硬件制造工业等需要协同。

综上所述，区块链和云计算背后需要摩尔定律的支撑，摩尔定律到底走多远还是相对乐观的。但中国相关产业怎样跟上潮流，如何在这一轮产业升级中获得利益，需要各产业间协同作战。

3. 真实的云服务

很多老科学家都有去计算中心上机计算的经历，需要申请、排队，大型机器也极其昂贵，如今一个美丽"云"，通过网络上无数的计算机就可以实现了，计算成本很低。现实真的是这样吗？"云"与迷雾没有大大的区别，只是飘得高而已，所以需要我们站在高处俯视一下这个"云"。

云计算成立的基础是开放共享，这就要求你的系统允许被远程识别甚至操作，分享你的电脑资源。但如果计算机开放远程共享功能，系统安全性就要下降。当为云服务提供计算时，安全性进将一步下降。云服务商使用他人资源，是否有所控制设置下限呢？

企业采取云服务架构，其电脑的富裕计算能力将会给云服务提供额外的数据处理和运算能力，同时使得系统架构上电脑之间的交互和共享权限开放。如果黑客突破其中一台电脑，很容易通过企业网络之间开放的权限威胁整个企业网络的安全。

以前流氓软件主要利益来源于精准投放广告，如今大数据时代广告投放已经变得合法化，当搜索和浏览网页时，网站利用你的网上行为和习惯精准投放广告。而一些流氓软件则转向了云服务，非法收集各种信息，进行利益输送。

过去一些病毒控制计算机，为其他用户发送病毒和木马，而流氓软件控制计算机则是利用计算机剩余计算能力为他人做服务，可能你并未察觉，现实却真实存在！我们这里说的流氓软件是指在未明确提示用户或未经用户许可的情况下，在用户计算机或其他终端上安装运行，侵害用户合法权益的软件，以前它们最大的用途是散发广告，而现在则是让你当"肉鸡"提供云服务。它们只向服务对象收费，却只字不提云背后是什么，谁在付出。这就是羊毛出在猪身上的故事。

当我们升级了高版本的操作系统后发现，就算是自己的计算机没做什么事情，或是只是浏览网页、处理文字，系统资源占用比例时常在70%左右，甚至接近饱和。未升级前电脑空闲时系统资源占用率在10%以下，这是为什么？很可能是你的电脑正提供云服务！此服务就是它们要的羊毛，羊毛出在了猪身上，而你则被称为了猪。

云服务起源于大学之间的电脑联盟，把各个大学的计算机富裕计算能力利用起来。大学的网络是一个相对封闭的网络。而现在有些云服务，在用户不知情的情况下安装插件，有些甚至是在装机时就被安装了。这些程序很多具有流氓性质，收益之高甚至吸引一些厂家来安装得利。云时代，实际上是让电脑成为"肉机"的时代。

这种暗流推手实际上是将非法利益合法化。如果真的依靠用户自愿分享并提供电脑计算能力，但按照现在的收费标准，许多功能是无法实现的。这种形式的分享是流氓软件或者"网络黑社会"的潜规则，但在云计算下很多潜规则变成明规则，要使用我们的信息必须接受我们的要求，就如很多网站你必须安装他们的插件才能浏览一样，网络世界一样是"窃钩者诛，窃国者侯"。实际上黑客搞叫作病毒，软件公司搞叫作流氓软件，而某些巨头搞就叫作云计算，等我们了解了这些，"彩云"即刻变成了"乌云"。可能有人会问为何云计算的负面消息那么少？而我要回答的是，为何听不见黑社会的负面声音？剩下的读者可以自行脑补。

认识了云计算，还要认识一些不良云与流氓软件的关系，才算对这个产业有了了解。给了流氓软件这些权限，就相当于将自己系统安全命脉交给了流氓软件。如果在了解的情况下，盲目拓展"互联网+"将云计算作为重要的抓手，其后果可以想象。

云计算到底是利大于弊还是弊大于利呢？关键在于云控制在谁的手里？如何控制？在美国因特网下我们的安全怎么办？控制云的中心权力是不是太大？网络上的各种云是不是需要监管？这些问题敏感且不透明，只是一个缥缈的云来回答你的问题。再进一步说时，他们又提出了区块链、去中心化。但是区块链的各种数据账本和碎片化存贮等，都是要以云为背景。

4. 区块链技术与透明的扩大化

技术的改变带来了人们行为方式的改变，带来了社会模式的改变，带来了人类规则的改变，而我们需要从技术的进步中，透彻分析对社会和经济的真实影响。技术总是进步的，但经济和社会的变革带来的很可能是财富再分配，新技术带来的不光有光明，也有战争和混乱。

现在，全球区块链技术大热了，号称可以改变金融生态，改变世界，但这个技术的前世今生如何，带给未来的又会是什么？我们也要重新认识一下。区块链技术很美，但这并不是全部。前文已经论述过区块链的透明问题，接下来我们再从技术方面深层次讨论透明的不可逆。

区块链技术发展的基础实际上是以云为基础，碎片化的区块被记录在一个云里面，怎样找到它并且进行处理是云的工作。而这项工作需要权限，存储区块链账本需要云计算远程操作用户的电脑。电脑是否允许远程操控，直接关系到系统安全的级别的。区块链可能很安全，但其他应用和信息因此变得不安全，甚至变得透明。

实际上真正需要云进行计算的东西越来越少。在摩尔定律下，计算机的处理能力的增长远远超过了计算需求的增长。同时，大型机技术进步也极快，传统数据处理相对"云"能力而言是九牛一毛，因此，必须给云找到更有价值的方向。于是区块链诞生了，一笔本来简单记录的信息，在区块链技术下变成需要全网处理的信息并更改云端的全部相关记录，同时还需要把云端的历史记录找出来进行比对，工作量和计算量都增加了。此时云计算的价值得到了充分的展现。但这个应用如果发展起来数量将会极其庞大。

我们还要注意到，互联网是美国网，世界各国对其安全性有担忧。在金融应用担忧被放大、被质疑、被诟病和被打压时，区块链概念适时出现。这种脱胎于比特币的神秘数据处理技术被描述得近乎完美，去中心化、开放性、不可篡改、自治性，除了最有文章可做的金融领域，艺术、法律、医疗、房地产、电子商务等领域也都可以应用区块链技术，人们似乎期待它拯救地球。这个概念似乎在说，在美国控制的因特网下，世界各国一样是安全的，这符合大多数人的心理需求。

区块链这种去中心化的分布式数据处理技术其实早在十几年前就有了，并不是什么横空出世的神秘黑科技。我当年做IT系统分析师时，没有这个名称，概念也没有被热炒。而现在它为什么能够热起来，与云计算的发展和大家对美国掌控因特网的担忧密切相关。技术还是那个技术，比特币的开发与我们当时的研究不同在于，比特币是公网上的，而当时的分布式存储是在专网上，是为银行进行灾难备份的，同样是利用系统内的计算机冗余能力，与当前的目的是不同的。但是，当这个技术运用在公网之上，被说成有去中心化、开放性、不可篡改、自治性等特性，其前提条件是什么？

这个前提就是透明性！所有的参与者是透明的！当初的比特币成为电子交易可信

的平台，就是所有交易都是开放透明的，其账本信息是要保存在部分区块中，并且通过这些区块的记录来保持它的信用，这个透明本身就意味着风险，未来就有被破解的可能！

现在，区块链保护关键信息依靠的是公钥和私钥的系统，但我们要看到没有了中心，密钥将无法升级和更换，初始的密钥是谁掌握的？更高级的母密钥是谁掌握的？就算把初始密钥给毁掉了，万一你忘记了密钥怎么办？你死后别人不知道你的密钥怎样继承你的财产？还有以前密钥是坚固的，需要计算100万年以上才能够破解，但摩尔定律下技术飞速发展，十几年前的100万年计算量，现在几分钟可能就搞定了。而你是不可能把密钥做得极为复杂的，因为每一次解密的运算速度限制了你。因此密钥是需要不断升级的，就如 DES 加密就是从 8 位升级到了 128 位以上了。区块链如果不能升级密钥，则意味着迟早要透明的。

这些区块被破解以后究竟有多可怕？所有交易信息都泄露了，你的财产、你的习惯、你的交易伙伴等这些隐私将不复存在。现在你说不能被破解，但我们的信息技术日新月异，几十年后是否会被破解？这即使不是百分之百，也应当是绝对大概率的事情。

我们要注意的是这些信息不光是个人的，还有大量是法人的，是最重要的商业秘密！如果这些交易信息都公开透明了，意味着交易规则要改变，人类的商业规则也要改变，这个改变会怎样？会不会出现掠夺？会不会出现巨大的动乱和战争？

更关键的就是这些信息的不可更改性，也就是说一旦被破解而变得透明后，你想要变回不透明是不可能的，这个不可能才是最可怕的！在区块链下想要更改信息几乎做不到！如果这是一个不可逆的过程，与你的认知是完全不同的，那么风险就要另外评估了，你是否能够接受？人类的技术如此发展，网络又没有忘记的功能，其实这些信息被破解在未来可以看作是定论的。我们如果要使用这个技术，就要按照全透明的方式进行评估。

如果信息被破解，大家得到的时间有先后，破解的人、法人或者国家都会利用这些信息得利，这是巨大的信息不对称！这种信息不对称的风险，没有哪个国家能够接受！因此，这个技术要施行，要没有被破解的可能和破解后的信息不对称，而整个系统在实施时会完全透明，这样将不存在破解问题、信息不对称问题。但透明的个人、透明的法人、全球交易、商业规则彻底改变，人类的群体活动方式彻底改变。这是需要的吗？必要的吗？这个改变必定是有损失的，可是我们的收益在哪里？

这些问题我们想好了吗？其实我们对自身完全透明，根本没有做好准备，搞区块链

时很多人都还不知道这将意味着什么！透明化对某些人可能没有什么，对有些人则意味着毁灭，不同的人、不同的位置、不同的角度、不同的立场会有不同的看法和损益，怎么统一呢？投票能够解决吗？这可是关乎私人、私权和私产的，如果选票可以解决，那么选票就可以剥夺私人财富，这在西方所谓民主国家也是行不通的，是民主精神不能接受的，从而引发的社会矛盾该怎样解决？

综上所述，很多产品对人类有益但并非无害，科学家热衷于证明其有益，但对检验其危害性则极为不情愿。我们可以看到区块链有很多似是而非的东西，在资本驱动之下看起来很美，只是深层次的矛盾被隐藏了，是一个不可逆的过程。区块链让你全部透明了，那么你的命脉将由谁来决定呢？

背景资料1：比特币也被盗[①]

比特币交易所 Bitfinex 今天发布公告称交易所发现安全漏洞，因此暂停交易，此次黑客攻击导致一些用户多达 119756 比特币被盗，总价值约为 7500 万美元。受此消息影响，全球比特币价格应声下跌 25%。该公司表示，正在调查哪些用户被黑客入侵，鉴于发现了一个安全漏洞，目前已暂停所有比特币交易及停止运作公司网站。

你可能会问如果交易信息都记下来了，被盗的比特币又有什么用呢？一流通岂不就被发现？而事实上是发现了也没有办法处理，因为都是匿名的。比特币交易不存在接收确认环节，只要回溯验证和身份验证有效，交易就成立了。这里的问题漏洞是很大的，这就是透明与安全二者难于同时提高的问题。就如我们的现金交易，谁拿着货币现金就是谁的，不用证明你的现金来源就可以交易，只有被限制的大额现金和账户交易才被记录和溯及既往，否则你用钱就极为不方便。

比特币被盗，告诉我们的就是区块链不是绝对安全的，现在就能够被盗，按照摩尔定律高速发展的技术，以后被盗可能会越来越容易了，区块链绝对安全本来就是一个神话，这个神话就如马其诺防线一样，如果你相信神话，一定有你为自己幼稚付出代价的时候。

现在比特币刚推出了闪电网络的测试版，lightening network，据称能解决快速交易和扩容问题，其白皮书也号称是继比特币白皮书之后第二大创新，但到底如何，黑客

[①] 本文引自和讯科技网。

的发展也很快啊!

一般的金融交易数据随随便便都是好多TB(TeraByte)的,而且会随着时间不停累计。为什么一个区块1MB就可以了?这背后是比特币交易信息只有地址和转账记录,没有其他信息,所以数据量很小,其次,通过存储merkle root hash来确保和简化账户金额回溯确认。目前比特币每秒所能记录的交易信息为4~6条,所以存储增速并不大。但如果进行全面的金融应用会怎么样?数据量需要多少?

我们还要注意到的就是安全性和系统效率之间是存在悖论的,安全性的程度增加是要占据和消耗系统资源的,要提速和增加安全性二者是抢占系统资源的两个方向,这需要技术在摩尔定律下,走多远才能实现?

背景资料2:怎样盗取比特币[①]

比特币的交易记录是全网公开的,每个人都可以看到。但是,比特币的地址(账号)却是匿名的。比特币地址其中一个与银行账号最大的区别是:任何人都可以任意生成多个比特币地址来接收比特币,而获取银行账号就只能通过银行实名开通。

下面我来模拟一下黑客如何花这些比特币来降低被抓到的风险:黑客偷了100个比特币并且转到了add_A。他把这100个比特币分开转到10个地址add_B1,add_B2,...,add_B10,每个地址分别收到10个比特币。然后他又把转到每一个add_B地址上面的币又拆开10份分别转到add_C1,add_C2,...,add_C100。现在,黑客偷到的币已经分开存在了100个地址之中。这还不算复杂,只是为了容易理解。把上面的100个地址之中的比特币转到1000个地址之中,而且每个地址上面的比特币数量不等,例如有些地址有0.3个,有些地址只有0.003个。除了把一个地址上面的币拆分存在几个地址,还可以把几个地址上面的币合并到一个新地址。通过足够多的转账次数之后,这些交易记录虽然能够查到,但是想要理清每一次转账的关系还是很难的。通过交易所也能够换掉一些比特币。例如,先存1个比特币去交易所,然后立即提走到一个新的地址,通常交易所不会把你原来的币还给你,而是还另一个其他的币。这样,你新拿到的币就与原来的币没有关系。小额度交易的话交易所并不要求实名(相信以后会越来越严格,交易所必须登记交易者的实名信息),

---

[①] 本文作者为知乎用户。

所以就查不到了。总结一下，虽然交易记录能查，但是只要尽量把交易记录搅浑，要查起来成本还是挺高的。问题说明中问到：失主不是可以挂失取回吗？为啥还有比特币丢失的事件发生呢？比特币每一个地址都对应一个密钥，因为地址的匿名性，只有拥有这个密钥的人才被承认是拥有这个地址上面的比特币的人。如果你的比特币被偷了，说明其他人（无论通过什么方法）知道了你的密钥，然后通过你的密钥转走了你地址上面的比特币。假设这时你的比特币被转到了 add_X，拥有地址 add_X 对应密钥的人才能控制上面的比特币，才是被比特币网络承认的合法拥有者，你是没有办法证明他是非法拥有这些币的。比特币网络是分布式的，没有一个中心机构来维护，只认密钥不认人，所以无论是密钥没保存好而丢失了或者被黑客偷了密钥，比特币就永远丢失了，不存在挂失的可能。

5. 新技术与美国因特网称霸之路

拜占庭将军问题与区块链

近年来区块链技术正在快速发展，并吸引了超过 10 亿美元的投资规模。而区块链正在走进金融机构、大型企业、政府决策层的视野，大有从"草根力量"引发经济变革的态势，但是要弄清楚区块链技术的应用模式，我们先来搞清楚什么是拜占庭将军问题[①]。

拜占庭帝国（395 年—1453 年）即东罗马帝国，当时拜占庭军队有许多分支，每个分支都有将军指挥。这些将军在对敌作战中，只能靠通讯员进行通信，因此必须制订一个统一的行动计划。然而，不幸的是这些将军中有叛徒。于是，问题来了，将军们必须想出一个办法，使所有忠诚的将军不被叛徒欺骗、迷惑，在不找出叛徒（找叛徒是成本最高、效率最低的解决办法）的情况下达成共识，从而做出正确的决策。

拜占庭将军问题延伸到互联网生活中，其内涵可概括为：在互联网大背景下，当需要与不熟悉的对手方进行价值交换活动时，人们如何才能防止不会被其中的恶意破坏者欺骗、迷惑从而做出错误的决策。

进一步将拜占庭将军问题延伸到技术领域中来，其内涵可概括为：在缺少可信任的中央节点和可信任的通道的情况下，分布在网络中的各个节点应如何达成共识。在解决拜占庭将军问题中，数学家设计了一套算法，让将军们在接到上一位将军的信息之后，

[①] 拜占庭将军问题（Byzantine failures）是由莱斯利·兰伯特提出的点对点通信中的基本问题。含义是在存在消息丢失的不可靠信道上试图通过消息传递的方式达到一致性是不可能的。因此对一致性的研究一般假设信道是可靠的，或不存在本问题。

加上自己的签名再转给除自己之外的其他将军，这样的信息模块就形成了区块链。

这看似是一个完美的解决方案，但是前提是你的签名不能被仿制。而且通道信使虽然不可靠，网络的中央节点也没有，但大多数信使带来的是可靠的信息，叛徒是少数人，这是问题的基本假设。这个情况在现有比特币运转的过程当中是非常良好可信，但我们还要想一下到底怎么样会出现体系的崩溃破局呢？这就是你的通道体系被叛徒整体控制了，签名可以被仿照，那么这个体系就完蛋了。由于你如此信任这个体系，所有的将军都在这个体系下透明，在通道上让你接受信息被篡改，那么，不用叛徒动手，将军们便会自相残杀了，就可以被自我毁灭，这比原来出现单一叛徒更可怕。

有人说仿造签名不容易，但电子签名的仿造也不是没有可能，以前觉得足够安全的密码算法很多被破解了。还有的说系统的通道不可能被控制，但事实上这比你想的要容易。比如，拜占庭将军的"信鸽"被天空云中的"白头鹰"控制了，"白头鹰"可以把所有的"信鸽"抓起来，对这些信息进行系统性的改写，以前还有机会区分叛徒，现在则是好人变成了叛徒，也就更难发现叛徒了。

区块链的系统改写

区块链的分布存储技术很早就有了，当时确实是可以在银行体系内实现灾难备份和去中心化，但并不是如今宣传的不可改写，下属部门、业务员等不能改写，系统管理员是有权限改写的。而现在网络是否有系统管理员呢？

这就要从我们使用的网络是真的互联网络还是主从接入网络的问题来探讨了，其实公众被忽悠的一个关键概念就是我们使用的是美国因特网（前面已经讲述），不是几张网的互联，我们是以主从关系接入美国因特网的，美国有网络的控制权而我们是没有的。

美国网络的后台控制是可怕的，但我们看不到！因特网是基于美国军方七个节点对公众开放形成的，后来这些节点成为根服务器，但你能说美国因特网的根服务器之上没有一个控制中心吗？我们是从属关系接入，看不见它们的顶层设计和控制操作，但看不到并不等于它们没有。它们说没有就真的没有吗？如果控制中心存在，这将与拜占庭将军问题假设从根本上不同了！比如说区块链要改变其信息，需要改变51%的账本，但如果网络控制权、操作系统是在别人手里，就可以在指令下改变绝大多数的记录，信息真实性和网络的安全性将不复存在。

我们还要注意一个事实，操作系统（简称OS）也是美国的，OS是管理和控制计算机硬件与软件资源的计算机程序，是直接运行在"裸机"上的最基本的系统软件，任何

其他软件都必须在操作系统的支持下才能运行，这才是电脑的核心，这也为仿真和改写提供了无限的可能。

操作系统的功能包括管理计算机系统的硬件、软件及数据资源，控制程序运行，改善人机界面，为其他应用软件提供支持，让计算机系统所有资源最大限度地发挥作用，提供各种形式的用户界面，使用户有一个好的应用环境，为其他软件的开发提供必要的服务和相应的接口等。所以，各种行为都可能被仿真。从操作系统里发到网络上的各种信息，其他人是很难分辨是谁发出的。这些信息很有可能是他人通过"肉机"所为。

实际上用户是不用接触操作系统的，操作系统管理着计算机硬件资源，同时按照应用程序的资源请求分配资源。但在网络上其他用户看你，就是与你的电脑操作系统打交道。这个环节被控制，就等于拜占庭将军问题里面的将军的手脚眼口等获取和辨别信息的通道被控制了，这个时候区块链的算法还有效吗？还能够解决拜占庭将军问题吗？

中国要有自己的计算机操作系统，这是中国人为国家安全担忧多年来达成的共识。中国自主操作系统在研发，并未普及，而且在今后相当长的一段时间难以普及，即便普及了操作系统也不能解决问题的全部。如果网络是别人的，我们的操作系统也要与之对接，也要遵守他们的协议。在交换协议层面、协议的知识产权层面，还有美国等网络霸权者层层的优势。

对此，中国工商银行原行长杨凯生直言，应该注意尽管从区块链技术的概念上看，发生篡改记录的可能性几乎不存在，但如果发生强硬集团的集团性行为，尤其是在私有链中是不是有可能发生，也还需要进一步观察。更重要的是，如果区块链交易的逻辑和规则事先就存在有意无意的漏洞，其安全性的挑战仍然是极大的。金融的发展是不断创新和试错的过程，但由于金融业具有巨大的风险外溢效应，试错的成本更要严格把控。

网络权限的变化是操作系统巨头寻求网络权力的变化

我们知道网络是分层的，各层之间是独立的，各层间通过标准化接口，允许不同的产品只提供各层功能的一部分，某一层不需要知道它的下一层是如何实现的，而仅仅需要知道该层通过层间的接口所提供的服务。由于每一层只实现一种相对独立的功能，当任何一层发生变化时，只要层间接口关系保持不变，则在这层以上或以下各层均不受影响。此外，对某一层提供的服务还可进行修改。当某层提供的服务不再需要时，甚至可以将这层取消，更容易管理。但网络分层，也使得美国因特网在网络层可以实现其独立控制，你的应用和底层通信对此是完全隔离的，在网络这一层上的操作，完全可以让你失控。

过去我们上学的时候网络是七层的结构，从物理层、链路层、电信层、网络层、路由层、系统层到应用层，而现在网络的分层标准有了新的变化，可划分为五层因特网协议栈和七层因特网协议栈。五层因特网协议分别是：应用层、传输层、网络层、链路层和物理层。国际标准化组织（ISO）提出的OSI（Open System Interconnection，开放系统互联）模型将网络分为七层，即物理层（Physical）、数据链路层（Data Link）、网络层（Network）、传输层（Transport）、会话层（Session）、表示层（Presentation）和应用层（Application）。从上至下依次为：应用层指网络操作系统和具体的应用程序，对应WWW服务器、FTP服务器等应用软件；表示层提供数据语法的转换、数据的传送等服务；会话层建立起两端之间的会话关系，并负责数据的传送；传输层负责错误的检查与修复，以确保传送的质量，是TCP工作的地方（报文）；网络层提供了编址方案，IP协议工作的地方（数据包）；数据链路层将由物理层传来的未经处理的位数据包装成数据帧；物理层对应网线、网卡、接口等物理设备（位）。

我们注意到，现在的网络分层没有把系统层专门分出来。这是因为很多要本地操作系统控制和授权在云计算和区块链的模式之下，在网络上通过远程就可以实现。因特网协议的应用层支持网络应用，应用协议仅仅是网络应用的一个组成部分，运行在不同主机上的进程则使用应用层协议进行通信。主要的协议有：http、ftp、telnet、smtp、pop3等。ISO的OSI应用层主要功能是为应用软件提供服务，如文件服务器、数据库服务、电子邮件与其他网络软件服务。我们看见的就是这个分层，把本地操作系统的功能打包在一起，不再分层了，实际上你很难把应用软件与操作系统分离，别人的网络权限增加了很多。

网络权限的变化实际上是原来的操作系统巨头寻求网络上的权力。现在，操作系统已经可以在网络上远程更新了，成为一种常态。能够远程更新和修改你的系统，这本身就意味着操作系统的提供商有比本地更高的权限，只不过他们不使用而已！如果使用盗版的系统，程序开发商可以让你系统瘫痪。这种权限如果使用，完全可以强制更新。因此，网络和操作系统由谁掌管至关重要。法律上的权利用尽怎样理解也是重大问题，现在这些问题回避讨论，背后是这些权力都在美国手里。

对云计算和区块链技术来说，关键就是谁控制操作系统软件、谁控制了网络。同时云还有控制中心，区块链的区块存储和通信也是云负责的，这就存在着区块的信息被修改的可能性,就如当年我们在银行体系内搞分布式存储,系统最高权限有权修改信息一样。你可能会说修改记录是抹不掉的,但记录只有系统管理员能够看到,用户是看不到的。所以,控制着操作系统和网络的美国,理论上是可以用云控制全球的虚拟世界,存在改变区块内容的可能性,区块链的可靠性不是万无一失的。把各种核心信息建设在网络上,分散在各个区块当中,相当于把命脉交到网络和操作系统的控制者手中了,这样的新技术是让美国因特网为王。

6. 全球央行和司法被区块链去中心

数字货币大热,区块链技术大热,区块链技术的去中心化被捧到前所未有的高度,而去中心化带来的问题,却被一些人选择性地遗忘了。没有了中心,央行的管理如何进行?司法的执行如何进行?在区块链的著名案例比特币的应用上,已经显露出其苍白。2017年5月勒索病毒爆发,实质是公然挑战全球央行反洗钱和司法追赃。

勒索病毒出来,关键问题是勒索的是比特币,而不是美元。很多人说区块链下的数字货币,是如何如何的安全,而这一次的勒索病毒索要比特币,说明数字货币系统才最佳的洗钱途径。这背后就是数字货币去中心,没有中心也就没有了司法的参与,在法外之地绝对不是天堂。

这一次勒索病毒全球勒索比特币,就是秉持公然犯罪的态度,挑战全球司法对比特币的苍白,全球司法对这种勒索所得都没有反洗钱和赃款追踪能力。这次事件已经将区块链去中心化带来的危害在全球人民面前演示了一遍了,但利益集团依然是乐此不疲。此时,司法无法干预洗钱,诉讼都成了问题。

2016年8月Bitfinex宣布丢失119,756个比特币,按照现价计算,这一次黑客攻击造成的损失约为7000万美元。虽然很多账户里的美元没有被盗,但他们却被迫分担了36%的损失。在遭受此次攻击之前,Bitfinex是最大的美元-比特币交易平台。该公司表示,由所有用户共同分担损失是避免其破产的最佳方式。一旦破产,所有用户的款项将因冗长的法律程序被拖延多年。法律的真空下,区块链有账本,账本改不了,全球将不再有金融犯罪等,全部变成了乌托邦式的梦想。

区块链的司法之难,从我多年的律师经验看是非常清楚的。首先是管辖,网络无国界但司法有法域和国界的,各国的法律间存在冲突。按照哪个国家的法律来执行?即便这差别在具体规定上可能差别不大,但在执行和证据层面差别很大。没有全球统一的司法和政府,这个问题是无法解决的。

比特币已经成为了反洗钱的黑洞，各种比特币的交易规避了监管和司法，事实与很多人想象的差距巨大。如果我们的经济生活如比特币一样没有中心，这只不过是无政府主义通过披上去中心化的外衣的卷土重来。而真正搞无政府主义的，其实并不想真的没有人来管，而是要颠覆原来的秩序变成自己来管。

有关专家说：当前有些观点认为区块链金融的"去中心化"是不恰当的，他们认为区块链的中心依然存在，只不过以前是物理中心，未来将是以互联网为中心，谁提供区块链的发布与信任服务，谁就是中心，区块链生成平台即中心。[1]这段话被一些人引用给我，当作所谓的网络在区块链下不会失去秩序，而恰恰这句话表明了美国因特网要实现霸权统治世界的图谋。

以比特币为例，如果提供区块链的发布与信任服务，区块链生成平台即中心，那么控制比特币的人就太可怕了，他将成为世界霸主。比特币确实非常神秘，前500位的账户背后到底是什么？是否发布者有密码后门？区块链生成与美国军方控制的13个节点——根服务器，其他国家对这个军方控制的网络均是主从关系接入，这等于是把全球控制中心交给美国军方，交给ICANN。大家要注意，当今美国因特网的形成是因为美国军方免费向社会开放，而不是美国军方不用了或者淘汰了，美国私人机构ICANN的管理权背后与军方的关系，也完全不透明的。其实背后就是一个向美国军方和网络资本交权的问题，是把全球央行的货币权力和主权实体的司法权力去掉的一个过程。

我们要搞数字货币，怎样搞？关键是要在自己的网络平台上搞，中国的自主主权的公网不建设好，未来搞数字货币就不成熟，或者说要搞就是走上民族核心资产流失的道路上去。

7. 区块链掠夺国家安全命脉

对人类未来十年影响最大的黑科技是什么？"数字经济之父"Don Tapscott认为，不是机器人，不是大数据，甚至不是人工智能，而是区块链。但是，区块链的去中心化，背后其实就是去政权化，是对传统政治格局的重大挑战。在区块链下，权威中心没有了，政权的公信力、凝聚力逐渐消失在网络中，尤其是这些信息可能被篡改，信息安全、国家安全就会消失。

区块链去中心化的特性，使得它的真实性脱离了政权，而传统情况下，提供公信力

---

[1]《首都金融》2016年9—10月刊，总第28期。

和信息权威是国家存在的基础，是政权存在的核心。没有了公信力和信息权威中心，国家将丧失提供信息、信用的权威、权力，国家如何能够稳定，政权是否能够维持？我们都知道天下可以马上得之不能马上治之，依靠暴力是不能维持政权的，政权需要大家相信它能够带来你所想要的，愿意为它作贡献。政权是需要形成权力中心的，去中心化的是无政府主义。

国家和政权有提供社会公共服务的义务，这个社会公共服务的关键就是国家和政权的公信力带来的信用，比如货币发行就是一种国家信用背书的公共服务。这种信用来自国家，来自权力中心，即使是西方的三权分立，权力也有三个中心，这三个中心也是信息的中心、信用的中心！而如果使用云和区块链，连发行货币这种国家大事都可以不需要国家信用了，金融权力变成了网络权力，替代了原来传统的权力中心，国家对信用、货币、信息和舆论没有了调控能力，而掌握云和区块的资本，就成了幕后之王。

我们应当注意在货币权力成为一项权利的时候，才开启了现代社会的进程。这是因为我们的信用可以经营了，原来的宗教权力和贵族权力加上货币权力形成三权分立状态。在此之前则是宗教依附贵族成为统治工具，或者是贵族依附宗教成为宗教国家。货币力量改变了世界格局，一些西方宗教国家在中世纪时变成了世俗国家。现在如果货币等权力在区块链下去中心化，数字货币不再是一种权力，那么，世界会怎样？而且真的有一天货币权力没有了，就没有替代的吗？我们可以发现，这时候网络权力成为更主要的权利，你可以不要货币但不能不要交易、不要信息，网络权力会成为终极权力，会超越原来的宗教和贵族权力。那时谁也离不开网络，我们将被网络"绑架"，这时我们就要问网是谁的？这个系统建设在谁的网络上？你有本事移植它、摆脱它吗？然而，这个网络是美国因特网，技术标准、技术秘密等都是人家的，你的命运在谁手里？你的安全在哪里？

我们更要看到在网络去中心理论上，还有被篡改信息的可能。在区块链普及后，世界去中心化，没有权威中心以后，一旦信息可能被改而变得不可信，那么整个世界将会出现信任危机。网络电子信息与传统纸质信息的关键差别就是电子信息改了以后，你无法判断其改了没有！因此解决这个问题，就有一个书面传统文件的中心在那里，纸质的文件和具体人员的签名，这是容易鉴定的。我们过去也是这样找档案，进行考古研究的，当变成电子管理后，怎样确定社会的信息安全？我们再变成云和区块链，信息安全的中心也没有了，这些信息要是变得可以改，社会将会变成怎样的混乱？如果这个改动是你的敌国、竞争国干的，你有什么抵抗手段吗？

2016年7月31日中国工商银行原行长杨凯生在"第六届上海新金融年会暨第三届互联网金融外滩峰会"上表示，互联网金融中一些从业人员的思想方法出现了偏差，以为自己站在了风口，以为自己真的是可以随风起飞了，把对金融规律的漠视及背离当成了开拓和创新，他们把忽悠和鼓吹当成了营销和宣传。他认为：在推动区块链发展的过程中，要保持清醒的、科学的认识，避免浮躁，要避免陷入对区块链的传染病狂热。

2017年7月19日，美国统一法律委员会（ULC）以45票的绝对优势通过了《虚拟货币商业统一监管法》草案。法案的立法目的在于建立一个"虚拟货币商业活动"的法定结构和面向本国居民提供服务或产品的货币商业活动规范。

该法案一共七章，包括一般规则、执照核发、检查、执法、披露和保护居民措施、政策与程序等内容。法案的起草遵循《统一货币服务法》（Uniform Money Service Act）的相同模式，并与美国财政部金融犯罪网络局(FinCEN)关于虚拟货币的规定、州银行监督协会(Conference of State Bank Supervisors)于2015年发布的关于虚拟货币业务的框架性意见保持一致，同时参考了各州已经发布的相关法律。

美国通过立法的形式，强制管理区块链下的虚拟货币，足见它的负面影响。

二、耗散结构下的数据垄断

1. 耗散结构理论与信息熵

对大数据的意义，我们应该怎样认识，对信息系统的价值又该怎样认识，笔者认为这需要从熵的价值上进行认识。系统如何实现负熵？如何让社会熵减？其实就是给社会带来价值的方式。

首先，我们需要认识熵和信息熵的概念，信息熵概念的提出让人类社会与自然界统一了起来。在物理学上，克劳修斯（T.Clausius）于1854年提出熵（entropie）的概念，是系统无序度的度量。利用著名的玻尔兹曼公式来表示系统无序性的大小[1]，其中熵是微观状态数量的对数和一个常数的乘积，这个常数就叫作玻尔兹曼常数。后来熵的概念

---

[1] 玻尔兹曼公式（Boltzmann's entropic equation），1854年德国科学家克劳修斯首先引进了熵的概念，1877年，玻尔兹曼用下面的关系式来表示系统无序性的大小：$S \propto \ln\Omega$。1900年，普朗克引进了比例系数k，将上式写为$S=k\ln\Omega$。k为玻尔兹曼常量，S是宏观系统熵值，是分子运动或排列混乱程度的衡量尺度。Ω是可能的微观态数。Ω越大，系统就越混乱无序。

进入化学和生物界，提出了化学熵和生物熵的概念，以及信息熵、系统熵等，自然与社会科学得到了统一。熵也是衡量价值的重要参数，作用于我们的价值体系，对此系列问题我在《资源角逐》一书当中详细论述过。

信息这个词大家非常熟悉，但要真的讲讲信息的概念，很多人讲不清。信息是个抽象的概念。人们常常说信息很多，或者信息较少，但却很难说清楚信息到底有多少。比如一本五十万字的中文书到底有多少信息量。有的书废话很多，没有多少信息量，而爱因斯坦的相对论论文没有多少字，却包含了破解宇宙密码的钥匙。

直到1948年，香农提出了"信息熵"的概念，才解决了对信息的量化度量问题。信息熵这个词是信息论创始人克劳德·艾尔伍德·香农（Claude Elwood Shannon）从热力学中引伸过来的。热力学中的热熵是表示分子状态混乱程度的物理量。香农用信息熵的概念来描述信源的不确定度，第一次用数学语言阐明了概率与信息冗余度的关系。

信息透明度到底是多少？人类刚刚开始研究数字通信时基本是瞎子摸象，直到1948年香农在贝尔实验室发表了那篇著名的文章——"通信的数学理论"。文中一针见血地指出，通信的问题可以分解成两个编码的问题，即信原编码和信道编码。信原编码的目的是尽可能高效地表示信息源，即数据压缩；信道编码的目的则是尽可能高效地让数据可靠无误地通过信道。

有了熵的衡量，我们对各种信息的认识高度大幅度地提升，但熵有一条著名的定律——熵增加原理！熵是永远增加的，除非另外消耗能量或者提供信息。也就是说我们的信息系统的垃圾越来越多，是一个不断混乱的趋势。这在物理界早有了著名的热寂学说，而世界很多时候是向着复杂进化的，信息系统也是越来越复杂，这如何用理论认知和解释呢？直到耗散结构理论的提出，这个问题才得到完美的解决。提出此理论的比利时的伊利亚·普里戈金（I.Prigogine），因此他获得了1977年的诺贝尔奖。

普里戈金在非平衡热力学系统的线性区的研究基础上，又开始探索非平衡热力学系统在非线性区的演化特征。在研究偏离平衡态热力学系统时发现，当系统离开平衡态的参数达到一定阈值时，系统将会出现"行为临界点"，在越过这种临界点后，系统将离开原来的热力学无序分支，发生突变而进入到一个全新的稳定有序状态；若将系统推向离平衡态更远的地方，系统可能演化出更多新的稳定有序结构。普里戈金将这类稳定的有序结构称作"耗散结构"。从而在1969年提出了关于远离平衡状态的非平衡热力学系统的耗散结构理论。

耗散结构典型的例子是贝纳特流。在一扁平容器内充有一薄层液体，液层的宽度远大于其厚度，从液层底部均匀加热，液层顶部温度亦均匀，底部与顶部存在温度差。当温度差较小时，热量以传导方式通过液层，液层中不会产生任何结构。但当温度差达到某一特定值时，液层中自动出现许多六角形小格子，液体从每个格子的中心涌起、从边缘下沉，形成规则的对流。从上往下可以看到贝纳特流形成的蜂窝状贝纳特花纹图案，这种稳定的有序结构称为耗散结构。类似的有序结构还出现在流体力学、化学反应以及激光等非线性现象中。

耗散结构理论指出，系统从无序状态过渡到这种耗散结构有几个必要条件，一是系统必须是开放的，即系统必须与外界进行物质、能量的交换；二是系统必须是远离平衡状态的，系统中物质、能量流和热力学力的关系是非线性的；三是系统内部不同元素之间存在着非线性相互作用，并且需要不断输入能量来维持。

在平衡态和近平衡态，涨落是一种破坏稳定有序的干扰，但在远离平衡态条件下，非线性作用使涨落放大而达到有序。偏离平衡态的开放系统通过涨落，在越过临界点后"自组织"成耗散结构，耗散结构由突变而涌现，其状态是稳定的。耗散结构理论指出，开放系统在远离平衡状态的情况下可以涌现出新的结构。地球上的生命体都是远离平衡状态的不平衡的开放系统，它们通过与外界不断地进行物质和能量交换，经自然组织而形成一系列的有序结构。可以认为这就是解释生命过程的热力学现象和生物进化的热力学理论基础之一。

在生物学中，微生物细胞是典型的耗散结构。广义的耗散结构可以泛指一系列远离平衡状态的开放系统，它们可以是力学的、物理的、化学的、生物学的系统，也可以是社会的经济系统。耗散结构理论的提出，对自然科学以至社会科学，已经产生或将要产生积极的重大影响。耗散结构理论促使科学家特别是自然科学家开始探索各种复杂系统的基本规律，开始向研究复杂性系统的攀登。远离平衡态的开放系统，通过与外界交换物质和能量，可能在一定的条件下形成一种新的稳定的有序结构。

2. 耗散结构与信息资源

科学的进步提出了耗散结构的理论，这个理论对信息系统和信息资源也一样是成立的，信息系统的负熵效果和利益也是通过耗散结构来完成的，系统信息处理后的新信息价值来自系统信息量增加和信息机会均等所造成的熵增效应。

按照耗散结构原理，网络千差万别是一个远离平衡态的非线性的系统，而大家不断

地在网上交换信息，使得它成为一个开放系统。通过不断地与外界交换信息，在系统内部某个参量的变化达到一定的阈值，达到前面所说的信息资源的临界点时，系统可能发生突变即非平衡相变，由原来的混沌无序状态转变为一种在时间、空间或功能上的有序状态，也就是网络系统自发产生核心信息的状态。

随着我们不断地上网交换信息，使得网络信息量不断增大，比如："天涯"网站，用户在网络上的发帖、回帖、浏览，维持了整个网站信息的增加，丰富了网站的内容。但是所有人对网站也是要付出代价的，即使不付费，在你的上网费中网站是有流量分成的，同时你不得不浏览网站的广告。这样的耗散结构状态也要以不断地流入信息来维持。如果没有了实时信息更新，这样的结构就会崩溃，信息系统也就不再有巨大价值。因此，耗散结构对解释网络系统信息资源的价值是非常有益的。

对信息系统来说，计算机体系化的数据库使得系统的熵极大降低，信息系统的有序取得了一个负熵的效果，并且也是通过耗散结构完成的。因为数据搜索存在，各个信息被搜索的概率趋于均等，消除原来各个商业流通环节的差别，网络交易在市场上使得各个参与者的机会概率均等的熵的效用就是熵增。在信息熵各个概率取等号时熵最大，信息系统是一个开放系统，开放市场的熵增可以区别搜索信息内容和信息先后的信息系统，具有更多的负熵的网络数据库信息的浏览机会越均等，搜索和竞价排名的价值就越大，资源的属性也就越大。

就如我们有了网络以后，大家在网络上的机会均等就是巨大的熵增，由此大量的小公司通过网络电子商务得到了与大公司均等的机会。而计算机信息系统和数据库就是一个与生命熵类似的耗散结构，在熵增下的耗散结构带来的负熵就是竞价排名等操作取得利益的方式。搜索和竞价排名使得系统发生负熵。这是因为大家的机会概率不均等了，而搜索和竞价排名所带来的收入就是系统的负熵所产生的效用的利益交换，以整个信息系统的熵增造成搜索更大的负熵，以负熵的利益换取货币。

系统数据库信息量越大，系统内的事件越多，机会越平均化，信息熵就越大，导致这样的系统熵增的变化也就越大，熵源效用就越明显，耗散结构产生的负熵和利益也就越大，就如系统的信息越多搜索就越重要，你搜索的同类结果越多，竞价排名越重要，没有搜索和竞价排名时熵最高，有了搜索熵降低发生负熵效果，竞价排名负熵的利益更大。

因此，在信息爆炸信息体系内熵无限增加的背景下，耗散体系信息系统的负熵就更大，信息资源的效用也越大，由此使得信息体系成了信息资源。信息资源的耗散结构就是依靠把其他流通系统的价值和资源输入信息系统，以信息系统的熵增取得其结构的负熵带来巨大的利益的。计算机信息数据库的利益和资源性也就是来源于此。

这样的系统如果更有序，将取得更高的负熵，资源的效用就更大，我们的网络公关把于你有害的信息从网络中屏蔽，这对于信息熵而言是减少了系统内的事件，对于熵的改变比让不同事件的概率变化对于熵的改变更大，因此也更有利可图；而如果对这样的系统还能够进行保密，分析出更多的核心信息，等于是让更多的事件发生关联成为同一事件，将成为更大的负熵效应。这是因为对信息系统搜索和竞价排名外，网络公关和信息分析的价值更大，而这种价值是构建在系统整体大信息量、大信息熵的基础上的，计算机信息系统就成为一个信息的耗散结构，对此我们也可以理解在最近这次经济危机中信息不对称为什么能造成这么大的后果。

而对信息系统本身的复杂性，也是一个熵增的效应，最后也会对系统的负熵造成消耗。因此，信息资源的价值还取决于系统的处理能力，超过系统处理能力的系统就不是一个耗散结构了，其资源和熵的效用就会降低，甚至消亡，就如信息系统的访问量过大、数据量超过系统设计，就会造成处理速度的减慢乃至系统崩溃。对耗散结构的分析可以让我们深入认识信息资源。因本书的篇幅限制，有关问题读者可以搜索相关书籍资料。

3. 熵与大数据

信息学和大数据也是耗散结构理论非常好的例子，但耗散结构也是需要条件的。网络第一要务是开放和互联，是一个开放体系，网络权力、网红等赢者通吃的规律就是远平衡态，远平衡态在网络上和大数据上这样的不对称是明显的，摩尔定律的增长显然是非线性的指数增长，所有这些都符合耗散结构所需要的条件。

我们所讲的耗散结构，系统将会出现"行为临界点"，越过临界点后，系统将离开原来的热力学无序分支，发生突变而进入到一个全新的稳定有序的状态；若将系统推向离平衡态更远的地方，系统可能演化出更多新的稳定有序的状态。这个现象在网络信息领域就是我们所说的大数据世界！在我们积累信息量和处理信息的能力超过临界点的时候，原来爆炸式的各种垃圾信息，变得有用了，如果再被深挖，可以挖掘出越来越多有用的大数据！大数据给信息系统带来的就是耗散结构下的再度有序化的过程，同时带来了巨大的熵的价值。在熵的价值层面，与自然资源释放的能量是没有区别的。

所以，如何认识大数据时代，要从基础的理论上，信息熵和耗散结构，能够在哲学上用具体的数字机理计算论证大数据带来的社会有序度的变化，社会有序度提高了社会也就更发达和文明了。

4. 数据垄断加理论占据制高点

先进的理论模型

我们所谓的知识，"知"是人们对于外部信息的接收和感知，"识"是在知的基础上形成能够指导人类行为的信息，要认识世界我们就需要做一个有识之人。由此可以看出，在原始的信息上进行挖掘的重要性。

西方在数理统计等方面的基础研究是领先世界的，信息处理的理论是信息集权的根本，对基础信息数据的挖掘，可以让我们更好地分析这个世界，了解世界真相。但是，究竟能够从中挖掘出多少有用的信息，在于信息处理的理论体系是否先进。在西方，很多这方面的工作与经济活动的结合非常紧密，同时属于保密范畴，而我们对这些问题的研究完全是基于公开的学术讨论，保密的研究不多，有实际应用的基础研究就更少。西方最好的概率论是在赌场产生的，最好的数学模型是在华尔街产生的，但是很多基础研究却是在学者的书斋里。

我的近百位同学、校友在华尔街做金融信息分析，他们的专业就是使用数理统计、概率论在最先进的计算机上进行数值计算，进行金融市场的趋势推演，他们收入奇高但竞争激烈。你运算的结果即刻将被市场检验，你的收入是要看赚取的利润的！这些人中很多是高考中理科的佼佼者，能够进入当时收分最高的学校（中国科技大学）最好专业的学生，多是省市的前十名。但是现在国内经济方面的相关研究，基本还在定性的认识上，与定量的数值运算差距极大，所招收学生多是学文科数学的，很难想象他们如何能够胜任这样的竞争？

如今，世界最先进的各种理论都在金融行业上派上了用场，经济学运算已经与理论物理等自然科学的计算接轨，比如资本市场使用量子理论模型，把散户看成是量子力学的量子，个体运行没有规律，但是统计平均有规律，索罗斯就曾公开宣称，他从量子力学中获得灵感，把他的基金叫作量子基金。同时相对论、场的理论和概念也被引入到金融领域。狭义相对论的光速是永恒的，实际上就是场的传输速度永恒和相对性，信息也会有相对性和场，同时物理界的质量对于场的影响和金融领域的资金量与市场的关系是可以对应的，资金进入市场，本身就会对市场产生影响，只是资金不够多时其影响可以忽略，但是对于海量资金，绝对是要仔细考虑其中相对性的效应的，因此这里是可以应用相对论的理论和模型的。

我们用交通堵车的数学模型帮助大家理解这种数学抽象。交通堵车的数学模型与网络信息传输的数学模型是基本一样的，每个车相当于一个信息数据包，这些数据包都有源地址和目的地址，就与我们开车时的出发地和目的地一样，车道就是网线，立交桥和红绿灯就是网络的节点路由器、交换机等设备，调整各个节点的速率互相配合，就可以使整个系统的速率得到优化。

而对信息系统和大数据如前面论述，同样适用信息熵和耗散结构。西方的理论研究已经进入数据时代，这些理论首要任务是在华尔街赚钱，而不是当作学术论文发表。现在看到的经济学都是布雷顿森林体系破裂之前的金本位货币经济学和西方工业社会主导全球的产业经济学，真正的经济学在信息时代早已经改变，而中国太缺乏具有数字能力的经济分析人才了。

信息的系统性优势

信息的系统性优势就是所掌握的信息规模超过临界点，形成了关于行业的整个信息的系统体系，这个体系是西方在网络上的竞争优势。

对此，我们先从一个具体的例子进行说明。比如麦肯锡这样的公司，世界的500强公司绝大多数是它的客户，它可能给某个行业主要的企业做咨询，那么它对这些企业所提供的信息进行整理和分析，就可以得到行业的全貌，其他公司是做不到的。而每个企业向它进行咨询时，不可避免地要先把自己公司的情况毫无保留地交给麦肯锡，而麦肯锡在利用其了解的行业信息为你做服务的同时，你的信息和你在它的服务下所制定的战略和采取的措施也极大地丰富了它原有的信息系统。随着时间的推移，它们的系统信息的积累将极其可观，同时麦肯锡还为你相关的上游和下游的企业做咨询服务，它对于产业链的了解肯定是你非常需要的，而你的信息实际上可能对于你的上游或者下游企业更加重要，最后大家才发现离不开的是麦肯锡。投资银行也是一样的，世界上有足够影响力的、能够给产业巨头做融资服务的机构就那么几家，产业巨头的信息对投行是无法保密的，它们所掌握的这些信息对自营的投资和其他投资服务帮助也是极大的，而现在投资银行与商业银行的合并，企业向商业银行贷款也是要提供企业信息的，这样产业资本的企业信息就彻底地被金融资本所垄断了。这就是金融资本对产业资本系统性优势的来源，产业资本是很难斗得过金融资本的。

如果再上升到理论层面，就是前面所说的耗散结构理论，达到临界阈值后，就会自动从熵增向有序化转变，而有序化的力量就是巨大的优势。为何网络资本大规模投资烧

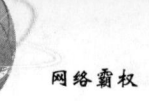

钱，其理由之一就是要尽快达到这样的阈值，取得对后来者的绝对竞争优势，达到垄断世界的信息的巨头。如果已经达到了这样的阈值，企业想要在网络上达到一定优势则非常困难，竞争的门槛将会越来越高。

竞争者难以企及的门槛

市场垄断一旦形成，后来的竞争者凭借自身的力量是难以打破的。垄断形成的门槛太高，通过市场手段打破只是理论上的可能。

互联网巨头、大门户和搜索引擎以及传统的信息机构，如麦肯锡、IDG（美国国际数据集团）等信息机构，四大会计师事务所、高盛等为代表的投行，经过多少年积累，信息产生了巨大的衍生价值，时间成本本身就难以逾越。而它们的信息如果没有其服务企业的支持和信任也是无法取得的，这是一个巨大的机会成本。同时，它们规模和人才的积累也是其他竞争者难以企及的。

以上可以让我们看到这些企业的重置成本，而这个成本则是新入者的门槛。这个门槛不仅仅是资金，还包括时间、机会、人才等因素。

5. 信息集权的核心在于形成标准

我常说一流企业定标准，二流企业推品牌，三流企业搞技术，末流企业去生产，中国的企业现在很多处于制造生产阶段，技术还要依靠别人，而最高端的企业，标准才是核心。产业之争实际上是标准之争。

标准从形成过程来看，可分为事实标准与正式标准。正式标准的形成是不同利益主体之间运用标准的"外衣"、知识产权等武器相互间博弈协调的结果，它不可避免地带来一定的垄断后果。无论是标准壁垒、标准陷阱还是标准的外部效应，都将给使用标人带来一定的损害。

事实上的标准并非由市场决定的，而往往是由某些垄断性企业推动的标准。因带有垄断色彩，事实标准具有私有属性，一旦事实标准形成，拥有人就可凭借其独占性的优势地位获得高额利润，同时也会形成权利滥用导致对相关产品市场的垄断。在标准化过程中，尤其是在信息和高新技术领域，标准背后巨大的利益，产业实体都从本企业、本产业或本国利益出发，积极促成企业的标准成为国际标准。

在信息进入集权时代，集权者使自己的企业标准成为了事实标准，并且通过其对产业的巨大的影响力迫使各方接受，如微软在操作系统上的优势、英特尔在处理器上的优势以及各种搜索引擎对信息的分类标准等。后来进入的企业，为了和其他产品兼容，不得不采用这样的标准，接受盘剥，就如我国 DVD 产业曾经遇到的专利费危机。

信息标准也是信息集权的权利来源和对抗竞争者进入的门槛，围绕这些标准会产生一系列的知识产权，这里所说的知识产权更多的不是专利权而是版权。科技含量比较低的，如微软 WORD 的文件格式，本来格式怎样定差别都不大，但是为了我们的应用能够使用微软技术就要接受它指定的格式，即使你不交钱也要取得人家的同意，那就是看别人脸色的事情了。

金融信息标准是其核心，中国银行卡的国家标准是至关重要的。因为有了这个标准，才有可能统一各个银行的终端设备建立中国银行卡联合组织（简称银联），经过多年发展，银联已经成为继 VISA、万事达、美通后的银行卡联盟，同时得到了东南亚等国的支持。试想如果没有银联，中国人的信用卡信息就要全部被外国掌握了。

在信息标准上，中国又有多少话语权呢？我国使用的网络领域标准都是西方制定的，是西方的接入网，要发展自己的标准，首先要有自己的网络。我国电信和广电网是自己的，我们参与国际标准的制定能力就要强很多。在网络层面，我国是不能摸着外国的标准过河的。

6. 控制标准比垄断更加可怕

在信息经济条件下，知识产权对经济生活的作用日益凸显，并在信息技术的快速发展中不断地扩张与强化且与技术标准结合所形成的信息标准垄断，是市场垄断、技术壁垒和知识产权的多重枷锁，一旦形成就难以打破，其对市场竞争的危害日益严重。原有的反垄断手段难以适应新条件下控制信息标准垄断的要求，所以，对诸如微软公司这类的市场垄断，一直没有得到有效控制。

2007 年 8 月我国颁布了《反垄断法》，虽然规定作为知识产权垄断表现形式之一的技术标准垄断"应受"该法规制，但同样未能解决"如何"规制的问题。这里我们以微软操作系统成为标准垄断的情况为例，对其垄断的后果进行分析。

从标准垄断角度上说，微软在历史上曾通过免费的 IE 浏览器打败竞争对手，这并不是说，没有获得市场收益就没有垄断。美国司法部判定微软垄断恰恰不是以微软产品在市场上获得多少利益来判断，而是以没有获得多少利益判定其垄断。在中国也是如此，虽然有盗版的因素存在，微软没有获得多少利益，但微软占领了市场形成事实标准。因此，微软仍然是标准垄断。但是，我国《反垄断法》的处罚多是围绕着垄断得利而制定的，

处罚也是以垄断的非法所得为基础，在法律的制定上，存在明显的缺陷。

比尔·盖茨曾于1998年7月20日在 FORTUNE 杂志上说，"尽管在中国每年有大约300万台电脑被售出，中国人却不会为软件付钱，不过总有一天他们会的。既然他们想要去偷，我们想让他们偷我们的。他们会因此上瘾，这样接下来的10年我们就会找出某种办法让他们付账"。微软通过盗版占有了市场份额，虽然不等于占有市场，但从某种程度上抑制了竞争对手进入，妨碍竞争。因此，盗版和通过把一些产品免费的方式，在某种意义上是一样的结果。现在这样的结果正在中国显现，我国自主的操作系统长期没有发展，土生土长的 WPS 被挤出市场，然后微软的本来面目就露出来了，记得微软对盗版软件的黑屏威胁吗？微软绝对不会这样温柔，让你花钱的事情在后面呢！所以，依据我国的《反垄断法》认定和处罚微软的垄断是很难的。

再进一步讲，信息形成标准垄断还在于威胁国家和企业的信息安全，这是信息霸权的体现。微软已经就其软件的后门（即软件公司人员可以不经过用户安全设置进入系统的通道）进行过道歉，那么我们还能不能用微软的系统？相关问题我们还会在下面章节中进行论述。

7. 信用、信息和金融的融合统一

从前面的论述中我们看到，银行经营的历史实际上是一个经营信用的历史，银行经营的本质是信用。在信用卡的发展当中，信用卡一方面是信用，另外一方面则是信息，即反应持卡人真实情况的一组信息。信息和货币是不可分割的，而现代的金融体系就是信用和信息的集合。

以往金融运作离不开各种纸质的凭证，与纸币一样是各种银行票证和债券的一个体系，证券票证上记载的是与信用卡类似的信息，价值是由其信息所反映的内容的信用来决定。到现代金融体系的建立，尤其是电子信息技术的发展，整个金融系统已经是一个信息系统了，银行的IT部门如今已经成为银行的核心部门。货币、证券等金融资产和交易，都已经成为央行和各商业银行数据库里面的一组数据，交易已经完全信息化了，甚至脱离了纸质的凭证。一个信息数据系统的故障，对于整个金融体系而言是致命的，各种交易信息也就灰飞烟灭，金融与信息在这个系统中是完全不可以分割的，只不过是一个内容的两个方面而已。

在这个系统内，信用是被系统所内化的，在现代金融工程之下，社会上的法律、财会、政策等规章也被内化到信息系统之中，成了信息系统运行的规则。还有各个机构和个体的契约，也成为构建系统运行的法律依据保障被内化了，就如证券交易所制定了股票的规则建立了证券交易系统，所有的券商就要按照这个系统构建自身的子系统。我们炒股就要使用子系统的客户端，这个系统就是按照交易规则建设的，我们炒股的规则是各种证券法规具体化，强制由证券法规所保障。交易的同时是与银行的货币账户托管连接的，账户的变化是联动的，能够交易也是被银行货币信用保障的，而变化的是一组数据库内的信息，大家都信任这些信息在信息系统上交易的行为，这就是信息的信用。契约、法律、财务、政策等构建了信用体系，因此所有的信用也是被内化在这个信息系统中。这里有法律和国家强制力保障的个人与券商、银行等一系列的契约，你持有的股份也是信息系统内的数据而不是历史上的纸质股票了。相反，纸质股票因为难以确认真假和权利的最终归属反而没有这一组信息更有信用。这种事在中国股市建立时发生过，那个时候上市公司以前发行的股票要在公司股票上市后进入系统，是需要复杂的认证手续的，很多股票还成了非流通股。而现在大家拿着股票只不过是券商的一组数据，但谁也不担心自己的资产没有了，这就是这组信息数据的信用。

因此，在金融电子化、无纸化信息化时代，金融本身就是商业信用和银行信用相结合的产物，是金融、信用和信息的融合统一，这样的统一使金融交易速度极大加快，商业信用下的证券也起到了类似货币的作用，从而使得在银行资产证券化的时代对货币的需求被债券等证券替代，总的货币量会下降。而进入电子信息时代后，交易的速度比纸质凭证时极大加快，从银行的工作人员到票据市场交换票据，到直接使用电子指令，尤其是网络时代交易成了网络间的数据交换，交易的速度一日千里，货币流通速度大大加快。

经济学所讲的流动性，不是简单地指货币和货币的流动，而是货币与货币流通速度的乘积。在货币流通速度极大加快时，流动性货币的需求量就要大大降低，因此，我们可以看到美国的广义货币 M2 可以没有中国的 M2 多，原因就是美国的债券市场是有货币信用的替代作用，美国金融市场的衍生速度大大快于中国的结果。

如果把在信用系统内衍生的高级货币 M4、M5 等计算进去，就可以发现美国超广义货币量远远多于中国，这也是信息、信用和金融相统一的结果。信息、信用和金融的大一统体系就是世界的控制体系，我们所看到的信息、信用和金融只不过是这个体系的一个方面，而货币、价格体系、证券、衍生品等又是体系更小的一个方面。各种经济要素是全部整合在一个体系之下的，而信用就是这个体系最关键的方面，认识了信用，认识了信用社会，认识了控制世界的大一统的体系，也就找到了认识这个世界的钥匙。

三、全面认识虚拟经济

1. 虚拟经济大爆发

当今时代需要面对后工业时代的新的理论，有些人称这为信息时代，但我认为称为信息时代还不够全面，应当说成虚拟时代更准确。因为，这个时代不光是信息爆炸，还有信息处理，以及在技术的发展下出现了很多新的空间概念和新的资源。同时，金融和信用急速发展，使得人们可以透支未来，这些新领域同信息相结合形成了虚拟社会。在虚拟社会中，存在着虚拟空间和虚拟的新资源。

我们对虚拟经济的认知也在不断地深入。狭义上讲，虚拟经济（Fictitious Economy）是相对实体经济而言的，是经济虚拟化（西方称之为"金融深化"）的必然产物，概念偏重于金融。经济的本质是一套价值系统，包括物质价格系统和资产价格系统，与由成本和技术支撑定价的物质价格系统不同，资产价格系统是以资本化定价方式为基础的一套特定的价格体系，这就是虚拟经济。由于资本化定价，人们的心理因素会对虚拟经济产生重要的影响，也就是说，虚拟经济在运行上具有内在的波动性。而我认为虚拟经济的概念应当更广义，金融的背后是货币，货币的背后是信用，而信用的背后是信息。

虚拟经济的概念是由马克思提出的虚拟资本（Fictitious Capital）衍生而来。马克思认为，虚拟资本是在借贷资本和银行信用制度的基础上产生的，包括股票、债券等。虚拟资本可以作为商品买卖，可以作为资本增值，但本身并不具有价值；它代表的实际资本已经投入生产领域或消费过程，而其自身却作为可以买卖的资产滞留在市场上。虚拟经济就是从具有信用关系的虚拟资本衍生出来的，并随着信用经济的高度发展而发展。

上述有关虚拟经济的理论晦涩难懂，其实我们可以从金融衍生的角度来理解。实体货币的实银是现金，是狭义货币 M0，在马克思钱庄时代，钱庄老板可以开出的银票远远多于实银，只要大家兑换时有现银即可。所有储户不会同时找他兑换，一般比例在 5% 左右（除挤兑的情况外），这样钱庄可以放出现银的 10 倍以上的银票。人们相信钱庄的信用，银票可进入流通，银票可给他人放贷，同样可以收取利息，这多出来的银票的价值就是衍生，是虚拟的，这样的银票可以叫作狭义货币 M1，M1 比 M0 多了很多虚拟成分。

经济继续发展，货币银行学给银行带来了货币衍生。我们存银行 100 万属于 M2 广义货币，而银行从中拿出 80 万放贷，无论借贷人是拿现金还是存款，或者支付给他人，这贷款出来的货币一样属于广义货币 M2，但我的存款（M2）还在，这样广义货币 M2 总量变成了 180 万，但实际财富是没有增加的，还是当初存的 100 万元，这多出来 80 万就是衍生。

再后来，股票、债券等证券资产也可以用于支付，此时是按照市场价值计算的，但市场价值常远远大于其实际对应的资产，这多出来的部分就是虚拟。可支付证券在广义货币分类里面叫作 M3，比原来已经衍生的 M2 又多了一层。

近 50 年来，尤其是 20 世纪 80 年代后，虚拟经济在金融创新以及金融衍生产品快速发展阶段值得我们注意。实体交易为主导变成了金融交易为主导，在金融产品上构建了各种期货、期权的衍生品，期货、期权的衍生品上还可以构建新的衍生品，如此堆叠，金融衍生品的数量变得极其庞大。金融衍生品市场的高度发展，背后是由信息技术支撑的。在货币脱离了金本位制限制之后，信用衍生得以泛滥，这些衍生的财富都带有虚拟意义，按照目前世界对金融衍生品的广义货币分类，这些就是广义货币 M4。

虚拟经济是市场经济高度发达的产物，以服务于实体经济为最终目的。随着虚拟经济迅速发展，其规模已超过实体经济，成为与实体经济相对独立的经济范畴。而虚拟经济在今天，变成了信息经济的产物，信息的价值更多地在市场交易和金融中体现。

在现代经济中，货币已不是黄金等贵金属，而纸币、电子货币等货币形式作为信用货币，本身就是"虚拟"的；银行、证券公司等金融机构经营货币及创造货币的过程与实体经济相比，也属"虚拟"范畴。而电子货币、虚拟空间的各种信用，例如点卡等，也具有了货币功能，甚至还出现了比特币这样的数字货币。在金融的范畴里面，电子货币是属于广义货币 M5 的，货币的范畴变得更宽泛，背后就是使得虚拟的财富变得更广义了。

这些虚拟市场的规模究竟有多大？，从狭义货币到广义货币，再到广义货币的 M3、M4、M5。我们对 M5 现在还不好统计，但 M3、M4 的规模到底有多大？我们可以参考证券市场和金融衍生品市场的规模。2015 年全球 GDP 为 70 多万亿美元，而债券市场则高达 95000 万亿美元，是全球 GDP 的 1000 倍以上，各种金融衍生品的价值则达到 466000 万亿美元，是全球 GDP 的 6657 倍还多。世界上每 2.4 小时流动的资金总额，就相当于一年全球 GDP 的总值。

从上面的数据可以看出虚拟经济的膨胀速度、庞大规模已经远远超过了实体经济，可以说我们正在进入虚拟为王的时代。

2. 虚拟带来资源新空间

虚拟为何可以如此快速发展？其背后就是虚拟带来的新空间，经济领域得到了前所未有的发展。

首先，在现有技术之上，人们可利用的空间越来越大，我们可去的地方更远，可看到的、加工的更小，传输的信息更快，为了这些技术的实现，以前称不上资源的如今也变成了资源。有人占领先机出售月球土地，可以看作是一个笑话，同时也可以看作虚拟所有权，但未来未必可知，但月球上 He-3 同位素资源在热核能量上是有巨大意义的。更现实的空间则是频率空间，人们利用它进行通信，占用频道的竞争越来越激烈。2016 年 8 月 27 日，菲律宾媒体刊载署名为费德里科·帕斯夸尔（Federico D. Pascual Jr）的文章写道，中国卫星占用了原被菲律宾使用的两条地面静止轨道之一。菲律宾政府可能无法立即动用资源或有意向将中国卫星"抓获"，也无法发射自己的通信卫星以确定菲律宾在太空中的正当地位，但是有私人团体已经并且愿意为之。对频率资源的竞争，已经造成了国际纠纷，频率空间如领土一样有了新的资源价值。而虚拟经济的发展，离不开信息和通信，自然频率空间成了最重要的资源之一。

其次，更关键的是信息和金融、信用的发展，我们的未来被放到了市场上进行交易，原来的空间实际上多了一个时间维度，从三维空间发展成为四维空间。我们的生存是怎需要扩张领域，在这个领域上就需要形成新的资源、新的所有权，其背后就是金融权利的扩张，谁能够透支未来。但这项权利不是每个人都能够享受的。金融衍生品打开的未来财富空间，同样也需要竞争。

最后，我们来看看以空间和资源为核心的网络空间的发展。网络存储、运算、通信、虚拟实现等产生了空间，而这个空间是可以在你脑海里产生的。人类的想象力是无限的，网络技术把想象放到了这个空间上。同样，网络把历史也放到了空间之上，谁能够记住自己小时候的细节？几张照片也是特别珍贵的。电子照片转发分享，社交聊天、微博、微信的各种内容，即使自己删除了也不知道谁还会保存着，甚至是死后多年也未可知。我们的过去也放到了这个空间，以往社会遗忘功能没有了。另外网络的速度和信息量，极大地拉近了人与人的距离，拓展出一个巨大的空间。对网络的巨大估值，资本对网络的热潮，就是在这个空间上圈地，占有这个空间的资源。

所以，技术进步使虚拟空间得以发展，把历史、未来、想象、频率等都变成了空间，多个空间紧密联系，交换信息，互为因果关系，在原来的三维空间基础上，加上了时间、频率、想象，应当是六维空间了。高级空间上每多出一个维度，就会出现大量与之相关的资源。信息爆炸的背后就是虚拟空间和新资源的崛起，给对应的信息提供了新的空间。如今这些虚拟资源的规模已经极大地超过了实体，这也是货币越来越广义和金融衍生品规模呈爆炸式增长的体现。

3. 负熵与虚拟价值

本人的经济理论的一个核心观点，就是我认为熵是一种价值的来源，负熵通过系统的有序性将各种资源的价值统一。虚拟世界形成了新的空间，也就带来了新的秩序问题，背后对应于负熵的价值。

负熵在信息时代，我们首先对大数据、云计算和区块链用熵的眼光来看其带来的熵价值。大数据是在数据爆炸而远非平衡态时，海量数据在迅速增长的计算能力之下达到耗散结构的临界点从而走向有序，这就是负熵。

我们能够通过云计算把富裕的计算机系统资源联系起来进行并行运算，有序度增加，熵减少，但带来价值的同时降低了系统的安全性，这就是熵付出，所以总的熵增是不变的。云计算的负熵建立在系统熵增的基础上。

区块链应用时，把中心信息分散，各个区块大量重复记录信息，系统的熵肯定是增加的。但通过熵的增加，达到了原来可以排除拜占庭将军问题的叛徒达到稳定，反而是熵减少了。在拜占庭将军问题的假设下，所有忠诚的将军能够不被叛徒欺骗、迷惑从而作出正确的决策，在不找出叛徒（找叛徒将是成本最高、效率最低的解决办法）的情况下达成共识。这本身就是假设找叛徒的熵增加得更多。达成共识是有序的建立，是一种有序的达成，在有叛徒的非平衡态下，要耗费能量不断重复记录信息的情况下，达到有序的目的，应当是一种耗散结构的例子。

虚拟经济带来的价值就是在系统产生耗散结构时，从无序变成有序，有序则带有巨大的价值，有序度就是负熵，是与能源、矿产等自然资源有序一样的资源。

四、虚拟价值是从属价值

1. 从耗散结构到虚拟熵循环

我们从物理世界层面分析了世界的熵循环，也分析了耗散结构理论，在物理熵变成

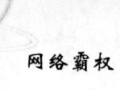

有序度下，化学熵、生物熵、信息熵等的一层层循环，高层的有序是由低层耗散结构带来的，详细内容笔者在《资源角逐》一书中进行了论述。由此看出，熵循环与耗散结构的实质是统一的。

熵循环的熵增，让循环的上层系统得到了负熵，使上层的系统熵减回到初始状态，每一个耗散结构都是一个熵的循环，从结构外得到的能量维持了系统的有序，而结构外的能量则来自下层熵循环的熵增，而耗散结构所处的环境必须是一个开放稳定的环境，结构外的无限熵增环境也不能使得耗散结构存在。因此，耗散结构也需要一个熵减的环境，这样的熵减也只能源于更下层的熵增所提供的负熵，下层的熵循环也是一个耗散结构。

从人群到个人生命再到生物圈，直到来自太阳的能量，都是耗散结构。广泛地说，太阳系何尝不是一个耗散结构呢？物质集中形成太阳系，依靠引力产生太阳热核反应，这也是熵减的过程，然后，熵增辐射能量驱动地球给予生物负熵，世界就这样循环着。而熵循环本身也就是耗散结构的"新陈代谢"，是维持其存在的条件。

在人类社会，一个个熵循环使得有序越来越高级，从社会分工到工业化，从实体经济到虚拟经济，到大数据、云计算、区块链带来了虚拟社会的负熵和价值释放，虚拟世界熵循环成为人类活动达到当今文明之下更高的熵循环、达到更高的有序。

耗散结构的存在和熵循环的维持，促使世界不是"热寂说"的死亡世界，因此耗散结构的存在和熵循环的维持，对于世界也是至关重要的。经济理论的本质就是维持地球从生物圈到人类再到人群的熵循环和耗散结构的金字塔的良好运行，熵概念是可以衡量世界的。而人群中熵循环又在信息熵的耗散结构下，从实体变成虚拟的了。

2. 熵增原理下总价值肯定不增

我们所说的交易可以带来秩序，而秩序是有价值的，这背后就是熵，但不是说虚拟是价值来源，这个价值是创造还是转移支付，就要另外考量了。

从自然规律中我们认识到熵是永远增加，信息熵概念引入之后熵增加依然存在。信息系统带来的有序，是其他层面更大的无序化导致的，总体上熵还是要增加的，耗散结构并没有打破熵增原理，只不过在开放性的系统上，通过外部的熵增带来内部的有序！

如果从外部熵增带来内部有序这一点上来认识，我们就可以知道在虚拟世界情况下，这个有序来自外部，其价值不是内生的而是转移的！

这个观点其实与传统的价值论相符合，传统的价值论当中，商业价值是从生产价值当中转移和分离出来的,现在的虚拟价值,只不过是把这个传统的商业价值当中的商业行为放到了网上,变成了虚拟,其本质依然是相同的。

因此我们认为,在熵增的理论下,能够把虚拟价值的转化性质看得很清楚,在其转化的过程当中,总的价值还要有所消耗的。

3. 虚拟依附于实体

虚拟体系当中耗散结构能够带来有序,有序就是熵的降低,是有价值的,但这个价值应当属于谁呢?

从自然的角度讲,自然的资源是更基础和直接的,而且耗散结构要依赖这些基础条件才能够成立。在耗散结构下消耗资源的新陈代谢,都离不开实体,虚拟是需要实体给它们不断的资源交换才能实现的。在信息体系内,虚拟在和实体不断地进行资源、信息交换,当实体信息爆炸的远非平衡态下,导致虚拟的耗散结构的出现、维持、演化,从这个角度上而言,实体是本元。

从法理的角度讲,虚拟的所有权和实体是从属关系。虚拟的价值和秩序是从实体的信息中产生的,属于孳息性质,是从属性关系。不过在各个网站,他们都要在注册须知里说明他们对信息的权利云云,但并不包括从你的信息当中诞生的虚拟权利产生的价值。他们如果拥有这些虚拟权利是有问题的。网站免费其实不是免费午餐,免费是支付信息对价。这里在法理层面,主物权和从物权的关系也是非常清楚的。

因此,无论从人文还是自然角度看,虚拟的价值,都是要依附于实体的,虚拟价值是从属价值。

五、虚拟下的财富博弈游戏

1. 网络透明让虚拟瓜分实体财富

现在中国的网络是透明的,我们的实名是给网站的,并将我们的线下信息完全掌握,导致我们是网络上的透明人,在透明的情况下,信息是不对称的。

这里我们也可以通过熵的概念来理解。信息熵的概念提出以后,网络透明就是建立了更好的网络秩序,是网络熵减,是负熵带来的价值,而这个价值是被网络资本、机构、网站和美国因特网攫取的,我们个人是没有占有的。但我们个人对此是付出代价的,你

对网络透明，你的安全性降低，你的熵增是巨大的，这个代价被网络的控制者秘密攫取到了。

更进一步地，是我们的网络透明，有些网络是不透明的，这个信息不对称，从而风险不对等，虚拟经济经常是以承担风险而获得价值的，在信息体系当中很多交易是零和博弈，市场的公平建立在市场信息充分的假设上。如果信息不充分，那么市场就是一个赌场或者骗局，而网络透明度不同，意味着在网络主导的这个市场上，市场经济的基本假设已经不具备，这时候的市场对你就是掠夺。

我们的实体经济拥抱网络，对网络透明，但网络背后的美国虚拟经济不对我们透明，这个信息不对称导致我们向美国的虚拟经济输送利益。美国虚拟经济的繁荣，很大程度上是建立在世界发展中国家不断为之输送利益的基础上的。

如今，世界虚拟经济的规模已经远远超过实体经济，它们最希望的就是你的实体经济与虚拟经济进行捆绑，这样它们的虚拟经济的变化就能够影响你的实体经济，就可以使用它们创造出来的虚拟价值来交换你的实体财富，而实际上这些虚拟的信息，本身也是来自你的其他实体的信息不对称。羊毛出在猪身上，你被薅毛了，还要被说成是猪，因为虚拟经济已经从直接的剪羊毛变成了间接的薅猪鬃了。

所以网络透明，网络信息不对称，市场产生的不是公平而是掠夺，这样的虚拟经济就是在瓜分实体果实，我们应该建设公平对等的信息环境，避免被瓜分。

2. 迎接网络时代的全球再分配

虚拟经济的繁荣，实际上是全球经济再分配的过程，虚拟经济是实体经济的附属，其价值是从实体经济的原始创造当中转化的。我们首先可以从熵的角度看到这个价值输送。我们分析了虚拟经济在信息熵层面就是一个对实体经济的耗散结构，虚拟经济产生的秩序带来的熵就是要在实体经济当中耗散的，总的是熵增，但虚拟经济得到了负熵发生了熵减，实体的付出和虚拟的所得，就是一个财富再分配的过程。

在虚拟世界产生了新的资源空间、频率空间、网络空间、货币衍生品背后的未来时空等，人类的未来和想象都可以在虚拟经济中进行交易，成为可能满足大众生理、心理需要的商品，形成了新的财富，也带来了货币从 M2 到 M3、M4、M5 的衍生。新空间和新维度，需要有新的财富划分方式，新的财富也要与传统的财富进行交换，虚拟空间虚拟经济的有序度，就是负熵，同时也是价值的来源，新价值与传统价值是可以交易的，这样的交易就是财富的再分配。

谁多占了虚拟空间的财富？虚拟空间的财富怎样被瓜分？虚拟空间、虚拟财富随着信息大爆炸，耗散结构的大数据、云计算、区块链创造越来越多的秩序价值下，世界财富的重新分配也就开始了。而现在以货币计量的虚拟财富远远超过了实体，金融衍生品可以变成实体的 1000 倍，它们与实体经济进行交易，实体经济变成九牛一毛了。这是一个以虚拟再分配实体财富的新时代。中国不是虚拟世界的霸主，但有实体经济的巨大果实，我们需要做的是保住自己实体果实不被瓜分。而中国的崛起，虚拟世界的主导权不能随波逐流，未来一定要有自己的虚拟世界，以主动的姿态迎接新时代的全球大分配。

六、数字货币区块链的摩尔悖论

数字货币大热，大有在未来取代纸质货币的趋势。中国以 BAT[①]为首的网络巨头都在推动其发展，中国央行对此似乎也是行动在全球之先。2017 年年初，央行推动的基于区块链的数字票据交易平台已测试成功，由央行发行的法定数字货币已在该平台试运行，2017 年春节后，央行旗下的数字货币研究所也正式挂牌。不过对数字问题背后的风险，还是需要研究，本人认为这个风险是巨大的。数字货币存在着一个无法解决的悖论，我将这个叫作摩尔悖论。

摩尔悖论的来源背景是电子行业的摩尔定律，这个悖论是摩尔定律成立或者不成立，都会造成数字货币系统的崩溃。数字货币系统一方面是仰仗摩尔定律的成立，另外一方面又需要摩尔定律不成立。这样的对立意味着从开始这个系统从逻辑上说到未来是必然崩溃的。

数字货币不是代理支付下的货币脱媒，这样的交易还是以传统金融体系为管理中心的交易。现在说的数字货币，是类似于比特币这样的没有一个实际控制者去中心化的交易，这些数字的信息如防伪钞票一样在体系内流转，不需要央行的控制。而比特币的底层技术区块链被描述成能够实现和支撑这个功能的新技术。

区块链是一个多账本的技术，通过一整套的算法，其实是解决了罗马将军问题实现了在不知道谁说谎的情况下保持系统的稳定和正确。因为你的系统内有无数个账本，不能改变其中 51% 的账本，则你就是安全的。但这个技术的设计，是以系统快速膨胀为前

---

① BAT，百度公司（Baidu）、阿里巴巴集团（Alibaba）、腾讯公司（Tencent）三大互联网公司首字母的缩写。

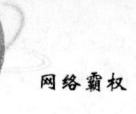

提的,也就是本来一个中心一个账本的事情,被你用无数个账本所取代,本来访问一个中心取一个数据的事情,变成了需要从无数个账本获取数据并且进行数据比对和判断的事情,计算量极大地增加,尤其是在我们的各种交易不断膨胀的情况下,账本会越来越复杂的。这比传统体系要大得多,膨胀快得多。信息技术的进步必须赶得上膨胀的速度,才能够满足区块链体系的要求,这就是要求摩尔定律应当成立,而且要走很远很远。

但从另外一个层面看,区块链的成立依靠的是一套密码体系,这个体系有私钥和公钥,背后是数字签名RSA这类的密码,密码的安全是这套体系的关键。如果你的比特币被偷了,说明其他人(无论通过什么方法)知道了你的密钥,转走了你地址上面的比特币。假设你的币被转到了add_X,拥有地址add_X对应密钥的人才能控制上面的比特币,add_X是被比特币平台承认的合法拥有者,但是我们无法证明它是非法拥有这些币的。比特币网络是分布式的,没有一个中心机构来维护,只认密钥不认人,无论是密钥丢失或者被黑客盗取,比特币将永远丢失,不存在挂失的可能性。所以,比特币的密码体系极为关键!

密码的强度如何?公开的说法是需要运算多年才能够破译。比较流行的说法是破译密码需要计算100万年!这个数字看似很安全,但我们回顾一下,按照摩尔定律的速度,当年要计算100万年的东西,现在只要一会儿就算完了,且摩尔定律不断发展,现在要计算100万年才能够破解的密码,几十年后就很容易破解了。尤其是现在量子计算似乎又有了新的突破,其计算能力及其增长速度似乎远超摩尔定律。如果数字货币密码被破解了该怎么办?!

有人可能会说,那么把密码做到足够强大?!破解密码的计算量达到100亿年不就行了吗?其实,100万年到100亿年甚至更高的计算量只不过是数量增加万倍,但在速度呈几何级数增长下,时间的增加也是有限的。更关键的是密码过于复杂,破解密码需要运算的增长,同样解码时间也会增长,每一次明文和密文的转换或者验证密码的时间也随之增长。解码时间从原来不到1秒钟到需要几小时,这是人们无法承受的。所以,密码是随着需要强度不断升级的,就如原来的DES(Data Encryption Algorithm,数据加密算法)、RSA(公钥加密算法)从8位到16位,再到64位、128位。目前美国给世界各国使用的多为64位密码,自己使用的128位RSA等密码产品禁止出口。

在一个有中心的体系,密码升级是很容易,没有中心的体系密码怎么升级?谁有权利升级?就如纸币如果出现特殊情况时,央行有权利换钞,而数字货币没有发行机构,谁能够换钞?换钞是需要有系统密码的后门,数字货币、比特币如果有后门会怎样?谁会成为未来发钞的主宰？因此，摩尔定律成立以后，去中心且不能升级的数字货币的防伪密码体系必然会被破译的。这就是数字货币区块链技术的摩尔悖论。

如果真的有一天，数字货币的密码体系面临被破译，面临要置换密码的问题，谁能够办到呢？不要简单地想可以通过线下的司法体系。因为没有全球政府，也没有全球实名制，这些密码、密钥只能通过网络体系更换，那么就需要根服务器和域名解释服务器的帮助，控制所有的账本账户，这等于把发钞权交给了ICANN。此后，不再是所谓的数字货币无中心了，而是有人拥有密码设定权，也就有了数字货币的发钞权。因此，在数字货币推广的真实目的是网络资本想要全球央行的发钞权。这个竞争的本质我们要看清楚。摩尔悖论我不信没有人看明白，只不过有些领域的专家是希望有一天他们的网络统治世界，这也是网络霸权国家的需要。因此，我们在制定货币政策时，需要重视摩尔悖论问题。

第四章　套利、寻租下繁荣的互联网"枷"

网络带给我们的究竟是什么？网络经济繁花似锦的背后，却也隐藏着污秽，给我们带来便利的同时也给我们戴上了枷锁。套利、寻租和社会成本，谁将为繁华埋单，为经济还债？

一、"互联网+"是美国因特网"嫁"

首先，我们要明确一个关键前提就是，我们现在使用的互联网是被偷换了概念的，互联网是美国网，互联与接入大不同！目前我们的网络不是互联方式的，只是美国网络的接入网，美国网络的延伸，属于主从关系。叫作"互联网"，却不是互联的而是接入的，从而让"互联网+"变成了美国因特网"嫁"，我们的传统产业都要"陪嫁"给美国互联网了。互联是双方权利平等，接入是要有控制中心的主从结构关系，把经济放到一个主从网络上，结果必然是被绑架形成主从关系。

从这个角度上讲，中国根本没有"互联网"的根服务器，而根服务器也是美国军方给社会免费服务的骨干节点。根服务器之间是否存在更高服务器和管理层，这些我们是不可能知道的。但接入是下对上透明，也就是说美国军方可以看清全网，而我们只能看到根服务器节点，再往上是看不到的。对主从网络，甚至下层的要交出管理权，成为上层服务器实际的"肉机"。双方在网络控制、网络安全、网络数据享有、信息大数据等多个层面都是不对等的。但如果是真正的互联，则意味着双方的平等、共享和主权自治，但叫作互联却不是平等的互联，名不副实欺骗了中国社会，我们在网络上的主权是完全丧失的。网络的标准和背后的知识产权，未来带来巨大利益的权益方都是美国，只不过它们现在没有收费。所以我们的接入网，本质就是美国军方的"肉机网"，在这个网络上构建经济，未来我们的经济主权堪忧。

这里面的司法主权也是不容忽视的。如果网络事务没发生在境内，中国就难有法权，就算审理也无法执行，这也是与美国根本不对等的。没有了司法主权，在法制建设不断深化，各种经济关系要法律最终解决时，主动权就交给了别人。因此，美国的"互联网"Internet与internet是不同含义的，本文中我还用"互联网+"而不是"网络+"，是带有特指这个美国网络带来的问题的。

这里还有一个关键问题是，在网络连接方面，中国和美国因特网的协议是怎么签订的，并且协议内容还不透明。我们的网络经济规则是以这个协议为基础的，到底这个协议背后有什么样的权利义务制约？我们发展"互联网+"的时候是否把这里的法律风险搞清楚了呢？

美国是一个网络霸权国家，美国因特网是美国体现网络霸权和在信息时代统一全球的重要工具，笔者在2009年的著作《霸权博弈》中已经对此问题有所论述，美国占据了网络的域名解释服务器、根服务器，还有他们司法的长臂管辖，形成了一个网上的全球政权体系，对美国的网上全球政权的性质我们要深刻认识。我们搞"互联网+"，就等于纳入了美国的网上政权体系了，成为美国霸权掌控的肥羊。"互联网"的核心在美国，全世界都存在风险。互联网产业越繁盛，美国的中心枢纽作用就越强大。可以说互联网是美国手中类似于美元地位、军事实力、文化输出等又一大国际话语权。

中国要崛起，主权独立至关重要，"互联网+"背后的"互联网"是美国因特网，网络主权我们没有，同时我们受到美国的技术和管理的限制，如果把中国具备竞争优势的传统行业"+"到美国因特网上，经济可能会有所繁荣，但繁荣带来的最大利益是谁的？

认识到这样的概念差别，我们搞"互联网+"实际就是将传统行业嫁接美国因特网，向美国因特网转移中国的资源，等于是让中国的传统行业陪嫁给美国因特网。这是一个让美国因特网控制中国传统行业的过程，对这个过程，后面将从征税权流失、产业控制、定价权、资本倾销、社会生态、白马非马、制度套利、国家安全等多个方面论述其隐含的巨大危害，从而让大家深刻认识到建立中国自己的公网的必要性，不要对美国因特网进行神化和迷信。我们虽然要拥抱网络经济，但我们也有自己国家民族的利益立场。

二、"互联网+"是税收套利带来的繁荣
——"互联网+"让征税权流失和税负不平等竞争

在美国因特网的前提下,"互联网+"快速发展带来的最主要的问题就是征税权的流失。电商网络信用体系建立了虚拟"网络社会""网络政府",这导致政权的征税权流失!电商崛起的经济来源实质是税收套利下的不平等竞争。

为何以往大家必须注册公司和银行账户才能够经营?因为客户是需要你的营业执照和银行账户。这背后是国家工商管理和金融体系的信用。别人能够找到你的法人和能够确认你的账户才会与你交易。交易当中必需的条件是政府管理下商业信用需求,是政府能够成功课税的基础。而这个信用被电商网店管理和第三方支付平台所替代以后,电商成了"网上政权"了,它代替了原有的征税!网络上的各种经营因为网店不注册、不纳税,基本都不缴税了!征税权的流失和征税权带来的巨大利益是其价值来源之一,与互联网创新的外衣无关。

美国是网络霸权国家,"互联网+"绑定的这个网络是美国因特网,电商的"网上政府",实际上就是美国网络全球政权体系下的一个网络地方政府了。谁是政府谁就有征税权,背后就是政府的征税权流失到了美国因特网上。一些网络企业"互联网+"的重要利益来源就是政府征税权的流失。

一说到征税权,就有很多人拿中国税收重说事,但中国税收率比很多国家轻,千万不要被忽悠,外国人妖魔化的背后是中国成为世界工厂以后,这个征税是全球埋单的,征税的对象很多也是外国GDP。

试想某著名电商与其所处的浙江小商品企业,以前是一个个体工商户的执照,一张银行卡收款和付款在一起,税收是按照企业流水进行核定的。现在变成了通过网店和第三方网络支付平台办理进货和出货,企业或个体户的银行户头几乎没有流水,这就意味着企业不用缴税或者少缴营业税和增值税,还有企业所得税和个人所得税,原来传统企业应当承担的国家税收空间,一下子变成了电商可以取费的空间了!这相当于交易额或者GDP的百分之几十呢!

如果产业大规模地网络化,就是我们税源的大幅度的流失!而电商与传统商业的巨大落差就是税收为主的!我们现在把各个产业变成"互联网+"模式,把传统经营的各个环节放到网络上,让每个环节成为一个结算中心。这个结算中心冠以网店,结算方式通过第三方支付平台就可以逃避税收了。其实,真正依靠电商成功的企业比例很低却被广泛宣传，真正带来电商网站巨大利益的是可以避税的链条。

在传统产业模式时，中国的税收管理制度会限制公户和私户之间的转账，如公司要给个人账户转账有很麻烦的手续，但在电商的"互联网+"下这个屏障没有了，想要偷税变得非常容易。西方的税收管理制度比我们更加严格，收取现金需要缴纳3%的钞汇差价，且持有大额现金交易甚至被定为非法，中国宽松得多，公户和私户的管理在网络上也被打破，税收如何保障？

可能有人会讲，很多小商店也是收现金不开发票的就如网店一样逃税，实际上并非如此。对实体店铺即使是小微企业不是查账征收，工商部门也会采用核定定额征收的税款方式。同时还会收取环卫、市容、门前三包、各种附加等准税收的费用，这些都是传统行业为了维持社会运行所付出的成本，这个成本对"互联网+"的企业也要公平一致才好。

例如，某电商企业有大约2万亿的年交易额，可它们纳税多少呢？计算了企业所得税和个人所得税以后2014年才100亿出头，被描述为税收贡献巨大，但税收的比例只有2万亿交易额的千分之五！正常情况下2万亿交易额对应的交易参与企业是注册和纳税的，按照我们目前的纳税率，所对应企业的纳税额可能需要5000亿以上。仅按照小规模纳税人增值税的4%～6%，光增值税也要1000亿，而一般纳税人的增值税是17%，还有企业所得税和个人所得税等，税收流失多少就可想而知了。这2万亿占了中国社会零售商品总额的8%～10%，消费对GDP和税收的贡献大约是1/3，也就是说按照这个比例应当产生4000亿的税收的。

电商与传统商业相比是否先进，我们只要看看对电商企业按照传统行业的平均20%的税负征收税费会如何？对电商的交易征收增值税会如何？别说电商还不成规模，2015年，中国电子商务交易额达18.3万亿元，预计2017年将突破20万亿元，比任何的传统零售成交额要大得多，别说它的销售额是众商家共同创造了，义乌的小商品市场也是众商家创造的，一样是要缴纳定税。各种批发市场、商场里的商家也是独立的商业，商场是要抽流水的，这与电商平台上的网店抽流水没有什么两样。如果电商企业不能像全球最大零售商品市场征收同等的税收，这让传统市场怎么活？如果电商企业比别人先进、比别人有规模，怎么就不能承受与别人一样的税收？如果征税就不能存活，只能说明是依靠套利存活，没有先进性。

在"互联网+"下，利用政策造成了传统行业的税收流失，比如广告费的税收与互联网信息费的税收是差别很大了，利用"互联网+"的政策，很多传统行业的利润被输送和转移成为"互联网+"的利润,一方面迎合了政府当中一些人的好大喜功,粉饰出"互联网+"的繁荣,另外一方面就是传统行业得到巨大的税收利益。就如当年申报高科产品可以免税一样,报表上高科技产值暴增,实际却是一种避税的手段。高科技项目的造假避税还是容易甄别的,但"互联网+"确实是将互联网与传统行业混合在了一起,这里面的利润输送是分不清的,就如电商的配送成本和人员可能是最多的,为何不算是传统的配送物流行业?

而更有一些企业,把本来企业内部的销售网络搬到电商网站上变成网店的销售,各个销售员的销售都在这网点上下单,传统行业的利润变成了"互联网+"的网店收入,网店没有税收啊!

这里的征税权流失还有关税的问题,跨境电商带来的是大量的税收流失。虽然我们要倡导自由贸易和改革开放,但这是要双方对等谈判的,被单方面地绕过关税壁垒,肯定是吃大亏的事情。我们注意到连重庆这样的内地,都在保税区里面建立起了跨境电商体验商场,看好的商品不能直接买走,只能下单邮寄,这国际邮寄的费用有多贵?他们的优势就是关税壁垒带来的差别,这个逃税就是跨境电商的生存空间。以往是很多境外代购,如个人到境外旅游的代购,但这种蚂蚁搬家的做法,规模是受到限制的。而现在的跨境电商是在保税区开设的大型商场式的商家,是大规模地化整为零的批发业务,对行业的影响即将产生规模效应。如果外国人能够有这样的避税通道,而我们出口的产品没有,他们就可以单方面地限制我国产品出口,这样以来"互联网+"发达了,我们算经济总账是否合算呢?

还有人说美国也是网络免税的。1998年克林顿执政期间通过了《互联网免税法案》距今已近20年,该法案禁止各州和地方政府对"互联网"接入服务征税,也不允许在现行税收的基础上增加新税种,这一法案为美国电子商务的发展扫清了障碍。然而,欧洲却制定了对"互联网"经营有征税意向的法案,从而影响了"互联网"的发展。值得注意的就是,美国对"互联网"的免税只不过是对"互联网"接入免税和限制新的税种,对在"互联网"上销售和经营传统行业一样要征税。

欧洲为何要对"互联网"进行征税?原因在于"互联网"的实质是美国因特网,欧洲要与美国进行征税权博弈。即使欧洲对"互联网"免税,由于网络无国界,核心网络企业也不会建立在欧洲的,不能通过网络的利益输送使得欧洲本来的利益变成美国所得,欧洲当然要征税。美国企业是要给美国缴纳所得税的,这个税可不免。因此,对美国的"互联网"免税要深入认识。

征税权的流失，传统行业税收的不公平竞争，这算不算社会的"伤疤"吗？是不是"互联网痂"？为何只有中国崛起了超级的电商？中美的差异在哪里？背后的巨大利益是不可忽视的，税收套利是不可忽视的。美国现在搞的是全球征税，有美国背景的人全球开户都受到严密监控，而我们的"互联网+"却在混淆账户的公私性质，给税收流失带来方便，税收流失带来的巨大利益羊毛，还被他们说成了羊毛出在猪身上，这需要我们好好地认识。

三、"互联网+"创新变网络特权寻租
——白马非马与制度食利下虚假创新

美国因特网在美国是有特权的，这是美国为了在全球推广美国文化和网络霸权的需要，美国在"互联网"经济中获得的利益与世界其他国家是绝对不对等的。美国制造了一种环境，什么东西搬到网络之上就是创新，甚至把原来禁止的东西搬到网络上也是一样的。因而一切到了网络之上就可以"白马非马"，法不禁止了，这个特权也被延伸到了中国。中国网络经济的繁荣，是网络特权带来的影响，其背后都有网络特权寻租的影子。特权寻租下的繁荣，长远看一定是得不偿失的。

很有事情中国为何要立法禁止。突破禁止取利等同于损害中国根本利益渔利或者危害社会。如果说"互联网+"突破的禁止本来是不该禁止的，那么这个成功也不是"互联网+"的，此时需要的是改变法律的禁止事项，让传统行业一起分享这个利益同等的竞争，而不是把突破禁止的利益单方面地给"互联网"相关行业。我们对金融行业的严格监管被所谓的"互联网+"突破以后，P2P到处开花，现在P2P的恶果显现了，导致倒闭跑路潮，民众维权不断，只宣传开花创新，却不看已经结出累累恶果。

在法律上，我们要阻挠网络买办侵害中国人的利益！美国制定法律是扩张网络霸权的需要，而我们制定法律则是保障中国人的根本利益不被美国的网络霸权掠夺，这不同的立场和目的，制定出来的法律应该不同！

依靠美国因特网突破了禁止带来的套利，首先表现在外国的利率与中国利率的巨额利差。中国的金融业是有门槛的，但当这些行为被放到网络上，称为网络新事物，是所谓的法不禁止皆可为，也就是说我们的规定禁止了"马"，却没有禁止网络上搞"白马"。

当初P2P就是这样被神化的，背后是为了美国金融财团打破中国的金融监管而所结出的恶果。

网络制度套利和权力寻租带来的利益是多方面的，不光是P2P打破金融监管，在金融监管被打破后中外利差就是一个套利的巨大空间。利差下是资本倾销和"互联网"金融存在的基础，现在真正活得好的P2P，能够得到超低利率的资金是必需的，这些低于中国社会资金成本的资金，只有外来套利资金能够提供，只不过是通过各种渠道洗白了而已。而真的套利层面不仅仅是利率，在互联网金融之外各个领域的存在，都是套利起到巨大作用，本文前面提到的纳税流失，就是一个制度套利，这样取得的利润和繁荣真的是经济发展吗？

电商在中国能够发达还在于国家对电商配送的补贴，私人的快递公司挤占了最好的集中配送市场而不遵守邮电的普遍服务原理，国家给边远地区送货不是按照成本来的是国内统一价格的！因此，给边远地区送货的电商是要套取国家补贴的，甚至三四线城市和县镇会有国家补贴，这些地区电商交易的部分利润来源于此。如果没有补贴和税收的利益，电商是否具有优势就两说了，这也是中国电商比美国发达的原因之一！

制度性套利还表现在很多线下禁止的到线上变成了创新，美国因特网的网络特权被权力寻租。比如我们禁止出租车司机议价和拒载，限制黑车。但转移到网上就变成了专车，白马非马了，并且可以网上议价还可以拒载，把出租车原有生意都抢走了，这对传统行业公平吗？以后，是不是不好的线路都要加价了？

因此，这些"白马"通过高门槛套取巨额的利益，息差、外汇管制、私户与公户转账限制等金融限制都没有了，这要有多少溢价？

对套利我们可以中性地去看待，但对待食利则不同了，食利是一种特别的套利，是制度特权带来的套利，是违背市场公平原则的。给网络特权，让网络与传统行业存在不平等的套利就是食利！正常的套利是在套利下的利差很快就消失了，市场自动恢复平衡，市场不能主动地恢复平衡，这个时候是需要政府的手打破食利。如果政府维护食利特权就是权力寻租，这等于对市场的交易成本，这个成本实质上就是政府的一种税收，而税收权给了资本，给了外国金融势力。

如果真的是创新带来的利益就要明确地论证利益的真实来源，这个世界上不可能有平白无故的利益由来，破坏制度门槛的套利根本就是虚假创新。识别创新的真假，要看把套利的利益取消之后它是否还有竞争优势。

在网络套利、食利模式下，实际上这些食利者在中国形成了网络买办阶层，是美国因特网掮客,"互联网"买办似乎多是创业成功者,实际上是为了美国资本把中国资源放到美国网络之上,让这些资源被美国资本控制和套利而分享佣金的人,这些人反过来又被西方控制的舆论体系神化为英雄式的人物。他们成功的背后是中国传统行业在流血,中国资源在外流以及万众创新者被资本倾销敲诈后被垄断到它们手中。对这些食利者怎样重新认识和定位是关键。

美国推崇因特网的背后,是将其作为一个主要的手段打破很多国家对西方资本进攻和剪羊毛的壁垒,2015年的股市异常波动,就是有不法分子利用网络手段,打着"互联网+"创新的旗号,为恶意攻击中国股市提供了巨大的漏洞,以恒升电子为代表的网络企业后来被罚款。但对其中的制度套利所带来的食利不公,我们如果不从理论系统层面进行认识,从制度层面彻底杜绝,以后一定会面对层出不穷的新花样的。这些新花样都是挂着改革和创新的羊头,卖着制度套利的狗肉,喂养着一群食利者寄生虫。中国的财富都要在食利模式下进入中外利益集团,这才是最大的合法腐败。合法腐败造成的长期社会危害比个人非法腐败更大。

背景资料:工商局长喊话马云:你不是法外之地![1]

最近,国家工商总局局长张茅在接受凤凰卫视专访时提到,在打假问题上,他跟马云一再强调,"你不是法外之地,首要责任是你。""因为那些小店没登记,在你这个网站上面卖东西,那你就要承担责任。"

当年,阿里巴巴也曾被工商总局叫去内部谈话,事件的起因是缘于工商总局公布的一份网络交易商品定向监测结果,该结果显示2014年的下半年网络交易的正品率为58.7%,其中阿里巴巴旗下的购物网站的样本数量分布最多,正品率却最低,仅为37.25%。

如今虽然已经是时过境迁,但是在张茅接受凤凰卫视采访时,首次对当时的情况作出了回应。

国家工商总局局长张茅表示:"如果马云再这样发展下去,他根本就不行了,他自己要不解决的话,搞了这么大规模确实有好多矛盾他自己克服不了。我也承认,客观上说他在打假上也做了很大的努力,但还有大量的问题没有解决。再一个就是,第三方平台,

---

[1] 本文引自:新华网

我跟马云一再强调，你不是法外之地，首要责任是你。因为那些小店没登记，在你这个网站上面卖东西，那你就要承担责任。再一个就是要加强政府的抽查、监管，还有保护好消费者的权益。"

张茅的这些话是对马云说的，但对其他互联网平台，同样适用。尤其是近一年来风波不平，丑闻不断的百度，更应警醒。

上个月月底，百度发布魏则西事件后的第一份财报。总营收增长欲跌破两位数，仅为10.2%，净利润更是暴跌34.1%，前所未有！这是百度历史上收入增长的冰点。然而就在最近，"重案组37号"对百度外卖的曝光再次将其推上风口浪尖。

……

随着全国推展"互联网+"模式，网络食品、网络餐饮等一并跃上了网络，它的经营具有信息准确、交易快捷、交易跨地域等不同于食品实体交易的特点，但同时网络食品安全作为新生事物也是全世界的一个监管难题，包括经营主体多、地域范围广、技术水平高、法律复杂、监管能力不足、网络食品安全违法行为查处程序不明确等。

毋庸置疑，线上外卖作为o2o新业态的衍生物，本身并无原罪，但在中国，有些黑心作坊乘虚而入，将无店面、难发觉的外卖视作对"互联网+"风口的把握，这无异于是对新经济的抹黑。

百度、美团、饿了么等外卖平台相关负责人在现场表示，目前网络订餐平台是新兴业态，在技术和管理上都存在不足，监管也不到位，将会尽快整改调整。

互联网监管难不是借口，当初口号有多响亮，如今就有多打脸！

这些在外卖平台异常火爆的餐饮商家，多擅长互联网营销。它们取名和包装无不讲究，以迎合白领们的品位。它们通过各种软文进行互联网营销，请名人为其站台，大肆贩卖情怀。回想当初百度外卖对外的口号就是："只做有品质的外卖"。然而实际情况却严重打脸。

缺乏基本食品安全监管和保障的情怀牌，充满了伪善与欺骗，甚至涉嫌虚假宣传。在食品安全失守的情况下，这样的情怀其实一钱不值。

……

网络订餐不可能被取消，但政府必须拿出有效的监管手段来规范这一新业态。说是新业态，也要遵循新《食品安全法》，餐饮最需要注意的是从业者的安全、食材采购安全、加工安全等，网络订餐还有一个环节是送餐安全。网络订餐只是一个平台，实质就是餐饮。

"现在网上订餐的几大平台，都在用人海战术，事实上不能打人海战术，要把经济链和责任链结合起来，平台不能只管收钱，其他什么都不管。行政监管要将责任压给平台，有问题重罚平台。"专家表示。

无论线下与线上，业态不同，标准要相同，监管力度要相同。网络不是法外之地。这个新业态出来后政策没跟上，现在的网络订餐就是钻两个空子，平台和做饭的凑到一起了。所以平台要承担第三方责任，不能再让平台成为无证餐饮的庇护所。

四、"互联网+"的社会成本不可忽视
——社会生态沙漠化和财富流失

GDP只不过是经济的一个重要指标不是全部经济，经济发展过程中社会代价是不可忽视的。中国的崛起不仅仅是GDP的高涨，而且是中国高积累率带来的社会财富的有效积累，是改革带来的社会活力、和谐等共同创造的，发展网络经济"互联网+"带来的社会沙漠化和失血的代价不可忽视。

"互联网+"经济全面发展导致的结果，首先是传统产业的沙漠化，大量的传统产业倒闭带来的社会问题。正是传统产业的倒闭和失血造成的"互联网+"繁荣，但这是虚假繁荣。"互联网+"真的有那么多的优势吗？互联网的优势多是资本倾销、税收流失、制度套利带来的，在"互联网+"下的产业生态存在严重的问题。

"互联网+"造成产业的沙漠化单一化，我们可以从"互联网+"最好的书店举例说明。大量的出版商和小书店死亡了，阅读文化环境改变了。电子阅读是方便，但这种浅阅读没有太多思考！在一个网站上可以买到的书远远多于大书店，但一个网页上所能够展示的书却比不上一个书架，一本书的介绍页面也比不上消费者实际拿着书翻翻的信息量大，书店的氛围和交流环境对读书人而言非常重要，逛书店与逛街一样是一种生活方式。网络书店依靠自身优势垄断压低价格，人们实际的行为是逛书店选好书了以后网上下单购买，甚至在书店里就用手机下单了，这样的方式书店是无法生存的。而我们需要思考的是为何你还会去逛书店找书？如果真的没有书店了，没有了这种文化氛围的生态到底是好事还是坏事呢？

"互联网+"带来了透明和竞争，竞争的层次反而提高了。因为比较的不是实物是网页，那么网页上能够比较的是什么？最主要的就是价格！过剩经济和信息时代，信息泛滥对应的就是真实的机会紧缺，谁先获得了机会就取得了绝对的竞争优势，虽然

低价不一定是绝对因素，但低价识别成本最低，能够最先获得机会。现在不是酒好不怕巷子深的时代了，搜索的代价、信息识别的代价越来越大了，价格竞争一定会成为主要的，竞争的单一化必然造成产品同化和低质化，中国的制造业很可能会失去产业多样性的生态基础。

产业多层次也是社会生态、经济生态重要的范畴。如果没有了层次，变得扁平化，各种矛盾将没有了周旋余地，社会矛盾变得容易激化，这也是"网络社会"兴起以后，网上的愤青和偏激人群激增的原因之一，维护社会稳定的成本必然增加，网络时代增加了多少？在计算"互联网+"带来的经济利益的时候，这个成本也必须要考虑的。

产业没有了足够多的层次和多样性，人们的思维方式也容易变得单一，让社会失去创新土壤。一个有充分创造力的社会，必然是多层次社会。大家创新的灵感有多少来自网络上同质化的信息，又有多少时间浪费在处理垃圾信息上？过多的垃圾信息传播泛滥，导致真正的好东西被埋没。

"互联网+"还可能造成巨大的社会财富的流失。因为网络烧钱的不光是外国的风投的资本倾销，更有大量年轻人趋之若鹜地创业，他们的投资来自家族的"天使投资"，还有的是爹妈的养老钱。这些失败者的财富转移到成功者的手中，这也是西方资本倾销赚取的财富来源之一。这些资金支持了美国的因特网产业，支付了大量美国知识产权费用，而他们也是一样烧钱没有利润！他们的希望不是能够赚钱，而是被西方的倾销资本所收购！天价收购就如中奖，我们不能只看成功者，还要看其中的机会成本的隐含代价。

我们要注意到，如果创业者用这些资金不是投资在电商平台，而是开一个传统的小店，可以达到小康生活。而网店初期投入少，但需要不断追加资金和精力，实际上投入并不少，而且很多人是在苦苦地支撑坚持。所谓没有工商税务的困扰变成了给电商、店小二的潜规则，成本也不低，他们的财富流失是多少？由于网店的低价，导致传统店利润微薄或无法生存，社会财富流失到电商寡头，成就了电商寡头的超级市场地位，社会业态进入沙漠化和财富流失，是好事情吗？

当我们制定经济发展战略时，要有系统观、整体观，地区间的恶性竞争和财富流动必须服从于全局利益。

大量的年轻人毕业后开始创业，失去了毕业初期进入社会和大企业再学习的机会，缺少人与人合作工作的经验和良好的合作工作的心态，创业失败怎么办？企业最不愿意雇用的是互联网创业失败的人，因为互联网淡漠了人与人的合作，不懂办公室的行为规则，眼高手低不愿被管理，最后很可能走上另外一条相反的道路！这样的人多了，将成为社会不安定因素，钱是被"互联网+"和资本赚取的，而失败人群的代价却要社会承担。

创业很重要、很可贵，原来我们是勤俭节约、艰苦奋斗创业的，但"互联网+"创业则不同。美国因特网搞出来的是一夜暴富和纸醉金迷的烧钱创业，成功的背后是一将功成万骨枯。我们更应当重视烧钱创业中万骨枯的惨状。烧钱创业实质与吸毒是类似的，不断为了幻觉中的海市蜃楼而烧光所有财富，而且一旦进入到烧钱的模式就会上瘾，难以再回到普通的艰苦朴素阶段和自身经营满足现金流的阶段。从资金难以为继直到资金被榨干，这些人就如吸毒的瘾君子难以适应社会。而"互联网+"的烧钱真能创造物质财富吗？最多留给他人一些失败经验而已。对这个人群，社会代价如何埋单才是问题的关键！

中国能够如美国QE（Quantitative Easing，量化宽松）印钞吗？如果不能，那钱从哪里来？依靠美国的资本支持行吗？况且美国的烧钱也出现问题了，在苦苦支撑，如果中国的钱先烧光了，"互联网+"资金链断裂时，将会被美国资本敲诈勒索了，那时中国的灾难就是美国走出危机的希望。

网络兴起后，同样将各种潜规则带到网络上。而网络的传播特性更是把"好事不出门坏事传千里"放大到极致，增加了"网络贫民"对社会的不满，给社会带来了巨大的负能量。而网络经营者在信息传播中牟利，付费信息优先传播挖掘他人隐私，这些潜规则给社会带来的损失需要研究和预估。

有网络潜规则就有网络黑社会，流氓软件和黑客横行、用户隐私交易黑色市场、"肉鸡"市场、专业差评师、网络推手、打手、"人肉"团队等群魔乱舞，征税权流失、制度套利一样是权力寻租和腐败的温床，黑社会和腐败者可以待价而沽，一些网络经营者给他们支付的额外费迅速将网络带来的效率吞噬，承担的成本一点也不比传统产业少，网络创业者已经被绑架。一些网络平台在网络上有了类似政府的管理权力，这种情况难道不是一个社会的"枷"吗？

所以，我们发展网络经济，不能忘记其社会成本。网络给社会带来整体的改变，但是各种隐性成本高昂，不仅仅是网络企业的那点GDP所能够涵盖的。"互联网+"对社会生态的影响，我们需要全面地认识。

五、案例分析：“网店第一村”背后的毒瘤

2017 年，我参观了被称为"中国电商第一村"的某村，这里商业的繁华让人印象深刻。当我仔细研究后发现，这美好表象背后存在着严重的问题。年轻人被传销式的创业宣传所蛊惑来此创业，这种商业模式可以说是一个寄生性的经济体，是毒瘤。

公开数据显示，"中国电商第一村"某村在册人口 1735 人，电商从业人员 25000 多人，平均年龄 25 岁，拥有网店数 3200 多家，全年销售额达 40 亿元人民币，日均出单量 10 万单。

我们又问村领导，一般各级政府都关心都统计的数据 GDP 是多少？企业平均利润是多少？人均收入是多少？然而这些问题让他们语塞了，这难道不是很奇怪吗？

其实通过宏观的计算，我们就可以明白了。在这里网店的普通员工工资起码是 4000 元，有点技术的七八千元以上，以平均年薪 6 万元计算，加上企业应当承担的社保等费用，为每一位员工支付的费用将达到每人每年 8 万，本村电商从业者有 25000 人，需要支付的人员费用高达 20 亿元！公开数据显示，此村年销售总额为 50 亿元（村里给的数据，原来公开的数据为 40 亿元）。平均日快递出单 7 万到 10 万单，一年也要 3000 万单，费用也需几亿元。也就是说，销售总额 50 亿元一半要用于支付人员工资和快递费用。传统商业加价不少于 100%，而电商销售产品能够加价多少？按照村里给出的数据我们可以计算一下，即使没有税收也需要加价 100% 才能够盈利，而传统线下企业，增值加价部分还是要缴纳 17% 的增值税！所以，把他们提供出来的数据简单算一下，就可以知道不对劲了。

网络上电商销售多是简单的比价模式，那么旁边不远的义乌小商品城的批发价能够加价 100% 吗？现实是电商能够加价 10% 就很不错了。村里的数据告诉我们加价 10% 是根本不赚钱的！我们还可以与传统商业的加价 10% 的十点利超市进行比较。超市里每 50 平方米配备一个人，收银员大约占据超市人员的 20%，超市一般平均每个收银岗位每天接待顾客约 450 位，遇到国庆、春节等节假日，日平均接待顾客最高可接近 1000 位。我们算一下，一年 3000 万单 2.5 万人，也就是人均每年 1200 单。而对传统超市，收银员占 20%，人均日收银 400-1000 单，按 600 单平均计算，超市中人均成交笔数就是 120 单，传统超市 10 天的人均日交易量就相当于村中网店从业人员一年的人均成交量，效率差距有点大。

这么大的效率差距，为何来参观考察的人还觉得这里的经济不错呢？这个村经济发达，其实主要是土地食利带来的巨大利益。根据村里的宣传资料，这个村有建筑面积27.5万平方米，农民房216幢，723户，在册人口1735人，人均占有建筑面积大约160平方米，户均建筑面积380平方米。陪同参观人员介绍，这里创业成本很低，一间房一年才3万元租金，户均80平方米够住，可出租的房屋有300平方米，大约10间，户均房租收入可以达30万元，村民是绝对可以宽松食利的阶层。然而，所有建筑用地均为集体土地，没有缴纳国有土地出让金。这里出租聚集的背后是交通发达，依靠土地出让收入建设的交通道路，是带来财富的主要因素之一。

"电商第一村"经济繁荣的背后也有眼球经济的作用。英国BBC、CCTV、人民网等国内外200多家媒体持续关注，报道量超过2000条。2015年全国各地前来参观考察人员3万多人、外国友人1000多人，各类与此相关的平台粉丝量超过200万人。考察人员平均每天100多人，带来大量的消费，外来的人流，更是助推了其中的火热，但这个财富却不是这里创造的，而是创业者带着其家族的财富和希望到这里消费为发达埋单的。

由此，我们就明白了为何当地政府不计算GDP，我们销售额才50亿元，人均销售额才20万元，如果要计算GDP则肯定是远远少于20万元。而浙江2016年省生产总值（GDP）达到46484.98亿，全省人均GDP为83157.39元。这里电商的加价难以超过10%，其毛收入也就是5亿元，人均收入才2万元，而浙江农村居民人均纯收入27242元。通过数据说明，电商创造的GDP还不如农业人口。这样的创业怎么能够支撑中国的GDP增长？！

如果只计算某村人口的人均GDP，问题就不一样了。他们的租房年收入大约2亿元，接待考察人员每人按消费100元计算，预计收入3亿元，全村5亿元收入1700多人分配，人均收入真的是很高的，是名副其实富裕。不过，这个的富裕构筑在25000人的创造价值低于农业人口的基础上的。

不要简单的把电商打垮传统商业归结为新生事物的竞争力，电商在一定程度上存在着不正当竞争！低于成本的销售叫做倾销，而这个成本不单单是制造成本，必要的商业、物流、管理成本也是不可忽视的。很多时候电商对传统商业的打击实际上是不计商业成本的倾销，再者就是假货的横行。因为对这个规模化的村进行计算，样本数和统计规律是足够的，有些电商其实成本难以与一些传统行业进行竞争，所以我们对其他国家尤其是"灯塔国"，电商为何没有如中国这样流行的原因是要仔细想一下。

我们可以想象的是，各种网店的创业者烧掉他们的资本金。这些资本都来自于各自家庭的血汗钱！这里的 2 万多人员，很多是来这里创业的，他们在消耗本金，不计算自己的劳动报酬，这才是问题的实质。我们看一下这里的建筑使用的是集体土地，租金低廉，按照前面的数据，全村的房租总收入也只不过 2 亿元，对不到 2000 人的村子而言是很大的收入，但对 2 万多创业的电商人员而言，人均支出就相对有限了。房子是办公和自住一体的，那么你就可以低成本地支持很多年，在这段时间里面你都可以在这里做创业梦。等你烧完了积蓄，创业失败，你便可以走人了，这种情况却很少有人关注。而这里的人关注的是怎样吸引新的创业者来，不断给他们创业梦想，烧新创业者的钱。这本身不是一种好的创造机制。

这种机制的背后，有一大群的创业老师和永远不缺乏的创业成功的神话故事。如果我们把这个模式仔细类比一下，可以发现这不就是传销的创业板吗？这种模式好比几个人捡到了金子，以为是发现了金矿，引发淘金热。结果金矿是缥缈的，淘金的人群一批接着一批，卖矿产的，提供住宿的，这些服务行业赚取了暴利，并且不断地宣传这里有金矿，不断的招引淘金者前来，每个抱着希望而来的淘金者都给他们贡献利润。这样的伪金矿模式，在世界上非常常见，电商领域只不过是一个翻版而已。

更值得注意的是，外国的一些组织的渗透，这种"创业传销"带有外国网络资本、资本霸权、资本利益集团的影子。在基层党组织和村行政组织的材料里面，我们看到共济会赫然被放在了电商社群的核心位置，旁边还有黑马会、初心会等群体围在旁边，以共济会标志性的三角形链接，其中特定意义相关 NGO 组织的人都懂。这样的渗透，也是西方霸权国家渗透中国经济的一个缩影。

某村宣传材料中的插图

我们还要看到，美国这样的金融霸权国家，它们在网络上不断烧钱，其实是把印出来的钞票变成本国人的消费和收入。而中国的创业者用于投资的钞票是创业者家庭的血汗钱，是一分分积攒下来的辛苦钱，这和美国完全不对等，最终给整个经济和社会带来的影响也完全不同。这些创业者还要负担巨大成本，就是要给网络垄断巨头贡献大量的利润，甚至包括巨头的腐败职员——网络小二，也都是这些网络创业者背后家族的血汗钱供养起来的。这些电商创业者，像蚂蚁一样，贡献支付扣点、交易流水提成、服务推广付费、竞价排名付费、精准营销付费等，他们像蝼蚁一样为网络霸权大厦贡献，同时消耗殆尽后无声无息地"死去"和"消失"。

综上所述，深度挖掘"电商第一村"得到的真相令人震惊，电商创业到底是什么？带来的不是经济的增量，而是一个畸形的毒瘤，是要靠外部营养输送和消耗才能够维持的经济体。这个事物的好坏，不能只看局部，不看全局，更不能简单照搬外国，也不能被网络资本、网络巨头的舆论所"绑架"。对这样的电商、创业经济体的寄生性必须从全局来认识。

六、网络更关键的是全球利益再分配
——科技进步是生产力不是分配力

1. "互联网+"中的生产力误区

提起互联网和"互联网+"的负面，总有人辩解说它们是科技进步，我们要拥抱科技、适应科技，还有人搬出"科技是第一生产力"的大道理。对"互联网+"到底是生产力还是分配力，这里面的误区我们需要分析一下。

对国家的发展而言，科技发展确实是非常重要的层面，但是科技领先对分配人类财富的定价权来说并不是关键性的因素。科技是生产力但不是分配力！分配是有立场的，而现在"互联网+"赚钱的方式不是技术本身而是一种行为模式，这种模式改变了原来的分配规则。在新规则的博弈下，我们要思考怎样保住民族的核心利益。

科技对产品的影响实际上是两个方面：一是提高性能降低成本，二是创新功能。产品的新功能实际上是科技的创新，创新带来的财富分配与价格主导的财富分配不同。即使创新的东西，也需要确定市场价格，依然离不开定价体系。对定价权而言，不是针对科技创新所带来的进步而是针对科技导致的成本因素和对创新价格来确定，我们在分析

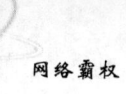

科技对世界财富分配时，需要把二者区分开来。

举一个简单例子就可以打破科技决定财富分配定价权的错误认知。中国经济尚不发达时，外国人认为我们只能做初级产品，而他们的"科技产品"价位很高。当中国成为"世界工厂"后，最初级的铁矿石资源却卖了天价！

网络创新是当今世界上最大的热门，其中最赚钱、最有影响力的并不是技术最好的公司，而是创造商业模式、应用模式的公司。他们掌控了与人们生活习惯中的流动性有关的东西。流动性有狭义的货币流动性，也有广义的物流、信息流等。因而，应用是比技术更重要的因素。

一些人把人类近代文明的发展归结为科技的进步，但科技进步不是一个人的力量能完成的，而是需要在信用体系下进行分工合作。人类近代科技的飞跃也是信用体系下，科技成果转化为系统性的应用，人们可以分工合作进行研究的结果。中国古代很多技术领先世界，但是原创后成系统地发展并拥有类似西方那样的信用体系稍显欠缺。这个信用体系就是定价体系。由此保证创新技术的价值。因此，由信用体系维系合理的价格体系就显得很重要了。

现在，网络改变了原有的信用体系，重新制定信用体系的规则，新的信用体系下，全球利益是怎样分配的？美国因特网下，实现的是美国新的信用体系，维护美国下一代的霸权！而我们提到更多的是西方的科技力量，对其中金融力量提及不多。这是因为在西方崛起过程中，金融资本的力量依赖于获取黄金等贵金属数量，西方贵金属的取得可没有科技那样光鲜的外衣。

金融发展与科技作用二者是互相反馈的。没有充裕的资本支持，就没有对科技资金的充分投入，也就没有了科技的产出，而科技的发展在那个年代是为了占有更多殖民地、掠夺更多黄金，这就是一个正反馈的过程。充足的资金本身是科技发展的前提，资金紧张首先被砍掉的就是科技。网络时代也是如此，"互联网+"背后金融资本的力量才是关键因素，资本倾销下网络公司的投资规则与传统行业是完全不同的，网络投资和传统行业投资，资本评估标准和估值是不一样的，网络的发达就是建立在不同于以往的资本规则之下。没有冗余的资本烧钱，就没有网络世界的今天。

当然资本也不会白白付出，他们想要得到世界再分配的权力。18世纪纺织机发明后，一个童工一天的工作可以顶上20个成年人，似乎科技发展了，但对成品而言，反而是分配的初级产品的价值变得更高了。就如英国当年的"圈地运动"，背后就是对羊毛的需求！科技让纺织成本下降，但羊毛却成了天价，那么，毛纺产品的价格还能够便宜吗？

这是一个价值链的问题。一个产品的生产有多个环节，每一个环节都有自己的定价权，这些定价权的博弈和制衡形成价值链，而决定各个环节定价权的则是不同环节流动性的不同。

中国古代并不乏重大发明，却没有带动整个社会的进步，笔者认为这是信用体系的差别。科技是信用体系的一个层面，金融、价格体系同样是信用体系中不同的层面。定价权包含的多是价格体系的事情，价格也会受到艺术、品牌、金融等多方面因素作用，这些因素在信用体系中有机地联系在一起，共同发挥作用。

网络的出现，改变了人们的行为规则，改变了社会的信用体系，信用体系构建在什么样的网络非常关键，谁控制网络谁就控制了信用体系，就能拥有霸权。我们需要同霸权博弈权力，而不是直接向霸权低头的"互联网+"。我们要清楚这个网络上的利益怎样分配，我们从中能够得到多少？

2. 科技进步不是财富再分配的关键性数据支持

公元1703年（康熙四十二年），英国普通工人月薪约合银2两7钱，懂技术的约4两银，此时中国每户农民收入约2两银子。在贵金属价值的自然汇率下，英国人的劳动力价格已经是中国的几十倍了。1733年发明飞梭提高织布效率，后来又发明了珍妮纺纱机、水力纺纱机、骡机等提高生产效率，纺织技术革命爆发。1769年发明蒸汽机，后改为具有使用价值的双向蒸汽机。由此说西方人收入高是因为科技含量高，我说这种说法完全不成立。

某些西方国家在进行殖民时，有的还没有厕所，甚至皇宫里也没有，相比文明国家他们如同野蛮人！相反，此时中国瓷器在西方却是硬通货，制作瓷器不仅有高技术还有高艺术价值，但中国劳动力的收入却远远低于西方，劳动力的定价权掌握在西方人手里与科技并无直接关系。

我们还可以看到，1861年6月30日法国文豪维克多·雨果完成了长篇小说《悲惨世界》，涵盖了1793年从大革命高潮一直到马吕斯所参加的巴黎起义的几十年，书中作者以痛心疾首的笔调痛批巴黎的排水系统，仰慕地介绍同时代北京的下水道！这是中国财富没有因鸦片战争而流失前，西方人眼中的中国。印度被殖民发生在西方工业革命之前，当时印度本土武装的火器也不比西方落后。这与中国被西方财富流动性以及技术优势打开大门的性质不同。1757年"普拉西战役"后，英国建立起对孟加拉的统治，印度成为英国殖民地，此时距离蒸汽机、纺纱机的发明还有十多年，距离蒸汽机的大规模

使用还有近 50 年。这时的印度甚至是技术优势一方，也比西方更富有。西方所谓依靠科学进步、工业文明称雄世界的舆论在此不攻自破。印度与西方真正差距在于贵金属的流动性层面！

这里我们要记住中国的核心经济学者薛暮桥的著名观点，货币的价值由货币的发行数量决定而不是黄金价值。而货币所需要的数量依据信用体系，网络改变的是信用体系！互联网金融如火如荼，电子货币成为衍生的广义货币 M5，网络带来的全球财富再分配我们必须重视。

所以，科技是人类发展历史上的核心，是第一生产力，但不是第一分配力，决定财富分配的定价规则是人类的社会博弈规则，科技创造新财富，但要由定价权来分配财富，科技并不能主宰财富分配权。我们承认科技的重要但反对把科技神化，并不是一切均由科技所决定的。网络既有科技的创新也有分配模式的问题，对于我们来说重点是分配权问题。成功的企业背后是以成功的模式作为保障而不是科技最领先的。

因此，我们搞"互联网+"需要认识到网络经济带给我们最核心的不是科技进步而是社会生活模式的改变，是社会新信用体系的建立。信用体系层面的博弈，则是再分配世界财富权力。而在分配权上，美国制定了"互联网"的规则，这些规则对我们来说就是"互联网枷"。

背景资料：发展网信技术首先要做顶层设计，尤其要明确采取哪种途径[①]

党的十八大提出了国家网络空间战略，十八届三中全会成立了中央网络安全和信息化领导小组，《国家信息化发展战略纲要》（以下简称《纲要》）正是在中央网信办的领导下修订和完善的，它是贯彻落实国家网络空间战略的一个具体步骤。我们认为，在目前形势下，《纲要》出台是很及时的，也有很强的操作性。

中国在信息核心技术问题上不能受制于人

当前，中国在信息化发展中要掌握"核心技术"的呼声越来越高，这次《纲要》中也将此作为一个重点，可以认为这是信息技术产业在"供给侧"需要重点关注的问题。

[①] 本文引自《中国电子报》，作者系中国工程院院士倪光南。

一个领域的核心技术是指在该领域具有基础性、起关键作用的技术。在信息领域，人们熟知的操作系统、CPU等都属于核心技术。可以说，现在无论是经济社会的运作还是人们的日常工作和生活，都已经离不开这些信息核心技术。

总的看来，目前中国在信息核心技术方面还受制于人，及早摆脱这种局面正是《纲要》的一个重要任务。信息核心技术的一个特点是具有高度的垄断性。以智能终端（包括桌面电脑、移动手机等）的操作系统为例，现在全世界近百亿台智能终端基本上都被三家系统（Windows、Android和iOS）所控制。我国作为发展中国家，当然也不能幸免。今天13亿中国人使用的数以十亿计的智能终端，使用的基本上都是外国跨国公司的操作系统，这些操作系统不是自主可控的，用户可能被"停服"、被"黑屏"、被收集信息……这种情况当然不利于保障我国的网络安全、信息安全。为此，《纲要》将发展核心技术作为一个重点是完全必要的。

发展信息核心技术必须依靠自主创新

发展网信技术首先要做顶层设计，特别是要明确采取哪一种途径，如果途径选择错了，那就可能白做，甚至有可能产生很大的危害，因为网信技术和网络安全密切相关，有可能技术没有发展起来，反而危及了安全。

遵照习近平总书记2016年4月19日在网络安全和信息化工作座谈会上的讲话精神，发展网信技术可以有四种途径：一是引进但必须安全可控；二是引进消化吸收再创新；三是同别人合作开发；四是依靠自己的力量自主创新。

对于网信领域的关键核心技术，几十年的实践已经证明，真正的核心技术是买不来的，是市场换不到的。中国发展到了现在这个阶段，连比较重要的技术人家都不会给你，更不要说核心技术了。因为这类技术关系到一个国家的核心竞争力，被所拥有的国家奉作"定海神针""国之重器"，不能随意开放、随意买卖。对此，习近平总书记强调，核心技术是国之重器，最关键、最核心的技术要立足自主创新、自立自强。市场换不来核心技术，有钱也买不来核心技术，必须靠自己研发、自己发展。

自主创新包括了"引进消化再创新"，例如高铁就是很好的例子。不过在网信领域想实现"引进消化吸收再创新"比一般领域难得多，结果往往是引进了垄断而未真正引进技术，这是因为，网络空间大国利益的博弈常常导致对某些信息核心技术的封锁和保密；网信领域往往有极强的垄断性，任何创新如与现有垄断体系不兼容（往往如此）就难以成活；传统产品容易分解成许多小零件而被各个击破地消化吸收，但信息技术往往难以分解，或者即使分解出来也没有什么用处，导致单项技术的复杂度极高（如包含数千万行源代码或数亿个晶体管），以至极难在有限时间、有限投入下被消化吸收，更谈不上再创新。

目前看来，在网信领域，基于开源软件实现引进消化吸收再创新还是有可能的，因为开源软件有开放的优点，现在我国软件人员对开源软件的参与和贡献正在逐步增加，今后中国软件人员主导某些开源项目也是有可能的。所以在靠自己研发、自己发展的途径中，包括了基于开源软件创新发展或基于开源软件引进消化吸收再创新的方式。

如果是属于必须依靠自己的力量自主创新的核心技术，我们应当发扬我国能集中力量办大事的优势，倾举国之力而为之，而不宜分散资源、各自为政、人自为战，造成低效和不必要的内耗。

这方面，以前我国桌面电脑领域就有过教训。本来这个领域已被一个由微软（拥有Windows操作系统）和英特尔（拥有x86 CPU）所组成的Wintel联盟及其主导的标准和生态系统所垄断。在这种情况下，国家科技计划却没有下功夫做顶层设计和整合资源，就撒胡椒面似的支持了五六家操作系统与五六家CPU。其结果是，难以形成一个统一的、真正能用的生态系统，因而也难以与Wintel生态系统相抗衡。

最近，我国桌面电脑领域的产学研用各界众多单位通过中国智能终端操作系统产业联盟向有关部门建议：愿在他们的指导下，发扬我国能集中力量办大事的优势，整合资源，协同一致，共同制定中国桌面操作系统的统一标准，并以此为核心，营造国产桌面电脑的统一生态，这样才有可能打破桌面电脑领域被Wintel垄断的局面。显然，业界的这种意愿是符合客观规律的，应当予以支持和鼓励。

作为通过自主创新发展途径取得的成果，我们可以举出如高性能计算机（HPC）、北斗卫星导航系统、量子通信等人们所熟悉的例子。

2016年6月20日，在法兰克福世界超算大会（ISC）上，"神威·太湖之光"超级计算机系统登顶榜单之首，成为世界上首台运算速度超过十亿亿次的超级计算机。前两年，全球超级计算机的桂冠被我国国防科技大学研制的"天河二号"所获得，但去年美国向我国禁售了该机所使用的Intel至强CPU芯片，这次"神威·太湖之光"用的是我国自主研发的申威CPU芯片。据悉，下一台"天河"超级计算机也将使用自主研发的飞腾CPU芯片，美国的禁运没能阻止中国超级计算机的发展。

卫星导航定位领域历来被美国的GPS系统所垄断，欧盟和俄罗斯曾经分别推出了伽利略和格洛纳斯系统，企图打破GPS的垄断，但进展不大。倒是我国倾举国之力实施的北斗系统后来居上，现在已向亚太地区提供无源定位、导航、授时服务，不久后，还将在全球范围内与 GPS 同台竞争。

全球首颗"量子科学实验卫星"拟于 2016 年 8 月中旬在酒泉卫星发射中心择机发射，如果 8 月的卫星成功运行，中国将在世界上首次实现卫星和地面之间的量子通信，并结合地面已有的光纤量子通信网络，初步构建一个广域量子通信体系。潘建伟院士团队研制的量子科学试验卫星的发射将为中国在量子通信和量子技术领域继续领跑贡献力量。

当然，我们还可以举出更多类似的自主创新成果，这些事例表明，只要我们大力发扬"两弹一星"和载人航天精神，加大自主创新力度，中国科技人员完全有能力突破信息核心技术难题，实现建设世界网络强国的历史使命。

从"跟跑"发展到"领跑"

目前我国的综合国力已是世界第二，我国的科技人才资源世界第一，国家又非常重视信息化，中国目前对信息化推动的力度，在世界上是位于前列的。以移动通信为例，在以前的 1G、2G 时期，中国还远远落在发达国家后面，到了 3G 时期，中国逐渐赶了上来，但仍然落后一些，到了 4G 时期，我们基本上已经与发达国家并行发展了。现在中国的 4G 用户数已经达到 6.13 亿，比欧美总和还要多。可以预计，在未来的 5G 时期，中国有可能超过发达国家。

鉴于信息技术的更新很快，我们认为，虽然中国起步迟，但是有后发优势，所以今后在某些网信领域，中国从"跟跑"发展到"并跑"，再发展到"领跑"，是完全有可能的。

七、网络金融必须严控

如今，互联网金融搞得如火如荼，被当作创新的增长点，实际上公开的舆论被海外资本利益集团误导。本人认为从中国根本利益、经济公平、法的精神出发，对网络金融都要采取严控，甚至是严禁。对此我从以下几个方面加以论述。

首先，互联网是中国网络还是美国网络，是接入还是互联？此前已经论述在此不再赘述。美国网络有更高权限，可以查看其他接入国的关键信息。网络又是美国的，不但可以管理和收集信息，还有权收费、收税，在美国网络上的金融都对美国情报部门透明。中国核心金融利益和安全存在重大风险。

网络金融在美网上运行，传统银行与之不对等的机制造成巨大的不平等竞争。我们可以知道中国的金融也无纸化了，中国上百万亿的 M2 货币系统能否建立在美国的网络上？中国的交易信息是否都可以让美国人知道？如果美国人知道了，巴黎银行的例子很可能在中国重演！而真正的关键在于能让传统银行只烧钱不要利润吗？把银行的货币资产烧成网络上的无形资产吗？网络金融本质是进行资本倾销，在资本层面对传统金融业是不公平的。

本人理解的资本倾销是低于成本的销售，是西方 QE 使用极低利率和信用不足的货币攻击你的资本市场。试想传统银行市盈率不到 10 倍，而网络金融资本给予的市盈率是 100 倍以上，同样的利润，你愿意给谁呢？这样的市盈率下通过换股等手段占有大量资产，这不就是掠夺吗？这种竞争下，西方传统巨头也可能会突然死亡，因为 10 倍市盈率的资金无法与 100 倍市盈率的资金进行竞争。如果放任这种竞争，其结果中国金融业将变得没有利润，或者传统的金融企业在某一天会突然倒掉。

其次，网络金融是违法的还是法不禁止皆可为？实际上是利益集团搞了白马非马论！对金融活动中国是有严格的管制的，被搬到网络上被称为新事物，似乎原来的法律失效了。线下的非法集资、非法揽储，放到网络上就变成了众筹和网络金融、P2P 了，把原来的禁止当作了儿戏。实际上，网络金融依然是金融的一种形式，是集合里面的子集。中国法治需要反对白马非马论，不能让网络金融钻法律的空子，否则对中国法律的恶意曲解将层出不穷。

再次，对网络金融所带来的巨大活力，但其本质是创新还是制度套利？本人认为这更多的是制度性的套利！我们的金融进入管制，法定息差、中国和外国的利率差别、银行利率和社会利率的差别，这些制度性的东西成了可以套利的对象，网络上降低的成本其实是被网络金融放大 100 倍市盈率。如果你对它要求如银行一样的市盈率一样的资金成本，网络金融就要增加巨大的财务费用，而网络虽然省钱但推广的费用极高，它活得了吗？

最后，对网络金融我要说的是，即使允许网络巨头开展带有银行管理性质的网络金融在一定范围内发展，也需要反垄断，不能让网络巨头滥用市场支配权！我们说金融垄断，实际上是指以国有四大银行为主，单一大银行在中国的份额约占 21%，国有银行总份额约占 70%。但网络巨头的市场份额则大得多，2014 年阿里巴巴在电商领域是占据80%，微信和QQ在即时通信领域占80%以上的市场份额，网络的垄断度远远高于银行。它们捆绑金融服务，银行的利益被其垄断所掠夺。这也是我前面说资本倾销所要达到的结果。面对如此的垄断，我们是否有相应的对策，给新进入者创建良好的竞争环境。

综上所述，本人认为对网络金融应当看到它通过网络带来效益的一面，但不能忽视其中的美网、国家安全、资本倾销、制度套利、白马非马等关乎国家核心利益和难以让步的红线问题。

背景资料：多少喊着"互联网+"的企业，忘了这才是本该做好的事[①]

在"互联网+"大行其道的今天，卡尔兄弟集团执行董事李明明却主张"互联网-"，因为"想加必须减"，并提出"互联网+"不是必由之路，与其盲目地追求概念，不如专心做好产品和服务，回归商业的本质，找到自己的核心竞争力。

"互联网+"不是必由之路。我们看到太多做得非常好的传统实体企业，比如家居行业的名创优品，我认为关键是找到自己企业的核心竞争力。要不然"+"只会让自己的竞争对手更多，甚至丧失竞争力。倒闭潮不仅仅在传统产业，但凡是个企业，就有可能倒闭。从2013年左右开始，电商最火热的时候，大家都在疯传实体店快倒闭了。但数据显示，2014年，1800个广东卖家放弃续约天猫，7000家天猫店关闭，淘宝系赚钱的商家仅占9%。

互联网企业打败的不是传统企业，而是本来就该被淘汰的企业。淘宝上确实有很多廉价的产品，比很多传统企业的产品便宜，在这样的竞争市场下，那些没有品牌、没有核心竞争力、没有知识产权的传统企业，在这一轮战争中必然会失败。

所谓的互联网思维，并不是我们的救命稻草，我们可以用互联网思维引导我们的员工、引导消费者，但我们自己不能被这五个字给骗了。

互联网思维下到底什么才是重点？

01 流量不是重点，转化率才是重点

说到互联网，大家十分关心的就是流量。我的第一个观点是：流量不是重点，转化

[①] 李明明，《多少喊着"互联网+"的企业，忘了这才是本该做好的事》，"正和岛约局"公众号。

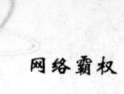

率才是重点。

首先要明确一个概念，什么是流量？通过互联网、移动网络获得的点击和关注，都叫流量；线下从人流量转化到店里面，这也是流量，所以线上、线下都叫流量。

"传统实体店快倒闭了。"这个话题从十几年前一直喊到今天。而从前年开始，电商大咖们都在悄悄干一件事：线下去开店，线下拉流量，线下去转化，甚至到农村里去抢流量。他们忽悠说，一定要在线上做流量，其实很多行业，线下的流量占到线上流量的百分之九十几，这是个不争的事实，也导致最后他们不得不到线下来。

我认为，2016年是线上遇到天花板要到线下的一年，也是线下遇到天花板要到线上的一年。为什么？因为线上确实抢了太多的用户，而线下的一些优秀企业，也确实占据了线上很多流量。比如家居行业，最牛的家居电商营收有20多个亿，但这个盘子总共有4万亿，相比起来是九牛一毛，整个家居行业，线上去年可能也就不到5%，还有一部分是刷单。2016年一定是线上、线下的融合之年，谁融合成功，谁就是未来的成功企业。

线下比较成熟的流量入口有天猫、京东、百度、微信。天猫现在已经僧多肉少，一个做化妆品电商的朋友告诉我，去年化妆品行业经历了断崖式的下降，因为从去年开始，天猫、京东开始亲传统品牌，许多淘品牌从今年开始遭遇天花板，因为电商的消费者已经开始成熟了，不再选择买烂货、买垃圾，甚至身边不少朋友已经从天猫转到京东了。然而京东现在最大的缺项就是没有线下体验店，凡是有线下体验店的企业，转化率会提升数倍甚至百倍，如果没有线下的支持，商品尤其是大件物品的转化率会极低，甚至无法转化。

天猫、京东的流量是很大，但和你有关系吗？能够有转化率，控制好流量成本也就是营销成本才是关键。

02 转化率也不是重点，用户才是重点

想要提高转化率，必须有精准的人群定位。如果我们不做用户分析，只是一味地去传播、打硬广、软广、微信营销，最后会怎样？虽然阅读量很高，但那些用户和我们没有关系。现在很多老板对微信运营的KPI就是阅读量，我随便跟个热点，比如发大水，肯定会有很高的阅读量，但这并不代表就能给你带来用户，最多只是做了品牌传播，所以我们要做用户分析，而不是一味地做流量，因为没有转化支撑的流量都是假的、虚的、落不了地的。

03 用户也不是重点，品牌才是重点

品牌就是你的核心竞争力。互联网发展到现在，淘品牌已经开始没落，传统品牌

开始抢占高地，主要原因就是淘品牌没有品牌竞争力。去年之前，很多品牌都在打价格战，拼的是便宜、实惠，而从去年开始，消费者开始注重品质、看重品牌，甚至从淘宝、天猫转到京东，因为京东给消费者的感觉是有品质、有品牌、还低价，这就是它的核心优势。

如果只是为了卖产品而卖产品，不论卖多少钱的产品，用户都会觉得贵，唯有品牌，可以占领消费者的心智。一味地做价格，是没有出路的，即使一时的转化率很高，一旦出现比你更有竞争力的产品，你就会被淘汰掉，因为你没有品牌忠诚度，用户没有形成良好的重复购买。

04 品牌也不是重点，商业模式才是重点

我们可以设计一个商业模式，让客户不再一味地去比价格。"360"的免费模式、日本的免费打印机模式，全都是靠后面的增值服务赚钱的；吉祥馄饨是靠料赚钱的；国美、苏宁是靠售后的配件去赚钱的；百度对搜索用户免费，靠广告赚钱。这就是互联网时代"羊毛出在狗身上，猪来埋单"的逻辑。我们把"互联网+"的概念抛开，来做我们最应该做的事情、最根本的事情。

05 商业模式也不是重点，产品才是重点

我们要去分析用户、分析市场，搞清楚用户到底需要什么？我们的产品是不是够新颖？和同类产品相比是否有竞争力？我们的品质把控、售后服务是否做好了？客户在买一个产品的同时，也买了它的品牌、它的服务，到最后，产品变成了我们的核心。

06 回归 4P 和 4C 的商业本质

本质是什么？ 4P 和 4C。4P 是以产品为导向的传统营销学，包括产品、价格、渠道、促销；4C 是以服务为导向的现代营销学，包括顾客、成本、沟通、方便。

企业要做好自己的品牌，做好自己的产品，而不是一味跟风，人家讲"互联网+"就"互联网+"，人家讲O2O就O2O，人家说VR就VR，概念要有，但更要做好核心的东西。

回到15年前，那时候大家讲"信息化"，并没有什么"互联网+"的概念，15年前也有VR，所以我们把15年前该做的事情做好，把15年后抛出来的新概念运用好，来达到我们的目的。也就是说，我们现在做项目，线上、线下的市场都要拿，线上、线下的客户都不能丢，还要把服务做到位。

八、网络霸权迈向金融的 ICO

网络控制权想要变成真正的财富，必将走向金融化。当然，很多人想到了区块链和数字货币，但是这还远远不够，它还需要来自 ICO 的投资功能。ICO 带来了数字证券、数字货币衍生品，使得网络霸权金融化。

金融，在中国有广义和狭义的区分。狭义金融是指银行，译为 banking，包含支付、P2P 等。而广义金融则翻译为 Finance（英文解释为 Finance is the commercial or government activity of managing money, debt, credit, and investment.）包含财政、债权债务、信用、投资等。网络大数据正在形成财政类似的权利，信用则是信息体系或区块链来提供，而投资则在 ICO 当中，这实际是网络巨头在转向金融巨头的过程，是 ICANN 与美联储的权力游戏。与美联储通过美元霸权控制世界不同，ICANN 是通过美国因特网的优势欲控制世界。

ICO 与美国霸权息息相关，那么 ICO 到底是什么呢？ICO 是 Initial Coin Offerings 的缩写，中文叫"首次代币发行"，是以初始产生的数字加密货币作为回报的一种筹措资金的方式。源自股票市场的首次公开发行的 IPO 概念。投资者可以简单理解为：IPO 募集的资金是人民币，ICO 募集的是比特币；IPO 发行的是股票，ICO 发行的是各种代币；IPO 募集资金用于各种生产经营活动，传统信息传播为其信息透明做保障；ICO 募集"资金"用于开发各类虚拟的项目，同时使用区块链技术做项目的技术保障和信息透明的手段。

从大类上看 ICO 的模式主要有两类。一类是创业企业在官网或论坛中直接进行 ICO 项目发布；一类是通过第三方平台进行项目发布。早期的 ICO 项目多是区块链企业自行操作，随着项目增多，开始出现第三方平台。现在的主流模式是同时在官网和第三方平台上进行项目展示，多渠道引流。

具体业务流程上，ICO 项目主要包括：预热、开售、投后管理三个阶段。如果是在第三方平台展示，还需要经过 ICO 平台的形式审核。为了激励投资人积极参与，ICO 项目通常采用分阶段发售的方式，即"早起鸟"阶段、第二阶段、第三阶段等。越是早期参与者，越能够以更低的价格获得项目代币。

企业 IPO 是由证监会来监管的。在严格的上市规范和强力监管之下，依然有企业弄虚作假，其结果是有些被中止 IPO 进程。成功 IPO 的企业上市后也将继续受到监管，投资者也有维权依据。但 ICO 怎样监管，各方存在较大争议。网络无国界，虽然中国的

7个相关部门发文进行监管，但是全球各种ICO依然处于无监管状态。ICO发行的项目，投资者通过传统手段多数无法证实其真实性。由此，ICO也成了一个没有被任何权力进行干预监管的融资项目。

区块链的去中心化，给我们带来了很多的好处，但其带来的无政府状态问题值得注意。比如：对ICO项目是否需要质疑，投资者获利方式是二级市场交易融到的"代币"，代币的所有权怎么样确定。这些问题都没有足够的法律体系支撑。这些虚拟世界多被美国因特网管理者所控制的，网管怎么说才是关键，这也是网络权力利益集团与传统金融利益集团博弈的体现。

区块链的诞生，比特币的创立，给网络以信用、支付、交换媒介等制造货币的功能，比特币被当作数字货币的代表热炒不断，其价值数年间暴增500万倍，现在看其价格基本是按照"挖矿"耗电来决定的。在电价便宜的地方，架起来无数的"挖矿机器"，绝大多数的比特币都是当初以极低的成本取得的。比特币的总量是2100万个，其中87.5%都将在头12年内被"挖"出来，增加的速度是几何级数的。如果按照"新挖矿"的成本来定价，则意味着比特币的价格要不断地翻倍，这对前期进入这个市场的人来说不是巨大的财富吗？原来根本不值钱也没有使用价值的数字，一旦成为了交易和信用的媒介，就可能交换出巨大的价值。这部分价值与印钞权带来的利益没有太大区别，但究竟归属于谁？又是谁拿着最初廉价的比特币囤积居奇？比特币最大的几位持有者在哪里？天文数字的财富又在哪里？这就是网络霸权背后的金融势力。

2009年，比特币在美国受金融危机的重创后诞生，其目的就是延续美元的世界霸权。比特币体系支持起来的"暗世界"，公然挑战我国司法和央行反洗钱系统。最明显的例子就是"勒索"病毒，要求使用比特币进行付款。真的没有办法进行监管和治理吗？美国为何能够容忍它这样的崛起？收获最丰的要属"黑客帝国"，各种木马控制的"肉鸡"去"挖矿"，能够直接获得的利益还不会被跟踪，与实体社会违法获利相比方便多了。如今比特币的挖掘，已经发展成为强大的"比特币矿山工厂"。有强大的"网络黑社会"的推动，我们就很好理解为何比特币会有如此强大的生命力了。"网络黑社会"发展到一定程度也需要洗白，取得现实社会的合法权利，这时候ICO呼之欲出了。

ICO成为各种暗世界洗白上岸的通道。如果不是国际上对IPO备案制有着严格的门槛，也就不需要ICO了。正常的情况下是要给一个风险对价，肯定要比IPO多付出成本的！一些自由主义者把市场神圣化，把监管妖魔化，其实监管是有其特有的价值的。这个价值就是监管带来的安全，正常的市场是要给出安全溢价的。ICO信息不透明，并

且具有很大的风险,为何如此受到追捧,其背后就是它收取的比特币来源未必干净。比如通过勒索病毒获得的比特币。比特币同样需要消费渠道,但社会日常零售商品的消费已无法满足其需求,它们需要的是资产类的权益。

在ICO项目中,区块链创业企业平均募集约2000比特币,按照目前市价,折合人民币约4000~6000万元。对投资者而言,通过支付比特币或以太币获得区块链企业发行的代币,其回报主要体现为代币的币值增值和区块链企业自身的项目分红。随着数字加密资产市场的整体火爆,ICO作为加密数字资产发行的主流渠道,于是被爆炒为信息和网络的金融化、虚拟化。ICO可以在不受监管的情况跳脱出来,其背后一定是巨大的、混乱的黑灰色的利益。

马克思说:"如果有20%的利润,资本就会蠢蠢欲动;如果有50%的利润,资本就会冒险;如果有100%的利润,资本就敢于冒绞首的危险;如果有300%的利润,资本就敢于践踏人间一切的法律"。中国监管部门调研后,早已发过警告:"90%的ICO项目涉嫌非法集资和主观故意诈骗,真正募集资金用作项目投资的ICO其实连1%都不到。"

随着ICO投资者的狂热,各种诈骗性项目如雨后春笋般地涌现出来。最典型的便是打着ICO的幌子搞加密虚拟货币传销,搞起了"庞氏骗局",这与P2P时代的"互联网理财"如出一辙。相比P2P行业当时20%的年化收益率,打着ICO幌子行传销之实的项目打出200%甚至2000%的收益率,再加上巧舌如簧的宣传,诱惑性、危害更大。迄今为止,"恒星币案""万福币案""中华币案""百川币""维卡币""珍宝币""五行币"等均是已经被曝光和查获的数字货币传销案,还有更多的尚未浮出水面,等着投资者以身犯险。

自2017年4月起,中国民间的ICO呈现爆发式增长,甚至出现了"马勒戈币""韭菜币"等,各式各样的ICO的暴富神话满天飞。据说,ICO随便就能有100%的收益,甚至20000%的超高回报。某资深玩家说:"ICO的暴利已经超过了某些犯罪收入。"那些真真假假的故事,让人血脉偾张。泡沫?没有怕的。因为他们的口号是:"不喝泡沫,你根本喝不到啤酒。"甚至连跳广场舞的大妈,也被吸引来加入。[①]据Coindesk ICO跟踪工具显示,2017年4月以来,ICO月度融资金额出现快速上涨,当月融资金额1.04亿美元,5月份环比增长123%至2.32亿美元,6月份环比增长99%至4.62亿美元,7月份环比增长24%至5.74亿美元。ICO融资暴涨不仅在中国,美国也是一样的。美国的区块链公司Tezos通过ICO融了2.32亿美元之后,拿出5千万开始做VC!What?

---

① 本小节中的部分数据引自《财新》报道。

创业公司拿着投资人投的钱开始搞 VC？这是要干什么？占公司总融资额 25% 的这 5000 万，规模大到可以参与美国 Top 100 VC 的评选。

很多人看到了 ICO 泡沫，也有很多人说泡沫不可避免，关键是泡沫的利益是谁取得的。在 ICO 的暴涨暴跌和财富聚散的过程当中，谁得利，谁发财？大家不能以传统眼光看，收益涨了多少倍便是泡沫。就如房价一样，百十万亿基建费用投资到土地上，土地使用价值难道不涨吗？而网络数字货币带来的金融化和 ICO，就不是那么简单的泡沫了。我们可以看到，100 美元的纸币成本只有几美分，但能说这个几美分的东西可以兑换 100 美元价值的商品，它就是泡沫吗？这里我们关注的是其本质，是 ICO 背后的网络霸权在金融化。它走过的道路和传统金融的道路一样，只不过发展过程比传统金融要快得多。

ICO 的代币另外一个性质就是比特币等数字货币的金融衍生。其实对 ICO 性质的认识，我们可以回望传统金融从中发现其路径。由于传统交易媒介的需要让便于交易的贵金属有了货币属性，而数字货币便于交易的优势和难以取得的特性与之有相似之处。之后，由于需求的增加，贵金属种类不断增多，这与现在多种数字货币并存类似。传统交易继续发展，出现了钱庄和票号，而数字货币则出现了各种交易平台，再进一步发展，各种钱庄票号发行自己的银票并且能够在多地流通，这与发行银票的钱庄信誉有关。ICO 的各种代币，就类似于银票的东西，背后与金本位对应的是比特币本位。金本位其实是极大加强了黄金的货币属性和溢价的，使得金银差价不断加剧，而 ICO 的火爆也是比特币能够不断上涨的动力。在与印刷和纸质传播的媒介相比，网络社会的转播是依靠如纸钞一样防伪的数字信息，这也为数字货币的诞生奠定了基础。ICO 与传统金融发展的轨道亦步亦趋，未来将会如何？我们从传统金融发展的历史便可看出端倪。

我们更要看到的是 ICO 热潮背后。比特币值钱了，以 2017 年 8 月的价格计算，比特币大约 30000 元一枚，全球 2000 多万枚比特币价值 6000 多亿元。如果将这 6000 亿元换取实体财富，相当于给网络输血，分了传统金融一杯羹！未来如果按照"挖矿"难度的增加，依据挖矿成本的上涨比特币还要暴涨。而且我还要注意他们定义的一个伪命题，全球比特币达到 2100 万时将封顶，不会印钞、防水等。经济发展、人口增多，需要的货币量随着经济发展越来越多！人均占有经济资源与货币量是要一致的，黄金开采的增长速度其实是很快的，黄金不是越采越少，而是越来越多的！据中国黄金协会的公开数据显示，公元 1800 年以前，人类开采了 5000 吨黄金，但 1800 年到 1850 年这 50 年间，开采量就达到了 5000 吨，从 1850 年到 1900 年，这 50 年间开采量 1 万吨，1900 年全球开采量 2 万吨，而现在是 17 万吨，目前还以每年 2000 吨黄金的速度在增长。

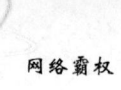

比特币的增长速度是远远小于黄金开采速度的，这就会造成中国历史上总出现的通缩，也就是白银越来越值钱的现象。如果金融霸权被网络霸权取代，比特币将无法满足市场，必然暴涨，这涨出来的价值将与流通中的货币总量相当的，数字货币的价值将要占有现实世界相应的财富，这是多么大的一笔财富转移！而 ICO 还可以把数字货币的价值放大 10 倍甚至 100 倍，它的价值很可能变成资本市场和金融衍生品市场的总市值。这些虚拟价值一旦实体化，实体经济要给它们输多少血！很可能是现在比特币总市值的上百倍。

"上帝要让人灭亡，必先使其疯狂" ICO 的结局正应了这句。2017 年 9 月 4 日下午，央行在其官网公布一个重磅消息，中国人民银行、中央网信办、工业和信息化部、工商总局、银监会、证监会、保监会联合发布《关于防范代币发行融资风险的公告》。

公告给 ICO 作出了定性：代币发行融资是指融资主体通过代币的违规发售、流通，向投资者筹集比特币、以太币等所谓"虚拟货币"，本质上是一种未经批准非法公开融资的行为，涉嫌非法发售代币票券、非法发行证券以及非法集资、金融诈骗、传销等违法犯罪活动。

公告宣布了取缔的决定：本公告发布之日起，各类代币发行融资活动应当立即停止。已完成代币发行融资的组织和个人应当做出清退等安排，合理保护投资者权益，妥善处置风险。有关部门将依法严肃查处拒不停止的代币发行融资活动以及已完成的代币发行融资项目中的违法违规行为。本公告发布之日起，任何所谓的代币融资交易平台不得从事法定货币与代币、"虚拟货币"相互之间的兑换业务，不得买卖或作为中央对手方买卖代币或"虚拟货币"，不得为代币或"虚拟货币"提供定价、信息中介等服务。对于存在违法违规问题的代币融资交易平台，金融管理部门将提请电信主管部门依法关闭其网站平台及移动 APP，提请网信部门对移动 APP 在应用商店做下架处置，并提请工商管理部门依法吊销其营业执照。

在央行发布公告后，各大代币全线下跌。超级现金 Hshare（HSR）跌超 50%；OmiseGo（OMG）跌 20%；Lunyr（LUN）跌 17%；VeChain（VEN）跌 20%。在 ICO 领域带有风向标性质的 ICOCOIN，暴跌近 36%，总流通市值在 24 小时内蒸发约 2440 万美元（约合人民币 1.6 亿）。这个 2017 年中国最疯狂的资产泡沫，在那个周末就开始破裂了。

因此网络金融化的背后是巨大财富的转移和再分配，这是霸权再一次食利全球，并非如一些人描述的那么美好。在这个过程中，从业者可以暴富，就如金融掮客和买办一样，但对整个国家和民族是怎么样的，我们必须有所考虑。在网络霸权金融化的过程中，谁有更大的优势，值得我们注意。在传统金融领域，发钞权和金融管理权是作为一个国家当然的主权，但在网络上，在数字货币和 ICO 的模式下，网络管理权在哪里？别被各种新技术新名词新概念花了眼，保护自己不被掠夺才是最重要的。

所以综上所述，从传统金融霸权与网络霸权到网络霸权的金融化，这个亘古未有的巨大改变，既给我们带来赶超的历史机遇。还要面对全球一体化美国在网络领域更大的霸权优势。我们应当顺应这个变化，也要看到其中的问题。网络不是万能，我们迎接网络时代，但我们不能被别人掠夺。

背景资料：亚欧币覆灭，一年骗 40 亿，4.7 万人血本无归！[1]

亚欧币：以虚拟货币为幌子的骗局

"单边上扬，只涨不跌""一路开始涨涨涨，持续涨""投资后什么都不需要你做也能赚钱"——瞧瞧这"亚欧币"的宣传，仿佛是一件美事：让你躺着就能把钱赚了。

葛某霞 犯罪嫌疑人，"亚欧币"传销参与者：亚欧币，因为宣传确实是说要打造中国虚拟数字货币第一品牌。当时我们也相信能够做到，起步只有五毛钱，我们最早进来，这种能够达到一两百，即使达到 100 块钱一个，也能翻 200 倍。

按照公司的宣传，亚欧币是"国家首家合法加密虚拟数字货币"，由海南跨亚欧公司发行。也正如宣传所言，自启动以来，"亚欧币"的价格的确是呈现了上涨的趋势。

陈泰 海南海口市公安局民警：内盘的涨幅就是每 10 天到 15 天这个时间，它会涨 5 分钱到 1 毛钱，然后它是稳步上升，绿的是内盘价格，红的是外盘价格，外盘比内盘高 3 到 5 毛钱。

用户购买"亚欧币"，需要通过这个网站展示，亚欧币存储在内盘，内盘的价格只涨不跌；另外还有外盘，通过交易卖出"亚欧币"进行提现。在内盘，"亚欧币"这种令人眼红的只涨不跌状态是怎么实现的呢？跨亚欧公司的财务负责人道出了实情。

夏某伟 犯罪嫌疑人：公司决定内盘涨价，涨到多少就设定一下，重新改一下就行。通知我们下一期的价格几天之后是多少，然后我们到了那一天，就把那个价格改成这样子。

---

[1] 文章来源：中国经济网（ID:ourcecn）综合央视财经（ID:cctvyscj）、义乌经侦预警平台。

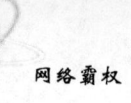

原来，所谓的只涨不跌是跨亚欧公司工作人员敲敲键盘就能实现的。那么，看似与股市一样可以进行买卖的外盘，"亚欧币"价格为什么也能够保持上涨的趋势呢？漆某伟是外盘的操盘手，按照公司指令，外盘价格全在他的掌控之中。

漆某伟 犯罪嫌疑人：按照董事会的目标是说，让它不要跌下来跌得太快，也不要涨上去涨得太快。比如说有大面积的客户抛盘的时候，董事会可能会给我指令，叫我们适当做一些买入，就是不会让它下行得这么厉害。

行骗策略：套流行概念

在"亚欧币"的宣传中，常常看到：恒量发行、开源代码、独立钱包、去中心化，还使用3.0最高区块链技术。——这些大词儿，再和国际上比较热门的"比特币"结合起来，让人感觉这家公司的技术真是牛极了。这些普通人不太了解的一些技术，一些名词，很容易蒙骗人。

为了吸引投资者，在微信群中，跨亚欧公司老板也成为能够出入联合国的人物。被批捕之后，跨亚欧公司的董事长夏某荣坦白自己并没有出入这样的场合。

就是在这些包装之下，短短一年的时间，"亚欧币"吸引了4万多名参与者，吸收资金达到40多亿元。在涉案的40多亿元中，有约10亿元用于会员高额返利，约27亿元用于会员提现。有超过3亿元被犯罪嫌疑人刘某和夏某荣等非法占有，而在警方收网时，跨亚欧公司已经入不敷出了。

卞永祖 中国人民大学重阳金融研究院研究员：他许诺的是高收益。但是收益来源于什么地方？其实这个公司并没有产生利润的方式，收益只能来源于后来投资者的钱，靠后来投资者的钱来去支付以前投资者的收益，这种实际上就是一种"庞氏骗局"，并且肯定是一种不可持续的模式。

2015年以来，与之类似的虚拟理财相继出现。此类虚拟理财多以"互助""慈善""复利"为噱头，无实体项目支撑，无明确投资标，无实体机构，以高收益、低门槛、快回报为诱饵，靠不断发展新的投资者实现虚高利润，宣传推广、资金运转等活动完全依托网络进行。

此外一些非法股权众筹、买卖原始股的集资诈骗手段也不断出现。这类骗术往往打着境外投资、高新科技开发旗号，假冒或者虚构国际知名公司设立网站，并在网上发布销售境外基金、原始股、境外上市、开发高新技术等信息，虚构股权上市增值前景或者许诺高额预期回报，诱骗群众向指定的个人账户汇入资金，然后关闭网站，携款逃匿。

第五章　经济结构重组

社会结构、经济结构在信息爆炸的时代已经无法用传统的观念来认识，网络化的信息使每一个社会单元间的内在联系发生深刻的机构性变化，分享经济、共享经济和数据挖掘等将会成为我们社会的常态，并产生大量新经济要素。社会、生产劳动等经济要素的分工、组织因网络而改变。

一、贝叶斯定律与透明人身份

1. 认识贝叶斯定律

18世纪英国业余数学家托马斯·贝叶斯提出了一个观点："用客观的新信息更新我们最初关于某个事物的信念后，我们就会得到一个新的、改进了的信念。"这个研究成果，因为简单而显得平淡无奇，直到他死后两年的1763年，才由他的朋友理查德·普莱斯帮助发表。

贝叶斯的数学原理很容易理解，简单说如果你看到一个人总是做一些好事，则会推断那个人多半是一个好人。也就是说当你不能准确判断一个事物的本质时，你可以依靠与事物特定本质相关的事件出现的次数去判断其本质属性的概率。用数学语言表达就是：支持某项属性的事件发生得愈多，则该属性成立的可能性就愈大。与其他统计学方法不同，贝叶斯方法建立在主观判断的基础上，你可以先估计一个值，然后根据客观事实不断修正。

1774年法国数学家皮埃尔·西蒙·拉普拉斯再次独立地发现了贝叶斯公式。拉普拉斯关心的问题是：当存在着大量数据，但数据又可能有各种各样的错误和遗漏时，我们如何才能从中找到真实的规律。拉普拉斯给出了贝叶斯公式：

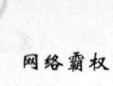

$$P（A/B）=P（B/A）*P（A）/P（B）$$

该公式表示在 B 事件发生的条件下 A 事件发生的条件概率，等于 A 事件发生条件下 B 事件发生的条件概率乘以 A 事件的概率，再除以 B 事件发生的概率。公式中 P（A）也叫作先验概率，P（A/B）叫作后验概率。严格地讲，贝叶斯公式至少应被称为"贝叶斯－拉普拉斯公式"。

这个规律发现后的 200 年间并没有得到重视，统计规律依然是按照与后面事件是孤立事件假设的。尤其在中国哲学观中，不能因为人前面犯过错误，就认为后面同样的错误是他犯的，也不能因为后面他犯错的概率较大，就认定后面犯错的就是他！也就是说不能因为他是惯犯，就认定这一次犯罪就是他！

但在信息时代各种信息逐步公开或透明的情况下，判断概率的数据变得准确。我们日常生活当中也会使用贝叶斯定律进行决策，比如在一个陌生的地方找餐馆，之前不了解哪家餐馆好，似乎只能随机选择，但并非如此，我们可以根据贝叶斯方法利用以往积累的经验提供判断的线索。通常那些坐满了客人的餐馆的食物要更美味些，而那些客人寥寥的餐馆，食物可能不怎么样，这就是我们根据先验知识进行的主观判断。用过餐后我们对这个餐馆有了更多的了解，以后再选择就更加容易了。

这样的情况在股票走势当中也得到验证。股票的波动理论在世界其他国家是没有中国这样盛行的，其准确度也没有中国高，尤其是在中国还有人发明了缠论得到了大批的拥趸。缠论在股票走势的判断上显得非常准确，其背后也有贝叶斯定律的影子。因为大家都相信了波动理论和缠论照章操作，那么结果自然不同，确实是先验概率影响了后验的概率。在全球金融市场上，很多量化对冲策略的趋同，其实也有这样类似的问题。

对贝叶斯定律的普遍认可首先来自海上搜救，我们可以看看这个关键性案例。1968 年 5 月美国海军的"天蝎"号核潜艇在大西洋亚速海海域突然失踪，潜艇上 99 名海军官兵全部杳无音信。为了寻找"天蝎"号核潜艇，美国政府从国内调集了包括数学家、潜艇专家、海事搜救等各个领域专家以及搜索部队前往现场。每个专家都有自己擅长的领域，但并非通才，没有专家能准确估计到在出事前后潜艇到底发生了什么。可是其中一位名叫 John Craven 的数学家头衔是"美国海军特别计划部首席科学家"，在搜寻潜艇的问题上提出的方案使用了上面提到的贝叶斯公式，他不是按照惯常的思路要求团队成员互相协商寻求一个共识，而是让各位专家编写了各种可能的"剧本"，让他们按照自己的知识和经验对情况会向哪一个方向发展进行猜测，并评估每种情境出现的可能性。Craven 的方案中的结果很多是这些专家以猜测、投票甚至说以赌博的形式得到的，他的这一做法受到很多同行的质疑。由于搜索潜艇的任务紧迫，没有时间进行精确实验、建立完整可靠理论，Craven 的办法不失为一个可行方法。但是，失事时潜艇航行的速度快慢、行驶方向、爆炸冲击力的大小、爆炸时潜艇方向舵的指向都是未知数，即使知道潜艇在哪里爆炸，也很难确定潜艇残骸最后被海水冲到哪里。Craven 粗略估计了一下，半径 20 英里的圆圈内的数千英尺深的海底，都可能是"天蝎"号核潜艇沉睡的地方，要在大范围的海底搜寻几乎是不可能完成的任务。

Craven 把各位专家的意见综合后得到了一张 20 英里海域的概率图。整个海域被划分成了很多个小格子，每个小格子有两个概率值 p 和 q，p 是潜艇躺在格子里的概率，q 是如果潜艇在这个格子里它被搜索到的概率。按照经验第二个概率值主要跟海域水深有关，深海区域搜索失事潜艇"漏网"可能性会更大。如果一个格子被搜索后没有发现潜艇的踪迹，那么按照贝叶斯公式，这个格子潜艇存在的概率就会降低，所有格子概率的总和是 1，这时其他格子潜艇存在的概率就会上升。每次寻找时，先挑选整个区域内潜艇存在概率值最高的格子进行搜索，如果没有发现概率分布图会被"洗牌"，搜寻船只就会驶向新的"最可疑格子"进行搜索，这样一直搜索下去直到找到"天蝎"号为止。经过几次搜索，果然在爆炸点西南方的海底找到了潜艇。这种基于贝叶斯公式的方法在后来多次搜救实践中被成功应用，现在已经成为海难、空难搜救的通行做法。

2. 贝叶斯定律下的海量信息统计

贝叶斯定律的方法解决了经典统计的困境，但是如今海量数据以及各种逻辑关系下，怎么去解决实际问题呢？

经典统计学适合解决小型问题，同时该方法要求获得足够多的样本且能代表事物的整体特征。如果相对于问题的复杂程度，我们只掌握少量的信息，即使在大数据时代数据的稀疏性依然存在，这时经典统计学显得力不从心。

具体来说，一个取决于 n 个参数并且每个参数只有两种表现（0 或者 1）的系统，共有 2 的 n 次方种现象。如果某类癌症产生过程中有 100 个基因参与（人类总共有几万个基因），就会有 2 的 100 次方种可能的基因图谱；采用经典统计学至少需要获得 1%～10% 的样本才能确定其病因，也就是需要制作出数万亿亿亿个患有该疾病的病人的基因图谱！这不具备可操作性。所以，用经典统计学方法无法解释由相互联系、错综复杂的原

因（相关参数）所导致的现象。

目前相对简单的问题已经解决得差不多了，剩下的大多都非常复杂，如龙卷风的形成、星系的起源、致病基因、大脑的运作机制等，要揭示隐藏在背后的规律就必须理解它们的成因网络，把错综复杂的事件梳理清楚。由于经典统计学失效，科学家别无选择，必须从众多可能有效的法则中选择一些可以信任的并以此为基础建立理论模型，而贝叶斯公式正好以严谨的数学形式帮他们实现了这一点。科学家把所有假设与已有知识、观测数据一起代入贝叶斯公式能得到明确的概率值。要破译某种现象的成因网络，只需将公式本身也结成网络，即贝叶斯网络，它是贝叶斯公式和图论结合的产物。

今天一场轰轰烈烈的"贝叶斯革命"正在发生：生物学家用贝叶斯公式研究基因的致病机制；基金经理用贝叶斯公式找到投资策略；网络公司用贝叶斯公式改进搜索功能，帮助用户过滤垃圾邮件；大数据、人工智能和自然语言处理中都大量用到贝叶斯公式。后来我们发现人类大脑也是贝叶斯结构的，人工智能的问题又进一步地增长，在这些问题的分析层面，贝叶斯定理有了更深入的应用。

2015年年底，一篇发表在《科学》杂志上的论文为人们带来了人工智能领域的重大突破。三名分别来自麻省理工学院、纽约大学和多伦多大学的研究者开发了一个"只看一眼就会写字"的计算机系统。只需向这个系统展示一个来自陌生文字系统的字符，它就能很快学到精髓并像人一样写出来，甚至还能写出其他类似的文字。更有甚者，它还通过了图灵测试，我们很难区分字符是人类还是机器的作品。这个系统采用的方法就是贝叶斯程序学习（Bayesian Program Learning）——一种基于贝叶斯公式的方法。这不仅是人工智能领域的重大突破，而且为我们认识人脑的学习机制提供了重要参考。

贝叶斯定理应用最抓眼球的是"阿尔法狗"与围棋冠军李世石的世纪围棋大战。围棋可以计算的数量级比国际象棋要大很多。"阿尔法狗"在前三局的表现几乎摧毁了数千年来人们对围棋的既有认识，堪比宇宙星星数量的变化似乎在一夜之间被谷歌围棋程序所破解。但第四局的失误也说明了机器的问题。1997年"深蓝"在国际象棋上就曾战胜了人类，为何到近20年后围棋才取得突破。"阿尔法狗"围棋算法采用的是学习型的模糊算法，第四局李世石开始尝试在"阿尔法狗"围出的上边盘大空里出棋，在此过程中"阿尔法狗"应对过于强硬，给李世石使出了凌空一挖"神之一手"的契机，这着妙手将黑棋滔天攻势化为乌有，一手棋"阿尔法狗"没有学习过，李世石中盘取胜。

人工智能在模糊思考下取得与人类围棋对战的胜利，机器具有了如此能力，在数据变得透明之后被其分析就变得非常容易了。在传统统计学之下，即使每一个人都透明想要系统性对社会作出预先估算很困难的，而在大数据和贝叶斯定律之下将成为可能。机器将根据以往的透明数据进行分析判断从而得出未来的行为。机器还可以依据透明，信息分析出更多行为，可以针对你的未来行为进行操作。虽然这个分析只不过是一个概率，但这个先验概率在贝叶斯定律之下，可以影响后面的进程，而不同透明度得到的概率不同。整个社会在大数定律面前概率将变成确定性，你很可能被确定性地套利。

关于系统的透明度，我们可以使用信息熵来描述。人类科技在数字化、智能化、网络化等的推动下经历了一波又一波通信、信息革命，在信息流、物质流的社会中，香农的信息熵论著依然闪烁着智慧之光，并将照耀人类社会今后数个世纪。引入熵的概念能够帮助我们更好地理解这些问题。熵给出了概率与信息冗余度的关系，它的提出是信息论的起点，也是人类对信息认知的开始。

理解这些问题，我们可以从貌似不相干的在西方曾经流行的游戏——"二十个问题"说起。游戏是这样的，我心里想一样东西，你可以问我二十个问题，然后猜我心里想的是什么东西。问题到底需要问多少次？我心里所想的相当于一个随机变量，随机变量所包含的"信息量"和它的"不确定性"其实是同一个概念。随机变量越难以确定，它所包含的信息量越多。这种认识对初次接触熵的人来说或许不够自然，但仔细体会一下确实是有道理的。如果我想告诉你的事你很容易猜到，或者说你不用问几个问题就能知道，那我要说的话对你来说就没多少信息量。

熵是用来衡量信息量和概率的，在不同透明度的社会所需的问题次数是不一样的，正确的概率、熵也不一样。概率差别可以通过对冲类型的交易套取。物理熵在波尔斯曼方程下是能量对应有序度，信息熵也是一样带有物质性。透明社会与非透明社会的熵交换等同于物理热量从高到低传导，其中大量能量是可以利用的。可怕的是这些利用能量的方式非常复杂，但对机器来说却相对简单，且机器功能越来越强，预测社会的能力也就越来越强了。

透明的身份在现代信息手段下很容易被可以被机器利用。结合贝叶斯定律和信息熵是可以从理论上证明并建立机器模型的，这种确定性才是可怕的。在有了贝叶斯定律、信息熵的概念和强大的人工智能计算能力，以及系统性套利的模型下，未来社会竞争、文明竞争将变成社会体系透明度高低的比较以及社会上熵的高低的比较。熵增加原理下，利益怎么流动是确定的，胜败的结果将没有偶然地确定了，竞争体之间越是透明竞争优势越低。因此，我们未来信息透明，也绝不能透明给竞争者，而我们的网络则需要避免无差别的透

明。这就是古老的兵法"知己知彼百战不殆"在当今大数据信息学下的最新诠释。[①]

二、分享经济、共享经济与透明利益

当今的网络经济时代,不得不提热门的分享经济和共享经济,二者的概念有细微的差别。这两种新经济模式成功的背后依然是羊毛出在猪身上的逻辑,利益就是来自透明的猪!只有看清了猪在哪里,猪是谁?才能够深度地认清这两种经济模式的差别。

2000年,原有网络泡沫破裂后,Web2.0时代到来,各种网络虚拟社区、BBS开始出现,用户在网络空间上向陌生人表达观点、分享信息。但网络社区的用户以匿名为主,分享形式主要局限在信息分享或者用户提供内容(UGC),但不涉及任何实物交割,大多数并不带来任何报酬。2010年,随着Uber(优步)、Airbnb(空中食宿)等一系列实物共享平台的出现,共享开始从纯粹的无偿分享变成以获取报酬为主要目的的分享、共享,并且形成了一股席卷网络的势力。

分享经济(Sharing Economy)是指将社会海量、分散、闲置资源、平台化、协同化地集聚、复用与供需匹配,从而实现经济与社会价值创新的新形态。分享经济强调的两个核心理念是"使用而不占有"(Access over Ownership)和"不使用即浪费"(Value Unused is Waste)。分享经济2.0是从私域向公域更智能的数据驱动的分享经济,是充分释放社会资源、社会资本、社会能力的集聚、融合、协同模式。

共享经济(Shared Economy)一般是指以获得一定报酬为主要目的,基于陌生人且存在物品使用权暂时转移的一种新经济模式。其本质是整合线下的闲散物品、劳动力、教育医疗资源。还有人说共享经济是人们公平享有社会资源,各自以不同的方式付出和受益,共同获得经济红利。此种共享更多的是通过互联网作为媒介来实现的。

这两种经济模式高度重合,英文同样是share,一个是进行时,一个是过去分词,在经济模式当中一个重视过程,一个重视结果,但它们的共同点都是透明!分享经济的主要驱动力是信息驱动、平台驱动和数据驱动,背后就是参与者与平台的透明。而共享经济的发展就是去中介化和再中介化的过程。去中介化打破了劳动者对商业组织的依附,他们可以直接向最终用户提供服务或产品;再中介化则个体服务者虽然脱离商业组织,但为了更广泛地接触需求方,它们需要接入互联网的共享经济平台。再中心化的过程,致使你的很多信息被透明到了共享经济的平台,网络平台的部分权利在崛起。

[①] 本节参考了王晓峰的文章《大数据背后的神秘公式:贝叶斯公式》。

对这两种经济模式，其实我们还可以从法律概念进行分析，分享经济是个人的所有权，只是将使用权分享给大家；而共享经济则所有权是所有参与者共享的，法律概念是完全不同的，其中包括对共有物权如何处分。如小黄车是属于谁的，虽然它是共享的，但所有权不属于你；而把自己的房子分享在短租网上，可以得到其他地方使用房子的便利，就是分享了。

这种经济模式的核心是网络平台，平台的核心是所有参与者对平台透明，所有参与者之间的信息不对称被平台消除了，但对平台的信息是不对称的！比如乘坐出租车时，规定不让议价和拒载，这是因为信息在打车者和出租司机之间是不对称的，但当我们使用打车软件能看到有多少车、加多少价格，大家的信息对称了，但司机对此并不是特别清楚，加价部分给打车软件带来的利益很大的。打车软件实时收集你的各种习惯和使用手机的信息，这里隐藏着巨大的商业利益。当你关闭位置、信息访问权限软件也就不能用了。当此软件一旦垄断市场后，即使你不用别人也会用，你很可能打不到车，你是不得不用的！这时，你就是他们的"透明猪"。出租车司机开始时觉得也不错，可是当软件装机到一定数量时，它们上线了自己的产品，终于明白自己也成为"透明猪"。结果黑车合法化，大量运营车辆占据道路资源、套取资源补贴，政府的管理权力变成网络平台的管理权力了，政府在博弈中成了出羊毛的"透明猪"。

分享经济和共享经济经济模式看着很美，实际上它们看重的是信息透明后的巨大利益。而我们的线上与线下信息是对应的，整个信息透明，与西方国家不同。所以，这两种经济模式下关键是透明的程度，能够取得多少利益需要相关机构来管控。

如果这个平台被资本控制，社会将会怎样，谁控制了这个平台，整个社会就对谁透明，谁就可能成为未来经济社会的主宰，甚至决定社会的意识形态和政治形态，这背后是国家主权和政权，对这个问题，我们在以后的章节还要继续深入讨论。

三、产业链碎片化、透明化让中国制造被控制
——"互联网+"将中国制造变为美国制造

"互联网+"被一些人说成是可以整合中国产业链的，可以做大、做强，逻辑本身没有错，但"互联网"及其产业多为被外国控制的，到底是把谁做大做强？中国制造的竞争优势之一就是中国的全产业链，这些产业链在中国本土外国资本很难渗透，而用"互

联网"将产业链串联起来后，就将被别人控制，丧失制造业的竞争优势！我们对产业的发展是要有立场的。

中国某一行业的企业成千上万，成本多少、能够压价多少也是有门槛的。加工配套是国内企业对外国公司的优势，如果都在网上透明了，外国公司就很容易进行压价了，中国众多同类化的企业在网络上必然会面临比以往更激烈的价格竞争，其结果中国制造的利润被进一步压缩，让企业碎片化。外国公司不用找企业订购成型产品，而是在网络上找一个个小作坊，将其变成环节单一的车间，车间和车间的组合使得产业被碎片化了。生产流程将不再被中国所掌控。再有价格恶性竞争，中国制造的整体凝聚力将不再了。也就是说，谁控制了制造的流程，谁就控制了产业链，谁就控制了制造业，中国制造业的控制权也随之转移。

为何会出现企业碎片化呢？原因在于单一的价格竞争。企业碎片化后成为车间，再碎片化后成工序，各个工序之间的组合在企业外成本是很高的，"互联网+"降低了这些成本，使得单一的巨大规模的工序生产更有竞争力。我们经常可以看到国内某个县生产了全球百分之多少的某物件，但这些产品的产业加工链非常短，多为车间或工序，最关键的设计环节不在中国。如果我们继续推进"互联网+"，则工序化将更明显，分工更细致、门槛更低。有人会说现代工业的方向就是分工细化了，德国的工业4.0讲的智能制造，是个性化和数字化生产，以往的单一工序上规模时代已经落后于历史了，但对应的设计环节的门槛变得更高。

产品加工出现碎片化和工序化，并不等于产品的生产流程控制简单化，反而是从上到下的设计中心树形控制模式建立起来，其实就是被"互联网+"下的设计中心远程控制，控制者多为跨越国境的，和以往生产控制在工厂内有根本的不同。判断是工厂还是车间，就要看是否有控制中心，而现在你已经成为"互联网+"远程工厂的一个车间甚至一个工序。以前我们总说外国资本控制产品的设计中心，依靠控制赚取产品最多利润。而仅仅控制设计中心到加工产品还是有距离的，但现在"互联网+"搞起来了，设计中心在网上就可以把控生产流程，中国制造的核心就彻底被外来的控制了，中国工厂变成了美国网络设计中心的加工点、代工作坊，这是产业的升级还是产业的退化？

我们常说中国是世界工厂，"互联网+"兴起后，中国将可能沦为世界车间，甚至是世界工序。美国要重振制造业，不是发展产业工人，而是通过"互联网+"把美国的设计中心做成能够控制全球产能、定价权的产业链核心。德国搞工业4.0，就是要对抗这种局面，把网络碎片化的工序和设计中心控制改造成智能工厂内部控制，以智能工厂模式对抗美国制造业设计中心模式。因此，对德国为什么大力发展工业 4.0，我们要深度理解不能肤浅解读。

由此我们要注意"互联网+"与德国的工业 4.0 的不同。"工业 4.0"概念包含了由集中式控制向分散式增强型控制的基本模式转变，目标是建立一个高度灵活的个性化和数字化的产品与服务的生产模式，而不是"互联网+"下的产品工序规模化的模式。在这种模式中，传统的行业界限将消失，并会产生各种新的活动领域和合作形式。创造新价值的过程正在发生改变，产业链分工将被重组。工业 4.0 不是在公网上实现的而是企业内部网络，而是集团企业内部更紧密地整合进行智能制造和智能生产。工业 4.0 在内部整合加强控制，"互联网+"则是外部整合产业透明。工业 4.0 是加强产业的门槛，而"互联网+"把产业拆解为透明的环节降低了产业门槛。高门槛的产业才是高端产业！

我们还可以看看美国苹果公司，它是将产品生产碎片化的典型例子。苹果公司控制流程，主要生产加工在中、日、韩，但中、日、韩赚取的利润极为微薄。其背后就是产业链通过网络被美国苹果公司控制，生产效率是高了，但赚的钱更少了，我们为外来资本提高了效率。所以"互联网+"确实是提高了效率，但我们也需要有立场。

有人可能还会说，中国也可以有自己的设计中心，也可以在"互联网"上做大、做强。说这个话非常天真，设计中心需要多年的积累，你的工序都被压榨得没有利润了，用什么进行长期投入？就算有足够的资本，设计中心建设所需要的时间成本也是绕不过去的，资源、人才、经验等积累都是一个长时间的事情，而更关键是以美国为首的西方发达国家的知识产权壁垒，你绕得开这张网吗？

看看三星与苹果的知识产权纠纷就知道了。国内产业进入的门槛是对抗外国知识产权门槛的有力武器，只有这个门槛存在我们才有建立自主研发的设计中心的时间和资本积累，想一下为何当年美国崛起的时期要搞孤立主义呢？而日本的国内生产加工环节更是不对外来资本透明，而是自己的产业链黏结成财团，网络是泼不进水的，德国又搞工业 4.0 抬高工厂智能化水平下的门槛，我们为何要搞"互联网+"自降门槛呢？

以前中国优势是产业链不透明，现在都不存在了，你赚不到钱了，"互联网+"就成了"互联网枷"，是西方希望套在中国制造上的互联网枷锁！中国人工成本逐年增长，已经不具备廉价劳动力的竞争优势，如果产业链再被外国远程控制，未来中国的竞争力在哪里？"互联网+"确实带来了产业的增长，却让中国产业的竞争力和控制力下降，我们是不是要有一个国家根本利益的立场？我们不能让"互联网+"提升了美国制造，让中国制造变成了美国制造。

四、"互联网+"、智能制造、工业 4.0 的似是而非
——软规则和产业生态下定价权博弈才是关键

"互联网+"、工业 4.0、中国制造 2025 等广泛流传,这些词之间到底是什么样的关系呢?我们都在大谈特谈的这几个概念,到底有怎样的本质差别,它们的实施对我国的发展有着怎样的影响?

通俗地说,"互联网+"就是"互联网+各个传统行业"利用信息通信技术以及互联网平台,让互联网与传统行业进行深度融合,创造新的发展生态。它代表一种新的社会形态,即充分发挥互联网在社会资源配置中的优化和集成作用,将互联网的创新成果深度融合于经济、社会各域之中,提升全社会的创新力和生产力,形成更广泛的以互联网为基础设施和实现工具的经济发展新形态。

工业 4.0,是德国政府提出的一个高科技战略计划。该项目由德国联邦教育局及研究部和联邦经济技术部联合资助,投资预计达 2 亿欧元。旨在提升制造业的智能化水平,建立具有适应性、资源效率及人因工程学的智慧工厂,在商业流程及价值流程中整合客户及商业伙伴。其技术基础是网络实体系统及物联网。德国所谓的工业四代(Industry4.0)是指利用物联信息系统(Cyber-PhysicalSystem,简称 CPS)将生产中的供应、制造、销售信息数据化、智慧化,最后达到快速、有效、个人化的产品供应。"工业 4.0"概念包含了由集中式控制向分散式增强型控制的基本模式转变,目标是建立一个高度灵活的个性化和数字化的产品与服务的生产模式。在这种模式中,传统的行业界限将消失,并会产生各种新的活动领域和合作形式。创造新价值的过程正在发生改变,产业链分工将被重组。

"工业 4.0 为德国提供了一个机会,使其进一步巩固其作为生产制造基地、生产设备供应商和 IT 业务解决方案供应商的地位。"德国工程院院长孔翰宁(Henning Kagermann)教授如此评价工业 4.0。德国学术界和产业界认为,"工业 4.0"概念即是以智能制造为主导的第四次工业革命,或革命性的生产方法。该战略旨在通过充分利用信息通信技术和网络空间虚拟系统—信息物理系统(Cyber-Physical System)相结合的手段,将制造业向智能化转型。工业 4.0 包括智能工厂、智能生产和智能物流三个方面。

智能制造源于人工智能的研究。一般认为智能是知识和智力的总和,前者是智能的基础,后者是指获取和运用知识求解的能力。智能制造应当包含智能制造技术和智能制造系统,

智能制造系统不仅能够在实践中不断地充实知识库，具有自学习功能，还有搜集与理解环境信息和自身的信息，并进行分析判断和规划自身行为的能力。智能制造（Intelligent Manufacturing，IM）是一种由智能机器和人类专家共同组成的人机一体化智能系统，它在制造过程中能进行智能活动，诸如分析、推理、判断、构思和决策等。通过人与智能机器的合作共事，去扩大、延伸和部分地取代人类专家在制造过程中的脑力劳动。它把制造自动化的概念更新，扩展到柔性化、智能化和高度集成化。

从上述定义中，你看得出其中的本质差别吗？技术的领域交叉重叠非常多，中国社会的解释更多地是从技术层面出发，但真正的差别是在软规则和产业生态上！

软规则上，"互联网+"是以网络为中心，由一个设计中心串联起各个环节，且各环节均在网络上公开透明，这样的产业生态就从一个传统的产业链变成了产业向心蔟。某企业家曾提出建设全球供应体系，把各种制造环节变成网络上的透明环节，这样的B2B使得生产网络化配置，产业生态网络透明化。而工业4.0则是各种环节均整合重组到一个工厂里面，原来工厂是标准化的大规模生产，根据消费者需求调整为见单生产，从而更好地满足客户需要。而智能制造则更偏重技术替代人力劳动，提高人员的劳动效率，从而在发达社会也可以维系劳动力的高工资，在老龄化社会劳动力紧缺下保障人们的物质生活水平。在工业4.0和"互联网+"当中，都提到和涵盖了部分智能制造的内容，只是它们拥有完全不同的软规则。而软规则带来了产业生态变化，改变定价权的归属，不同结构性升级计划的背后是全球利益再分配的激烈博弈。

"互联网+"的模式下，网络起到主导作用，设计中心攫取了整个产业链最主要的利润，主导产业链的定价，是整个模式定价权的拥有者。其他生产者在网络上是透明的，各个生产过程不断碎片化，工序化，使得这些企业对设计中心产生巨大的依赖。这样的生产模式下，且不说定价权丢失和利润低，一旦发生战争或制裁，如果被断网会怎么样，生产组织会完全乱套的。

而工业4.0也强调网络技术，却是应用在企业内部网络上，用于工厂的升级整合，提高工厂的适应性和生产效率。以前可能需要几个不同工厂一起参与的项目，现在一个工厂就能完成，把外部产业生态变成内部产业生态，在企业内部实现利润最大化，在外部形成竞争门槛。原来的碎片化生产者、单一生产环节将面临被收购重组整合，就要没有上游供应也没有下游采购的多余产能，在工业4.0建立起来的新产业壁垒下被淘汰了。这个模式对新来的竞争者也提高了门槛，建立如此复杂的万能制造产业的成本巨大，已经从门槛变成了壁垒。企业的内部组织在生产过程中形成技术壁垒，整合成为更高层面

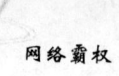

的保密技术，后来的竞争者将更难以逾越。同时把全产业链整合到一个企业内部，即便网络霸权国家也是水泼不进。对德国这样的老牌制造强国，高度整合的万能工厂既可以对抗美国网络霸权下的设计中心，也可以保持对中国等后起之秀的领先优势和壁垒。

智能制造的一个关键前提是所制造产品的产业链一定要足够长，如果只是一个工序，需要的不是智能而是标准化过程。人类的产业发展是先从一个长产业链到不断分工细化的过程，不断标准化的复杂组织的，同时，机械可以在精细化分工中发挥更大的作用，这时不断地扩大规模和专业化生产。在西方的工业化进程中，这样的分工和标准化打败了手工作坊。例如美国南北战争时期统一了枪械标准，生产效率大幅提高。

随着信息技术的发展和智能制造的出现，高度标准化的单一产品与定制产品的成本差距不断缩小，规模与成本之间的比例关系发生变化，个性化的定制产品的专用优势相比通用产品就变得明显，而消费者的多元化，使得个性化产品成为消费者青睐的主流。制造业的方向从标准化走向个性化，这趋势变化的背后就是信息技术、网络技术、人工智能等带来的各种成本的下降。此优势在产业链越长的产品中则越为明显！因为标准化产品在产业链上、下游之间的市场成本很高，产业链之间的高成本，巨型企业内部的管理成本和变通、适应能力的提高，使得产品的产业链包裹在一个企业内部成为可能，这就是工业 4.0。工业 4.0 把原产业链尽可能包裹在一个企业的内部，将产业链变成企业内部的闭环。企业内部充分利用网络的优势，降低市场成本，让各种分工组合的市场效率变得更高，能够进一步分工细化。工业 4.0 与"互联网+"是一个更封闭一个更开放，是方向完全不同的两个事物。这二者也代表了当今工业化发展的两个潮流，但其实现基础是智能制造让产品变得个性化，延长产业链生产过程生产复杂产品为基础的。

在产业链变化的不同方向和生产组织模式上，我们不能忽视的就是金融资本的作用。如果不是大规模分工，产业链各种环节都要与货币联系起来，就没有那么多的货币需求了。这些产业链的分工再分配，是有市场联系的，而市场以货币为媒介，货币又是所有分工交换媒介和价值尺度，决定了产业链上下游的流通和定价权。资本力量做大最终成为社会决定力量，就是随着工业化生产社会分工，产业链之间需要货币媒介而成为主导的，产业的社会生态形成了资本社会。而货币的本质是信用，信用与信息有统一关系，美国是货币霸权和网络霸权的双料霸主，搞"互联网+"把信息、市场、物流等产业制造过程组织放到网络上，这是美国进一步霸权的实现，是美国货币霸权主导制造业的实现。

美国和德国不同，"互联网+"有助于资本和货币霸权，而德国工业 4.0 的结果是产业链在企业内部整合，通过网络技术降低管理成本，提高企业规模效率，并且把网络霸权和货币霸权挡在外面，实现更高的产业控制权。而面对制造国这样的产业链整合，美国的"互联网+"进一步的发展就是把原材料的采购和后续的服务贸易也统一到网络上来，加长了原来的产业链，使得传统的制造业难以涵盖，不让制造国变成全产业链，同时增加"互联网+"的资本倾销和制度政策门槛，这就是我说的美国因特网带来的"互联网枷"。

信息技术改变世界，西方后工业化的高度发展，我们回顾历史，从巨头的崛起和衰落来看，就能更好地理解"互联网+"和工业4.0带给世界的是什么了！美国"互联网+"最成功的范例，我们可以看看苹果公司的产业组织。苹果公司核心是设计中心，通过设计中心控制全球的产业。在苹果公司整个产业链利润表上，各种产品多在中、日、韩三国生产，但苹果公司占据了利润的58%左右，原料占据利润的近22%，其他各个环节利润在1%左右，苹果的设计中心控制了整个产业和利润。同时，苹果公司的产业链还延伸到了电信服务领域和应用软件的开发领域，并且在资本市场有很高的估值，可以拿到超低成本的资金。类似例子如耐克、百事可乐等企业，核心是产品营销，一个设计中心控制全球局面，而网络是它们更好、更有效率的控制手段。

如果"互联网+"普及了，传统行业就可能有更多的企业被控制。我国的鞋子制造居全球第一，耐克也在中国加工，可乐也是在国内灌装的，设计中心控制全球的情况会越来越普遍。苹果公司的崛起，除其他因素外，在网络低成本的产业模式下，具有巨大的优势。

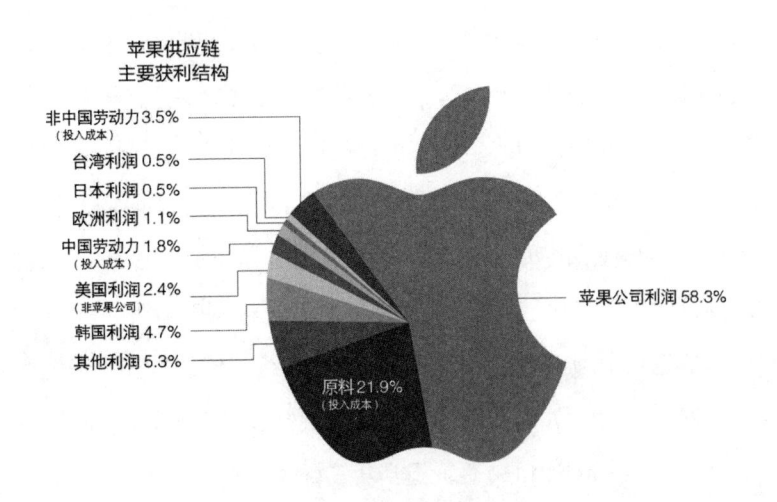

苹果供应链主要获利结构

- 非中国劳动力 3.5%（投入成本）
- 台湾利润 0.5%
- 日本利润 0.5%
- 欧洲利润 1.1%
- 中国劳动力 1.8%（投入成本）
- 美国利润 2.4%（非苹果公司）
- 韩国利润 4.7%
- 其他利润 5.3%
- 原料 21.9%（投入成本）
- 苹果公司利润 58.3%

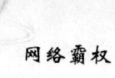

认识"互联网+"、工业4.0和智能制造，软实力更为重要。这个层面决定的是定价权，决定的是全球财富的再分配。我们关心的不光是生产出来了产品，还要关心我们的产品如何赚到钱，我们的生产过程能够让中国的劳动者富裕，拿到高工资，这里生产组织、生产生态的博弈，代表着不同人类社会群体之间的文明发展的较量。

综上所述，分析了"互联网+"、工业4.0和智能制造在生产模式、产业组织中的差异，产业链是形成封闭的环还是开放向心的蔟，关乎核心竞争力和利益再分配，我们在制定产业政策前，一定要清楚不能只重硬的层面和形式，对软的层面和再分配也要有深入的谋划。

五、传统经济依然有活力

网络是信息经济必不可少的手段和工具，网络社会为我们提供了新发展方向，中国需要有超越西方的发展思路。但我们必须认清其中的风险，网络是传统行业升级发展的手段，而不是空中楼阁的"互联网+"，经济发展需要立足于传统行业，而不是让网络与传统行业的互博。

2015年10月23日世界首富易主，新首富不是某个如日中天的互联网公司老板，而是一个二流品牌的服装老板。根据福布斯新全球富豪榜单显示，Inditex集团老板阿曼西奥·奥特加以净财富总额798亿美元超越比尔·盖茨成为新晋世界首富。Inditex是西班牙知名时尚品牌Zara的母公司，阿曼西奥·奥特加是Zara的创始人。首富诞生在二流发达国家的传统服装行业，二流品牌且依靠传统零售。

1975年，学徒出身的阿曼西奥·奥尔特加在西班牙西北部的偏远市镇开设了一个叫Zara服饰的小服装店。没有贵族血统、没有名师，在名牌林立的欧洲，依靠廉价、时尚而崛起。Zara的发展环境中国的草根传统行业也能够具备。他不是比名校毕业、哈佛法律系肄业、有着IBM高管妈妈支持的美国IT首富更贴近中国梦吗？值得注意的是，新首富是在传统行业没有搞电商，并且在电商的激烈竞争下成为首富的。我们不能简单地、先入为主地推崇"互联网"，而传统行业就一刀切是过剩产能。

同样的事情也在中国发生了，中国首富也易主给了传统行业，房地产富豪再度超越网络富豪。《2015胡润百富榜》榜单显示，王健林及其家族以2200亿财富第二次成为中国首富，马云及其家族以1450亿元退居第二。《2016胡润百富榜》王健林以2150亿财富第三次成为中国首富，马云以 2050 亿位列第二，宝能集团的姚振华以 1150 亿进入榜单前五位。据了解，王健林的财富比 2014 年增长 52%，主要得益于万达院线上市后股价从 20 元涨到 200 元。王健林是转型最成功的企业家之一，五年前他地产部分的财富占个人总资产的 90% 以上，而现在只占到 50%。马云的财富比 2014 年减少 3%，主要因为上市公司表现差强人意，阿里股价由上市首日的 93 美元跌了 20%。但马云的另一块主要资产——支付宝母公司蚂蚁金服却表现抢眼。2015 年 7 月,蚂蚁金服完成 A 轮融资,市场估值高达 450 亿美金。中国的房地产业还在库存和泡沫的争论当中，商业地产巨头王健林已经成为首富，这背后就是网络的兴起其实对线下高端资源的需求大幅度增长，大家去万达院线的需求不是降低而是提高了，我们网络生活与线下地产、院线等的竞争，其实还没有结束，中国的优势更多在传统产业，扬长避短才是更明智的做法。

中国的优势在于传统产业，在于产业生态和制造业集群。我们要思考为何德国提出的是工业 4.0，德国的优势在工业，先把自己优势的做好才是关键。为何我们不是把传统产业优势放在首位，以传统产业为龙头来利用网络？不是网络"+"传统产业，而是反过来传统产业"+"网络。

中国经济不能当外国资本的傀儡，要建立自己独立的经济主权，就需要独立思考，有自己的网络建立中国公网，建立自己的网络主权。有了自己的网络规则，多一重在国际上与他国谈判的筹码，也不用惧怕网络霸权的网络勒索，在网络上形成和管理中国的未来经济主权。我们要利用网络而不是迷信和神化网络，要控制网络经济具备政府调控网络的手段。

建立中国公网，让中国公网全球互联，在自己的公网上构建传统经济的网络体系才是我们想要的"互联网 +"。而这一切均应当以中国公网建设为前提，中国公网的建设是当务之急。

第六章　网络的财富博弈

网络带来了经济结构和信息享有的重组,而重组的背后是全社会财富和资源的再分配。在全球财富重新划分的网络信息时代,中国要崛起,必将参与这场全球的再分配博弈。

一、网络时代的传媒新规律

随着网络时代的到来,人们获取信息的渠道日益增多。目前很多人习惯通过浏览网页来获取当日的新闻,快捷且零成本,并且带来了整个社会信息传播体系的规律发生彻底改变。

1. 信息增值是杠杆还是泡沫的临界点

信息会自我繁殖。信息在一定条件下会产生额外的新的信息,就如《红楼梦》本身是一本小说,但对《红楼梦》的研究养活了多少红学家。鲁迅生前肯定也没有想到,他死后有那么多人依靠研究他为事业。我粗略地统计了一下,鲁迅研究所、中国鲁迅研究会、鲁迅博物馆、鲁迅故居、《鲁迅研究月刊》等,我们在网络上搜索"鲁迅研究单位",竟然得到几十万条查询条件的结果,这些都是增值信息!

信息衍生是核心信息会产生附加在某些信息上的新的信息,比如我们的一项生活习惯可以是一条信息,而对于这项习惯的统计信息,就成为另外有用的信息,统计信息的覆盖层面越广价值越大,通常信息价值呈几何级数增长。信息增值和衍生使得信息量极大增加,这些增加的信息是有用的价值杠杆还是无用的信息泡沫,关键在于信息的实际价值。

我们每一个人都受到过垃圾邮件、垃圾短信的困扰,这些垃圾信息就是信息泡沫的危害最极端的例子。我们一般很讨厌铺天盖地的广告，但是当年的《计算机世界》的报价专栏关于计算机产品的报价对市场有很大影响，同样《慧聪商情》也是业内人士必看的。本来是各商家投放的广告，但当这些信息积累到一定规模反而变成了信息数据库，其价值就是信息的发掘结果。这些信息价值发生了巨大增值，其原因就是大家都要使用，从而影响整个行业。这种影响不是由某一条信息产生的也不是很多条信息就可以产生的，而是信息量需增加或超过某一个临界点。

信息临界点是如何产生的呢？其中关键是信息集成到一定的程度，在某个细分领域形成了标准。这个标准致使评价体系变化而产生临界点。比如前文提到的《慧聪商情》其报价的信息量集成到一定程度，成为市场价格体系的标杆，买卖双方参照此标准进行交易。信息系统超过临界点的价值就成了标准的价值。

我们再分析一下搜索引擎价值来源。初期搜索引擎就如同互联网第一次出现的门户网站一样，进行大量的信息整合导航，极快查询，后来实现了模糊搜索，其根本在于建立一个标准控制评价体系，即什么信息是最有用的！在信息爆炸时代，信息优劣鉴别越来越重要，所以评价体系的价值凸显。它们可以决定谁的信息排在前面，有了这样的评价权利，便可以轻松渔利，所以竞价排名就产生了。在信息熵和耗散结构下，我们可以更清晰地在理论上认清这个临界点是什么，这就是耗散结构从混沌到有序，产生了有序结构。

2. 传播和获取方式的改变

信息、物质、能量被恩格斯视为现代社会发展的三大要素。现代社会进入信息时代，信息传递方式也发生了天翻地覆的变化。从古代的烽火狼烟到如今的信息网络，人类凭借各种各样的工具传递着难以计数的信息。

最传统的信息获取方式主要靠人与人的口口传播，随着文字和印刷的出现，阅读成了获取核心信息的方式，在19世纪后半叶由于无线电等电子技术的进步，出现广播和电报、电话等新的信息传播方式，声音成为主流，直到"二战"后普及电视，20世纪90年代开始普及互联网，每一次的传播途径都带来信息的革命和增长。

人们获取信息从阅读、听广播到电视，这些传播途径与互联网传播和传统传播途径有一个根本的不同。互联网在传播信息的同时记录信息，我们从网络接收和下载的信息文件基本存储在电脑之中，除非主动地清理否则它将一直存在，这使你对信息的拥有状态发生了改变。广播电视是很容易在公众中消除的，只要不再播放，并且禁止这些音像制品的销售，很快就可以在社会上消失，但是有了网络之后，你如何能够把存储与网民电脑里面的信息删除？又如何不让网友之间互相传播？有别于以往信息传播，网络不会忘记。

传播中的信息淘汰

即使是巴黎时装周推出的最新款式的服装，也可能即刻过时，但时装作为文化符号可以本末轮回。即使一本富含新知识的学术著作耗费多年编纂成辑，也可能被时代批判，但知识的复兴也可重振。虚幻陆离的文艺形式可以蜂拥推崇亦可被万人唾弃。其中低价值的信息将被时代过滤淘汰。

传统信息的传播过程是自我淘汰和自我选择和优化的过程。因为传播成本，人们只会记录最有价值的信息，每一次的传播就是一次过滤的过程。比如在传抄和印刷时代，最有用的东西才会让人们花精力去誊抄和印刷成书。视听时代能够上广播和电视的机会本身是有限的，人们愿意保存下来的广播电视内容也多是精华。但网络的传播和复制的成本低，淘汰效应被极大地降低了，从而产生了选择识别信息的额外成本。

网络的"信息税"

网络的传播与以往的方式都不同，由于网络的特点，传播的多数内容都被记录了，而且衍生出来大量信息。因此，对信息的筛选成为非常重要的事情。筛选有用信息很困难，于是专门针对网络信息服务的各种搜索引擎应运而生。

搜索引擎要获取利益，获取利益的方式之一是竞价排名，传统传播方式依靠在传播中自然通过传播成本淘汰低价值信息的规律被改变了。搜索引擎所进行的竞价排名，等于某种"信息税"，它的结果不是使好的信息留下，而是使交得起"税"的信息留下。交钱的信息可能并不是大家需要的，而最需要的信息更多情况需要付费，有用的信息反而给淹没了。

在网络信息竞价排名的模式下，信息领域实际上也发生着和金融领域一样的"劣币逐良币"的效应。所谓"劣币逐良币"的通俗经济学解释是"在铸币时代，当那些低于法定重量或者成色的铸币——劣币进入流通领域之后，人们在使用中往往会选择劣币，将那些足值货币——良币收藏起来，久而久之良币就会退出市场，导致了市场上流通的只有劣币。"

在网络上怪诞迭出"引人注目"，这是群众品位颓化还是急功近利，都要等待历史的沉淀。于网络中炒作的任意群体无不在寻求眼前利益,虚妄自诩者泛滥成灾,民俗中"随大流而上"将人们的自主素养反映出来,导致优秀的作品形式被搁浅和遗忘,提倡优良文化者被命名为"清高"的曲高和寡者而被排挤出列。低文化并非被禁止的文化,而是对现实不利的;被推崇的"高级"文化并非高尚,粗俗不堪的产物比比皆是。垃圾信息以各种方式传播给公众,网络的各类经营者便可在传播过程中渔利,反之有用的信息需要主动地去找他们,反而不会支付费用,久而久之,网络上流行的就都是垃圾信息了,这就是网络版的"劣币逐良币"。

表现最显著的是非电子化信息淡出舞台,图书馆的作用越来越小,大量书籍被电子出版物所取代,网络阅读和网络搜索变成人们工作和生活的常态,书籍反而成为人们阅读的收藏品。网络电视、网络视频、网络点播等新技术普及后,原来的电视、广播也将步图书的后尘,而图书、电视、广播里面所包含的制作人的编辑加工,其价值要高于简单流行在网络上的信息,在这些领域,网络信息的劣币逐良币效应得到了体现,传统信息产业和信息传播渠道受到强烈的冲击。

网络信息的失真

网络中的信息的真实性毫无规矩。人类朴素做人的态度今非昔比。小至网站的用户注册,冒名顶替别人"开户",不择手段危害他人,贬低自己。大至世界权威媒介为操纵政权经效徇私舞弊。

媒介符号中的图像代表,原本为更加真实地记录世界见闻,如今却不值得信赖。罗兰·巴特就观察图片而言,建议不能轻易相信其形式以及内容。不管一张图片是以什么视觉效果出现,它都是"无形"(不可用肉眼感知)的,不一定是我们眼睛所察觉的。我在联想当三六九等的条条信息可以作为货币出现时,人们以信息易物天下尴尬。尤其是对于社会的普遍想法,垃圾信息充斥,人们的观点也就向其方靠拢,真实有用的东西被埋没了。并且网络信息多来自上网人群,能够在网络上找到的也是可以放上网的信息。由于网络免费,真正有用信息避免上网。但是很多人已经习惯在网络上搜索资料和进行统计,其结果肯定不准确,信息就这样失真了。

由于流氓软件越来越趋于商业化、集团化,并且已经形成了完整的产业链条。一些正规的软件公司和共享软件加入到流氓软件的黑色利益链条中来,这大大加强了流氓软件的传播能力。信息产业有始也将有终,但凡与经济利润连锁,复杂和混浊的程度都成为未知。人们最终的领悟能力会得到提高。黑客和流氓软件的攻击和篡改,使网络的信

息安全和可信程度极大地降低。

从信息获取发展到信息识别

媒体增长导致受众注意力的稀释，商家为了维系品牌宣传的力度广泛撒网，于是在同一广告空间中塞上更多品牌信息，而这些品牌信息的呈现方式相似，其必然进一步导致传播效果稀释。

媒介数量和媒介种类越来越多，电视台动辄几十个频道，报纸有几十个甚至更多版面；有注意力的地方就有媒体，有媒体就可以塞广告信息，甚至厕所都被塞满广告。这些媒体商有没有考虑过这样"强奸"受众注意力的心理状态效果如何？实际上，每一个人的注意力越来越稀释。

以前信息传播成本较高，产生了自然信息选择淘汰机制，获取信息并非容易，就如我们获得一本古籍，里面的信息一定是非常丰富的，是学者研究很久成果。但是，互联网使得信息传播成本几乎为零，同时信息的海量增长，使我们的精力在于信息的识别，从海量的信息中提取和分辨对自己有用的信息。这样信息处理的方式也发生了根本的变化。

3. 媒介崛起，信息统治世界

信息传播领域的费用降低，给其他产业所带来的利益倍增，也就是说传播模式的改变，促成了经济的变革。

古代信息传播主要依靠驿站来完成。中国的驿站一般是只对官吏开放的，商业和个人的信函一般也就是个人的传带，在没有邮票的时代，通信成本是与通信的距离和实际传递成本相联系的。

邮票的发明使通信便捷，我们却很少分析它为什么使通信成本极大降低，其关键在于一定区域内不再按照路途远近计费，从而把每一封邮件的计费成本省略，即在市内邮寄价格相同，国内邮寄价格统一，国际邮寄是一个价，国内地区间通信不是单纯计算远近，从而实现对落后地区的补贴，使得边远地区可以廉价通信，促进各个地区平等发展。有了这样的邮政基础，报刊才能够定期发行。

其后电信延续和发展了邮政信息传递收费模式，并且形成了电信法中的普遍服务原则。最后，网络成为极致，以免费为基础，通信用即使收费，也是包月和流量，计费时不计算谁给谁信息也不计算远近，从而促进了信息的全球交流和信息爆炸。

在信息传播基本免费的情况下，才使得世界信息成为一体，进而发展成为垄断，在信息本身所带来的实体经济价值与信息成本之间，形成了新的经济空间，而以前这个空间被信息传播成本所占据。这样的新经济空间，促生了新产业，这就是我们下面要详细分析的媒介。信息传播新模式使得成本降低是媒介崛起的经济背景和利益的根本来源。

媒体与媒介不同。媒介是各种媒体信息综合汇总进行信息交换的平台，媒介控制了信息的分配权力。在信息的识别成本无限扩大化，这种权利也在不断扩大，产业实力也在膨胀，这就是媒介的崛起。

首先，我们来说网络媒介的崛起，门户网站是媒介，人们获取信息的途径多为几大门户网站，在网站信息的引导下，人们能够方便地找到有用的信息。搜索引擎也是媒介，信息多为通过搜索才能与需求者见面，并且创造了信息传播媒介获利的模式——竞价排名。因此，这些媒介在资本市场表现不俗，市值早已经超过了传统行业巨头。

其次，信息平台上，数据库也是这样的媒介。视窗操作系统和浏览器实际上是个人处理多种信息的一个媒介，人们的生活早已经离不开它们，所以微软和甲骨文等公司也成了行业的巨无霸，它们在资本市场的表现如日中天。

再次，我们了解下传统行业媒介的发展情况。报刊、广播电视台等只是媒体，把它们联合起来才是媒介。联合使得信息传播系统和影响全面，产生了信息的临界点效应，极大地产生了新的利益来源，媒介控制了媒体与广告客户的联系，从而也影响了媒体的内容。

我们以默多克的媒体帝国为例，对于很多没有广告惠顾的科学期刊，默多克代理发行并且承包广告费用，等到他成为世界最大的期刊代理发行商时，广告客户会自动找到他。因为学术期刊的读者是广告商最需要的细分客户群，但单一期刊做不到足够的覆盖。从事楼宇广告的分众和聚众两个公司，把大量楼道广告牌和电视屏垄断起来，当超过影响力的临界值后，广告商都愿意与他们合作，产生了巨大的效益。分众并购聚众使得媒介更集中，并购价格高达 3.25 亿美元。而聚众是一个投资少，创建仅几年的新公司，从并购价格足以看出媒介价值。

最后，再看一下金融领域。金融领域中，投行、基金公司、风险投资公司等，起到的就是这种媒介作用。它们投资使用时，使用自有资金非常少，它们只是分取一定利益，大量资金是投资人的，从某种角度说它们只是中介。广义上说几乎所有中介都是媒介，再广义一点，所有的交易渠道也可视为一种媒介，使消费者和生产者之间交换信息。

从雅虎、谷歌、微软、甲骨文、Facebook、推特等，再到默克多的新闻集团、沃尔玛等，这些媒介在资本市场的价值和影响力在许多国家和领域已经超过了传统产业，传统产业外移到发展中国家，即使是传统产业的总部还在发达国家，其生产基地也基本外移，成为金融控股公司。

我们的生活中谁离得开Windows、Google、百度、微信和微博等信息媒介呢！这些企业所在的国家的经济实际上已经从工业时代进入到了信息时代，媒介的崛起是时代转换的标志。而这些媒介的力量来自信息集权，每一个媒介企业在所处的领域都有对信息的绝对控制权，形成自己的标准，取得了信息集权的地位，如默多克控制澳大利亚2/3的报纸，英国的《太阳报》《泰晤士报》等40%的报纸都由默多克控股；他还拥有英国的天空电视台、美国的福克斯电视网等多家电视机构；同时默克多还参股大量的媒体，代理了众多期刊发行。实际上，默多克已经在传统媒体领域建立了自己的标准，成为该领域信息实际控制人，这也是信息时代替代工业时代的根本体现。

如果再算上信息媒介的载体，如芯片、手机、计算机、网络设备、电信设备公司等载体产业，除了依靠资源价值而非生产的石油公司等企业，世界产业中没有与信息产业紧密关联的行业还有多少？从中我们可以看出新的产业时代已经开始了。在几年前，有谁能够想到微博、微信能够有今天，移动终端的时代已经让媒体随身携带了，因而新媒体的规则又进了一步。

新媒体时代，我们既是媒体也是媒介，微博、微信、粉丝圈、朋友圈就是一个媒介的体系。我们在微博微信上发布的内容，就是一个媒体，被叫作自媒体。自媒体传播媒介是你的圈子，因此，经营圈子的公司得到市场的追捧。这个时代我们不是被动地留下信息，而是每一个人都可以成为信息发布者和主动传播者，从原来被动地给系统提供信息变成主动行为，分享和转发中体现了你的价值观选择，所以说新媒体下你既是媒体也是媒介。

新媒体时代，个人的人脉圈子与媒体、媒介结合在一起，你的网络社交圈子就是你的人脉、媒体、媒介圈子，人们的生活被拉近又被扯远，线上交流多了，线下交流少了，但是多年不见的朋友在线上联系上了，这时人们交往广度扩大而深度却降低了。

新的时代产生了新规律，新的权力分配也就开始了，有人试图依靠社交媒体推翻政权，也有网络大字报炮打叛军平叛的成功。新媒体对世界的话语权舆论场具有了重要的作用，对一个社会和政权的公信力也有了决定性的作用，新媒体的王者地位日益巩固。

二、"互联网+"让货币霸权发挥更大优势
——资本倾销下经济主权变傀儡

"互联网+"改变了世界竞争的优劣格局,其背后带来的货币霸权将其优势发挥到最大。外国资本倾销与中国产业控制权流失导致中国经济主权丧失,成为外国资本的傀儡、外国的互联网殖民地,让中国作为制造国的国际相对竞争优势削弱。

在传统商业领域,低于成本的销售就是倾销。这样的概念引入资本领域,低于正常的货币成本的投资就是资本倾销,倾销是要通过不正当竞争实现垄断得利的。西方的QE下,把银行利率变成接近于零或者直接的负利率,不断地印钞,发行有信用瑕疵的货币,持有这样货币的投资逻辑是伪钞逻辑。中国的银行利率是5%~8%,需要的是足够回报的价值投资逻辑。如此利差下,中国的投资逻辑是无法与西方伪钞逻辑竞争的。因为西方信誉有瑕疵的QE货币,在负利率下买到就是胜利,这里的逻辑不是投资逻辑而是伪钞逻辑,伪钞是花出去就是胜利的。他们通过印钞是可以掌控你的关键行业的,无论多么贵,只要买下了就是贱卖。因为他们是印钞购买,他们的资本是低于正常货币成本的倾销。

在货币霸权资本倾销模式下,网络是最好的资本倾销领域。网络是天然的垄断产业,同时又是一个没有被瓜分的新兴产业。因此"互联网"成为西方资本倾销的重灾区,中国的核心网站多数有外国资本参与,即使是中国人持股但所占股份比例较低。公司海外上市,司法管辖权也在海外,发展了产业但控制权拱手让人,如果没有控制权,我们将变成外国资本的殖民地。

"互联网+"产业高估值下,就是不断进行低于成本销售的不正当竞争。网络免费的背后是流氓软件的横行和各种潜规则,通过不正当的竞争手段打垮传统行业。对华尔街而言,只要有控制权估值是可以不要利润的,原因在于控制权可以带来更大的利益。

再进一步讲,资本倾销还会带来资本敲诈。资本倾销的烧钱逻辑是难以为继的,很多企业走上这个模式以后,原来可以自负盈亏地良好运转,在资本要求下烧钱,而它却不再保障下一轮的资金,大量企业在转型后都无法维持,为了生存不得不接受资本的条件,企业所有权、控制权被迫贱卖,大量的创业者被赶出了公司,企业被资本控制了。所以,资本倾销实质是资本掠夺的手段。企业烧钱难以为继,还会被资本敲诈,导致以

往需要长时间完成的垄断进程变得极为迅速,这样的垄断被西方描述为市场自然形成的。比如打车软件原来有200多个,在几十亿的资本倾销之下迅速变成了两个,这两个还是合作关系且没有被反垄断。原来需要多年甚至上百年完成的产业整合,一夜之间就完成了。通过"互联网"一夜之间把分散的传统产业垄断到了"互联网"上,对中国是好事情吗?

更进一步讲,在资本倾销模式下,企业的竞争根本不是产品质量和服务好坏的竞争,而是谁的资本成本更低,谁更能够烧钱!这种模式下的竞争,谁有货币霸权谁就是最终的胜利者!"互联网+"的最终结果很可能是向美国因特网和美联储货币霸权交出中国经济命脉。现在的货币已经不是自由派经济学时代的金本位或者国际金汇兑本位制的时代了,货币发行是没有"锚"的,在滥发货币可以渔利的模式之下,作为货币霸权国家的美国具有与生俱来的巨大优势。

资本倾销下,自动可以完成产业的利益输送。"互联网"与传统行业的不同估值,市场会自动选择利润投向,就如电商的关键环节是配送,但我们是忽视传统配送行业的,如果变成了配送业的利润估值就完全不一样了。同样的利润1元钱,在传统行业是5倍市盈率,到"互联网"就是100倍的市盈率。搞了"互联网+",不是"互联网+"某个传统行业,而是把传统行业的利润和控制力输送给被外国资本倾销控制的"互联网"——美国因特网,背后就是中国传统行业的核心利益流失。

"互联网+"实际上打破了传统行业对资本倾销的壁垒,让资本倾销可以通过各种传统行业对网络高估值的利益输送,通过网络在"互联网+"模式下对各行各业的整合,把资本倾销的力量渗透到中国的整个经济领域。

我们总说为何中国企业不给当初的网络公司投资呢?这背后就是中国资本要求的回报是不一样的,中国民间要求有20%～30%以上的利率,就算是银行也是5%以上的利率,怎么能够与西方基本零利率的资本相比?西方能够给得起的估值,多数中国资本是给不起的,就算是国家资金大力支持,中国央企的资金成本也是远远高于此的。在西方资本倾销下,"互联网+"的控制权转变到西方资本控制之下。

然而"互联网"是美国因特网,对美国资本是透明的。美国资本进入中国通过倾销的方式打败中国资本是没有门槛的,而传统行业的不透明恰恰是外来资本进入的门槛所在,"互联网+"是给西方资本降低了资本倾销攻击得利的门槛。

有时候我们把"互联网+"当作打破垄断的改革,但这是个伪命题。比如说打破银行垄断,但我国最大的银行只不过占有20%左右的市场份额,而电商占有80%的市场份额，垄断程度更高。跨市场的垄断竞争，其实是更大的垄断来打破你，这更大的垄断是被国外控制的资本倾销，它是 100 倍市盈率而银行不到 10 倍的市盈率，我们是否能够允许银行不赚钱，把应有的利润也如"互联网+"的资本倾销一样地烧钱？这些银行业也没有利润了，国家的命脉如何？真的是经济繁荣了吗？我们真的能够不要传统行业仅仅依靠美国因特网生存吗？

我们综合起来看就可以发现"互联网+"实际上打通了传统行业对资本倾销的壁垒，同时外国的资本倾销也就可以通过"互联网+"渗透到各个领域，此时原来中国制造业的壁垒全部被打通规模优势消失，暴露在资本倾销之下。今后中国与世界的竞争，西方的货币霸权国家就可以更好地发挥货币优势，通过更低成本的资本和"互联网+"的模式，对中国的产业进行全方位的倾销和掠夺，中国的制造业可能还很强大，但如果不断被外国资国控制，中国高速增长的 GDP，很可能变成外国的 GNP 了。

所以，我们要顺应网络时代，但要认清网络时代给我们带来的变化，从中要做的是怎样发挥自己的优势，限制对方优势，而不是做赶潮流的"时尚青年"。

三、为什么中国的网络就是贵

在我国"网费高于全球水平，网速低于全球水平"这一不太"科学"的现象存在已久。那么，中国的网络为什么贵？其中还有什么必须说却没有人说的逻辑呢？

关于网络昂贵的问题，我们可以从以下几个方面来说：

第一普遍服务原则：在这个原则之下，我们要提供全覆盖的服务。电信的普遍服务原则就是大家的费用不会以具体的成本来计算，而是大家都一个标准。网络的成本与网络大小是不同的，我们的网络是全球最大的网络，我国网络覆盖是最好的，尤其是移动网络。如果没有普遍服务原则而是按照成本计算，那么在城市价格可以更便宜，但在偏远的山区就要是天价了。很多国家的网络规模远远小于中国，只集中于城市，还有一些国家网络覆盖根本不管边远地区，想要使用网是要自己接通的，因为西方住在郊区的多为富人。从这个角度来看，中国网络的成本是很高的。

第二美国的补贴倾销政策：美国的骨干网军方免费，相当于补贴，中国则是商业网。美国对其国内服务商是免费的，网络信息交换对于中国等国的接入却是要结算费用的，还是按照双方的流量差额结算费用。但是对于网络流量来说，大量的流量是从中国到美国。再进一步说，美国的骨干网免费实际上就是一种倾销，因为便宜绝大多数的服务器设立在美国，各国要与之连接必然要给美国再缴费。因此在这样的费用结算模式下，就算中国再建设一个免费的骨干网络，其成本也要高于美国，中国网费必然会昂贵一些。而美国是给网站流量分成的，这部分资金很多是来自世界各地的流量费用结算。

第三中国被迫的三个网：中国的网络是三个网，移动、电信、联通各自有独立的商业运营的网络，而美国则是一个骨干网，该网是军方所有，免费提供给社会使用的。中国建设三个网是不得已的。我国移动通信网络是一个中国标准的TD-CDMA，另外就是欧美标准——WCDMA和CDMA2000，这三个标准要是中国只做一个，不做另外一个欧美必然有一方要死掉。中国当初上不上CDMA是中美几乎每次经贸谈判必须争论的事情。这背后就是利益交换，没有这些付出，我们加入WTO会有问题，而TD-CDMA的自主知识产权的标准也建设不起来，这个就是中国追赶世界的代价。

三个网做同一件事情，被包装成打破垄断，但实际上这变成三家以后效率能够提高三倍吗？同时三个网养了三个团队，要多养多少人、多少个官的职位。而且有了三个网的竞争，价格不是便宜给了老百姓，而是给了开发商，开发商要哪家接入是要特别给钱的，这个钱都是由老百姓埋单的。你知道"东方广场事件"吗？中国移动公司是北京王府井的东方广场是请进去的，但自从有了联通公司，联通想要进入就必须缴费。由于在王府井这样的地方不能没有信号，更不能只有竞争对手的信号，你的必需就成了被宰2500万的费用，这在20世纪90年代中期是极为高昂的费用了。这只不过仅仅是北京的一家大商场。随后联通进入北京地铁2号线花费4000多万。运营商信号不进去，人家会说你的信号不灵，不会说是物业限制的。这些巨大的花费，最后都是要消费者埋单的，我们的网络费用怎么能够降低呢？

第四个补贴不同阶层的收费政策：中国的电信网络费用是向市话倾斜的，这与美国是不同的。我们的收费不是包月的，美国的包月费用是几十美元到一百美元，中国则讲平均费用，肯定是没有这样高的。美国费用真正便宜的是长途、国际长途的费用。这里我们要看一下收费是面对谁的。中国社会是市话为主尤其是农村等地区，月租费加计次，实际的花费就是几十元，是美国的十分之一，但长话就要高收费地赚回来。美国是大量商务人员在全球，美国人旅行范围远远大于国人，最后的长话费便宜而市话接通费昂贵，是一个总体算计的消费模型。

第五中国是否昂贵的奇葩逻辑：我们注意到美国的网络费用是不低的，但我们的逻辑总说与收入的比值，但网络和电信设备可不讲这些比值，到哪里都一样的，而且我们前期大量进口欧美昂贵的设备。网络运营主要的成本是设备费而不是工人，但是中国人工便宜是假象，网络的工程师的费用比西方便宜的有限。

综上所述，中国的网络费用高背后是有其原因的，我们在网络层面受制于人，要为美国的倾销埋单、要为市场技术更新换代埋单、要普遍服务照顾欠发达地区、要照顾边远地区等，这些代价可以看作是网络霸权下中国的付出。我们反对霸权，不被剥削，让未来价格更合理，惠及全社会。

背景资料：国家普遍服务政策措施

依据《国家信息化发展战略纲要》2016年8月中共中央办公厅和国务院联合印发，网络的普遍服务政策得到确认，特别节选如下：

……

（二）夯实基础设施，强化普遍服务

泛在先进的基础设施是信息化发展的基石。要加快构建陆地、海洋、天空、太空立体覆盖的国家信息基础设施，不断完善普遍服务，让人们通过网络了解世界、掌握信息、摆脱贫困、改善生活、享有幸福。

6.统筹规划基础设施布局。深化电信业改革，鼓励多种所有制企业有序参与竞争。统筹国家现代化建设需求，实现信息基础设施共建、共享，推进区域和城乡协调发展。协调频谱资源配置，科学规划无线电频谱，提升资源利用效率。加强信息基础设施与市政、公路、铁路、机场等规划建设的衔接。支持港澳地区完善信息基础设施布局。

7.增强空间设施能力。围绕通信、导航、遥感等应用卫星领域，建立持续稳定、安全可控的国家空间基础设施。科学规划和利用卫星频率和轨道资源。建设天地一体化信息网络，增强接入服务能力，推动空间与地面设施互联互通。统筹北斗卫星导航系统建设和应用，推进北斗产业化和走出去进程。加强陆地、大气、海洋遥感监测，提升对我国资源环境、生态保护、应急减灾、大众消费以及全球观测的服务保障能力。

8.优化升级宽带网络。扩大网络覆盖范围，提高业务承载能力和应用服务水平，实现多制式网络和业务协调发展。加快下一代互联网大规模部署和商用，推进公众通信网、广播电视网和下一代互联网融合发展。加强未来网络长期演进的战略布局和技术储备，构建国家统一试验平台。积极开展第五代移动通信（5G）技术的研发、标准和产业化布局。

9.提高普遍服务水平。科学灵活选择接入技术，分类推进农村网络覆盖。发达地区优先推进光纤到村。边远地区、林牧区、海岛等区域根据条件采用移动蜂窝、卫星通信等多种方式实现覆盖。居住分散、位置偏远、地理条件恶劣的地区可结合人口搬迁、集中安置实现网络接入。完善电信普遍服务补偿机制，建立支持农村和中西部地区宽带网络发展长效机制，推进网络提速降费，为社会困难群体运用网络创造条件。

四、中国防火墙的经济意义

中国的网络与世界有道"墙"，这个"墙"被一些人说成隔绝世界的网络空间，闭关锁国，还有人在政治角度将其妖魔化，但这道"墙"在经济领域的作用巨大，我们需要从经济角度来看待这道"墙"的存在。

美国的网站吸引流量是可以分得费用的，流量分费是网站提供免费服务的一个基础，但中国的网站与中国电信部门没有流量分费。而我国的计费方式是按照流量计费或实行包月计费，比美国还要贵。我国的商业网收费要更高。所以，中国网关有个"墙"，使得一些服务器设立在中国，信息流量不必与美国结算费用。如谷歌退出中国，其实原因之一是不愿意在中国设立服务器，如此一来我们访问谷歌就要给美国网络分享费用，如果放任了谷歌则会有大批网站效仿，迫使上网费提高。这时我们便可以理解很多境外的游戏网站、正规学术网站、视频网站等，它们并没有政治问题，一样被挡住。免费使用背后是让中国电信部门承担巨额费用，这就是经济博弈。

中国电信网络需要有"墙"隔离，盗版软件和流氓软件横行也是关键因素。如苹果设备的"越狱"盈利模式，就是连接到海外某些国家分享网络费的网站，解密者可以取得网络流量费分成。同时，它们故意制造垃圾流量来分钱。中国多数用户使用包月计费，这种方式是通过测算流量平均值按照概率模型确定费率。盗版模式的盈利实际上也是网络费埋单的，反盗版也将会给网费降价的空间。

如果留心我们就会发现，出国时如果不关掉移动流量，事后会收到天价账单，为何会有这么多费用？其背后是手机上的盗版、木马、流氓等软件，制造大量垃圾流量到一些国家去分费。在国内时，运营商有"墙"的阻拦，都有偷跑流量的现象，到了国外就更没有了限制。

中国需要有这道"墙"关键是反黑客和反恶意网站、网络黑社会的需要。为何美国不用呢？这就要说到中国和美国的差别了。美国国内的骨干网本身免费，如果有流氓软件出现，ICANN 直接就可以在域名解释层面封死。同时，根服务器、域名解释服务器对整个网络管理的权利巨大，可以随时对网站的垃圾行为和不法行为进行监管。国与国之间完全不对等。美国司法"长臂"与世界大部分国家有司法协议，黑客干坏事可以在全球范围追诉，而中国做不到。这就是美国网络霸权与中国网络殖民地之间的差别。

这道"墙"是我国网络空间的边疆，网络权利在"墙"内的管辖就如发达国家也需要海关一样。

五、网络空间新疆域

既然提出了网络空间概念，网络空间的存在就会有领土和疆界和主权。网络主权是信息时代国家的基石，而网络空间的边界也构成了国家疆域，它看似虚拟缥缈却有重要的现实意义。

网络空间的边疆，首先是网络管理的范围。全球连接成一张网后，你的空间在哪里？如果接入别人的网络，网络管理权将会成为别人的，那么，它将不是你的网络空间的领土，谁管理谁就有支配的权利。我国网络接入的是美国因特网，其根服务器可以进行上层管理，而我国的网络就是根服务器"主人"的殖民地，虽然我们也可以管理网络，但这是"二鬼子"的权利，不是顶层权利。因此，管理权到哪里，网络空间的领土在哪里。

其次，网络边疆概念的关键还有法域问题。法域是指具有独特法律制度的地区。特定范围既可能是空间范围，又可能是成员范围，还可能是时间范围。正是基于此，传统的法域有：属地性法域、属人性法域和属时性法域之分，也许还可加上属法性法域。属地性法域是就法律有效管辖的地域范围而言，产生于多个这种地域范围之间的法律冲突称为地域之间（通常是国际或区际）的法律冲突；属人性法域是指法律有效管辖的人员范围，产生于这一范围之间的法律冲突称为人际法律冲突；属时性法域划分的是法律有效管辖的时间范围，产生于不同时间范围之间的法律冲突称为时际法律冲突；属法性法域指的是法律有效管辖的社会关系的范围,产生于调整不同社会关系的法律之间的冲突称为法际法律冲突。

这四种对法域的划分并非界限分明,其相互间多有交叉或重叠的情形,如某一法律既有效管辖一定的地域范围,又有效管辖一定的人员范围,此一法域既为属地性法域。而网络空间的概念下,法域变得更为复杂,应当是属法性法域,既有属地也有属人性质,更有多重的法律冲突,各国的法律在网络空间一张网下,都交织到了一起,怎样界定属于我们主权下的法域,法域的疆界和国际间的博弈是非常复杂的边界冲突。

最后,有了法域就有了权利用尽的概念,权利也是有疆界的,就是设定权利的各种法律的法域。在网络空间各种知识产权是与传统空间物权类似的产权体系——网络空间产权系统。权利穷竭原则(Exhaustion Doctrine)又称权利耗尽、权利用尽原则,是知识产权法的一个特有原则。该原则是指知识产权所有人或许可使用人一旦将知识产品合法置于流通以后,原知识产权权利人所有的一些或全部排他权因此而用尽。权利用尽原则,是知识产权法的一个重要原则。这一原则是基于私人利益与社会利益的平衡而产生的,其直接理论依据就是经济利益回报。它在传统知识产权领域得到广泛认可,并被用来分析国际贸易中的平行进口问题。它与知识产权的地域性特征相结合,产生了权利国内穷竭和国际穷竭两种学说,国际穷竭说是用来支持平行进口的。尽管权利穷竭说与平行进口关系密切,但它并不能完全用来评判平行进口是否侵权。

知识产权所有人或经其授权的人制造的知识产权产品,在第一次投放到市场后,权利人即丧失了在一定地域范围内对它的进一步的控制权,权利人的权利即被认为用尽、穷竭了。知识产权的权利穷竭具有地域性的特点,一般说来,权利人在一国投放其知识产权产品并不会导致其产品在其他国家的权利穷竭。因此权利人仍然有权禁止他人未经许可进口其享有知识产权的产品的行为。如奥地利版权法规定:"如果作者只同意过在某一特定领域销售其作品,则他对于进一步销售的专有权仅在该领域内丧失。"

网络知识产权划定了自己的法域、疆界和主权之后,人家的技术和版权就要在你的领土上先占、设定等,这些权利受你法域的法律管辖,也受你的法律的保护。你的权利则在法域内外有别。网络有了空间概念,就会有领土边疆和政权概念的,我国在网络空间所对应的权利和权力是不能放弃的,这是国家和民族在网络空间的生存权。

现在网络空间的权利都在美国因特网管理者手中,而网络又承载着巨大的财富和关乎信息时代国家、政权的运行的公信力,这样的主权流失使得我们变成了"殖民地"，长此以往，国家线下的实体权利很有可能被网络颠覆。网络颠覆世界各国的案例还少吗？

我们建设网络边疆，不是简单地为隔绝信息而是设立了关口，任何国家都有边境关口，中国建设网络防火墙，设立出入境的关口，不是简单地封闭互联，而是一个有主权、有疆界的政治实体必须做的事情。那么，面对不对称网络管理权力，为何我们就不能有所限制，建立一个网络空间的"海关"呢？所以，虚拟的网络也是有边疆的，这是新边疆，主权的疆界是我们需要保卫的网络财富的长城。

背景资料：专家呼吁我国尽快建立自主可控的网络空间[①]

网络空间已成为继陆、海、空、天之后，开展国际竞争的"第五疆域"。倪光南等6位院士及100多名相关领域专家于2015年10月31日在南京召开的因特网安全利用学术研讨会上呼吁，我国应该尽快推动全新架构未来网络技术体系的研发，建立自主可控的网络空间。

据了解，这是该因特网安全利用学术研讨会举办的第25届，会议旨在推动以IP协议为核心的美国因特网在中国的和平安全利用。然而，专家在本次会议上表示，随着因特网在全球范围大规模应用，所存在的结构性缺陷也充分暴露出来，安全漏洞也越来越多，对各国的安全威胁也越来越严重。

因特网自20世纪60年代末诞生于美国以来，不断经受着新观念、新技术、新挑战的冲击，而其内涵与外延也已发生了巨大变化。中国国家互联网应急中心公布的8月监测数据显示，境内有近279万个终端感染网络病毒，有7408个网站被篡改、10992个网站被植入后门、20239个网站页面被仿冒。

"因特网核心的TCP/IP协议，主根域名服务器在美国，并且存在未公开的隐藏根域名服务器。其他国家连入因特网的网络，都是子网络，信息流很容易被美国掌握。"中科院信息安全国家重点实验室教授吕述望表示，美国掌握了因特网的开发权、归属权、规则制度的制定权、核心设施的实际管理控制权、各国因特网关键设施的数据控制权，等等，关键时刻能够在网络战中形成压倒性优势。

[①] 聂可:《专家呼吁我国尽快建立自主可控的网络空间》2015年11月1日，新华网，http://news.xinhuanet.com/tech/2015-11/01/c_1117004224.htm

因此，与会人士认为，我国过去通过基于TCP/IP协议、依靠增加带宽和渐进式改进来保障网络安全，这一方式在未来可能无法满足保障的需求，应该把重点转向自主可控的未来网络的研发和建设。"自主可控的网络是指一个全新架构、有自主知识产权、有充足网络资源、掌握核心技术和关键软硬件设备、以我为主进行管理的网络，这样才能真正保障我们的网络使用安全。"中国科学院院士、信息分析专家郑建华表示。

专家指出，我国在未来网络研发上的技术积累已经有十多年的历史，十进制网络标准工作组的技术体系等部分核心技术构想已经获得了国际标准组织的采纳。"希望能够加强顶层设计，加快推动相关技术研发、工程试验和社会应用。尽快地使用已成熟的技术方案和措施作为国家网络体系的应急备份。"

六、全方位新型战争模式

中国与世界价格、标准的博弈，在网络建设上要学习已有的经验，我们不乏博弈成功的案例，这些宝贵的财富，应当在未来的国际网络博弈中继承发扬。而建设我们的自主网络，挑战世界的网络霸权，很可能是一场全方位的新型战争。

中国的PAL-D制式的博弈成功

中国刚刚开始有电视直播时，我们就搞了一套与美国和欧洲等不同的电视制式——PAL-D制式。PAL由德国人Walter Bruch在1967年提出，当时他为德律风根（Telefunken）工作。"PAL"有时亦被用来指625线、每秒25格、隔行扫描、PAL色彩编码的电视制式。PAL制式中根据不同的参数细节，又可以进一步划分为G、I、D等制式，其中PAL－D制式是中国内地采用的制式，中国电视制式是独立有特色的。PAL和NTSC制式区别在于节目的彩色编、解码方式和场扫描频率不同。中国（含香港地区）、印度、巴基斯坦等国家采用PAL制式，美国、日本、韩国以及中国台湾地区等采用NTSC制式。这两种制式是完全不兼容的。致使从外国直接买回来的电视看不了我们的节目，我们不兼容外国的电视节目，不少人说中国闭关锁国不让看外国电视故意为之的，与现在说因特网的某些论调类似。

中国为何要采用独特的编码方式呢？随后我们看到了独立自主制式背后所带来的好

处，那就是双方想要兼容就要互换知识产权，彼此间不能收费。如果没有 PAI-D 制式，我们将要负担一大笔的知识产权费用。实际上在标准建立了以后，围绕标准的不同格式就构成了版权。版权保护比专利更厉害，因为版权保护时间长达 50 年而专利只有 20 年。对专利是很严格的，需要创新发明，而版权只要是新的编辑组合就可以了。西方高举的知识产权牌子，更多是在版权层面上，建立了不同的制式就有了自己的版权，达到互相兼容只是版权互相许可而已。这样的博弈在后来的 DVD 和 EVD 的发展过程当中得到了更深的诠释。

中国 DVD 收费危机的博弈成功

风靡一时的 DVD 生产，中国后来居上取得了市场优势，此时西方便开始谋求在知识产权上为中国设置壁垒。早在 1999 年 6 月，日立、松下、三菱电机、时代华纳、东芝、JVC 六大技术开发商就结成联盟（简称 6C），面向全球发表了关于"DVD 专利联合许可"的联合声明称：6C 拥有 DVD 核心技术的专利所有权，世界上所有从事生产 DVD 专利产品的厂商，必须向 6C 购买专利许可才能从事生产，且允许生产厂家一次性取得 6C 专利许可证书。2000 年 11 月，6C 又在北京宣布了他们的"DVD 专利许可激励计划"。

中国已加入《巴黎公约》，并有完善的专利法，而且中国政府主管部门和整个行业日益尊重知识产权，因此 6C 的专利技术，在中国和世界其他地方一样应能得到尊重和保护。但 DVD 专利的收费是高昂的。早在 1999 年时，中国的 DVD 制造商在国内每卖掉一台 DVD，就要向"6C 联盟"交纳十几美元的专利费。如果出口的话，专利费则要超过 20 美元。而且每出售一张 DVD 光碟还要收取 7.5 美分的光碟专利费，成本也将增加约 0.7 元。这个费用对当时已经降价到几百元一台的 DVD 而言，实在是太高了。为了让中国接受他们的高额专利费，西方的企业联合祭出了司法大棒。2002 年 2 月春节后，我国出口到欧盟成员国的 DVD 出现被当地海关扣押的现象。

对此来势汹汹的 DVD 收费，我们怎样解决问题的呢？关键就是中国提出了自主知识产权的相关产品，提出了 EVD 标准。EVD 标准是由中国主要的消费电子制造商组成的联盟所制定的一种高清晰光盘和播放机工业标准，拥有多项自主知识产权，联盟成员与数十家企业和科技机构进行合作。随着 2005 年 2 月 23 日信息产业部《高密度激光视盘系统技术规范》的突然发布，EVD（高密度数字激光视盘系统）被正式列为国家电子行业推荐标准。

自从有了中国自己的 EVD，DVD 的收费风暴无疾而终，西方人是吸取了 PAL-D

制式的教训，不让中国 EVD 成气候，主动降低了 DVD 的门槛，虽然后来 EVD 并未成功商业化，但让 DVD 勒索的企图成了泡影。

成功博弈下通信交换机便宜了

中国产业崛起有了自主能力以后，是怎样让我们享受了低价的呢？这里再说说通信行业的交换机。20 世纪初交换机一块板要 20 万。到 10 年前，要 10 万，这是正常的技术进步。但请注意，并不是用到的科技多高深而是技术垄断，5 年才减少一半的价格，不过最坑人的是交换机上的导流板，其实就一块铁板，用来填补空槽位、引导气流、控制设备温度的。35 美元一块，1 斤重，还不是不锈钢，多年不降价。但人家垄断交换机技术，别的牌子不认，你敢自己装，整台机器不保修了。10 年前国产交换机开始有中、高端产品了。虽然 BUG 超多，但是价格低，3 年后产品故障率是欧美产品的一半。此结果一出，进口交换机价格开始跳水。一些欧美厂家已经倒闭，至于那块 35 美元的铁板？免费送！后来明确说，其实没有铁板也没事。这就是现实！重要的不是自己的产品是否精致，而是自己的能力能不能让别人老老实实降价。

我当年就是做系统集成的，3COM、思科的产品多么高大上，但现在华为等国产品牌崛起后，美国很多厂家不见了，它们曾对华为妖魔化已经到无以复加的地步。我们用较低的价格使用提速的网络、移动通信等都与中国自主产业的崛起有关。中国自主产业的崛起，打破了西方霸权，成为他们垄断的噩梦。

中国移动通信标准的博弈获益巨大

中国移动通信方面的博弈表现尤为激烈。中国一个省的通信用户相当于西方一些大国的数量，而且人口还会在全国积极流动，国家面积与美国或者欧洲相当，这是比欧盟和美国加起来还要大的市场！有人说印度与中国差不多的人口，需求量也很大，但印度国土面积不到中国的一半，能够用得起手机的人也相对较少。对市场的争夺促使欧美厂商"紧盯"中国这块大蛋糕。那么，在市场竞争中如何让自主技术成长起来呢？

在移动通信第一代模拟技术上，中国没有博弈筹码，第二代 GSM 技术基本上是引进的。但到了第三代则不同了，我们建立拥有自主知识产权的 TD-CDMA。虽然有政策支持，但我们并没有急于发放 3G 运营牌照，直到 TD-CDMA 技术成熟才发放牌照。政策规定实力最强的中国移动使用中国标准的 3G 系统。此系统解决了诸如向下无法兼容原来使用的西方 2G 系统。欧洲和美国的 3G 技术 WCDMA 和 CDMA2000 在中国同时运行，当然就要互相联通了。

欧美厂家谁也不可能放弃中国市场，它们早已经把中国市场作为分母来摊销其技术成本，以此决定它们的产品价格，如果中国不在使用其设备，它们将面临破产。事实上中国等 3G 技术成熟后再应用，已经让很多企业熬不住了，一群知名西方移动通信企业消失了。

3G 技术标准让我们在国际相关标准"俱乐部"里站稳了脚跟。同时，也为中国参与 4G 标准的制定夯实了基础。3GPP 是通信规则的制定者，1998 年 12 月成立，由欧洲、日本、中国、美国的权威组织构成，主要目的为推进 3G 标准化工作，制定了 WCDMA、TD-SCDMA 标准。2004 年启动 LTE（准 4G 技术）项目。2008 年，正式立项 LTE-Advanced。TD-LTE 也叫 LTE TDD，TDD 即指时分双工（Time-division duplex）。技术属于 LTE（长期演进技术）。中国政府和企业是 TD-LTE 的主要推动者，中国拥有其主导的知识产权。

有了 3G 技术的积累，在 4G 技术上我们有了更多的发言权。2007 年，中国政府面向国内组织开展了 4G 技术方案征集。经过 2 年多的攻关研究，最终中国产业界达成共识，在 TD-LTE 基础上形成了 TD-LTE-Advanced 技术方案。2010 年 10 月，在重庆 ITU-R 下属的 WP5D 工作组最终确定了 IMT-Advanced 的两大关键技术，即 LTE-Advanced 和 802.16m。我国提交的候选技术作为 LTE-Advanced 的一个组成部分，包含在其中。在确定了关键技术以后，WP5D 工作组继续完成了电联建议的编写工作，以及各个标准化组织的确认工作。此后 WP5D 将文件提交上一级机构审核，SG5 审核通过以后，再提交给全会讨论通过。在此次会议上，TD-LTE 正式被确定为 4G 国际标准，也标志着我国在移动通信标准制定领域再次走到了世界前列，为 TD-LTE 产业的后续发展及国际化提供了重要基础。TD-LTE-Advanced 是我国自主知识产权 3G 标准 TD-SCDMA 的发展和演进技术。TD-SCDMA 技术于 2000 年正式成为 3G 标准之一，但在过去发展的十几二十年中，TD-SCDMA 并没有成为真正意义上的"国际"标准，无论是在产业链发展，国际发展等方面都非常滞后，而 TD-LTE 的发展明显要好得多。TD-LTE 技术方案属于 LTE-Advanced 技术。LTE-Advanced 得到国际主要通信运营企业和制造企业的广泛支持。法国电信、德国电信、美国 AT&T、日本 NTT、韩国 KT、中国移动、爱立信、诺基亚、华为、中兴等明确支持 LTE-Advanced。TD-LTE（Time Division Long Term Evolution，分时长期演进）是基于 3GPP 长期演进技术（LTE）的一种通信技术与标准，属于 LTE 的一个分支。该技术由上海贝尔、诺基亚西门子通信、大唐电信、华为技术、中兴通讯、中国移动、高通、ST-Ericsson等业者共同开发。

4G技术还有FDD标准，FDD（频分双工）是该LTE技术的双工模式之一，应用FDD（频分双工）式的LTE即为FDD-LTE。由于无线技术的差异、使用频段的不同以及各个厂家的利益等因素，FDD-LTE的标准化与产业发展都领先于TDD-LTE。FDD-LTE已成为当前世界上采用的国家及地区最广泛的，终端种类最丰富的一种4G标准。这类标准对中国主导的标准是具有一定竞争力的，对此我们的政策又极大地支持了我们的产业。

有了自主知识产权的4G标准，不但外国标准的知识产权要在中国赚钱困难，即使占据中国市场份额，也不是那么容易了。国家政策就要服务民族产业，中国自主产业的发展离不开政策支持。那么，我们来看看好政策带来的博弈效果是怎样事半功倍的呢？

首先，4G牌照的发放速度远高于预期。3G牌照是2009年1月7日开始发放，而4G牌照推出时，3G组网建设还有部分未完成。相比之下，中国较晚发放3G牌照，却是4G牌照发放较早的国家，极大地支持了自主4G标准的实施。同时，大量减少了国外3G设备的采购，节省开销。值得注意的是，2013年12月4日工信部向中国移动、中国电信、中国联通分别颁发了第一张TD-LTE制式的4G牌照，三家移动通信公司共享一张牌照，迫使使用欧美3G标准的电信运营商也要联通我们的4G标准。

为了让三家移动通信运营商实施自主研发的4G标准，于2014年7月11日三大运营共同签署了《中国通信设施服务股份有限公司发起人协议》，发起设立中国通信设施服务股份有限公司（正式更名为中国铁塔股份有限公司），业界称铁塔公司。公司成立后，进行了铁塔、基站等基础性建设后，2015年2月27日工信部正式向中国电信、中国联通颁发了第二张4G业务牌照，即FDD-LTE牌照。我们看到，FDD-LTE牌照是没有中国移动的份儿的，中国80%的用户使用的是国产4G。其研发费用的摊销就低很多，价格就更有竞争力。如今，世界上很多国家都在采用中国的4G技术标准，也就可以理解为何美国丧心病狂地限制华为了。

而标准的博弈还在继续。4G改变生活，5G改变社会。5G指的是第五代通信技术，具有连续广域覆盖、热点高容量、低功耗大连接、低时延高可靠性等特点，而这些就是5G通信相对于4G通信的最显著进步。2017年6月24日，广东移动与设备协作厂家中兴通讯历经数月攻坚，开通了这个全国第一个5G预商用测试基站。全球争夺5G话语权的竞赛已开始，日本计划 2020 年奥运会商用 5G，韩国更是希望在 2018 年冬奥会商用 5G。2017 年 6 月 23 日，在美国总统特朗普会见美国运营商高管的会议上，更是多次听到美国运营商喊话要"领导 5G"。

七、建设自主标准的网络是一场战争

移动通信的博弈越来越激烈，网络与移动通信密切相关，基于移动通信、移动终端的新一轮网络应用的崛起，个人认为这二者早晚会统一到一个层面。

中国的网络技术发展速度快，其标准进展也极为迅速。2014 年，中国国家标准化委员会外函〔2014〕46 号文件正式确认，国际标准化组织 ISO/IEC 正式发布的未来网络国际标准中《命名与寻址》和《安全》等核心部分由中国专家主导，中国拥有其核心知识产权。中国人参与的十进制网络（IPV9）与因特网是分别拥有自主知识产权、所有权、支配权和管控权相互平等制衡的两张网络。这两张网络是用 13 个字母命名的自主研制的主根服务器（IPV9 是 N–Z，因特网是 A–M）两张网各自独立，互不相干；二者均有顶级域名及其解析系统，IPV9 是 .CHN，因特网是 .COM，各为其主，各司其职。只有两张或者更多拥有自主权平等且可以制衡的网络互联互通，才能说是真正意义上的互联网，是切实地实现技术的相互连接，而不是泛泛地主权联合。

中国能够抢注到美国因特网 13 个主根之外的另外 13 个主根字母，归功于充分地利用了国际规则优先占有网络空间，对美国霸权也是一个巨大的打击。利用 IPV9 技术标准，中国有了自己的主根，有能力建设自己的公网。有了自己的公网，各种网络收费、渔利费用都会降低。

华为等公司在通信技术领域崛起和领先以后，西方在技术上和经济上无法跟中国竞争时，西方利用媒体优势把中国自主公网与美国因特网之间的利益博弈说成是网络分裂主义者，大肆贬低中国网络技术标准。这已经不是单纯的技术和经济竞争，而上升到媒体和经济间谍的战斗层面。因为网络时代，网络所代表的核心利益是一个国家的根本利益，网络竞争已经无所不用其极，这也意味着竞争将走进战争模式。如果我们还是以技术和经济的思维去应对，如何打赢这场战争呢？

电视制式博弈时，国家计划经济体制下国家利益取得胜利；DVD 博弈时，国企和民族资本取得胜利；通信交换机和移动通信标准博弈时，我国拥有有具有竞争优势的大唐

电信、中国移动等国企，也有华为、中兴等民企。但在网络层面基本以外资主导，中国缺少核心企业。

我们建设中国公网，不光是技术问题更是企业和人才团队怎样建设的问题，以及外国企业对我国政策制定的渗透问题。在网络上树立民族核心企业，抵御国际网络资本的渗透，是需要全方位研究的课题。这是一场战争！一场新型的战争，一场网络反殖民的解放战争。

背景资料：IPV6和IPV9构建中国主权网络采用什么技术

一、IPV6的由来

长期以来，IPV4被认为是因特网协议（Internet Protocol，IP）第四版，是构成现今被广泛使用的因特网（Internet）技术基石的协议。IPV6是下一代的因特网（Internet）协议，是将取代IPV4的TCP/IP协议的演进版。IPV6与IPV4都是来自美国的同一血脉技术，是受美国控制的知识产权。

据中国互联网络中心（CNNIC）的研究报告，DNS（Domain Name System，域名系统）服务是因特网（Internet）的基础服务，DNS根服务器负责TLD（Top Level Domain 顶级域名）的解析，对于域名解析起着极其关键的作用，根服务器失效将导致整个DNS系统瘫痪、因特网（Internet）崩溃。

该研究报告称，IPV4共有13台根服务器，英国、日本和瑞典各拥有一台，其余10台均在"美国航天航空局"和美国的军事、教育站点，主根服务器由美国NSI公司（Network Solutions Incorporated of Herndon, Virginia, USA）管理，其余12个辅根服务器从主根服务器处获得根区域文件（TLD数据）。根区域文件的修改由IANA（The Internet Assigned Numbers Authority，全球最早的Internet数字分配机构，现归属ICANN）控制。

据媒体报道，2004年6月，CNNIC承担的中国科学院知识创新工程重要课题"基于IPV6域名根服务器研究"，在重庆顺利通过专家组鉴定和验收。以中国工程院副院长为主任的鉴定委员会认为，该成果整体上达到国际先进水平，在多语种域名（中文域名）、关键词网址（通用网址）方面具有国际领先水平。我国在下一代因特网根域名服务器技术方面的重大突破，将有利于未来申请和建立IPV6域名根服务器。

另据媒体报道，2008年2月，国际因特网（Internet）域名管理机构ICANN，首次向全球因特网（Internet）13个根服务器（Root Server）网络上的文件和数据库中添加了IPV6地址，正式启动IPV6协议的普及进程。截至2015年年底，IPV6正式走过20个年头，而占所有IP地址的普及比例只有10.41%，普及率最高的比利时不到50%，美国次高为22%；中国6.88亿网民中只有500多万个IPV6地址，大多在高校教育网内。谷歌指出，IPV6和IPV4算法与结构不同，不相兼容，网站所有者难以下决心推动普及和应用。有媒体惊叹，IPV6太落后了！

2016年6月，新华网报道，IPV6权威说，"未来在推进IPV6的过程中，中国可能通过IPV6获得互联网根服务器"。继2004年"基于IPV6域名根服务器研究"的"重大突破"，到2015年年底中国"普及"了500多万IPV6地址，10多年过去了，怎么中国还只是停留在"未来推进IPV6的过程中"？怎么中国还只是"可能获得IPV6根服务器"？"未来"有无止境？"可能"是多大概率？

早有海内外媒体指出，美国不仅是因特网（Internet）的领导者，更是全世界网络的监控者。在上述13个根服务器系统之上，还有一个隐藏着的母服务器。一旦美国屏蔽某国家的域名，这些域名所指向的网站就会从因特网（Internet）中消失。即如果".cn"从域名系统中被删除，甚至取消所有分配给中国境内使用的IP地址，中国将不仅成为因特网（Internet）的看客，依赖美国因特网（Internet）的所有网络也必然瘫痪、崩溃！这不能不令人产生更加巨大的疑惑：与IPV4同一血脉的IPV6协议和域名解析系统，已经被ICANN正式添加于美国绝对控制的IPV4的13个根域名服务器之中，岂不是同样受制于美国，同样面临被美国屏蔽或删除的高度危险？！

IPV6权威能不能告诉我们，"基于IPV6域名根服务器研究"的"重大突破"，或"可能获得的IPV6根服务器"，能不能实现不受制于美国、不受制于ICANN？

二、IPV9的今世

伴随ICANN正式启动IPV6协议的普及进程前后，中国国内曾掀起针对IPV9及其知识产权发明人和专利权人谢建平的攻击、诽谤浪潮，谢建平被迫依法起诉。

北京市朝阳区人民法院（2014）朝民初字第06443号判决书一审认定，"被告之行为侵犯了原告的名誉权"，"被告应当就其侵权行为对原告进行赔礼道歉和赔偿精神损害抚慰金"，判决被告删除发表于网络的所有侵权文章，并在网站显著位置登载致歉声明时间不少于一个月。北京市第三中级人民法院（2015）三中民终字第08222号终审判决，被告"上诉主张缺乏事实与法理依据，原审定事实及援引法律均无不当"，"驳回上诉，

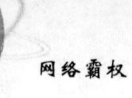

维持原判。"

中国国家标准化管理委员会外函〔2014〕46号文件正式确认，国际标准化组织ISO/IEC正式发布的未来网络国际标准中《命名与寻址》（ISO/IEC TR 29181-2）和《安全》（ISO/IEC TR 29181-5）等核心部分都由中国专家主导，中国拥有核心知识产权。在这两个技术报告中，谢建平、刘亚东、张庆松等中国专家成功嵌入了基于IPV9专利技术的许多核心技术思想，以及全新的未来网络安全理念和规则等，掌握了未来网络发展趋势的核心影响力，为中国在未来网络后续技术标准方面奠定了全新的思想、路线和技术基础。

曾几何时，攻击与诽谤IPV9的不正当舆论一波又一波，一浪高一浪。可当上述未来标准获得包括美国、俄罗斯、中国等的批准，获得世界电信联盟ITU大会表决同意，获得中国国家标准化管理委员会确认，并公布于世之后，中国国内媒体对于IPV9的反应却突然安静、缄默下来，反而一个劲地宣传IPV6权威的这样说、那样讲。似乎只有已经花了国家几百亿元人民币、十几年还不得要领的"IPV6创新"，才是创建中国主权网络的"正根"和"主力军"。

2016年4月下旬，中国移动通信联合会主持，在北京进行"未来网络/IPV9根域名系统测试"。IPV6权威竟然亲自打电话给相关负责人干扰和施压。不少专家和专业人士迫于压力，不能亲自参加测试活动。

2016年5月上旬，中国移动通信联合会与江苏省信息产业协同创新联盟、南京新港国家高新技术产业园等，共同举办"未来网络/IPV9技术和应用交流会"，某创新研究院等单位因为IPV6权威的压力最终放弃参会。

此时，IPV9是"假的"、是"骗局"、"国家不支持"等舆论又沉渣泛起。舆论的天平大有不压垮IPV9誓不罢休之势。

许多IPV6粉丝最不敢相信、最不可思议的问题，就是美国为什么会对中国专家主导的ISO/IEC未来网络标准投赞成票。ISO/IEC正式发布的文件表明，中国专家们提出的多长度地址、全数字域名、混合架构、先验证后通信等构想都已经在中国得到实现、验证和使用的论证与论据，具有很强的说服力，美国政府和专家不得不折服，因此在审核的两个重要阶段（PDTR和最后的DTR阶段）都投了赞成票。应当质疑的倒是，美国或者中国等其他国家，为什么没有将IPV6作为未来网络标准提出申请审议呢？或者曾经提出过但没有被接受、被通过？能否请IPV6权威做个合理的公开解释呢？

其次，IPV9发明人和专利权所有人宣布，IPV9拥有完全自主知识产权的母根服务器、以英文N-Z字母命名的13个根域名服务器，母根服务器和主根服务器都设在中国，中国成为当今世界第二个拥有独立自主分配IP地址空间、"CHN"国家顶级域名、"86"全数字域名、IP地址网络资源的国家，在网络空间基础技术方面在保障中国主权的前提下与美国因特网（Internet）平等存在与制衡运行。应当质疑的倒是，IPV6做得到吗？IPV6为什么做不到呢？能否请IPV6权威做个合理的公开解释呢？

IPV6专业人士介绍，IPV6相对于IPV4最大的优势，是采用128位地址长度，几乎可以不受限制地提供地址。IPV6普及之所以缓慢、困难，关键因素之一是需要彻底更换IPV4的路由、终端等所有设备，成本巨大，商家和用户都难以承受。IPV9发明人和专利权人告诉大家，IPV9系统拥有10*64次方（256位）到10*512次方（2048位）的地址规模。这算不算是相对于IPV4和IPV6的最大优势呢？测试证明，IPV9可以兼容、覆盖IPV4，适应当前以安卓、Windows、Linux等为主的软件用户平台，实现现有网络的平滑过渡。这又算不算是相对于IPV6的最大优势呢？能否请IPV6权威，对此也做个合理的公开解释呢？

三、中国主权网络

显然，IPV9是更适合构建中国主权网络的基础技术。依托IPV9推动在现有因特网（Internet）上平滑过渡到中国主权网络，成本低、代价小、实现快、效率高，用户和网民容易接受，亦有利于、有助于建立多边、民主、透明的国际网络互连治理体系，构成全球信息网络空间新秩序。

中国工业和信息化部2016年第3号公告，批准公布了"十进制网络与因特网互联互通"的技术要求、实施要求、解析架构和标志格式等四个标准（附件所列序号529-532号 SJ/T 11603-2016、SJ/T 11604-2016、SJ/T 11605-2016、SJ/T 11606-2016标准）。这对于构建中国主权网络具有重要的指导性意义。

目前尚不清楚的是，国家将采取怎样的政策和措施，能不能及早以长期支持IPV9的力度，甚至更大的力度，扶持、推动和落实以IPV9技术为基础的中国主权网络建设呢？

国际电信联盟美国代表团成员高登 M.歌德斯坦（Gordon M.Goldstein）等美国专家预测，未来会出现具备不同内容管控及贸易规定的巴西因特网、欧洲因特网、伊朗因特网和埃及因特网等，这些网络也许会有截然不同的标准及操作协议，全球因特网渐渐破裂的趋势不可避免。未来因特网将是相互结盟的因特网，而不是一张标准统一的网络。美国已经在这场围绕因特网规则的辩论中失去了"道德高地"。中国的IPV6权威是不是也将失去"道德高地"呢？

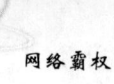

近些年来，中国科学院院士郑建华、中国工程院院士沈昌祥、倪光南、国家科技进步一等奖荣获者、中国科学院教授、中国著名信息安全专家吕述望等，一再呼吁建设不依赖于因特网的中国自主可控的公众网，从根本上解决中国网络主权和安全受制于人的问题。

谢建平认为，因特网（Internet）空间好比一座大厦，中国是大厦中最大的租客，但租客是受制于房主的，这与中国是联合国常任理事国之一的国际地位极不相称。中国不得不采用IPV9作为新一代数据交换协议的过渡，走向自主、安全、可控、好用的未来网络目标。

一些专家、学者指出，因特网（Internet）的网络空间，是美国规范与控制的、旨在维护美国全球霸权利益的网络空间，对于世界多数国家尤其是发展中国家来说，没有平等、公平、民主和正义，只能是屈从、俯就，任由本国国民被迫沦为因特网（Internet）的网奴，被迫沦为美国的网民。美国制定的因特网（Internet）标准并不是国际互联网标准，不能受其误导，不能迷失自我、迷失方向、全盘西化，不能盲目地听任因特网（Internet）专家牵着鼻子走、迷信美国、迷信国外，不能目光短浅、偏安一隅、不思进取，不能追随美国亦步亦趋而摒弃或丧失自主创新和自力更生的信心与决心。因特网（Internet）为全球信息化作出了重大的贡献，也展现了美国网络帝国的霸权、垄断本相，暴露了其技术先天不足的缺陷和本源。

有专家认为，中国应不失时机地优先、充分考量网络空间战略，变被动防御安全为主动管理安全，变识别认证对号为比对行为特征，变事后判断为事先判断，应天地因缘感召，密切控制好构建中国主权网络的先机、良机和生机。

第七章　网络主权的博弈与信息的较量

伴随着生活方式的改变，社会效率的提高，我们的生活也被网络所绑架，争夺网络空间硝烟骤起，网络主权的博弈日渐激烈。美国所谓的放弃了"互联网"管理权，也只不过是给美国的网络霸权穿上了皇帝的新衣。

一、被网络绑架的社会

清晨醒来，我们大多数做的第一件事就是摸手机，搭车、吃饭，即使走路时，手机都不会离手。一时断网便心感焦虑，有了网络便容光焕发。我们离得开网络吗？其实我们已经被网络绑架了。

网络改变了我们的生活方式，尤其是智能手机普及后，微信、微博等即时通信软件里的各种消息提醒，不停地召唤着我们。以前我经常丢失手机，也经常忘带手机，如今这样的情况已经很久没有发生了。原因就是我使用手机的频率大约每几分钟就是一次，忘记带手机已经不容易了，对网络的依赖强制了记忆。政府搞"政府上网"工程，职能上网，在网络上成立一个虚拟的政府，实现政府的职能工作。金属进步的同时还为我们带来了管理成本的极大下降以至于使我们更加的依赖网络了。

各种经济实体，与网络的接触更为密切，商业行为基本已经离不开网络，网络营销、信息收集、内部管理，等等。如果没有了网络，很多企业就要崩溃。在网络时代，我们还建立了虚拟社会，即社会关系、人脉和社交，很多都依赖于网络，没有了网络，很多熟人也联系不上了。

电商交易比例越来越大，而且货币支付、金融服务也越来越依赖网络。以比特币、莱特币为代表的在网络中流通的货币、全世界发行的数字货币有近千种，使得交易越来

越离不开网络。

网络给我们带来极大便利，可是如果离开网络，我们的生活已经无法回到过去，不是想放弃网络带来的便利就能够放弃的。网络下成长的一代，少了老一辈的生存技能，没有了网络他们不知会退回到哪个时代。所以说，在网络面前，我们早已没有自由，而被网络无形的绑架了。

综上所述，无论从自然人到法人，从政府到社会，从实体到虚拟，从交易到金融货币都已经被网络所绑架。网络成为信用体系的载体，如果竞争者的攻击从网络端发起，将会对社会信用造成极大的威胁，社会文明离开网络很可能出现退步，想要退回当初已不可能，网络几乎已经绑架了社会各个层面。

二、网络信息战的毁灭力量

1. 网络信息的溯及既往

溯及既往的问题最先是一个法律的概念，资产阶级为反对封建罪刑擅断主义而转变为罪刑法定主义以后，在适用刑法上采用的一个原则就是不溯及既往，即法律只适用于其生效之后所发生的行为或事件，而不适用于其生效之前所发生的行为或事件的原则。而在封建社会是由君主臆断可以事后加罪溯及既往的。

该原则最早确立在1789年法国《人权宣言》第8条中，即除非根据在犯法前已经制定和公布的且系依法施行的法律，不得处罚任何人。其后许多国家都采用这一原则。一般情况下，法律不溯及既往。但是，如果新法在犯罪行为实施之后、判决之前颁布施行的话，旧法和新法对该种行为的认定和处分又不相同，在裁判时应适用何种法律，有两种办法：第一，从旧法，即认为新法不溯及既往，新法以前的犯罪行为应受旧法制裁而不受新法颁行的影响；第二，从旧兼从轻，即一般从旧法，但如新法不认为是犯罪或处罚较轻的，则从新法。许多国家的刑法采用这一原则。

我国对法不溯及既往原则也做出了明确规定，除了法律有特别规定外，法律（包括行政法规、规章）不溯及既往，就是说一个法律对于其生效以前发生的事没有法律效力。"法不溯及既往"有以下两层含义，一是，立法上不溯及既往，即立法机关原则上不得制定具有溯及力的法律规范；二是，适用上不溯及既往，即司法机关和行政机关不得擅自将法律规范溯及适用。"法不溯及既往"，要求国家应充分保障公民的信赖利益，也就是要求国家不得对已完结的事实重新作出对公民不利的法律评价，这是对国家立法机关、司法机关和行政机关的约束，具有宪法原则的性质。

不溯及既往的司法原则的建立，维护了社会稳定，成为法制社会的基本基石之一。所有的社会规范置于法制规范之下，只有这样才能够称为法制社会，但是这样的溯及既往的原则在网络电子时代受到挑战。

以往的信息、文件、证据等都是纸制的或实物的，无论你做什么，都会留下实物痕迹，而网络电子化后，只要删除网页，就再也找不到了，而且网页还可以随时地修改、变化，很难找到它的历史状态，按照网页信息行事，实际上就是对历史的溯及既往，把现在的情况强加于历史。就如越来越多电子交易、电子数据作为法律的证据，如果引用的电子信息被删除了，就很难再找到，即使信息被改变了，也必须接受现实，而网络是真实的吗？我们前面已经分析过了，竞价排名、公关与营销的作用下的网络早已失真了。

网络可怕的是对文化、思想、传统等的溯及既往。在图书和实物为载体的时代，有众多历史证据可以考证，具有文化属性的文物价值难以估计，比如几片有文字的甲骨拍卖了5000多万元。但到了网络时代，大量的信息存于网上，而控制信息霸权和网络霸权的机构和国家，采取有取向性的做法，对竞争性的文化、知识等进行传播限制，删除历史数据，这些构成国家和民族的软实力，非物质文化遗产都将从世界上消亡，这就是网络溯及既往的能力。对传统的文化传播方式，发行的图书和报刊很难收回和改变，在网络上删除和修改只是简单的指令，篡改历史比以前容易多了。日本为什么要不惜代价篡改教科书，各国对此事如此敏感，大家就可以知道信息证据的重要性。

可以溯及既往的事情都是可怕的，因为它可以推翻历史，颠覆社会的稳定。因此，当一个事物具备了溯及既往的能力，对原有世界来说是更要小心控制它的可怕力量，而信息战中这样的溯及既往，有着比传统战争更大、更深远的破坏力。网络安全已经涉及民族的知识安全。

2. 信息颠覆国家的原有基石

我在《霸权博弈》一书中，曾分析过一个国家强盛的基石是财富与权力的凝聚，文化与智慧的传承，以及人才上升的通道，颠覆一个国家只要破坏国家基石就可以了。

信息霸权、垄断信息，首先破坏的是财富和权利的凝聚。权利的基础是一层层的控制，这种控制体系也是信息体系，如果体制内的信息传递发生问题，将会导致体系的破裂。我们不能狭义地理解为诸如通信等信息的硬传递，重要的是软传递，老百姓与上决策者的信任，上情下达和下情上传等信息的传递才是国家的根本。这不是一个个具体的信息，却又是一个个具体信息系统的统计和平均，这样的交流体系被破坏，后果不堪设想。对财富也是一样，不能形成自己的标准也就是信息无法统一成整体，产业竞争也是巨大内耗，对外竞争力肯定比不上一个标准统一的垄断机构。然而，网络资本对传统产业财富聚集效应和国家公信力的破坏更值得注意。

其次，信息的变化和竞争，更是一种文化的竞争。各种文化都在信息系统内不遗余力地扩张自己的领地，争取人群认同，谁掌握了信息便在文化竞争具有了优势，而依托民族文化、国家智慧的产生和传承，同样占据优势。现在的话语权和舆论场，就是网络把文化的评价权、发声权等拿到了手里，发出的信息必然有所选择。而且网络还可以通过发布垃圾信息，掩盖了有益信息的传播。

再次，人才的上升更离不开信息。人才评价实际上是一个信息的系统分析，考试和科举也是一种信息的评价。如果这个系统被破坏，国家精英很可能找不到上升的通道，便会流向国外，造成人才浪费。人才上升重要的是人脉，现在的网络已经开始垄断社交，经营你的人脉，每一个人的关系都在大数据中，竞争对手很可能进行渗透、打压、挖走人才，网络透明后加剧核心人才无法晋升到核心位置的情况。

所以，现代信息社会和信息爆炸，将导致国家强盛的基石构建在信息体系之上，信息成为国家基石的纽带和联结点。国家之间的信息战就是破坏这个体系，最终将导致国家的瓦解。实际上是通过外部的信息作用让强盛的国家基石动摇，从内部瓦解，给人的观感就是国家自然解体，这就是所谓的"杀人于无形"。

3. 网络颠覆国家的公信力

国家公信力体现了这个国家的民众对于政权的凝聚力，国家的公信力是国家稳定的基石。对国家的存在，如果不能征服这个国家的群众，国家也会处于风雨飘摇的动荡之中。

纳粹德国时期的国民教育与宣传部部长戈培尔有句名言："宣传只有一个目标：征服群众。所有一切为这个目标服务的手段都是好的。"纳粹政策争取并成功地煽动了民众的狂热，这样的力量被用于了邪恶事情，给整个世界造成无可挽回的灾难。同样，网络也煽动起了网络暴民，妖魔化国家强制力量，让你无论怎样做，大家都不信，认为是错误的。

征服群众，国家政府是具备巨大的优势。不颠覆原有政权的情况下外国势力很难透过国家政权来控制他国，争取民众。国家公信力的塑造是政府和国民之间的事情，但在网络年代，变成了外国势力、宗教、意识形态以及资本势力均可以参与的游戏，民众成为各种势力争取的对象，而不像以前只能通过政府。敌国的攻击首先要打破政府对国民的公信力，这并不是简单说教灌输，而发布带有倾向性的评论和谣言，或者把各种问题、事件扩大化造成网络风暴。所以，网络流传"不能太CNN了"的说法，这也说明了有些舆论倾向性已经失去了公正立场。更有甚者打着反对腐败的旗号，把爱国主义变得可耻，把叛国当作合理，彻底突破国民底线。从2009年的"石首事件"，再到暴乱、强拆、城管等负能量的报道充斥网络，把国家合法化变成妖魔，只讲国家暴力强制不讲事情本源，是否合法似乎强制就是错，这背后是国家的公信力受到攻击而下降的结果，一个本来很小的事件，引起这样的风波，并且通过网络迅速扩大和传播。

长此以往国家凝聚力将被破坏，甚至转移到国外。网络成为一种联系的纽带，威胁了原有国家的政府政权，对占据网络优势和信息霸权的国家，这种竞争和破坏是非常可怕的。而网络对于国家公信力的颠覆性破坏，我们需要深刻认识。

4. 颠覆是流水无痕的渐进式的

"和平演变"，这个词语我们并不陌生，它是不同主义国家间所采取的一种"超越遏制战略"，以促使对方国家制度发生变化。"和平演变"就是一种非暴力的衍生变化过程。

虽然今天国家间的竞争已经不是姓"资"姓"社"的竞争了，但是"和平演变"还是有其现实意义的。从某种意义上说，信息战争对一个国家的颠覆实际上是一场和平演变。它通过网络的海量信息，原来需要"寻找一种办法越过、潜入和绕过铁幕"的方法已经在互联网和信息战中实现了，而不同制度的"和平竞赛"实际上是一种不平等的竞争，双方的实力是自由市场经济与垄断经济之间的竞争，同时也是一场信息不对称的竞争。发达国家利用自己的信息优势，轻易掠夺发展中国家发展果实，从而使国家从内部解体，无法凝聚与西方世界抗争的力量。

当你与一个无形的对手竞争时，你却无力可用，信息战就是如此，以评价体系进行社会洗脑，掌握价值体系和意识形态，颠覆国家强盛的基石，结果便是任人宰割。而这个过程对于老百姓是很难发现的，西方世界带给老百姓的却是诱惑。

5. 网络帝国主义与天下大同

何谓帝国？按照世界认同的定义，狭义上的帝国是中央集权的君主国家，广义上的帝国范围要宽泛很多，只要是统治或支配的地域广阔，在国际上或某一地区强盛一时的国家，就可以被称为帝国。何谓主义？它是某种特定的思想、宗旨、学说体系或理论对客观世界、社会生活以及学术问题等所持有的系统的理论和主张。

如今，信息社会形成了强大力量，网络则形成了信息、技术、传播等领域垄断，最终形成了霸权和统治的力量，而分布在世界各地的人、公司、各种资源、资金，各种思想、意识和学说等均在网络上有机联系在一起，形成了与传统帝国相似的局面，也把竞争推向了全球化。

而网络快速的特点也使得竞争加速，这样快速的世界将使得拥有优势文明的国家更加强盛，其他文明则会衰落。全球的文化、知识、信息等在同样的网络平台上进行一场生死存亡的文明角逐，加快世界的淘汰过程。

在这样的网络平台上，占据网络优势和网络霸权的国家，通过网络连接的世界置于自己的影响和控制之下，这类似于传统帝国对世界的控制。如果使用广义帝国概念，这实际上是通过网络和信息建立了一个控制世界的网络帝国。当初我们将向全球推广垄断的统一市场称之为帝国主义，而面对垄断网络和信息霸权，这样的帝国主义比以往更加强烈。而这样的快速竞争和淘汰，将使世界文化、文明大大地统一、集中，世界走向天下大同。

不得不承认美国的文明在世界领先，美国通过这样的手段把世界统一到它的势力范围，但这里没有平等，被瓦解后的文明能够被美国接纳的，只有处于所在文明高端的精英，其他人可能被奴役。这样的举措是全球推行帝国主义的新手段、新规则而已，在网络上把世界统一成为一个集权延伸的帝国。

而对中华文明，既有历史优势又有时代落后，是一个文明进化和变革的关键时期。网络使得文明竞争空前加剧、加快，我们需要紧迫的危机意识。我们经济最近快速发展，硬实力增加，却显得软实力不足。文明软实力将成为经济持续发展的保障，在网络帝国主义和天下大同的时代，不进则退。世界竞争不是缓和而是加剧了，只不过这样的博弈多是在桌子底下进行，而不是以前大打出手，外部的博弈渗透到内部，进而形成全方位的博弈。

三、央行开放电子货币印钞权

据媒体报道，支付清算协会向支付机构下发《条码支付业务规范》，意见稿中明确指出支付机构开展条码业务需要遵循的安全标准。这是央行在2014年叫停二维码支付以后首次官方承认二维码支付地位。但这里问题非常大，在2014年笔者就说过，这个二维码的扫码支付，背后其实是电子印钞权。

对此文件央行公开的说明是：线下条码支付具有进入门槛低、便捷等特点，适用于对传统POS收银成本敏感的小商户的日常小额交易，定位于传统线下银行卡支付的有益补充。不过针对这个解释我们要换一个角度来说，对现金支付小额交易这些特点也是具备的，对于电子货币和纸币的关系，这是电子货币的发行权问题。

此前，央行曾向支付清算协会、银联发函确认二维码支付地位。央行要求支付清算协会在前期相关工作基础上，按照要求会同银行卡清算机构、主要商业银行和支付机构出台条码支付行业技术标准和业务规范，并在个人信息保护、资金安全、加密措施、敏感信息存储等方面提出明确要求。这里是偷换了概念的，电子货币的安全性是一个问题，而电子货币的发行权和货币衍生则是另外一个关系，在各种相关宣传当中偷换了一个关键性的概念，所谓的足够安全对应纸币来说，纸币的制造技术高超不会被假钞仿造，对谁有权利发钞则没有说，但货币发行权是国家的核心权力。

我们要说的是推出二维码扫码支付，关键不是技术的安全，而是发钞的权利。货币从贵金属变成了纸币，也就是一组信息印制在特定的纸张之上，其价值在于纸币发行方的信用背书。而电子货币二维码，则是一组信息记录在电子介质二维码之上，可以线下交换和纸币一样使用，这是电子印钞，且同纸币一样具有全部金融功能，这背后的关键同样是信用背书。纸币是发钞银行的背书，而电子货币二维码，背书的则是网络支付平台，其实是网络支付平台已经有了与货币发钞银行同等的权利。在现代金融体系，纸币的发行是央行的特权，即使是有的国家是多家商业银行发钞但也是央行的授权。货币电子化以后，网络平台也有了这个权利，这可是国家金融的根本性权利。

央行的态度为何发生转变？二维码的放开其实早有预兆。先是央行提出数字货币，2016年1月20日召开的中国人民银行数字货币研讨会指出，随着信息科技的发展以及移动互联网、可信可控云计算、终端安全存储、区块链等技术的演进，全球范围内支付方式发生了巨大的变化，数字货币的发展正在对中央银行的货币发行和货币政策带来新的机遇和挑战。

在全球范围内支付方式发生巨大变化这一背景下，已有多国政府将发行数字货币纳入视野。我国央行率先研究数字货币，已经走在世界主权国家政府的前列。而在2016年7月15日，工商银行推出二维码支付产品，成为国内首家拥有二维码支付产品的商业银行。工行作为金融国家队，透露出的政策意味很浓，被叫停两年多的二维码支付即将重新开闸。实际上，即使在2014年遭暂停后的两年内，各种势力对于二维码支付的探索也从未停止过。

我们来详细分析一下这个货币的政策。二维码扫码支付具有电子货币性质，而且还具备了货币发行权利，这种商业模式才是问题的重点。网络平台的细分市场垄断程度已经达到了80%，远远多于金融业最大线下银行的市场占有率，如果再允许其发行电子货币，那么在网络的虚拟世界，将无人能够与之竞争。

比特币成功后，消费币也兴起了，消费币（C+Coin）是由国际消费集团（CIC）发行的一种创新的"多元替代性价值系统"，获得了国际著作专利。实际上不只是消费币，数字资产盛行已经成了金融改革的大趋势。未来10年会有更多有实力的企业参与到数字资产发行与交易活动中来，优质企业以法币为结算基础发行的积分资产将以类货币形式广泛流通，成为法币支付结算的有效补充部分。这将催生一个更大的市场蛋糕——全球数字资产交易服务，专业而独立的数字资产交易中心必将成为下一个掘金宝藏。

但对数字资产的印钞权，它是国家的一项主权和根本权力，现在正被包装为网络无国界而打入世界各个主权国家金融体系，对这个网络权利，我们更应当保守。因为网络是美国因特网，所有数字资产的存在和底层安全，都依赖于美国因特网的存在和运营。

对这些数字资产电子货币，在金融领域中已经被算作了广义货币M5，它的发行权是否超越主权？美国炒作比特币是比特币的真实信用绑定在美国的网络上，就如比特币自己介绍的信用是全球计算能力一样，全球计算机体系的计算能力，没有美国因特网怎么行？这实际上是一种价值概念偷换，这个比特币不是黄金本位，是美国因特网本位的，背后是网络信用，而且其区块链技术本身离不开网络底层的支持，如果网络系统管理员下指令，整个网络可以同步执行，也可以孤立出具体区块来执行，这背后就是他的所有区块就可能会被同时更改，其依仗的所谓安全性就荡然无存。

网络资本的夺权，首先是金融货币权利。在现代社会，金融权力是一项国家存亡的根本权力，是国家根本主权，这个权力应该建设在能够与世界平等共享的网络上面，建设在他国主权网络之上，就是主权的流失和丢失领土是一个概念。对此网络资本已经在圈地和建立它们的金融主权，这是对政权夺权的正式开始。

四、网络买办渗透中国

全球网络化大潮中，各国利益被重新分配，在全球利益再分配的格局下，为霸权服务的买办为虎作伥，再一次渗透中国，在各个层面充当网络资本的"狗腿子"，为网络霸权谋取利益。对此，我们对网络买办如何让你成为霸权的殖民地进行深入认识。

在中国近代史上，买办是帮助西方与中国进行殖民贸易的中国奸商。他们为洋人打开殖民中国的通道，具有洋行雇员和独立商人的双重身份，可看作是特殊的经纪人阶层。作为洋行雇员身份的买办，可以得到外国势力的庇护，不受中国法律的约束；作为独立商人的买办，还可以代洋行在内地买卖货物或租赁房屋、购置地产等。

如今，西方网络霸权要进入中国，同样需要买办为他们开路，这些买办有的是"官二代"，也有精英无国界的"香蕉人"。这些人被描述成创业英雄、财富英雄，却被外资协议控制，成为VIE模式下中国的木偶，并为网络资本进入中国开路。

殖民时期，中国买办最主要的事情是为西方的洋行服务，从金融领域殖民中国。当西方进入近代金融社会，纸币普及，买办最主要的工作是帮助外商放贷和推广纸币。此时，交易是外国纸币结算的，高利贷也是外国纸币计算的。我们不要简单类比今天对外贸易的外汇结算。当时中国使用的是实银贵金属，西方则是金本位的纸币，而金子在中国不是本位货币。西方通过金本位与银本位的竞争套利，本位货币与实银的套利赚取了暴利。中国为何不愿意开埠通商，就在于贸易平等，开埠将成为西方套利的机会。

网络时代和殖民时代的实质是类似的，我们把一些人称为买办，是因为他们为网络资本服务，"殖民"中国。网络买办做的是用网络信用来掠夺套利中国，让网络与传统产业结合，将产业链透明进而盘剥，另外用高估值网络公司并购换股低估值的中国传统产业，给中国制造戴上"互联网枷"。同时，收集中国国民信息，造成信息不对称进行套利。推广加载在他们网络信用基础上的网络金融，以充当木偶的VIE协议控制方式突破国家主权管制限制，提供公共服务渗透政权职能，建立网络傀儡政权，如此等等。有了他们的带路，使中国网络的国门洞开。

网络资本强大到了绑架传统媒体的地步，网络本身是新媒体垄断了话语权，在舆论场下网络买办的所作所为被洗白。没有食利、套利、掠夺，财富不会凭空而来的，所谓的网络创业英雄，没有多少是依靠特别的科学技术突破，而多数是依靠商业模式，"羊毛出在猪身上"的网络思维，但这里谁是猪？其实这些人就是"剪毛"代理人。网络时代不同于传统时代，被剪毛对象不是那么容易就可以看出来，但隐蔽掠夺剥削依然是剥削。

看清楚这些关系，我们就知道了，那些网络创业英雄并非真的技术创新，而是带路的网络买办，他们取得的财富实质上是带路的佣金。如今，网络买办已经在中国各个层面渗透，打着"互联网+"传统经济的旗号，干着掠夺传统经济的买办业务。

五、网络资本挑战现实政权

1. 信息主导下的价值体系和意识形态

有人总说直选最能体现民众当家作主,也最最民主,它是社会进步的体现,但真是这样吗?在信息被金融大鳄控制的今天,这样的民众意愿,只不过是社会利益集团的工具而已。

能够左右整个社会民众思想的,一方面是宗教,一方面是信息。个人的想法是独立的和随机的,但是社会的想法是每个人想法的统计平均。统计平均是有规律的,绝对不是随机的。社会的主流想法在信息控制下进行操作是有机会的,就如希特勒也是经过人民的选举而登上统治舞台的。从信息垄断形成,到信息集权再到信息霸权,整个社会评价体系已经被控制。那么,公开选举实际上也是信息大鳄的意识体现。美国虽然直选,但无论怎样选举,获胜者一定代表其背后的利益集团。

在信息霸权之下,世界文化的多样性也在被削弱。最能够体现文化的是语言,互联网时代加速了小语种的消亡。英语对世界的统一起到了更大的作用,同时对文化的认同在互联网上变得世界大同,这种背景下,拥有信息霸权的国家将会把它们的文化标准强加于世界各国。

美国的经济利益和价值观成为评价体系左右了世界后,世界民众对美国价值观的认同甚至超过了本国的历史文化,在这样的背景下美国推行世界的直选,这样必然让各国向美国靠拢。但这样的价值体系服务于美国,很可能使得整个国家倒向美国,成为金融大鳄掠夺的对象甚至是资本的殖民地。

试想一下,一个国家的人群都向往去美国,一个国家的精英都想移民到美国的国家,如果此时采用了美国式的民主,是这个国家的老百姓的福气吗?其结果一定是老百姓的苦难。因为这些"卖国贼"把国家的好东西都给了美国,自己也移民去了美国,给老百姓留下来的是什么?所以,我们要认识到在取得信息霸权、控制了评价体系后,进行政治霸权和文化侵略以及信息霸权的深层次意识。

2. 网络工商税务、网络公安到网络政府政权

中国的网络在国内已经取得了大量的特权,这些特权已经有了网络工商税务、网络公安和网络政府政权的性质了,网络企业的经济、政治权利膨胀,对现有政治稳定、经

济秩序和国家安全，都造成了巨大的影响和权利、利益流失。

我们的网络在实名透明下，首先是各种网站成为网上的工商局和税务局。网络交易是要有工商管理的，网络平台则担任了对网店的管理，变成了类似于工商的管理。网络资本要让网络全透明给它们，而网络中对人的管理相当于网络公安。网络公安来自对网站和用户的属人管理，网络自然人就是每一位注册的用户，并且在网络上透明。各种透明之下，网络管理权集合起来相互作用形成整体力量，具备这样能力的网络资本，在虚拟世界将具备类似于线下的行政管理权。这个行政权包括且不限于网络工商局、网络税务局、网络公安局，还有很多网络企业对网络账户的管理。

网络政权的性质，比网络政府更进一步，这来自社会对其透明以后控制了网络立法权、裁判权和舆论评价体系、道德标准体系等形成信用体系。这些网络资本通过对网络的控制，建立起它们的公信力，在某些时候它可以超越实体政府的公信力。

而它们可以左右舆论翻云覆雨，具备了颠覆政府的能力。因为政府掌握的信息与网络掌握的信息不对等，透明制下网络资本掌握比政府更多的信息资源，并且把这些信息资源整合成为信用体系。现代社会谁有信用、谁控制信用，谁就是政权的主宰，谁就是统治者！中东乱局表现得非常明显了，2016年7月的土耳其叛乱，网络政权的归属起到了决定性的作用，它的公信力超越了对军队和军权的控制。如今不光枪杆子里面能够出政权，网络政权对实体政权的影响也相当大。

网络虚拟政权让渡给资本和失控后，它们将会变成实体的控制者，而这是国家的根本利益，尤其网络资本多是外来资本，这里所说的失控会让国家和民族回到资本殖民地时代。因此，在网络上维护国家主权和网络核心利益，不光是经济问题，更是政治问题，还会是一场战争。

这让我们想起了春秋时代的一位国王和一位宰相。国王把赏的权利留给自己，把罚的权利给了宰相，结果很快这个国王就被篡位了。现在的网络透明制也是类似的，网络资本已经开始妖魔化政府的各种强制手段，如果想删除你的声音，政府也只能花钱维稳摆平，就是只有赏的权利，而网络资本却在进行网络暴力。尤其在身份透明后，你可以被人肉、被围观，甚至终身被透明记录，让你没有任何隐私，并且可以煽动一些人线下对你进行人身威胁甚至伤害，网络信用罚的力量是越来越大了，这与古代的那位国王有什么区别？

所以，任由网络透明制的发展，就是任由网络资本建立政权，它们迟早会主张线下和实体的政治权利的，对国家安全和社会稳定将会有大危机。因此，需要防微杜渐。

3. 某著名导演事件与资本夺权

在资本掌握媒体这件事上，资本已经到了与政权叫板的地步，我们可从 2016 年 7 月某著名导演事件看出端倪。

2016 年 6 月底，由某著名导演执导的电影杀青，当主创举杯庆祝，欢乐合照时，网上却充斥着质疑和愤怒。有网民指出该电影涉嫌使用"台独"分子和辱华艺人，认为这种行为严重伤害了中国人民的民族感情，呼吁对该片予以抵制。广大网友的各种帖子，被不断地删帖和封号，遭受了巨大的打击。

2016 年 7 月 6 日，共青团中央官方微博对此事进行了梳理，发表长微博《赵薇、戴立忍及电影〈没有别的爱〉遭网友普遍谴责抵制》评论。文章写道，早在 4 月 25 日，主创发布电影主要演员名单时，就有不少网友在评论中指出主演之一戴立忍曾参与"台独"活动，另一位主演水原希子曾为辱华照片点赞。网友指出："电影主创应该有国家尊严和底线！"但共青团中央的帖子迅速被删除了，后在共青团中央的投诉下得以恢复，但不久又打不开，多次反复后，有关网络机构解释为敏感词多，系统的自动反应。但这个解释起码无法解释为何反复删贴。而这样热门的新闻，居然正规媒体一点声音也没有。

整个事件引发了社会的忧虑，资本强大到连政府核心机构的声音都能够被网络资本打压，那么政府的权利、权威在哪里？是不是资本在夺权？

如果网络被资本掌握，网络政府职能被资本行使，网络的声音、舆论被资本掌握，网络资本很可能会对实体资本夺权了。此次事件的背后，就是网络资本实现自身权利的尝试，网络是可以监督政府，但监督可以是枷锁。总说把权利关进笼子如何好，而网络给政权戴上枷锁会怎样？背后的关键还是谁拿着钥匙，钥匙不是人人一把的，网络是天然垄断的行业，钥匙在网络资本手里，对此我更希望给资本戴上枷锁，不能让嗜血的逐利者为所欲为。

背景资料：马云媒体帝国成员都有谁？[①]

……

此后的 2012 年至 2015 年内马云的媒体帝国的投资，无一不呈现出马云在媒体领域

[①] 本文引自新华网，http://news.xinhuanet.com/info/2015-12/07/c_134890833.htm

深入的深度与广度。马云的媒体领域开始向社交平台、数字媒体、视频网站乃至于传统纸媒扩张。马云的阿里巴巴近几年来，通过直接、间接、关联公司、个人入股等方式，将24家媒体纳入麾下或战略入股。

2013年收购新浪微博18%的股权，同年阿里战略投资《商业评论》杂志。

2014年阿里巴巴的媒体收购驶入了快车道。2014年3月，阿里斥资62.44亿港币收购文化中国60%的股权，其业务有影视制作、手机游戏、电视广告，以及报刊业务。目前该公司已经更名为阿里影业。

2014年4月28日，阿里和云锋基金宣布以12.2亿美元收购优酷土豆，其中阿里持股16.5%，云锋基金持股2%。不久之前，阿里巴巴宣布全资收购优酷土豆剩余股份，如无意外，这将成为国内TMT领域创纪录的现金交易，优酷土豆的估值高达56亿美元。

2014年5月，阿里据称购买下中国著名科技博客虎嗅网40%的股份。2014年9月，阿里巴巴登陆纽交所，邀请了国内众多主流媒体和自媒体赴美报道。

2015年6月，阿里豪掷12亿元参股第一财经，成为近年来国内财经媒体获得的单笔金额最大的一项投资。7月，阿里巴巴参股博雅天下。2015年9月，阿里联手财讯集团、新疆网信办创办"无界新闻"。10月，与四川日报集团成立"封面媒体"。

……

六、区块链、暗网与黑暗虚拟权力

对隐秘世界的关注，多来自公众事件，暗网被我们关注也是一样的。2017年中国女孩章莹颖在美国的遭遇，牵动了很多人的心，而其中涉及了一个我们不熟悉的领域——暗网！犯罪嫌疑人在暗网上活动频繁。在各种舆论被网络巨头所绑架的时代，我们很难听到、看到暗网带来的负面问题，这背后的网络黑社会是可怕的，而去中心的区块链让暗网更为隐秘。

1. 网络上的"地下世界"

网络世界已为人们所熟知，但网络上的"地下世界"——暗网却鲜为人知，在这里可以公开交易毒品、枪支，提供儿童色情等违法服务，甚至恐怖组织也在此处招募成员，

策划发动袭击。通过加密的隐身软件才能进入这个普通搜索引擎不能发现的空间，一切交易都通过执法人员监管不到的虚拟货币隐秘进行。

怎样理解暗网？现在有多种说法，有广义和狭义的，我们按照比较通俗流行的解释，参照维基百科的解释。所谓"暗网"（Dark Web），统称那些只能用特殊软件、特殊授权或对电脑做特殊设置才能连上的网络，使用一般的浏览器和搜索引擎找不到暗网的内容。与此相对，一般常用的互联网，由于可追踪其真实地理位置和通信进行人的身份识别被称为"明网（Clearnet）"。

暗网引发中国公众关注来自章莹颖案件，该案最有力的信息和证据就是嫌疑人克里斯滕森曾在2017年4月在暗网上浏览网站"绑架101"里面关于完美绑架幻想、绑架计划入门等帖子，这个网站就是一个暗网。"绑架101"（abduction 101）是一个以捆绑、虐恋、恋物癖和另类性癖为爱好之人聚集的社交网络，有近600万名注册用户，该网站上分享了超过3000万张相关主题的图片和4万段录像。由此推断，克里斯滕森很可能将章莹颖绑架之后通过暗网进行了人口贩卖交易。[①]暗网如此猖獗，600万注册用户，为何法治国家的司法没有干预和查禁？它需要多少资金在运行？现实中建设一个600万用户的网站需要烧多少钱？而暗网是不能公开做广告和营销的，那么暗网怎样就有了这样多的用户？这也反映出在暗网面前，实体的、传统的法治体系的苍白，暗网的存在已经对实体社会构成了现实的威胁。

暗网问题很难解决的原因有多种，其中最重要的一点可能是跨国犯罪的复杂性与多层匿名机制的复杂性结合到了一起。暗网所构成的威胁不受地域限制，因此中国可能与其他国家一样面临危险。据说，网络上大概只有5%的信息是处于可搜索状态，更多的信息是95%的暗网信息，我们能看到的只是冰山一角，绝大部分存在于水面以下。如果此种说法是真实的，那么现实社会的安全将完全至于暗网的虚拟世界了。明网就如井底之蛙看见的天空，暗网才是整个世界。

暗网体系其实是构建起来一个强大的网络虚拟社会，这个社会与我们是隔绝的，各种行为超越我们法律范围，而且单向透明。暗网实际就是无法被网络上机器自动收集信息、自动大数据分析的虚拟社会，相对于明网的透明，这样的信息不对称，你的未来是否还有安全感？

根据各种公开信息，暗网这个概念最初是在1994年由美国军方科学家提出的，1996年5月美国海军研究实验所的3名科学家提交了一篇《隐藏路径信息》的论文，文中提

---

① 王梓辉，"章莹颖的遭遇，真的与"暗网"有关？"，载《三联生活周刊》。

出打造一个系统，使用者在连接因特网时不会向服务器泄露身份。由于在这个系统构想中，保护数据的密码像洋葱一样层层叠叠，于是这个系统也被称为"洋葱网络"（Tor, the Onion Router）。暗网最大的特点就是通过一种特殊的网络协议，将网络上的每一个终端连接起来，但每一个终端都没有确定的 IP 地址，而是通过暗网的协议去传输。

其实构建暗网，就是在网络上建立一个监管者看不到的虚拟专网。这个专网有很多作用，构建虚拟专网的技术非常成熟，我们把这个叫作 VPN。虚拟专用网络的功能是：在公用网络上建立专用网络，进行加密通信，在企业网络中广泛应用。VPN 网关通过对数据包的加密和数据包目标地址的转换实现远程访问。VPN 有多种分类方式，主要是按协议进行分类。VPN 可通过服务器、硬件、软件等多种方式实现。VPN 使用的是互联网上的公用链路，因此 VPN 称为虚拟专用网络，其实质上就是利用加密技术在公网上封装出一个数据通信隧道。

其实我们生活当中的暗网比比皆是。例如电脑现在中了木马，成为了黑客控制的"肉鸡"，我们就是在暗网的控制下工作，为他们做各种分布运算、云计算等，还可以作为暗网信息的中转站，为暗网掩盖真实的数据路径而转发信息，信息的 IP 报头可以重新打包把传输者变成了信息源。其实这样的技术很早就有，把 IP 包的数据报头的源地址和目的地址也当作是数据，在加上一个新的报头，"肉鸡"则成为了外面看到的信息源。这些暗网数据量巨大，给网络带来巨大的流量耗费，而成本则是网络合法使用者支付的。

除了上面被动的接触和产生暗网数据以外，其实我们很多人都在主动地使用着暗网，尤其是对政府的暗网。最常见的方式就是各种的翻墙软件，其掩盖真实的数据传输，使得你可以去政府禁止的网站，却不会被发现。如果把翻墙也作为暗网的一个应用，就可以知道暗网实际数据量将会相当大。很多企业级的应用，也希望能够在公用网络之上，构建自己的专用应用，这些应用合法的很多但非法的也有，灰色的更多。比如网络的各种商业交易，在电商不注册不纳税的背景之下，停工避税的灰色企业级专业网络就不少，各个跨国公司、财团也做这样的事情。政府很多内部职能和业务，也以虚拟专网 VPN 的方式构建在公众网络之上。

如果按照广义的暗网概念，这些 VPN 对我们的影响巨大，对国家的安全和社会的稳定性存在着一定的影响。2017 年 1 月，工信部出台了《关于清理规范互联网网络结构服务市场的通知》，目的是为了更好地规范市场行为，规范的对象主要是未经电信主管部门批准，无国际通信业务经营资质的企业和个人，租用国际专线或者 VPN，违规开展跨境电信业务经营活动。

2. 区块链与暗网的崛起

对网络世界中的暗网，区块链起着什么作用呢？区块链是暗网构成独立的虚拟社会，是暗网成为独立的黑社会王国的关键性的技术和手段，是网络黑社会、网络虚拟政权的保障。

没有区块链的时代，暗网信用体系必须依赖传统的金融系统，留给我们网络技术之外追踪和监管的手段，但在区块链时代，暗网世界可以有独立的信用体系，成为一个封闭的不受实体和线下控制的系统。区块链让公权力去中心了，暗网将成为黑暗世界的中心。

暗网成为去中心的结构，有独立和封闭的信用体系，完全线上的数字货币流通，想要监管和打击暗网变得非常困难，尤其在法律有国界和主权，网络无国界的情况下，跨国进行国际间司法规避，不是一个国家的司法机关所能够办到的。黑客世界的区块链下，大量的数据被分布存储在各个"肉鸡"之上，抓住某个"肉鸡"一点用途也没有。区块链的优点，在暗网的世界才最有用武之地。

所以，区块链在暗网上，更重要的角色是公信力和信用的提供者。网络虚拟社会要运转，网络黑社会要运转，离不开信用。信用是社会演进和运行的元规则，区块链则提供了这样的信用。

2017年5月流行全世界的勒索病毒，要求支付比特币，而比特币的核心技术就是区块链。勒索病毒挑战了全球央行的反洗钱能力和司法的追赃能力，犯罪分子敲诈了巨额财富逍遥法外。在没有区块链技术出现前，谁敢这样做？谁能够要到钱？在传统的支付网络是不可能实现的。我们通过追查VPN实现，而VPN的运营要从现实世界收钱取得信用。如果在区块链下建立信用体系虚拟运转，超越国界且脱离线下行为，还有什么手段去限制和管理它？虚拟世界的暗网，有了区块链下信用体系的运行，建立了暗网之上的虚拟政权和商业帝国，所以说区块链带给我们更多的是虚拟世界的崛起。

3. 暗网下的虚拟社会的打击难度

对暗网下的网络虚拟社会，我们真的能够管住吗？尤其是介入美国的因特网的情况下，没有ICANN的网络管理权限之下，我们如何进行监管？

其实，在美国想要管理暗网也是很困难的，就如下文附录中的文章所说，美国打掉全球最大的暗网，依靠的竟然是传统手段——钓鱼。怎样才能遏制暗网中的犯罪呢？如果暗网使用区块链去中心化后，传统手段是否还能对它进行有效的打击？

更进一步讲，暗网中存在各种恐怖组织活动，各个国家间谍、国际情报组织，其实也积极活动在暗网之上。"斯诺登事件"揭露出美国情报机构监视无所不在，而这个监视不就是通过暗网来实现的吗？你的网络背后，总有一只眼睛在盯住你。因此，暗网的背后不光有黑社会的犯罪组织，也有国家间的网络战争，还有恐怖暴力的血雨腥风！暗网才真的是网络的阴暗面最值得关注。暗网与明网之间的信息不对称，我们的行为都在这暗网的监视之下，暗网的虚拟世界对明网存在巨大的威胁。

对此现象，我们的一些专家怎么说呢？他们说能够在网络上打击犯罪，有网警、网军和各种网络管理手段。但我们发现同样一批专家，在另外的场合说法却不尽相同。他们说，我们可以在美国ICANN管控的网络上构建自己的虚拟专网且足够安全，可以保障国家秘密不会外泄。你看，在说侦察暗网犯罪、反对恐怖组织和情报组织时，表示打击网络犯罪，完全能保障网络安全，这个矛被他们说得无比有力，但在说保卫国家秘密时，提出建设虚拟专网，这个盾被说得天衣无缝。如此完美的"自相矛盾"，不得不让我们对此表示怀疑。

这些专家采用双重标准和选择性失明，其网管的作用巨大。但网管是美国的ICANN，是私人机构。中国的"互联网"是美国的接入网，与美国的ICANN进行合作，需要根服务器和域名解释服务器权限的。对网络上在境外的行为，也只是在明网建一道"墙"进行限制，却拦不住想要"翻墙"的人；在暗网层面，我们能够限制的线上手段，就少得可怜了。如果暗网实现了去中心、建立自己的信用体系和网络虚拟政权，再有一套凌驾和控制暗网的美国因特网管理体系存在，最终我们很可能被虚拟世界给控制。

更进一步讲，美国因特网的"原主人"美国军方的应用也是搜索看不到的暗网。我们没有足够的权限，看不到军方的行为。网络是按照权限向下透明，向上是看不透的天花板，后面还有什么，我们不得而知。这不得不让人心存怀疑，如果他国军方是暗网和网络虚拟世界的主宰，未来信息战中，我们的胜算有多少？

暗网再嚣张，也对抗不了网管。暗网之上的网管就是美国的ICANN，实际上它才是虚拟世界的政权。只有它能够追踪和打击这些暗网，它是网络的信用来源和公权力，即使区块链技术所谓的去中心，也去不了网管这个中心。"网管"却可以把区块链分布存储的各个账本孤立、封锁、再一个个修改过来，这是网管的权力。在实体世界去中心后，虚拟的中心很可能成为世界权力的高地。我们觉得建设了一个专网VPN，就可以在别人的公网之上保守自己的秘密，但在网管面前就是自欺欺人。

很多人看不懂网络公司为何烧钱，如何取得高估值，其实是看不懂网络公司在暗网层面的巨大价值。杀毒软件的免费背后是它成为我们电脑的"看门狗"，各种暗网留下痕迹或者买路钱。网络公司讲自己可以不赚钱就要信息，这些信息却可以在暗网上运作，就如搜索排名与公开竞价，但也有不能公开的潜规则？很多网络公司是黑白通吃的，即使没有在暗网的虚拟世界赚钱，但它们对虚拟世界的控制权，也会给资本市场带来巨大的想象力！现实世界中的政权、权力是"最值钱"的，这个规律在虚拟网络世界同样适用。

我们需要网络就不能回避暗网的存在和带来的问题。解决这个问题最有效的方式就是建立自己的公网，公网与国际互联是平等的。只有这样才能够控制暗网的虚拟世界，与网络霸权国家有国际谈判的筹码。区块链是要建设在我们能够控制的公网之上，暗网也是公网之上的暗网，不能对抗国家主权意志。否则暗网世界，就是所有人包括政府的黑箱了，但对美国人而言却是可以管理和控制的。

所以，区块链技术的出现，暗网和网络黑社会的存在，暗网对现实世界的影响和信息不对称等太多问题，脱实向虚已经不仅仅是经济领域，更向政治领域和隐秘世界发展。区块链建立了数字货币，网络虚拟去中心建立信用体系，实质上是网络虚拟政权在建立，而这很可能是未来世界控制权的核心竞争力。

背景资料：全球最大暗网是怎么被打掉的？[①]

据新华社电 2017年2月16日，美国西北部俄勒冈州波特兰市，一名18岁女孩吸食过量"新毒品"U—47700后死亡；2月27日，美国东南部佛罗里达州橙县，一名24岁女子吸食过量止痛剂芬太尼后死亡；去年年底，美国中西部犹他州帕克城，两名13岁男孩因滥用朋友买的U—47700在48小时内先后死亡……

调查显示，所有这些非法药物的来源，都指向一个暗网黑市交易平台——"阿尔法湾"。

美国司法部长杰夫·塞申斯20日在华盛顿举行的记者会上宣布，他们已铲除全球最大的从事毒品、武器和其他非法物品交易的暗网平台"阿尔法湾"。"这可能是今年最重要的刑事调查之一，史上规模最大的暗网市场被打掉了。"

---

① 本文引自新华网，http://news.xinhuanet.com/world/2017-07/23/c_129661662.htm。

假扮顾客揪出创始人

"阿尔法湾"是暗网中的第一大犯罪平台。根据美国司法部说法,"阿尔法湾"上卖家达到4万人,客户超过20万人。在关闭前,网站上非法药品和有毒化学品的交易条目超过25万条,失窃身份证件和信用卡数据、恶意软件等的交易条目超过10万条。

美国司法部没有透露从何时开始调查"阿尔法湾",但公布的文件显示,从去年5月开始,执法人员假扮顾客,从"阿尔法湾"上购买了大麻、海洛因、芬太尼、冰毒、假身份证和ATM机盗刷器等非法物品。包裹邮戳表明其卖家遍布美国各地。

正是在这个过程中,调查人员意外发现了"阿尔法湾"的创办者兼管理员,案件由此获得突破性进展,并最终导致"阿尔法湾"的覆灭。

文件显示,"阿尔法湾"的创办者先后使用"Alpha02"和"Admin(管理员)"两个网名,曾一度使用一个微软hotmail邮箱发送致新用户的欢迎邮件,而这个邮箱属于1991年10月19日出生的加拿大人亚历山大·卡兹。

进一步调查发现,社交职业网站"领英"上也有一个叫亚历山大·卡兹的人,自我介绍精通多种电脑软件,是一名网页设计人员。更重要的是,2008年,有人使用"Alpha02"的网名在一个论坛上发帖,并在帖子结尾处附上名字亚历山大·卡兹以及上述个人邮箱。

调查人员推断,这个卡兹就是"阿尔法湾"的创办者。卡兹和他的妻子在泰国过着奢侈生活,开着兰博基尼、保时捷等豪车,拥有多处豪宅,名下总资产达2300万美元,但又没有合法来源。

本月5日,卡兹在曼谷被泰国警方逮捕,美国检方以诈骗、毒品交易、洗钱和盗用身份等罪名对他提出指控。卡兹被捕时,正用笔记本电脑以管理员的网名接入"阿尔法湾"服务器,并在论坛上回答用户提问,其身份由此正式确认。

美国司法部说,卡兹12日在泰国羁押待审期间死亡,"显然"死于自杀。

巧设陷阱监控犯罪

"阿尔法湾"只是众多暗网平台之一。20日出席美国司法部记者会的欧洲刑警组织负责人罗伯特·温赖特透露,就在一个月前,荷兰警方秘密接管了全球第三大暗网交易平台"汉萨",在用户不知情的情况下监控他们的犯罪活动。他们发现,"阿尔法湾"被封杀后,其用户开始寻找新的暗网黑市,许多人转移至"汉萨"。

"事实上,他们成群结队蜂拥而来,"温赖特说,"紧随着'阿尔法湾'被铲除,我们看到'汉萨'的用户数量增加了8倍。自荷兰警方接管'汉萨'的秘密行动以来,

成千上万个非法商品买卖方的用户名和密码已被确定,将成为后续调查的对象。"

除美国、欧洲刑警组织和荷兰外,泰国、立陶宛、加拿大、英国、法国等国也参与了打击暗网黑市行动。

七、从网约车谈"田氏代齐"式的和平演变
——公共服务是政府义务更是政权权力

政府能为公民提供什么?提供最多的是政府的公共服务,我们基本把这些服务当作政府的义务来看待。一般说法,是我们纳税了政府应当为纳税人服务,权利义务是相等的。这是一项政府的权利,也是政权权力的来源!如果政府丧失这项权利,政权的和平演变就要开始了。网络资本的烧钱补贴,收买社会各个阶层和田氏代齐的做法类似,需要警惕网络资本搞田氏代齐式的和平演变。

西方慈善家们争抢着所谓的捐款,提供各种公共服务,我们的"小清新"对这样的善行肃然起敬。那么,为何这种慈善在中国并不那么流行呢?因为这种慈善的背后需要巨大的回报,和中国历史上"田氏代齐"的故事异曲同工。明白了这一点,就可以理解为何沈万三捐钱建设南京城墙,还会被杀(后是改为充军云南,客死他乡)的深层原因了。

1. 公共服务的权利,不能让渡给资本

西方慈善把本来应该交给政府用来提供公共服务的税收,变成了自己提供服务的资本。实际上,行善的事由资本做,打压、限制的事情归政府干,这就是资本在幕后统治世界的规则。中国不是资本统治的社会,政府权力当然不能让渡给资本。

现在,很多应该由政府提供公共服务的权利,却在网络上大幅度让给了资本。以网约车为例,号称打破利益集团,实际上打破政府权力。出租车管理是政府权力,但现在这个权力政府没有了,变成了网络资本的了。网约车合法化的背后,就是政府的交权。以后大家出行市场,依靠网约车的经营者进行管理了,最终政府的权力变成私人资本的了,和中国古代的"田氏代齐"[①]有相似之处。

网约车的成功,上演的就是网络版的田氏代齐,数以亿计的赠送,这与田乞给齐国

[①] 田氏代齐是指公元前545年,田桓子取得公族与国人的支持。田桓子之子田乞(田僖子)用大斗借出小斗回收,使"齐之民归之如流水",增加了户口与实力,是谓"公弃其民,而归于田氏"。前489年齐景公死,齐国公族国、高二氏立公子荼,田乞逐国、高二氏,另立公子阳生,自立为相。从此田氏掌握齐国国政。

国民大斗出小斗进有何区别？给权贵子女的各种私募参股，招募其子女进入企业工作，不就是田恒子的"对齐国公族凡公子、公孙之无禄者，私分之邑，对国人之贫均孤寡者，私与之粟"的行动吗？

网络资本进入公共服务领域，通过利益输送给公众和相关的部门，与当时田氏的贿民政策一般无二。而且还搞了白马非马，原来禁止的"黑车"在线下是马，到了线上就变成了白马，成了所谓的法不禁止皆可为，当占有市场达到一定的规模，就要求合法化。

网约车进入市场，背后是当时很多人打不到车，而出租车管理部门则不能放太多出租车出来。因为道路是有限的，一辆出租车占用道路的资源相当于 20 辆私家车！而更关键的是出租车已经临近退出城市主要出行方式的阶段，发达国家定制化的出租车服务比私家车昂贵，打车族极少。在中国打车族有一定的话语权并且可以报销，而他们不打车，买私家车又被限号，退回坐公交的时代，生活质量下降了，当然意见极大；而出租车司机的收入则在油价、物价和工资都上涨的时代反而下降了，意见也很大；政府方面，如果出租车涨价在影响 CPI 的同时民生也有压力。

这时候出现了网约车，数亿现金补司机又补乘客，似乎一下子矛盾解决了，缓解了打车难的同时还没有涨价，解决了就业，真的太美了。实际上提高车辆率背后却是增加了道路占用率，市政投资的间接套利。试想这种亏损营销，可以持久吗？亏损营销属于不正当竞争的倾销手段，背后是什么？

想一下中国的核心城市人均 GDP 已经迈向 2 万美元，世界上哪一个人均 GDP 达到 2 万美元的城市，可能只要 1~2 美元起步的出租车？这个变化的缝隙被敏锐的资本捕捉了。出租车的 2 美元起步不可持续，资本倾销该怎么做呢？

我们先看看田氏代齐的历史发展，公元前 481 年，田乞之子田恒（田成子）杀齐简公与诸多公族，另立齐平公进一步把持政权。也就是说杀掉了当初收买并支持他们的公族，同时田恒又以"修公行赏"争取民心。公元前 391 年，田成子四世孙田和废齐康公。公元前 386 年，田和放逐齐康公于海上自立为国君，同年为周安王册命为齐侯。公元前 379 年，齐康公死，姜姓齐国绝祀。田氏仍以"齐"作为国号，史称"田齐"。田氏先是贿赂，最后举起了屠刀。如果将政府的权力让渡给资本，后果将会如何？而看似得到好处的齐国人，等到变成田氏臣民以后，照样被盘剥。

网络资本和平演变，掌握了社会话语权，谁阻挡谁就是既得利益者，民意已经被贿赂出来了，民意是可以被钓鱼的，与当年田氏代齐的情况是一样的。史书上说田氏代齐时"齐景公时，公室腐败"，田氏身为执政的宰相，腐败没有他的份儿？田氏给没有钱

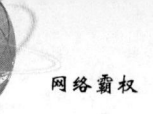

的公室"无禄者私分之邑"不叫行贿？我们现在的网络资本是不是给很多权贵子弟们股份来着？关键就是历史的笔，是胜利者田氏来写的。接下来"田氏代齐"的和平演变要开始了。

2016年7月28日，中国交通运输部等7部委发布《网络预约出租汽车经营服务管理暂行办法》宣布网约车合法，这也是全球范围内第一部国家级的网约车法规。为何中国成为第一个？最早搞Uber的西方国家为何没有批准？对在不确定的事物面前，立法都是保守的，因为法律是严肃的和不溯及既往的，一旦立法就不能朝令夕改，而且更改法律可能还要涉及给相关损失方补偿。那么为什么不"让子弹飞一会儿"，看清各种利害关系再立法。

其实，网约车与田氏得势后的做法也是一样的。刚刚合法化，网约车的牙齿就已经露出来了，私家车要做网约车，则要给平台上缴20%的收入，这与被谴责出租车高份钱也相差不远了；公众约车时，一旦车源紧张，约车价格立即变成原来的二三倍甚至更高，约车还要给小费等，把原来的出租车的拒载和议价从线下变成了线上，利益已经被挖掘到最大化，实现大规模涨价，公众已经感觉到网约车已经不便宜了。

与此同时，它们的垄断开始了。经历数月合并传闻，全球最大两家出行平台终于达成了交易。据相关人士透露：合并后公司估值接近350亿美元。第三方数据研究机构中国IT研究中心（CNIT-Research）发布的《2016年Q1中国专车市场研究报告》显示，一季度专车市场整体保持了高速增长，其中滴滴专车以85.3%的订单市场份额居行业之首，Uber、易到用车及神州专车则分别以7.8%、3.3%和2.9%位列第二、三、四位，这四家占全部市场的99.3%，这意味着其他投资人已经进不来了。若从市场份额来看，滴滴与Uber中国合并后，将占到中国专车市场的93.1%，接近95%，这个规模实际上已经是其他竞争者无法生存的地步，必将垄断网约车市场。这里有人又要说这是市场竞争自然选择的结果，说惠及了打车人等，但为何不说这背后还有倾销呢？

网约车市场估值远远超过了它们赠送的利益，溢价升值是巨大的。什么使得他们的利益最大化的？这个最大的价值就是它们成了"网络出租车管理局"。如果我们能够把全国各地的出租车管理局整体上市又允许它们根据市场最大化抽取利益，那么政府的出租车管理局的上市公司该估值多少，利益又有多大？这就如田氏代齐一样，田家给大家的利益是有限的，政权的利益才是更大的，捐出家产获取政权，算起来都是极为合算的交易。

现在，垄断且合法化的网约车平台，则成为一个网络政权机构了。某平台声称："通过大数据的深入挖掘与应用，智能调配体系连接多种交通工具……已经构建了一个世界领先的智能交通云，希望通过与相关公共部门和科研机构合作，为城市的交通体系和城市发展创造更大的社会价值。"这不是政府的公共职能吗？何时网络上代行政府职权了？对私有企业，政府的公共部门是它的管理者，而非合作者，公共服务本身应该是政府的权利、政权的权力，企业谋求的是利润，社会价值更多地需要政府职能来满足。

对这样的机构，世界各国普遍规则是需要政府特许经营权，特许经营需要给政府高额特许费且年限明确，同时还要纳税和接受政府管理，特许的条件也要公示和限定，明确限制利润率。如今的网约车平台没有这些限制，当然可以高估值，实际上是政府权力的估值，是制度性套利。有报道说两大网约车平台正筹划 IPO、Xiaoju Kuaizhi Inc. 拟于 2017 年于纳斯达克上市。又一个 VIE 结构的公司，又是外国股权主导，又是外国上市，线下出租车管理局的政府权利变成了网络上的商业利益全球挂牌兜售，让买办和资本大鳄赚取暴利。互联网思维讲的是羊毛出在猪身上，关键要认清猪是谁，别当了被侵害的猪，还被叫作利益集团。

更进一步，它们把出租车管理局以前特许的利益也给无条件征收了。出租车公司当时取得出租车资格，是支付了高额对价的。不要说它们是利益集团，它们的利益支付了对价是应该保护。当时出租车车牌大部分省市是拍卖的，价格最高的达到 70 万元，最少的也要 10 万元以上。北京等最早开始运营出租车的城市，虽然没有牌照费用，但当时 25 万元一辆的桑塔纳足够北京三环内买两套房子了。这些利益是出租公司当年投资带来的，这些利益政府不保护，本质上讲就是政府的一种违约。政府拍卖车牌的时候是有承诺的。有些人说出租车公司是利益集团阻碍改革和技术进步，那么网约车平台背后的资本就不是利益集团了吗？最大的出租车公司也比不上最小的网约车平台。网约车对司机收入 20% 的抽取费用，实际已经赶上出租车的份钱，而出租车公司还要给司机上保险等福利，网约车平台可什么都不管。如果把全国出租车公司的特许经营的权利掠夺过来上市，应当值多少钱？把这个想明白，就知道网约车平台为何可以有那样高的估值了。

网约车平台的强大，能够与政权相比，我们还可以从另外的层面看一下。滴滴官方 2016 年 6 月公布的数据显示，目前已有 3 亿注册用户，约 1500 万注册司机，业务涵盖出租车、专车、快车、顺风车、代驾、巴士、试驾和企业级等多个领域，日完成订单已突破 1400 万。这是一个什么样的数量和活跃度、黏性？中国 13 亿人而除去老人、儿童和农民等不打车的，中国主体人口群实际已经全部覆盖。更有甚者，它们全面收集个人隐私，如果手机的位置服务变成提醒，你会发现网约车平台在提取你的位置信息，相当

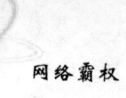

于随时跟踪着你，而且约车软件索要手机系统的各种授权，包括访问手机的存储空间权力等，这些行为都与约车无关，最终你在约车软件面前透明了。

这里不要说贪官去了会所消费它知道，老百姓出轨开房它也知道，几十年前的行踪它都记录在案，只要有手机和用网约车，你的行踪它就知道，你总是秘密去接头地点和安全机关，它们可以把中国的情报人员都大数据出来分享给Uber，再分享给美国中情局！在我国领导人可能不用，社会精英免不了用，领导人的家属免不了用，实际社会核心行为已经被大数据勾勒出来了。未来几十年，谁成了人大代表或者国家决策者，行踪等也要被大数据分析。对我们执政者，这些信息我们都没有，而资本却掌握了我们核心的人员信息。一旦出现问题，将会给政局造成不稳定因素，这个权利如何能够让渡给别人？

网络资本可以不是本土的，中国核心信息可以流失，我们关注国有资产流失，而国家核心信息的流失泄密、无形资产的流失才更是可怕。滴滴与Uber拥有贝莱德、高瓴资本、老虎基金、中国人寿4家投资方。一位人士透露，这次合并老虎基金与高瓴资本起到了至关重要的作用。滴滴出行和Uber全球将相互持有对方股份，Uber中国的投资人将获取新公司的部分股份，但持股比例暂未确定。此外收购交易之外，滴滴中国还将以Uber全球最近一轮融资估值超680亿美元，再投资10亿美元给Uber全球。它们并未公开怎么样共享信息，但我们知道，Uber软件合并后外国人一样可以境外约车，约中国境内的车，这意味着他们之间必然存在深度的信息交换。而且合并的估值中，外国资本是得利的，Uber中国的市场份额是滴滴的不到1/10，却占新公司的约20%的份额，滴滴最新融资前，滴滴和快的之股权结构为：管理层（20%包括ESOP）、阿里（11%）、中信产业基金（6%）、DST（5%）、TigerGlobal（5%）、Coatue（5%）、软银（4.3%）、GSR（4.3%）等，这意味着Uber通过这个合并，已经是公司的最大股东了，虽然滴滴声称Uber全球将持有滴滴5.89%的股权，相当于17.7%的经济权益，Uber中国的其余中国股东将获得合计2.3%的经济权益，这个说法规避了外国控制的概念，但Uber全球起码已经是利益最大一方了，公司管理层的20%不到，背后是一大群人，上市后权利早晚会被拆散的。如果计算了其他外国投资者，尤其是共同股东重合度比较高，带有一致性，这个公司就是外国控制的企业，甚至有隐含一致行动人和实际控制人。而滴滴新的融资当中，投资方包括苹果公司、中国人寿、阿里巴巴、蚂蚁金服及腾讯、软银等，滴滴也因此成为唯一一家腾讯、阿里巴巴和百度共同投资的企业。

在这个平台之上，网络资本成了一个联合体，各种网络巨头利益均沾，它们之间难道没有信息交换吗？所以我们清楚看到，网约车平台实质上被网络资本控制，而网络资本还是境外资本，也是美国为主的控制了。如果控制平台的外国竞争者、情报机构利用这些信息，掌握了几乎所有城市里成年人的隐私，尤其是在网络透明的情况下，对国家安全会怎样，政权还安全吗？很有可能成为"颜色革命"工具。

现在，我们已经看到它们的力量和左右舆论的势力，各地的网约车细则备受网络资本代理人指责，甚至被说成地方抗拒中央，要有大量人失业云云。为何要京人京车？北京不就是道路压力大嘛，如果外地车都可以来运营限购做什么？如果允许非京籍人运营，那么我有车可以雇人干！我们需要注意的是，最初网约车是怎么说的？顺风车提高资源利用率，并非将其变成职业！变成职业不就是黑车合法化，进行制度套利？！变成职业后，网络平台则成了网上出租车公司外加出租车管理局吗？如今的制度套利利益集团，很有可能发展成为网上政治集团。而黑车司机没有了黑车开，应当叫作黑车失业吗？网络该归政府管还是网约车平台公司管？

网约车只不过是一个开始和案例，类似的网络平台很多，如夭折的 P2P 平台网络金融，也是要国家的金融核心权利；我们的网络社交平台，成为虚拟世界的广场政治中心，起到了西方从古希腊以来的广场政治的作用，而且平台更大，具有网络政府的性质；再有网络的交易实体，不让政府干预的不注册、不纳税，政府工商局的企业法人公共信用服务，税务局的让企业承担国家义务的权力等，都变成网络企业的了，资本已经在布局，在各个领域把传统行为绑架为"互联网+"，很可能网络的政府职能变成网络资本的了，政府提供的社会公共服务，变成资本在网络虚拟空间提供了。网络政权正在构建，网络政权很可能采取田氏代齐，和平演变实体政权。这已经不全是网络经济的问题，更是网络政治的问题，有人的地方就有社会，就有政治，网络也不例外。

我们看到推特和脸书在改变世界中的力量，土耳其政变中新媒体的力量，限制西方的社交网站进入中国是为了安全，但国外的网约车软件进来了，它在各种法律灰色地带全球畅通无阻，其背后的力量不得不考虑！我们的核心信息被他们掌握，难道不是细思恐极的事情？比起社交网站只控制舆情而言，网约车软件还要跟踪你全部的行为，掌握了 1500 万的司机、掌握了 3 亿人，控制了社会中坚群体和各种人群，而且它们的力量还在快速增长和整合之中，Facebook 未上市的时候与 Uber 的估值差不多，而 Uber 还存在合法性的问题，为何能够有如此高的估值？它们真正值钱的不是经济能力，而是给国际资本掌控全球政治，发挥政治影响力的能力，这个价值当年吕不韦看得很清楚。

Facebook 的注册是 7 亿人，网约车已经有 3 亿了，并且对你的隐私掌控得更紧密，而且社交网站、电商交易巨头都投资了，网上第三方支付也与之投资关联了，它们彼此

之间原来是竞争，在网约车上统一了起来。网约车平台也是不断给每个用户推送信息，覆盖能力比电视台强多了，社交平台的功能全部都有，还多了跟踪你位置的信息。以后国家内乱，需要抢占的不再是广播电台、电视台，而是这些网络平台了，但这些平台如果是外资控制，飘在海外，你怎么抢占？或者资本就是田氏代齐要你变天的人，搞温水煮青蛙的和平演变，我们如何应对？明白了这些，你不细思恐极？你就会明白500年前为何沈万三必须倒掉。

我们不能只关注网络创新所带来的经济利益，就如齐僖公喜欢田氏惠民政策一样，而网络资本则如田氏家族一样早已打定了政权的主意，准备了"互联网枷"给你戴了。齐僖公该干的事情被田氏取代以后，僖公的未来就是后代被屠杀和绝祀。想想当年姜太公建国之不易，赠送这点区区小利，就让政权的核心权力流失他人，也因此他的谥号为僖，成为历史的小丑人物。

2. 比国有资产流失更可怕的政府职能流失

改革开放以后，出现了一群占国有资产的便宜、瓜分国有资产为目的的资本人，我国也及时提出避免国有资产流失，成立了国务院国有资产监督管理委员会（下文简称国资委）。我们现在发现资本要干的事情却是抓住了政府职能流失，得到变相政府权力寻租利益，同时这也是一个田氏代齐的过程。

网络高额估值，政府依赖网络，一些人认为政府职能能够有社会机构分担是好事，就如当初国企改革时国有资产流失，有人说这些资源到了私人手里效率提高了是好事情一样，对政府职能流失带来的问题并没有深刻认识。

政府提供各种公共职能，即是政府的义务但也是政府的权力，如果这些职能的流失，政府的权力也将随之流失。

我们可以看到历史上的皇帝自己偷懒不干活，把很多事务性的事情交给太监或者大臣去办，结果皇帝的大权旁落，太监或大臣便可以专权，甚至会影响皇帝的废立。比如天启皇帝时期，魏忠贤代劳很多"小事"，最终魏忠贤专权；宋徽宗时期，很多事情交给蔡京，最终国家走向灭亡。

政府应当履行的职能，不可以轻易地放弃。比如政府对网络虚拟实体的管理；国家对网络上的约车管理的放开，网上各种约车平台就成了网络上的出租车管理局。这些网络政府职能价值几何？这些职能流出后，其根本的商业盈利模式变成了获取政府流失的职能权力进行寻租。

传统行业中，一些企业拥有少部分的政府职能，但这些企业需要有特许经营权授权，需要上缴高额的特许经营费！而特许一般也是有期限，政府最终管理权也是明确的。如今，一切变成了网络新事物，法不禁止皆可为，这样的网络权力，如果能够拿到资本市场去估值，在吕不韦这样聪明的商人眼里，在2000多年前就是无价之宝。

我们可以用网约车平台来举例分析。政府缺位以后，网约车涨价。《滴滴回应垄断后涨价称为合理分摊车主成本》这是一个必然的结果。但是，这应当政府定价的！在网约车垄断之下，市场实际上已经失效了，而它们提供的是公共服务，履行的是政府管理职能，政府职能将会流失。这根本不是什么高效，什么不要出租车的分钱儿的事，而是在网络平台下，将乘车人和司机的利益压缩到极致。即便政府不收特许经营费，它们也不会下调价格，如果收取特许经营费，它们肯定会大张旗鼓地涨价。

政府没有收取特许经营的费用，使其取得了资本的高估值，利益被资本所赚取。我们可以看一下网约车平台的估值有多少？滴滴2016年的新一轮融资是73亿美元，在2015年某一轮融资中，滴滴先是在6月确认"规模超过15亿美元"，再于7月宣布"完成20亿美元"，最终在9月9日敲定了"30亿美元的融资总额"。而整个滴滴公司的估值，据说上市时要达到上千亿美元，而这个价值实际上是政府出租车管理局的价值。中国没有一个国家级的出租车管理局，而网约车平台则是一个全国的网络化管理的大出租车公司，白马非马地变成了所谓的网约车平台，反而什么都不要、什么都不交，与线下出租车牌照拍卖动辄一辆车几十万相比，简单计算下，一百万辆出租车的价值是多少？

某网约车平台号称有1500万司机，按照政府拍卖运营车牌照，政府应收几千亿，网约车平台几千亿估值怎么来的，不就是这一块的政府职能流失带来的吗？当初几百亿的补贴换取政府几千亿牌照收入。政府出租牌照收入不也是用来补贴公共交通的吗？本来应该政府给社会的好处，变成了资本给社会的好处。这种无形的流失给利益集团带来财富的方式，比有形资产流失更隐蔽，危害性更大。

值得注意的是，政府职能的流失，实质上是政权的流失，政府给特许经营权，是有管理、有限制、有公益且有期限的。如今政府职能流失所带来的巨大利益变成私产后是可以继承的，成为可以世袭的权力。能得到这些权力的，他们很可能会提出政治要求，就如中国历史上的田氏代齐一样，政权很可能也要变色。

更何况网络还有大数据的功能，这些公共职能的背后，是政治大数据，这些核心数据会让政府与资本在未来完全陷入信息不对称的境地。各地县市级的政府，都在使用各个网络公司提供的决策支持系统，政府部门很可能被各大公司的信息包围而没有自己的

信息源，而这些信息很多来自各种公共职能服务，网约车平台吸纳了上千万司机，采集了数亿人的出行信息，挖掘出来的东西在人工智能下将会超乎想象。你做什么样的决策，很可能被各平台提供的信息所左右，究竟是做决策的是政府还是网络资本？

现在一些网络大鳄们提出"做政权的拱卫者"的口号，这不就是等着黄袍加身的殿前都点检嘛？我们需要关注舆论的不对等，为何当初对出租车份钱铺天盖地的舆论，在网约车收费后就没有了呢？看这些平台的股东，就能心证这是谁布下的舆论场，并且绑架了我们的决策。

维护一个政权，不怕狂风骤雨，最难的是防微杜渐，防止资本渗透下的政府职能流失，这比国有资产流失钱财更可怕，政府的自身义务和政府职能，绝不可以流失他人。

八、网络空间博弈的焦点是主权

各国围绕网络空间疆域的理论、学术、技术、战略控制、策略举措等之争由来已久，博弈的焦点是网络空间主权，即各国和世界的网络空间所有权、领域权、主导权、主动权、话语权由谁掌控、如何掌控的原则问题。

美国竭力推行"一张网"战略，宣扬"一张网"网罗天下、覆盖全球、统领世界，宣扬"因特网就是互联网"，宣扬美国的赛博网络空间战略保障世界网络空间安全。中国、俄罗斯以及欧洲、中东等一些国家坚持各国拥有主权网络空间，没有主权，何来安全？习近平总书记强调，主权在我，不受制于人；要理直气壮维护我国网络空间主权，明确宣示我们的主张。

1. 美国利用科技优势称霸网络空间

美国利用其网络空间科技优势，不择手段地把持、操控与垄断全球网络空间的科技发展，甚至竭尽丧失颜面的流氓、无赖之能事打压他国网络空间科技创新和创造，其网络霸道，在《网络安全协议的国家战争》一文中可见一斑。

上文从普通爱国科教工作者的视角，摆事实、讲道理、举证据、指问题，由美国拥有知识产权的微信（Wi-Fi）系统的不安全，引述出美国不得不接受中国创造并拥有自主知识产权的无线局域网 WAPI 安全体系成为世界标准，清晰揭示了中美在移动通信特别是无线接入领域的近 20 年技术博弈的真相，有理有利有节，值得一读。

在网络空间领域，代表美国跨国资本利益集团的历届美国政府，不遗余力地操控因特网、发动举国体制推动因特网一张网的全球化扩张，以美国高度发达的高科技优势牵制、威胁、监控各国陆、海、空、天疆域，以严密掌握"制网权"制约各国家地区的经济、文化、政治、军事乃至社会命脉，借以维护其长期称霸全球网络空间疆域的强权地位。

20世纪60年代美苏冷战期间，美国国防部高级研究计划署开发了阿帕网（ARPAnet），80年代发展为因特网（Internet）。依照中国"国民互联网导师"的说教，中国在1994年进入了"公众互联网"发展阶段。

美国阿帕网、因特网诞生的年代，中国取得了举世瞩目的科技发展巨大成就，为建设和发展主权网络空间打下了坚实的基础。在被美国为首的西方发达国家的严密封锁下，依靠自力更生、艰苦奋斗的民族自强自立精神，中国在1958年研制成功第一台小型电子管通用计算机，1960年发射成功第一枚探空试验火箭和自制运载火箭；1964年发射成功第一枚生物火箭、爆炸成功第一颗原子弹，1965年研制成功第一台大型晶体管计算机；1967年爆炸成功第一颗氢弹，1970年发射成功第一颗人造卫星，1974年研制成功采用集成电路的小型计算机；1975年发射成功第一颗返回式人造卫星，1983年研制成功高速巨型计算机。

国人扬眉吐气，美国和西方震撼！1972年，美国总统尼克松访华，开启了中美关系正常化的大门；1973年，美国不得不退出在中国南大门前打了12年、投下800万吨炸弹的越南战争。

必须引起重视的是，无论IPV4或IPV6，美国明明知道因特网技术体系先天不足，且承认其单一控制中心框架结构不安全、不稳定；单一通信协议（TCP/IP）及地址资源存在局限性；没有安全机制（No security）；没有质量服务控制（No QoS）；混乱无序、没有管理（No management）；TCP/IP结构导致网络流量激增和路由表急剧膨胀相互作用，严重影响可扩张性；为固定终端设计的技术架构难以支撑日益发展的移动性；IP地址的通信体系形成"沙漏""瓶颈"，等等，却非要将因特网作为"互联网"强加于中国和世界各国，就是为了有利于美国网络空间利益的扩张，有利于美国对中国和世界网络空间的监视和操控，有利于美国随时利用因特网技术的缺陷和漏洞打击、盘剥他国。

发人深省的是，协议和标准是维护网络空间主权和安全的手段与工具；网络空间主权原则，才是制定协议和标准的出发点、目的和底线，也是世界各国网络空间科技人员创新与创造的前提、基础和源泉。那些痴心于吹捧美国、唱衰中国的"国民互联网导师"和某些媒体，恰恰是在网络空间主权原则问题上失了国格，丢了人格，令国人不齿！

2. 美国利用经济优势操控网络空间

美国政府2012年公布的《网络空间国际战略》报告序言中，奥巴马总统坦承：因特网本身无法开启国际合作的新纪元；通过因特网连接，美国公司的业务可以延伸至全球任何一个地方，为美国民众创造无以计数的就业岗位和机会；确保对因特网进行有效管理，是因特网在国际环境中独树一帜的重要原因。

美国是全球经济最发达国家。按照美国的技术壁垒和战略逻辑，"互联网"就是美国拥有知识产权、控制主权和保障美国利益安全的"一张网"，接入美国因特网，美国就能保证各国乃至世界的网络空间安全。为此，美国可谓潜心策划、精心运作、用心良苦。

早在2005年，德国人就揭露了美国"一张网"剪割世界"羊毛"的伎俩。在欧洲投资1欧元，75%被美国人拿走了，投资回报率只有7.5‰。而美国在欧洲投资1美元，收益是113%。

专业人士指出，"中国互联网"大佬欺骗国人和国家，出口带宽是为国家"创汇"。可是，无论工信部、财政部、国资委或发改委，从来都拿不出这个"创汇"的统计数据。相反，2015年官方公布全国信息消费收入3.2万亿元人民币，因特网出口带宽1.65Tbps，而其中中国三大电信运营商的合计收入仅1.2万亿元，占62.5%的2万亿元信息消费收入显然是从那个"创汇"的出口流出去了，作为因特网的协议租金、域名使用费、各种知识产权费，等等，源源不断地支付给了美国。这哪里是"创汇"？明明是美国利用因特网剪割中国"羊毛"的铁证！

国人耳熟能详的"中国互联网"前20名企业巨头，几乎清一色地被西方资本主要是美国华尔街资本控股。毕业于美国加州大学伯克利分校的日籍韩裔人孙正义领导的软银集团和美国IT跨国公司雅虎，控股阿里巴巴60%以上。在纳斯达克上市的南非跨国传媒企业米拉德国际控股集团是腾讯的第一大股东。美国风投公司德丰杰是百度的第一大股东。华尔街风云人物朱利安·罗伯森领导的老虎环球基金、耶鲁大学基金高瓴资本、美国硅谷的红杉资本等联手控股京东。搜狐、新浪、网易、人人、奇虎等无不被美国公司渗透染指持股，中华英才、智联招聘、前程无忧三家网络招聘公司完全被美日资本绝对控股。海量的中国网络信息、网民信息在外国资本的操盘下长期失控，"中国互联网"的网民不仅赤裸裸地袒露在美国因特网全方位射线下，还不得不在美国资本面前束手就擒"留下买路钱"。

改革开放绝不能是开门揖盗。网络空间与国际接轨互连绝不能是"接鬼"。中国网络空间的策划、建设与发展，不仅不适当地全面引进美国因特网为所谓的"互联网"，还向外国资本特别是美国资本全面开放投资；这不仅具体政策指导失误，更是网络空间主权和安全战略的重大失误，教训不可谓不深刻。亡羊补牢，时不我待！

3. 美国利用网络空间实施和平演变的可能性

尼克松在《1999：不战而胜》一书中明明白白地指出：在军事遏制的基础上，以经济援助和技术转让等条件，诱使社会主义国家"和平演变"；开展"意识形态竞争"，扩散"自由和民主价值观"，打开社会主义国家的"和平变革之门"。该书最后一章赤裸裸地预言："当有一天，遥远古老的中国年轻人，不再相信他们的历史传统和民族的时候，就是美国人不战而胜的时候！"

美国采用军事高压、技术渗透、资本控制、文化侵蚀、外交纠缠等组合拳，早就将网络空间作为对中国、俄罗斯、伊朗等"网络空间敌人"实施和平演变的主战场，大力培养、拉拢美国利益的网络空间代言人，全方位不遗余力地压制中国等发展中国家网络空间主权和安全的创新与创造。

利用 IEEE、IETF 等民间组织单方面制定和提出所谓因特网的"国际标准"，渲染因特网是"国际互联网"，是美国一张网网罗天下强权逻辑的主要推手。尤其是笼络"中国互联网"精英为其所用，不遗余力地揣掇中国人遵从美国因特网的思维定势。他们公然藐视国务院授权的全国科学技术名词审定委员会 1997 年 7 月权威发布 Internet 的中文名是因特网，公开称"Internet 就是中国互联网"，并将 1994 年 4 月"全功能接入因特网"，作为中国"公众互联网"的盛大节日欢呼庆祝。

1963 年由美国无线电工程师学会和电气工程师学会合并而成的美国电气电子工程师学会（IEEE），目的在于促进相关科学家、工程师、制造商的信息联络与交流，提供提高专业教育和能力的服务，致力于推动电工技术理论发展和应用方面的进步。这个以美国人为主的民间跨国学术团体，近些年来被中国的"国民互联网导师"们推崇为"国际互联网"的标准组织。

1985 年年底创建的美国因特网工程任务组（IETF），自身定位是因特网技术研发的跨国民间组织，参与者都是志愿人员。其产生"因特网草案（Internet Draft）"，以及意见征求书或请求注解的文件（RFC），积极推动各国接入因特网。1995 年提出 IPV6 技术为"下一代因特网协议"。中国"国民互联网导师"向记者承认，"ICANN（因特网名称与数字地址分配机构）和 IETF 这两个重要的互联网机构，不是由政府派代表参

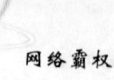

加的组织，而是由企业和专家组成的非官方机构。"清华大学的"中国互联网"精英说，"从技术上讲，IETF 是世界上唯一的互联网标准制定者，正是在它的引导下，中国的互联网标准研制工作取得了进展。"

尽管 IEEE、IETF 在全球到处发展会员、组织活动、颁发奖励、扩大影响，妄图以民间组织标准取代各国家成员体正式批准和同意的国际标准，联合国及世界各国公认的"最权威的综合性国际标准机构"ISO、国际电工协会 IEC、国际电信联盟 ITU-T 并不买账，坚持按照公正的规则程序制定与发布国际网络标准，提出"革命性全新框架的新一代未来网络"认识，取代渐进改良的"下一代因特网"概念。1992 年，ISO 就开始关注 IPV9 技术方案。2007 年以后，ISO/IEC 确认 IPV6 对于未来网络设计目标和基本要求的缺陷、不足和局限性而认定 IPV6 出局，委托中国专家预研未来网络的新命名和寻址机制（互联网的核心底层机制）。2014 年，经美国、俄国、中国、加拿大、韩国等国家成员体两次投票批准，并征得国际电信联盟 ITU-T 大会同意，ISO/IEC 正式发布《命名与寻址》（ISO/IEC TR 29181-2）和《安全》（ISO/IEC TR 29181-5）未来网络国际标准。中国专家们提出的多长度地址、全数字域名、混合架构、先验证后通信等构想具有很强的说服力；中国专家明确指出现有网络安全机制的种种弊病，仅限于一定程度上提高网络安全的概率，并不能实质性地解决和实现安全保障，必须将传统的被动安全防御机制改变为主动安全管理机制，建立细胞级安全防护体系等科学论断，各成员体国家代表都不得不折服。

美国政府长期以来"国货优先"的采购制度，也明确将 ISO、IEC 和 ITU 列为第一优先序列的国际标准组织，而将 IEEE 和 IETF 明确列为"民间协定标准组织"，纳入第三序列。

然而，中国的"国民互联网导师"们多以加入 IEEE、IETF 美国民间组织为荣耀和资本忽悠国人。科技部在《"网络空间安全"重点专项 2017 年度项目申报指南建议》中，无视 ISO/IEC 各国家成员体一致批准、正式发布的未来网络标准，无视中国专家组主导并拥有知识产权的意见已经为各国家成员体接受，硬是要求"重点研究以 IPV6 网络层的真实可信为基础的网络安全管理体系结构、关键机制和关键应用"，硬是要求"支持最新 IEEE802.11ac 或 802.11ax 等新型无线接入技术"，硬是指称 IETF、IEEE 为国际标准组织而只字不提 ISO/IEC。国家发改委、工信部提出的十三五信息化规划，也提出要全面引进、升级和部署 IPV6。

难道一定要将中国的网络空间死死地捆绑在美国因特网和网络空间战略的战车上，

将中国网络空间主权拱手让给美国，让中国的网络空间彻底沦陷为美国的网络空间，"中国互联网"的大佬、导师和精英们才如愿以偿吗？他们究竟是糊涂，还是装糊涂，还是根本就不糊涂，根本就是美国一张网称霸天下的忠实走卒呢？

难道中国的网络空间主权就这样和平演变了吗？难道中国网络空间安全和信息化发展的命脉从此就系于美国一身了吗？与虎谋皮，何来安全？覆巢之下，安有完卵！

4. 美国已进入网络"准战争"状态

网络空间主权，是覆盖陆、海、空、天领域的国家主权的重要组成部分。网络空间安全，是牵动陆、海、空、天疆域的生命脉络，牵一发而动全身。

1977年，美国开始研究反卫星武器；1983年，美国总统里根正式推出了著名的"星球大战计划"（战略防御计划）。20世纪末21世纪初，美国将赛博空间（Cyberspace）定义为与陆、海、空、天疆域同时并存的"第五作战疆域"，公然宣称赛博空间是包括因特网、电信网、计算机系统及各类关键工业中的嵌入式处理器和控制器的全球信息网，是维护美国安全的关键因素，美国必须在利用、控制和建立赛博空间三个方面拥有"制网权"。美国抢在中国乃至世界各国的前面，策动与实施网络空间全球化战略部署和行动，严重威胁各国网络空间主权和安全。

2016年2月，奥巴马任命前国家安全事务助理出任网络安全促进委员会主席。3月，美国网络空间部队司令表示，美国已经建成100个共约5000人的网络空间活动组织，美国仍然以中国、俄罗斯、伊朗、朝鲜等为网络空间的最大敌人。4月，奥巴马授权对网络攻击实施制裁，美国国防部长提出网络空间司令部升级计划。5月，美国最高法院准许联邦调查局（FBI）搜查美国司法管辖区域之外甚至海外的任何一台计算机，超过500名安全研究人员和黑客加入了美国搜寻网络安全漏洞大军。6月，启动赛博空间联合演习，"旨在立足于网络任务磨炼国防部麾下各支力量间的协作能力——包括现役、预备役与国民警卫队，同时引入各级州政府及地方当局作为其他合作成员"。

美国俨然进入了网络"准战争"状态。一个杀气腾腾的美国"全球信息网""国际互联网""中国互联网"已经展现在世界和中国的面前。

美国对中国网络空间的渗透无孔不入。芯片、路由器、操作系统、GPS导航等无不做尽手脚，千方百计在关键技术、核心技术、基础技术方面制约、抵制、封锁中国。习近平总记在"实施网络强国战略"的政治局学习讲话中，悉心指点各方面要走出因特网制约我国的阴影，放眼世界网络互连的大格局、大发展和大未来。习总书记强调，要

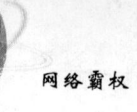

紧紧牵住核心技术自主创新这个"牛鼻子",抓紧突破网络发展的前沿技术和具有国际竞争力的关键、核心技术,加快推进国产自主可控替代计划,构建安全可控的信息技术体系。要改革科技研发投入产出机制和科研成果转化机制,实施网络信息领域核心技术设备攻坚战略,推动高性能计算、移动通信、量子通信、核心芯片、操作系统等研发和应用取得重大突破。

只有从世界网络互连战略的全视角高度、广度和深度,才能够摆脱因特网控制中国、独霸全球的怪圈,才能够真正建立起维护我国网络空间主权和安全的关键核心技术体系,才能够面对世界网络互连的未来将我国建设成为世界网络强国,才能使中国在网络空间领域引领世界未来网络发展趋势、制衡美国一张网称霸、战略和策略都立于不败之地。

5. 网络空间博弈的焦点是主权之争

网络空间博弈的焦点是主权。美国很清楚、美国的追随者很清楚,热衷于、醉心于因特网就是"中国互联网"的大佬、导师和精英们也很清楚。现在,中国和世界各国也越来越清楚。因特网是美国主权网,充斥着美国网络空间一手遮天霸权野心的图谋。尊重各国网络空间主权,共同构建和平、安全、开放、合作的网络空间,建立多边、民主、透明的国际网络互连治理体系,正在成为中国、俄罗斯等世界各国的共识。

近来有不少类似《网络安全协议的国家战争》等好文章见诸网上,令人欣慰。但其中一个共同的不足,就是对将因特网说成"中国互联网"认识不清、概念混淆、逻辑模糊。这是一个不得不特别提醒笔者和读者的重大问题。因特网就是美国向全球扩张的一张网,是侵蚀各国网络空间主权、安全合法权益的美国利益至上网,接入因特网不是互联网,只能是不平等地屈从而绝不是主权平等的互联。互联网,必须是共同构建和平、安全、开放、合作的网络空间的各国主权网络之间的互连互通,互联网是世界未来网络空间发展的必然趋势。

中国爱国知识人士同心同德,已经站在了未来网络国际标准的前沿,赢得了世界未来网络发展趋势的制高点,奠定了国家网络空间主权和安全的技术与理论基础。

网络空间主权原则,是鉴别真假"互联网"的照妖镜,是降妖灭鬼的金箍棒,是"中国互联网"大佬、导师和精英们的紧箍咒,是构建安全可控信息技术体系的试金石。

去 Internet 化,去美网殖民化,去美国网奴化,举国动员,军民融合,全民奋起,重振"两弹一星"精神,坚决打赢中国网络空间主权的解放战争,这是 21 世纪中国走向世界、走向未来网络空间的神圣使命。

九、美国真的放弃了"互联网"管理权？

1."放弃霸权"

2016 年关于美国放弃"互联网"管理权的各种说法和帖子到处泛滥，给大家的感觉是美国放弃了"互联网"资源的管理权，李晓东等专家在主流媒体上宣称：美国放弃 Internet 域名管理权。事情真的那样简单，美国真的就那么容易地放弃了自己到手的网络霸权？我们这里之所以用"互联网"，背后就是美国控制网络，各国与之不是平等互联的，网络的互联概念，是多张网不是一张网，只要有一个网络管理中心，本身就是主从网络不是互联的网络，只不过这个主从网络被叫作"互联网"，因此为了与真正互联的网络进行区分，我们这里用加了引号的互联网，在美国则 Internet 与 internet 是不同的词汇，不能混用的。

美国东部时间 2016 年 9 月 30 日午夜，美国政府与"互联网"名称和数字地址分配机构（ICANN）签署的"互联网"号码分配局（IANA）协议将到期失效。通俗的理解，该协议是美国政府对互联网资源管理权的集中体现，因为"互联网"号码分配局负责协调管理全球的域名、IP 地址和协议参数这三项关键"互联网"地址资源。对此中国的某网络公司的研究院发表文章说："自 2014 年 3 月 14 日美电管局发表声明（简称 3·14 声明），有意放弃互联网管理权以来，全球互联网社群一直在翘首以盼这一天的到来。这是一个历史性的时刻，标志着持续了十多年的美国政府对互联网关键基础资源的最终话语权正式结束，也标志着全球互联网社群两年多以来的努力终于画上了圆满的句号。"他们的这个"互联网社群"用得好，统治世界掌控"互联网"的就是一小撮人，他们就是在努力摆脱政府对网络的控制，他们要统治世界。这与我们要的网络国际化完全不同，这些网络资本是非常满意的。

在一些"互联网"亲美人眼里，美国政府向 ICANN 移交管理权，就是"美国政府主动放弃其管理权，兑现了其希望互联网资源管理民营化的承诺，顺应了业界的呼声，也回应了各方的关切，是全球互联网治理取得的重大进步，具有里程碑意义。美国政府的退出，客观上有利于 ICANN 治理，全球互联网的治理向着更加多元、民主、透明的方向继续前进。"这一切看似如天堂一样美好，但美国是世界的救世主吗？我怎么就觉得是被更深地绑定了呢！这伙人怎么不说同样为非营利组织美联储管理美元，美国当年成立美联储，把发行美元的权力交给美联储，是美国放弃美元管理权的行为吗？

2. 霸权洗白之路

对于这个问题我们首先可以看到美国不是像各国舆论要求的那样，把有关的网络管理权力交给了联合国，而是过渡给了一些美国的非营利组织。这个移交与世界各国当初的要求相去甚远，但却被一大片的声音说成了是美国放弃，以此来堵反对美国网络霸权人的嘴，但这个不同的到底在哪里？我们可以通过对美国移交的机构了解入手，并逐步给大家展现美国到底是怎样实现把霸权洗白的。

这次美国政府将"互联网"的管理权移交给了互联网名称与数字地址分配机构（The Internet Corporation for AssignedNames and Numbers，ICANN），我们首先了解一下这个机构。

该机构是美国加利福尼亚的非营利社团，主要由互联网协会的成员组成，成立于 1998 年 10 月。ICANN 负责在全球范围内对互联网唯一标识符系统及其安全稳定地运营进行协调，包括互联网协议（IP）地址的空间分配、协议标识符的指派、通用顶级域名（gTLD）以及国家和地区顶级域名（ccTLD）系统的管理以及根服务器系统的管理。这些服务最初是在美国政府合同下由互联网号码分配当局（Internet Assigned Numbers Authority，IANA）以及其他一些组织提供。现在，ICANN 行使 IANA 的职能。作为一个公私结合组织，ICANN 致力于维护互联网运行的稳定性、促进竞争、广泛代表全球互联网组织，以及通过自下而上和基于一致意见的程序制定与其使命相一致的政策。

2009 年 10 月 2 日 ICANN 已获准独立于美国政府之外，取得独立地位。ICANN 理事会是 ICANN 的核心权利机构，共由 19 位理事组成：9 位 At-Large 理事，9 位来自 ICANN 三个支持组织提名的理事（每家 3 名）和一位总裁。根据 ICANN 的章程规定，它设立三个支持组织，从三个不同方面对 Internet 政策和构造进行协助、检查，以及提出建议。这些支持组织帮助促进了 Internet 政策的发展，并且在 Internet 技术管理上鼓励多样化和国际参与。每个支持组织向 ICANN 董事会委派三位董事。

这三个支持组织是：

1）地址支持组织（ASO）负责 IP 地址系统的管理。

2）域名支持组织（DNSO）负责互联网上的域名系统（DNS）的管理。

3）协议支持组织（PSO）负责涉及 Internet 协议的唯一参数的分配。此协议是允许计算机在因特网上相互交换信息，管理通信的技术标准。

我们一直强调互联网是互联的概念，现在的网络不是互联的，是叫作"互联网"的一个美国网络，这个"互联网"Internet起源于美国，在20世纪90年代之前一直是为军事、科研服务的网络。在20世纪90年代初，由美国国家科学基金会（NSF）为Internet提供资金并代表美国政府与NSI公司（Network Solutions）签订了协议，将Internet顶级域名系统的注册、协调与维护的职责都交给了NSI。而Internet的地址资源分配则交由IANA来分配，由IANA将地址分配到ARIN（北美地区）、RIPE（欧洲地区）和APNIC（亚太地区），然后再由这些地区性组织将地址分配给各个ISP。但是，随着Internet的全球性发展，越来越多的国家对由美国独自对Internet进行管理的方式表示不满，强烈呼吁对Internet的管理进行改革。美国商业部在1998年年初发布了Internet域名和地址管理的绿皮书，认为美国政府有对Internet的直接管理权，因此在它发布后遭到了除美国外几乎所有国家及机构的反对。美国政府在征求了大量意见后，于6月5日发布了"绿皮书"的修改稿"白皮书"。白皮书提议在保证稳定性、竞争性、民间协调性和充分代表性的原则下，在1998年10月成立一个民间性的非营利公司，即ICANN，开始参与管理Internet域名及地址资源的分配。

ICANN这个机构背后是美国的国际互联网协会（Internet Society，简称ISOC）支持并受其控制，ICANN成员主要来自这个协会。我们来了解一下这个机构：

ISOC正式成立于1992年1月，是一个全球性的"互联网"组织，在推动"互联网"全球化、加快网络互连技术、发展应用软件、提高互联网普及率等方面发挥重要的作用。ISOC是一个非政府、非营利的行业性国际组织，在世界各地有上百个组织成员和数万名个人成员。ISOC同时还负责"互联网"工程任务组（IETF）、"互联网"结构委员会（IAB）等组织的组织与协调工作。ISOC（国际互联网协会）总部及秘书处设在美国弗吉尼亚州莱斯顿地区（Reston）并在美国华盛顿和瑞士日内瓦设有办事处。

3. 中国的代表权

中国在ICANN到底有多少代表权呢？这个问题一提出，马上就有声音说："中国专家阚凯力是ICANN二十几个投票委员之一，因此ICANN管理域名要比美国政府管理对中国更有利。"但阚凯力只不过是二十几分之一的资格，阚先生的ICANN投票委员资格不是政府提名，也不是政府任命，完全属于个人行为，不受任何政府监督，也不

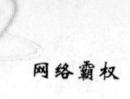

承担政府行为责任。因此,他的参与属于个人事务,不要与中国扯上关系,更不代表中国政府参与了因特网域名管理。

阚凯力曾是美国斯坦福大学的留学生。在美国完成硕士、博士、博士后的学业,并于1984—1986年任美国太平洋贝尔公司战略技术评价部经理,负责制定公司的技术发展战略及重大项目评估,贝尔公司是中国电信产业的直接竞争者;他曾任国际电信联盟美国代表团成员;曾代表太平洋贝尔对美国航天政策提出修订意见;他曾是拆分电信、移动的倡导者之一。

就算他完全站在中国立场,但是在由ISOC、IETF、IANA、ICANN等机构组成的庞大因特网管理架构下,个别专家的参与无异于杯水车薪,根本无法承担起保障中国网络主权、安全和发展利益的艰巨责任。

美国政府明确拒绝其他国家政府和国际机构参与或主持因特网域名管理。然而中国企业也被美国扣上了政府参与的帽子,目的是堵死了中国参与"互联网"管理的可能性,这是与把"互联网"管理权交给联合国是不同的。中国政府目前没有任何在ICANN运作和因特网域名管理的话语权。

针对美国这次权力移交根本性的问题,美国对此的问答当中已经解释得非常清楚,国内有关专家总结出了五个关键性问题,通过这些我们可以看到美国真实的嘴脸。

2016年10月1日,美国商务部电管局授权ICANN实施IANA功能的合同自动过期,标志着美国商务部电管局最终移交了IANA监管权限。理解IANA监管权限的关键要点,可以从ICANN发布的常见问题问答(Answering some of your questions on the stewardship transition)中找到比较初步的答案。需要注意的是,这个回答页面提供英文、中文、阿拉伯语、西班牙语、葡萄牙语、俄语等不同文本,其中英文包含16个常见问题,其他所有文本包含11个常见问题,仅限于英文文本的5个常见问题,及其回答,从一个侧面有助于人们更加深入准确地理解此次移交监管权限的本质,以及能够顺利移交的关键。

这五个仅限于英文版的问题是:3) Does the contract between the U.S. Government and ICANN protect First Amendment rights on the Internet? 美国政府与ICANN的合同是否在互联网上保护美国宪法第一修正案所规定的权利? 8) What will be the role of the U.S. Government in ICANN after the transition? 在监管权限移交之后,美国政府在ICANN扮演怎样的角色? 11) Will the U.S. lose exclusive rights to the .mil and .gov top-level domains as a result of the transition? 在移交之后,美国是否将失去

对 .mil 和 .gov 这两个顶级域名的排他性权利？14）What accountability mechanisms will be put in place after the transition to ensure ICANN remains accountable to the global Internet community？在移交之后，何种监管机制将确保全球互联网社群对 ICANN 的问责？15）The ICANN Bylaws and Articles of Incorporation, formed under California law, provide the foundation for ICANN's core mission, commitments, values, and accountability mechanisms. Could these important elements of the ICANN Bylaws be changed after the transition？ICANN 的章程和合作条款，建立在（美国）加州法律基础上；章程和这些条款构成了 ICANN 核心任务、承诺、价值和问责机制的基础。这些构成 ICANN 章程的核心要素是否可能在权限移交之后被修改？

（1）IANA 功能的合同没有提供 ICANN 或者美国政府在互联网规制或者保护宪法第一修正案的权力，或者是技术可能性。主权国家在其国境内的互联网上对内容进行管理，这就是现在的现实，也将继续是监管权限移交之后的现实。在互联网上对内容进行的监管，和 ICANN 或者是 IANA 功能，没有关系。

（2）移交监管权限之后，美国政府将继续作为一个活跃成员，参与政府建议委员会（GAC）。所有参与 ICANN 的政府，包括美国政府，都是 GAC 的一部分。

（3）有关 .mil 和 .gov 域名的运行和责任，不受此次移交的影响。在美国政府不公开表态同意的情况下，.mil 和 .gov 域名不能重新进行分配。为了正式确认这一点，2016 年 6 月 ICANN 和美国政府交换了一系列的信件，确认美国政府对 .mil、.gov、.us 和 .edu 域名保留管理权限。这意味着任何对这些顶级域名的修订都只能在得到美国政府书面许可的情况下才能实行。

（4）互联网社区发展出了 12 项基于共识的修改意见，以确保根据现有的多利益相关方机制，强化社区以及根据 ICANN 章程对 ICANN 理事会的问责能力。信息技术制造业委员会称"强化问责机制，为创造更加有助于在 ICANN 自我治理的过程中进行制衡奠定了基础"，新的问责机制包括强化 ICANN 的自我审核机制，以及独立审核机制。相关改进也将赋予全球互联网社区更大的权力，如果他们对 ICANN 这个组织及其理事会做出的决定感到不满，（他们能够做出回应）例如，全球互联网社区将有权驳回 ICANN 制定预算或者战略计划，解除理事会成员职务，甚至是解散整个理事会。所有这些权力的来源是美国加利福尼亚州的法律。美国商会对此问责机制表示支持，因为这些机制"实现了强制性的、合法的、强化的问责机制，而这种机制对多利益相关方社群来说是有益的"。

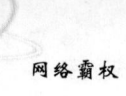

（5）依据加利福尼亚州法律，ICANN 理事会只能在得到了全球互联网社区支持的情况下，更改 ICANN 章程与合作条款。在移交之后，ICANN 的核心职责，包括使命、承诺、核心价值以及强化的问责机制只能在满足下列条件之后才能修改：其一，一个公开的咨询过程；其二，理事会 75% 的支持；其三，得到 ICANN 多利益相关方社区许可。这意味着核心要素，或者"基础章程"除满足来自互联网社群、ICANN 理事会以及广泛的互联网利益相关方的高门槛的同意之前，不可能被修改。

对美国的这次移交，国内的很多专家看得是非常清楚的，我们也引用其中精彩的论断如下：

加利福尼亚州法律是支撑移交后 ICANN 核心运行机制的关键。在移交之前，美国政府对 ICANN 的管辖，是通过定期进行的 IANA 监管权限招标，以及 IANA 功能行使过程中的书面审批实现的。移交部分取消了美国政府这方面的管辖权，但是移交之后 ICANN 整个机制运行的基础是美国加利福尼亚州法律。因此，ICANN 是一个遵循并接受加州法律管辖的多利益相关方组织。这和人们通常意义上理解的联合国框架下的 ITU 等不受美国国内法管辖的"国际组织"，存在显著的差别。

移交监管权限不涉及美国政府对 .mil、.gov、.ed 和 .us 的排他性权限，这些域名的分配与操作仍然需要美国政府的书面许可。这个流程至少在字面上和监管权限移交之前，没有差别。.mil、.gov、.edu 和 .us 作为顶级域名，它的操作涉及对威瑞森公司隐藏发布主机的操作；美国政府对这些域名的排他性操作如何不会威胁整个域名系统的稳定，需要结合具体的情景，加以进一步的说明。比如，如何防止对某个 .mil 域名进行操作，是错误地删除了根区文件的另一域名指向，或者错误地增加了根区文件的域名指向，以及 ICANN 如何通过有效的问责机制，来有效防范这种错误操作带来的风险，需要在移交之后进行更加细致的讨论，并推进相关的改革。

因为担心在理事会选举过程中失去对关键投票职位的控制，同时担心中国、俄罗斯等新兴国家凭借数量优势逐渐渗透流程，获取关键岗位，设计移交进程的美国商务部电管局大力削弱了 ICANN 的理事会；同时对 GAC（全局程序集缓存（Global Assembly Cache，GAC）是计算机范围内的代码缓存，它存储专门安装的程序集，这些程序集由计算机上的许多应用程序共享。在全局程序集缓存中部署的应用程序必须具有强名称。.Net 提供的命令行工具 gacutil.exe 用于支持这一功能。gacutil.exe 可以将具有强名称的程序集添至全局程序集缓存。GAC 位置一般在系统盘下 Windows/Assembly 目录下，如 C:\Windows\assembly\。）设置更加苛刻的限制条件，并大力强化了具有兄弟会色彩，容易通过圈内人进行控制的社区赋权机制。移交之后，ICANN 运行的效率将因为来自赋权机制的牵扯而大打折扣；同时又因为在关键岗位人事安排和政策制定中的小圈子色彩，这背后就是资本走到了前台。

对美国的这次移交，我们还要从其政权本质和国际政治经济学的层面上来认识。美国的政权是三权分立的，政府放弃了权力，不等于它们的政权会放弃权力，国家更不会放弃权力，美国的统治重点在法统[①]层面。而此次移交是更彻底地把"互联网"交给了美国法统之下，在美国的法律管辖之下了。

如果"互联网"的管辖权在美国政府，政府间的矛盾应该遵循国际条约进行国际谈判，通过外交途径解决。但在美国的法律层面之下，而且尤其是在州法律之下，国际法管不到的地方就变成了完全的美国法统了。我们要知道的是美国是有州宪法的，国家的宪法怎么样，国际条约可以谈判一些东西，但对州宪法，这个是内政。美国的法统就是资本统治国家的合法性，就是其资本社会的基础。中国的政权的权力出口在行政，美国的政权权力出口在立法，而"互联网"的立法权力在哪里？受到哪里的法律管辖？现在美国把这个权力下沉到州一级层面，国家政府可以影响州立法，美国政府对网络的影响力依然存在，而国际却影响不到了。实际上，美国移交的不是"互联网"的权力，而是把这个权力放到了国际社会无法影响到的层面上。这与把"互联网"的管理权交给联合国是完全不同的。联合国对各国法律有豁免权，不受任何一国的法律管辖，是按照国际规则决定。现在将这一点抛开，大家对美国政府的移交就可以看清楚更多问题了。

西方国家与中国还有一个不同，就是西方是资本控制政权的国家，资本是这个国家的统治者。资本是在后台的，政府不是国家政权的一切。在"互联网"越来越重要以后，资本实际上是从后台到了前台，资本的意志才是关键，而美国政府将"互联网"的控制权交给了 ICANN，实际上也是资本跳到了前台，进行系统性地控制。网络的控制权，已经是资本的一种最重要的权力，这个权力可以控制舆论，甚至颠覆政府！所以资本是要全面掌控网络的，这个权力资本当然不愿再由资本控制，更不可能让其变成了全球各个主权国家联合控制，美国的私人权力的保障，就是法统，把"互联网"纳入其法律体系的永久管辖，美国资本寡头控制网络世界的根本权力得到了保障。

资本控制国家权力，背后就是保护资本薅羊毛的私有财产权力合法化，有资本势力的法律强制机器和暴力手段，然后表面上却是非营利机构。这与美联储控制美元是

[①] 法统，指宪法和法律的传统，是源自同一宪政基础的一国法律的统一体系。

一样的，美元的控制权是不会给美国政府，想要控制美元的政客下场都不太好。现在"互联网"是一个新兴的力量，它对世界的影响甚至可以超越美元。这么大的权力，当然要美国的统治者直接控制，而不是通过政客进行代理人控制了。所以我们要知道的是控制美国的幕后力量；美联储甚至比美国政府还要厉害。而现在进入网络时代网络社会以后，控制"互联网"的 ICANN，为什么就不会比美国政府更有全球控制力？而这个 ICANN 背后还是美国法律管辖和控制，美国法律背后是维护美国统治者，美国的真正统治者是幕后的资本不是前台的政府？"互联网"在美国资本的控制之下，在美国法权的控制之下，你怎么能说不是美国控制，怎么能说美国放弃了"互联网"管理权呢？你怎么不说美国把美元的发行权监管权给了私人机构美联储，是美国放弃了美元管理权呢？

把"互联网"的管理权从政府管理变成私人机构管理，这背后还有一个重要的差别是政府权力在西方不是世袭法定的，但私人财产却是法定的可世袭继承的。实际上不仅仅是美国要"互联网"的管理权，而是控制网络的美国资本要"互联网"权力全球世袭的权力，固化霸权，他们对世界的霸权统治，因为网络权利已经越来越成为公共权力，越来越成为管理社会和统治世界的权力。为何是非营利？背后就是继承非营利的私人权利是没有遗产税的。遗产税就是限制暴发户啊！其实你有权就是有钱，权力的利益比直接拿有实物财富有利多了，那是金子与点石成金的金手指二者之间的差别啊！美国政府的这个政策背后是诸如共济会等控制美国的资本集团的权力固化。"互联网"权力被固化到可以继承世袭的领域后，不仅中国人不能染指，美国人也不能染指了。也就是政府管理美国人还有什么选票民主的幌子，名义上还有一点权利，现在这个权利与美国的普通人也无关了。这里我们的美国"民主"斗士们怎么又选择性失明了呢？这是美国人民的权利被放弃，美国政坛有人为本国人民说话，被一些国内愚蠢的专家说成了美国一些人"不愿意放弃霸权"的抗争，这背后可能他们并不愚蠢，美国人民的权利与他们有什么关系？美国的统治者资本集团才是他们的亲爹，他们就是美国的买办，是美国资本 VIE 结构下的白手套。

网络变成了私有的，国家主权就无法在"互联网"上体现了。我们一直在说网络空间的主权问题，但主权是国与国之间的概念。一个国家，对境外私人机构是没有任何权力的，除非这个机构在你的殖民地国家。因此"互联网"变成私人机构管理进行私有化以后，中国网络空间主权就没有了。网络空间的所有权均成为美国私人机构下的私有财产了，全球的网络空间，变成了美国机构的私产，这是多么可怕的事情？中国以后的网络空间再也不要谈主权了，是美国的网络空间，是美国的私产。我们的"互联网+"让中国的传统行业和"互联网"绑定，实质上是被美国势力所绑定，他们的网络司法管辖权，可能会延伸到中国的各个角落。

我们还要注意到，在当今大数据时代，网络可以收集的信息越来越多，你的上网习惯、位置信息、健康信息等，信息对网络越来越透明以后，谁掌握这些网络信息？是规则制定者和特权者。这里表面上的规则制定者是 ICANN，而且没有特权者。不过，网络法统在美国州法律的基础上，所有网络上的事情都在长臂管辖下纳入了美国司法的范畴。中国"互联网"顶级域名在美国设有镜像服务器，域名解释是需要美国的，按照美国的法律，就是有管辖权的。美国的相关立法是制定规则的，美国的执法是执行和监督规则的，这个权力只不过从美国的政府行政部门交给了立法、司法部门而已，并不是 ICANN 就是美国政府之外的法外之地。认清这一点，我们就可以认清"互联网"的特权者是谁了，这就是美国法律给予的各种特权和豁免机构，司法部门、情报部门的特权都得到了保障。"斯诺登事件"就是一个很好的例子。现在美国把网络管理权利给了 ICANN 这样的国内私有机构，监督本国机构的运转，那可是本国内政，他国是不能干涉的。

美国的央行美联储，除股东以外的关键的职位由各个储备银行直接任命，同时政府也任命一部分。而 ICANN 的控制权则更不那么透明，但控制 ICANN 密码的，是一个小圈子，其实他们类似于美联储的货币委员会，背后就是一个资本集团，我们从下面一则英国《卫报》的相关报道可以看出端倪。

根据英国《卫报》报道称，整个互联网实际上被 7 把真实的钥匙所控制，这些钥匙来自互联网地址和域名分配机构（ICANN）。ICANN 负责为网站分配 IP 地址，同时将 IP 地址翻译成网址。因此，当用户输入某一网址时，将可以正确访问相应 IP 地址的网站。而网址通常比 IP 地址更易记。然而，如果有人能够控制 ICANN 的数据库，那么就可以篡改网址和 IP 地址的对应规则，向某一网址的访问者提供虚假的网站。为了保证数据库安全，ICANN 并没有让某一个人来控制整个数据库，而是选择了 7 名人士作为钥匙保管者，以及另 7 名人士作为替补的保管者。这些钥匙保管者拥有的钥匙能打开分布在全球各地的保管箱，而保管箱中存放着智能钥匙卡。将这 7 个智能卡放在一起就可以得到"主钥匙"。这是一串计算机代码，可被用于访问 ICANN 的数据库。自 2010 年以来，7 名钥匙保管者每年会面 4 次，以生成新的主钥匙，即新的访问密码。《卫报》报道称，钥匙保管者会面过程中的安保措施非常严格。参加者需要通过多个有锁的大门，这些大门需要使用密钥代码和指纹扫描来打开，而会面的房间中屏蔽了所有电子通信信号。

报道中的这些人是怎样产生的？他们之间的决策机制都是不公开的。同时 ICANN 的上级机构国际互联网协会（Internet Society，简称 ISOC），就如美联储和 12 家联邦储备银行的背后的运作规则一样不透明。

对当今世界，我们更关心的是网络给一个国家带来的公共职能，这与国家的货币发行在经济社会的作用一样。货币权利是一个国家重要主权，难道网络管理权就不是国家主权了？网络在信息经济和信息社会就是如同央行一样，背后是要有国家和民族主权的。美国把"互联网"的国际化变成了私有化，虽然它披着非营利的外衣，却在间接地保护美国资本的利益，这与美联储不营利，却发挥效果没有什么两样。而"互联网"私有化后，在西方的法统之下，政府就被排除在外，当然对国际外交，对外国政府，更是永久性地排除在外了，这等于是向资本交出了政府的权力。随着网络管理社会的职能越来越强，网络的公共意义越来越强，资本控制网络，就是资本统治世界一样的事情。

我们可以看到货币权利是一个国家重要的主权，难道网络的管理权就不是国家主权了？"互联网"的管理权被美国政府私有化以后，是我们在网络上发展的各种资源被私有，是网络空间整体的被私有，如果我们任由这个态势发展，我们的网络主权就丧失殆尽。这根本不是美国放弃了"互联网"的资源管理，而是美国把"互联网"资源管理私有化了，把网络空间的权利变成美国资本的私权进行永久化了，对此是要侵占我们对网络贡献的所有信息价值的权利，要通过网络统治全球的。因此，美国采取了这样的措施以后，我们应当对"互联网"国际化彻底死心，对能够分得"互联网"上的相应权利彻底死心，我们更有必要建立自己的公网，就如我们需要有自己的央行，发行自己的货币一样，而不能用美元来替代本国货币。

我们还要注意一个重要的事实，那就是"互联网"是军网民用后发展起来的，其中与军方的联系是怎样的？这个才是细思恐极的事情。美国把"互联网"的管理权给了私人机构，对军方的需求怎样交代？这军方的网络应用也由私人来管理吗？这里我们需要更深地理解美国的所谓 NGO（非政府组织），这背后都是有潜规则的。我们熟知的胡佛基金会、福特基金会等公益组织都有美国情报组织的影子，国际互联网协会（Internet Society，简称 ISOC）的背景更是神秘。这个私人机构如果与美国情报组织是"白手套"[①]关系，这不但不是美国政府放弃了"互联网"管理权，而是美国可以更合法地按照斯诺登揭秘的那样控制网络，不受限制地窥探隐私了。这里我们要知道的是政府管理的事物

[①] 白手套是指充当"黑钱"漂白的中间人，或是实际从事"非法"事务的"合法"外衣，意即，隐藏在白手套中的肮脏的手。

是需要信息公开的、是需要透明和公众监督的，但情报组织控制下的东西可都是秘密，这种保密是合法的，网络的发展可能进一步发展成控制全球的战争暴力机器。这是比美国政府管理权更可怕的网络枷锁。

这里我们可以从美国的《网络安全法》当中找到很多依据，美国的网络安全法明确规定了美国政府有权要求私人机构配合政府的工作，与政府共享信息，在关键的时刻还可以操作网络，总统有特别的权力，在2015年奥巴马宣布网络受到攻击进入紧急状态以来，这个紧急状态一直没有解除，也就是说在现在美国政府可以依据《网络安全法》和紧急状态，要求私人机构ICANN等干任何它想要干的事情，这比以前是更方便了，也没有了斯诺登能够指责的问题了。这哪里是美国放弃了"互联网"管理权？其实是加强了网络权力，同时给网络私有化了。这政府能够干涉网络的内容，其实比政府对美联储的影响还要大，还是那句话，为何这些人不说美国放弃了美元的管理权？这不是双重标准吗？从专家的这些表态上，我们就可以看到他们的利益在哪里。为何网络公司的专家要说"互联网社群"欢呼啊！为何不说是世界主权国家高兴呢？世界的"互联网社群"有几个是中国，或者是中国资本主导的？中国的几大网络公司的创业者其实说好听点说也就是打工皇帝，说难听点就是白手套和买办。

美国这样的做法，是彻底的资本统治世界的做法，中国的社会主义是受到威胁的，中国的国家独立也是受到威胁的。我们可以看到的就是在"互联网"越来越重要的今天，资本直接走到了前台，政府代理人的位置没有了。而网络无国界，其他国家的网络也被美国资本管理起来了，网络形成了空间的概念，形成了虚拟社会的概念，也是最全球化的东西。各国的社会公共事务和政府职能，很多已经是在网络上完成，网络已经成为一种管理国家和社会的工具。谁控制了网络，实际上谁就是统治者；谁的网络被别人控制，谁实际上就成为了傀儡。我一直认为世界是三种力量，资本、宗教和政客，网络控制世界的背后资本在很多西方国家是一家，是统一的，是盎格鲁犹太黄金资本联盟，是共济会。而中国则被独立之外，就算中国不走社会主义，也不能变成被外来资本殖民的殖民地。而我们的社会主义道路，与资本控制世界是根本性的冲突，网络被西方外来资本控制，网络空间、网络社会也被西方资本控制，那么在未来的网络信息社会，我们的社会主义、我们的党和国家，还有哪里是我们的立锥之地？别说这个管理网络的ICANN非营利，你建立一个国家的央行怎样间接地赚到钱？控制网络就是控制社会、控制信息、控制舆论，西方的富豪为啥愿意多捐钱？背后就是有参与公共事务替代政府职能，取得政治权利政治地位，干田氏代齐的事情，多花点钱是非常值得的。

所以美国的做法，是彻底提醒我们，必须建立中国自主的网络。美国的"互联网"私有化的做法，使得"互联网"国际化已经不可能了，中国能够在"互联网"上争取到相应的权利的幻想彻底破灭了。中国建立自己的公网，就如各国要建立自己的货币发行一样。贵金属时代全球货币是统一的，但纸币出现了，必然是各国要建立自己的央行发行自己的纸币。现在网络也是一样，"互联网"私有了，被一国之资本彻底控制了，那么关乎各国主权、独立和命运的网络，各国当然要如同建立央行一样建立起来，各国发行自己的纸币不是对货币交易的分裂，那么我们建立中国的公网也是一样的，这个私有化的格局，以后的世界应当如各国都建立自己的央行一样，各国都有自己的网络才对。

对美国私有化"互联网"这个问题我们还可以从空间和领土的概念去理解，网络空间与我们的实体三位空间是一个概念，在我们的实体三维空间是有各国的领土和主权的，你的土地等私有财产，都是在一个国家的主权下，在一个法域下，依法授予的权力，你的所有权证是各国政府发的。国家把土地从国有变成你的私有，并不意味着国家的领土丢失了，也不意味着国家对这个土地的权力没有了。对网络空间也是一样，美国现在把网络空间私有化，也就是把"互联网"的权利给了私人机构，前提就是"互联网"的网络空间是美国的领土！网络的赛博空间（Cyberspace）是哲学和计算机领域中的一个抽象概念，指在计算机以及计算机网络里的虚拟现实。赛博空间一词是控制论（cybernetics）和空间（space）两个词的组合，是由居住在加拿大的科幻小说作家威廉·吉布森在1982年发表于 omni 杂志的短篇小说《融化的铬合金（Burning Chrome）》中首次创造出来，并在后来成为网络虚拟现实当中的重要概念。我们的努力方向一直是网络赛博空间的国际化，这也是"二战"以来的国际大趋势，全球已经两次成功地阻止了美国等超级大国的霸权想法，一次是南极洲的划界问题，还有一次是月球的归属问题。对人类新技术、新能力所带来的新空间，国际惯例就是全球全人类的共有，而现在这网络空间是完全美国法权下的私有，世界的规则将为此改变，这是我们一贯反对的。如果网络空间是美国法律管辖下的私有，也就是美国的领土了，我们的所有网络建设，把我们的传统产业绑定网络的"互联网+"就要变成"互联网枷"了，这好比你的房子建设在别人的土地之上，以后论及产权，是房随地走的，这在全球公认法理规则下叫作主物权与从属物权的关系。我们网络上的各种应用、各种上层建筑，就是这样租用美国的网络的，"互联网"也就是美国因特网，是美国私有化的私人财产。当然我们中国的一些网络巨头在欢呼，这里不要忘记他们也是美国资本的背景，他们确实也有网络空间的权利，这就如我们有中国人或企业买了美国的土地一样，这些人或者公司当然也对美国保护他们购买的土地欢呼了。但对我们国家则要考虑未来网络空间我们的立锥之地了，我们接入"互联网"与ICANN签署的协议都是租用协议，都是不对等的，是单方面被ICANN管理的协议，在这样租用的空间建设中国网络社会，等于在租用的土地上建房，是没有未来升值想象空间的。

我相信网络是世界未来的方向，但我不愿意把自己的命运交给异国少数人控制的黑箱！"互联网"交给了所谓的私人非营利机构管理就是美国少数私人寡头控制网络控制世界，是一小撮儿人的事情了。与之相比，我们宁愿"互联网"是现状，因为现状之下还是美国代理人政治的相对透明，很多事情是可以相对预知的，是我们可以与之国际政治博弈的。而变成私人机构，则是我们永远不能置喙的黑箱，是完全未知的，而且随着网络社会的强大和深化，他们还要让我们成为网络透明人，让我们扒光衣服被他们审视，这是多么可怕的事情？这样的"互联网"已经越来越让我们战战兢兢如临深渊了。

综上所述，美国所谓的放弃了"互联网"管理权，只不过是美国的网络霸权穿上了皇帝的新衣，一群美粉儿在说这个新衣是如何的好看。这指鹿为马的背后，谁说是马就可以看出谁的立场在哪里？美国的这个做法，不是放弃网络的管理权，而是固化美国的"互联网"管理权。是美国法权永远管理了网络，是美国的统治者要网络私有，要永远地掌控网络，进而通过网络成为全球的统治者。因此我们必须认清这个管理权移交的新衣服脱下来是什么东西。美国的这个新政策是美国的人民被放弃了"互联网"管理权而美国的统治者寡头资本固化了他们的网络霸权，并且他们的霸权要统治世界。美国的网络霸权绝对不会自己放弃的，不要抱有不切实际的幻想，自力更生永远是我们走向胜利的关键。

第八章 网络法权

法律是调节各种利益关系的一种终极权力，也是霸权的追求。法治社会没有法外之地，新兴的网络也不例外，但是网络无国界，网络的法权由谁控制，这是未来社会的核心利益和主权。

一、美国因特网的法理分析

中国与美国因特网的协议，完全不是一个对等的协议，网络是美国的网络，中国的有关机构与美国不是在平等主体下签署的。这个协议的内容有重大的法理上的缺陷，对此问题在这里给大家略说一下，还有一些细节可以看下面牟承晋先生的文章，我这里是对他文章的补充。

我接触美国因特网应当是在同龄人中最早的一批人，20世纪80年代，我父亲通过电子邮件与海外联系，那时我就听说了它的好处。1992年我毕业后在中科院高能物理所工作，使用网络与外界联系已经很方便了，还可以通过网络与海外的朋友聊天。在当时海外长途贵的，10分钟花掉你一个月工资，国际邮件也要5~10天，电子邮件显得高大上。当时科学院的有关机构"乞求式"地让美国人同意了我们接入，后来是清华大学，再后来是电信等部门。那时中国接入美国因特网的多为企业和机构，面对美国军方的根服务器，根本不可能谈什么平等，让接入就不错了。所以，了解这个历史背景应当清楚中国网络与美国因特网是接入不是互联。现在中国的接入协议是怎样的，虽然没有全部公开，但从各种公开的协议中可以看出美国的霸权协议。美国和我国签署的网络协议能比欧盟等国抑或是台湾地区更有利吗？心证一下就知道了。

法理讲最核心的是网络所有权问题，网络的所有权是谁的？其实很清楚，而很多人却避而不谈，网络的所有权是美国人的。网络的规则、核心设备都是美国的，即使军方给大家使用也从未说放弃网络的所有权，就如我们前面争论的电信网的权利是谁的一样。从当初花 5000 元初装费安装电话，而当时多数人一个月的工资不到 100 元，到后来手机也是缴纳了 3 万元巨额的入网费，但电信网络是谁的？虽然电信网络是拿着我们缴纳的初装费和入网费建设起来的，但网络依然不属于我们。也有人提出争议，说电信网应当属于全体用户共有，但这只不过是美好的想法，就如现在网络大家想要共有，想要联合国管理一样，即便提出异议美国也不会理睬，并且没有任何法律手段把共有权确定下来。而电信网所有权，无论是财务还是法律上非常清楚，没有争议，看看电信公司、移动公司的资产负债表就可以了，电信网资产明明白白地在他们资产负债表的资产项目下，而且这个报表是经过国际最权威的财务审计机构认定的，所有权是没有争议的。

我们现在使用的因特网也是一样，我们叫作互联网，但并非非互联的而是接入的，网络所有权也就非常清楚了。我们看一下附录的协议就明白了，各国接入美国的因特网都需要给美国交费的，来体现收益权；协议中网络的规则是美国人制定的，国外只有接受的份儿，规则和地位是接入国必须接受的，这叫作处分权；根服务器、域名解释服务器等必不可少的关键性设备也在美国，这是占有权。所有权分为占有、使用、收益、处分，而我们得到的是缴费后的使用权，这与租户的权利没有什么区别。

网络是一个空间的概念，其所有权和使用权的差别类比土地使用权和所有权的差别，不过关乎民生的资产住宅法律已经明确规定 70 年到期后无条件续期，而美国与他国签署的网络接入协议则是一年一签，如果到期后不再续期该如何？

有人说中国的网络设备等产权是自己的，对整个网络而言是主物权与从属物权的区别，就如房屋的产权和房屋所在土地的产权一样的，房子是你的，但别人要收回土地使用权时，房子是一钱不值的。世界各国的法律里，都规定房随地走，对其他的主物权和从属物权也是类似的情况。因此，我们的网络设备仅仅是设备，真正值钱的是网络，是网络背后的空间价值，我们并不拥有这个价值，而只依附于所有权的使用权。使用权所创造的价值是有限的，就如土地使用权有瑕疵的小产权房是不值钱的一样。

为了把因特网变成大家都可以接受的东西，美国对其所有权状态进行了掩饰。20 世纪 90 年代，因特网从军用快速转向民用，美国通过对域名系统（DNS）的操控，把持着国际网络接入的主要控制权。在越来越多的国家对美国独自管理互联网表示不满后，1998 年 10 月，因特网网名称与数字地址分配机构（The Internet Corporation for

Assigned Names and Numbers，ICANN）作为一个民间性的非营利组织在美国成立，通过协议方式，与美国商业部的国家电信和信息管理局（NTIA）一同参与管理互联网域名及地址资源的分配，以淡化各国对美国政府单独管理管制互联网的印象。不过即使不是美国政府直接管理了，也是美国机构管理，这个机构属的法人属于美国，受到美国法律管辖。

我们还可以看一下公开的台湾地区的协议，以台湾与美国的关系，相信中国大陆的电信公司、中科院高能物理所等单位与美国因特网的联通签署的协议中得不到比台湾地区更好的条件。这个协议叫作《ICANN | (.tw) 国家地区顶级域名（ccTLD）赞助协议》（协议内容参看附录一），何谓赞助协议？顾名思义你是赞助，责权利是不平等的。也就是你给它钱是赞助，却不能要求对等的义务回报，不能按照商业规则主张付款后的对价权利。

因特网在美国本土，受到美国法律管辖，法人是美国国籍，它也就有法律义务给美国情报部门提供各种情报和收集情报的便利。2013年斯诺登曝光了美国的"棱镜"监听计划，再次引发各国对美国独揽因特网管控大权的担忧和焦虑。为了给各国的美国带路党能够说服本国人民的理由，2014年3月，美国商务部借口NTIA与ICANN的商业协议将在2015年9月30日到期，宣布放弃对ICANN的管理权，转交给国际利益共同体方管理，给全球许下一个因特网将摆脱美国控制的前景。虽说美国放弃了管理权，但国际利益共同方是谁并没有说清楚。美国反对把这个组织移交给单一政府或是国际组织来管理，希望该组织未来的管理保持松散化，一些国家的政府也曾建议，把ICANN转变为一个联合国下属的机构来管理，但是也遭到美国反对。美国这个意见的背后，是ICANN可以变成美国的"朋友"来管理，但必须是美国法人机构而不能是联合国机构，美国的法律管辖关系是不能改变的。

随着NTIA与ICANN协议到期日的临近，有关"独立"之后的ICANN如何管理运营的文件出台，并面向行业和政府征求意见，截止日期是2015年9月8日。该报告长达199页，由一组国际因特网专家共同起草，涉及ICANN的管理工作如何进行交接、未来该组织的内部工作如何运行及国际社会如何共同来管理国际因特网等。但问题的核心是网络管理权还是要集中在美国，受美国法律管辖。美国的这个方案基础还是网络管理的一个中心，大家都要接入这个中心，而不是各国都有网络的管理权，各方平等互联。新方案中，只不过是管理中心不直接由美国政府管理，但美国主导权、司法权等核心权益他国是不能碰的。我们类比一下金本位时代就清楚了。黄金是金本位时代的核心，网络管理权则是信息时代的核心，金本位时代黄金是必须放到美国的，而不是在你自己家里，如果政府不直接管理了，相当于你的黄金只是从美国政府转移到美联储这样的私人机构。这样的结构，对他国的网络安全而言，依然问题重重。未来战争可能是网络战、信息战、金融战等新型战争形式，这等于让美国拿着刀柄，你拿着刀刃。

还有一个关键，ICANN本身也只不过是管理者，方案中并没有说它是所有人，网络的骨干节点是军方财产，根服务器的所有权、管理权都不在ICANN这里。我们知道网络是7层的，上面的应用和系统层是客户端的，中间的网络层、路由层等有好几层呢，域名解释只不过在其中的一层，其更底层的链路、通信、路由等不是你域名解释的事情，域名解释只不过是把大家的域名与网络上的IP地址有效地对应起来，让你找到这些IP地址，但这个地址的形成、服务器的管理，网络权力都没有涉及。实际上美国只是拿出了应付各种对因美国控制因特网而感到不安的幌子而已，真的要美国放弃网络霸权，不是与虎谋皮吗？

美国之所以这样做，其目的不排除遏制中国、俄罗斯等国，使其不能建设自己的公网，他们的代理人和利益集团、买办可以有理由掩饰美国因特网的主权问题，然后指责想要建设国家自己主权公网的人是互联网分裂分子，破坏人类信息文明、是"爱国贼"等。但这些人是绝对不会说网络的管理权掌握在美国人任法人的私人机构，属于美国司法管辖区域，如果出现战争，很可能随时被美国军方接管。

如果中国等世界大国真的建立起自己的公网，世界各国争相仿效，美国的网络霸权优势就荡然无存了。大家都有公网，自然这些公网就要互联，下面的共有、共享才有法律谈判的基础，否则你在人家自己私有的网络上谈共享因特网的私人权利，本身与法理也是说不过去的。

所以，在法理上，我国网络的实质需要大家认识清楚，不能把我们的所有财富构建在所有权不清楚的基础之上。因此，中国发展网络经济，必须解决好关键性的法理问题，网络经济的所有权法律基础必须是牢靠的，只有互联共享网络，只有自己的公网，才具备这样的基础，这点基本原则不可让步。

一、ICANN的由来与背景

ICANN是美国"国际互联网名称和地址分配组织"（The Internet Corporation for Assigned Names and Numbers）的缩写。在其官网上，它自称是非营利组织（NPO），

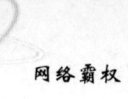

"负责在全球范围内对因特网唯一标识符系统及其安全稳定的运营进行协调。"NPO是英文 Non-Profit Organization 的简称,是市场经济条件下相对于"营利"组织的公共治理结构行为主体之一,类同于中国的社会服务组织、非企业法人机构。在国外,一般都有基金、财团的背景支持。

因特网(Internet)20世纪中叶起源于美国,曾一直是服务于美国军事和科研的网络。90年代初,美国国家科学基金会(National Science Foundation, United States)为因特网(Internet)提供资金,代表美国政府将 Internet 顶级域名系统的注册、协调与维护的职责交给了 NSI(Network Solutions)公司;将 Internet 的地址资源分配交给了 IANA(Internet Assigned Numbers Authority),由 IANA 将地址分配到 ARIN(北美地区)、RIPE(欧洲地区)和 APNIC(亚太地区),然后再由这些地区性组织将地址分配给各个 ISP。其后,美国商务部宣称美国政府对 Internet 拥有直接管理权。迫于世界各国反对,美国商务部1998年6月提议,在保证稳定性、竞争性、民间协调性和充分代表性的原则下成立 ICANN,参与管理 Internet 域名及地址资源,负责全球因特网(Internet)根域名服务器和域名体系、IP 地址及其他号码资源的分配管理及政策制定,同时负责各国家和地区域名注册商的授权。

以上脉络很清楚,无论是因特网(Internet)还是国际互联网名称和地址分配组织(ICANN),都是在美国政府的一手操控下演变而来。很显然,Internet 与 ICANN 都关系到美国政府的切身利益,关系到美国主权。美国白宫2012年5月公布的《网络空间国际战略》报告中,奥巴马总统在序言里毫不掩饰地声明:"通过因特网连接,美国公司的业务可以延伸至全球任何一个地方,为美国民众创造无以计数的就业岗位和机会"。奥巴马承认,因特网本身无法开启国际合作的新纪元。奥巴马强调,确保对因特网进行有效管理,是因特网在国际环境中独树一帜的重要原因。

美国总统没有掩饰,因特网是延伸至全球任何一个地方的美国利益网,实现因特网的世界性连接,就是为实现美国经济"全球化"。曾几何时,因特网成了"国际互联网"。既然是"国际互联网",那它是一张网连接世界,还是多张网平等互连?世界各国家和地区网络连接的源头在哪里?网络主权和技术(知识产权)的归属究竟如何?不妨看看 ICANN 制作与签署的 Internet 域名注册授权协议。

二、ICANN 的国际授权协议

2013年,美国中央情报局(CIA)前雇员斯诺登披露了由美国国家安全局(NSA)

2007年开始实施的绝密电子监听"棱镜计划（PRISM）"，即美国国家情报安全部门直接进入美国各主要国际网络公司的中心服务器监视用户、挖掘数据、收集情报，微软、雅虎、谷歌、苹果、Facebook、PalTalk、YouTube、Skype、AOL等都参与其中。

全球善良的人们恍然大悟，原来各国家和地区连接的因特网（Internet），都只不过是在美国严密控制下的所谓"互联网"，是美国主导建设的全球"蛛丝触角"，美国因而可以通过其控制的一张全球网（Internet）为所欲为。

查阅ICANN与世界各国家地区签署的授权协议，模板如出一辙，条款几乎一致，内容大同小异。值得注意的是，ICANN将中国台湾作为一个独立的"国家级"地区予以"授权"，协议内容似曾相识，不寒而栗！

ICANN与台湾网络信息中心（TWNIC）签署的"顶级域名赞助协议"，明白无误地写明："ICANN负责因特网技术协调，控制主根服务器，当地主管者无权主导"；"TWNIC在台湾的运作需要得到ICANN的认可"；"在因特网运行体系中，TWNIC是地方角色，ICANN是全球性角色，技术主导权由ICANN负责"；"在合约有效期内，TWNIC只是ICANN在台湾的代理"；"ICANN负责管理所有顶级域名的资料和数据库，拥有所有域名服务器的信息"；"代理机构向ICANN开放路由表和注册用户信息数据，连续地、及时地向ICANN报告用户信息"；"如果协议被终止，所有数据信息转移给继承者"……请看，美国方面的所谓授权，绝不松口因特网的主导权、控制权和信息拥有权。被授权方对Internet没有自主权和管理权，只能老老实实地受制于美方画好圈的"代理权"。

该协议规定，被授权方"必须向ICANN缴纳管理费用，费用根据用户数量决定"，"不付费用，视为违约"。这表明被授权方签署的是一份完全受命于美方的"租网协议"。ICANN是房东，被授权方是付钱的房客。

该协议又规定，"在协议期间，如果ICANN有新的规定，当地管理者必须遵守"；"当地法律可能禁止ICANN政策，但须提前三个月通知ICANN"；"若有争议，纽约为仲裁基本地点，洛杉矶也是仲裁地点"；"代理管理者受当地法律管辖，ICANN受美国法律管辖"……近现代以来，强加于中国、中国没有法律管辖权、执法权的不平等协议，中国人并不陌生。从鸦片战争到清朝覆亡的72年间，清政府被迫签署了1175件不平等条约。其中就包括1844年的《中美望厦条约》、1858年的《中美天津条约》、1868年的《中美增续条约》和1894年的《中美华工条约》等。

ICANN 在协议中还强行规定，"协议终止后，ICANN 选定继承者，当地代理无权质疑，免除 ICANN 一切责任"；"协议终止后，当地不能任命新的管理者，只能是 ICANN"……美方的霸道无理，跃然纸上。

请注意，该协议是一年一签。即便产生协议纠纷，被授权方怎么可能旷日持久地去美国打官司？美国如此设计协议，根本就没打算"依法办事"，就是迫使被授权方要么停网（可能造成无可挽回的"网瘫"重大损失），要么俯首就范（任凭美方摆布）。这是典型的网络霸权！

三、中国签了什么样的协议

据中国互联网络信息中心（CNNIC）和媒体披露的《中国 Internet 发展大事记》：

1994年1月，美国国家科学基金会（NSF）同意 NCFC（中国国家计算机与网络设施）正式接入 Internet；

4月，代表中方出席中美科技合作联委会的中科院副院长，正式向 NSF 重申连接 Internet 的要求得到认可；

5月，钱天白、钱华林教授分别担任中国 Internet 的行政联络员和技术联络员；

9月，原邮电部电信总局与美国商务部签订中美双方关于连接 Internet 的协议，中国通过美国 Sprint 公司开通北京、上海连接 Internet 专线；

12月，国家计委投资、国家教委主持的中国教育和科研计算机网（CERNET）示范工程建设完成；

1996年1月，中国公用计算机互联网（CHINANET）在全国范围开始提供服务；

9月，中国金桥信息网（CHINAGBE）开始提供服务。

尽管 ICANN 与世界各国家地区签署的协议都是公开的、及时公布的，而与中国方面签订的协议，ICANN 破例讳莫如深，中国方面也从来没有公开过。无论是美国政府认可中国连接 Internet，还是原中国电信总局与美国商务部签订的协议，20多年了，认可与协议的具体内容，无论是中国的计算机信息网络机构、成千上万家网络互联和接入单位，还是7亿网民（中国公民），迄今几乎无人知晓。为什么不公开、不公布？是中国的法定实体单位和公民没有法定知情权呢？还是涉及国家主权和国家安全机密不能公之于众呢？总得有个说法吧。或是有谁故意隐瞒？

测试发现，在 ICANN 的治理下，从上海发送数据到东北，须通过大约30个跃点路由，连接13跳。第一跳就去往美国，再跳回中国，在成都、北京、长春、上海等各地中国电信运营商基站跳来跳去几个迂回，才最终送达东北的目标用户，这是为什么？是不是美国故意控制中国用户信息和运营商的数据管理成本所致？难怪默克尔总理将让欧洲公民"不必跨越大西洋发送电子邮件和其他信息"看作是"最重要的事"。看来，类似ICANN与台湾协议中的不平等条款，暗藏的不仅是主权控制、技术控制、管理控制问题，还有巨大的"营利"杀机，故意隐瞒着的动机和目的不能不令人生疑。

谁都不否认，20多年来，Internet延伸进入中国获得巨大的成功。难怪希拉里宣称"across the greatwall we can reach every corner in China"（穿过中国的长城，我们可以到达每一个角落）。中国的计算机信息网络空间疆域，是不是美国达到军事、政治、经济目的的自由天地？ICANN与中国哪些机构、组织和单位，究竟签订了什么样的"授权协议"？

目前全国范围的公众网络究竟是美国拥有主权的因特网（Internet），还是中国主权网？

目前全国范围的公众网络哪些基础技术、关键技术与核心技术为中国所掌握？基于美国主权网（Internet）的中国公众网络安全风险究竟达到什么程度？究竟如何才能从根本上抗衡与解决美国主权网络进入中国产生的网络安全和信息安全问题？

目前全国范围公众网络上的网民，究竟是中国网民还是美国网民，抑或是美国主权网络的租客？究竟如何才能从根本上保障中国公民在公众网络上的合法权益，如何从根本上降低、减轻中国公民的上网负担？

目前全国范围公众网络空间不断出现网络谣言和虚假、低俗、流氓、垃圾信息，攻击、恐怖、淫秽、贩毒、洗钱、赌博、窃密、诈骗和信息掠夺等犯罪活动屡禁不止，是不是与美国控制网络有关？究竟如何才能从源头上防范与根治？

美国将台湾作为一个独立的"国家级"地区予以"授权"，显然违反了"一个中国原则"。台湾地区的信息网络空间，也是中国信息网络空间疆域不可分割的一部分。中国政府应该向美国政府提出强烈抗议、严正交涉，采取果断措施坚决维护中国陆、海、空、天与网络空间疆域的完整和统一。

既然ICANN宣称是一家NPO（非营利组织），出于任何一个层面和角度的权衡与考虑，中国与之签署相关协议的也应该是对等的非企业法人机构。据来自美国的消息，除了中国互联网络信息中心（CNNIC），某国家银行等也与ICANN直接签署了协议。值得关注的是，如果中国的政府机构、金融单位、计算机网络组织都

可以分别直接与ICANN签署协议，涉及国家网络主权和安全的重大事项，谁来规范？谁来负责？谁说了算？所涉条款是否合法有效？

《中华人民共和国合同法》规定：

第五十二条有下列情形之一的，合同无效：

（一）一方以欺诈、胁迫的手段订立合同，损害国家利益；

（二）恶意串通，损害国家、集体或者第三人利益；

（三）以合法形式掩盖非法目的；

（四）损害社会公共利益；

（五）违反法律、行政法规的强制性规定。

在中国境内履行的涉及国家利益和社会公众及发展利益的经营、合作事项，难道可以不遵守中国法律、不受中国法律的制约吗？

二、网络的数据所有权到底是怎么回事

我们在网络上的各种行为都会留下数据，这些数据带有大量有用信息，价值巨大。这些数据的归属是网络权利的核心问题，但在网络上数据所有权到底是谁的？新技术带来财富，但这些财富的归属和分配则更为重要。在美国因特网之上，被我们称作互联网实现了数据共享，但数据是怎样共享的、数据的权力归谁所有，我们还是需要文件证据说话。

按照《DRAFT NEW GTLD REGISTRY AGREEMENT 新GTLD注册管理机构协议提案》中的附件《SPECIFICATION 2 DATA ESCROW REQUIREMENTS 规范2数据托管要求》（见本书的附录文件，附录二）第二部分法律要求第三条规定：所有权。在托管协议有效期内，寄存的所有权将始终归注册运营商所有。因此，注册运营商应将此类寄存中的所有此类所有权（包括知识产权，视具体情况而定）转让给互联网名称与数字地址分配机构（ICANN）。如果在注册协议有效期内将任何寄存从托管代理转让给互联网名称与数字地址分配机构（ICANN），则注册运营商在寄存中享有的任何知识产权都将自动以非独占、永久、不可撤销、免版税和付清全款的方式许可给互联网名称与数字地址分配机构（ICANN）或互联网名称与数字地址分配机构（ICANN）书面指定的一方。

看了上述文件，你就应当明白，这些数据的所有权不是自己的，是网络的，而网络是美国因特网，是 ICANN 负责管理的，如此便能看清数据权利单向性和归属性。也就是你的数据所有权给了它，向它共享，而它却不向你共享，对你保密。

国家有关机构接入美国因特网时是如此，手机和电脑接入我们国家的网络时也是如此，在它们格式化的许可协议里，一般都有数据归于它或者共享给它的条款约定。对此问题，使用手机的时候可以注意下几个细节。

第一，你是否可以手机断电，你不让他们访问你的 SD 卡它们的软件是否还可以运行。这里如果按照法理，我是否拥有自己手机的断电权？以前的手机电池是可以拆卸的，而现在电池和机身合为一体，导致手机总是在别人的系统控制之下，看似手机关机了，但后台还是可以运行某种程序，断电的权力为何不是我的？而且运行的这些软件，有的做法很"流氓"，但它们都会在所谓的许可协议当中取得合法性。它们冗长的协议，消磨你的耐心，你只要选择同意就可以了，最终隐藏的是你对其软件的一系列授权。

为何访问我的 SD 卡？为何实时监控我的位置？这些问题在法理上实际上带有欺诈性质。因为它们并没有解释清楚其行为的目，并没有按照你理解的用途和方式使用这些数据，对此可以类比传统领域的保险行业。保险合同非常复杂，法律规定保险员需要对被保险人明确说明保单的权利义务，让被保险人充分理解，虽然有些单位也曾出现过违法情况，但毕竟是有法律在约束，而网络上没有这样的法律约束，某些单位便可以为所欲为。

网络数据所有权中的一个关键是我国网络实名制，实名信息是一项关键性数据，实名权利该给谁？给多为外国资本掌控的网络平台吗？中国很可能没有其司法管辖权。西方网络是匿名的，而我们网络实名制，这二者之间存在空间和权利边界。中国网络实名制是需要对政府实名不是对网站实名，网站权利应该各国一视同仁，公民的身份信息对网站保密才对。

网络数据所有权中还有另外一个关键性问题，是否允许网络向用户收集数据、出售数据进行渔利活动。这些活动是垃圾邮件、短信等信息的来源，也是精准诈骗威胁基础，却是很多网站通过数据牟利的主要手段。个人对网站而言完全是弱势群体，难以了解它们用你的数据干什么。在法律难以监管和保护弱势群体时，侵害可能变得非常普遍。解决上述问题一些国家采用立法禁止的方式，美国已经在讨论，因而造成依靠收集个人数据而取得高估值的可穿戴设备公司一下子失宠了，这给了我们很大的启示。

数据的所有权背后是与版权等相关联的一系列知识产权体系，信息系统变成了法律上的知识产权网络，如果抓不住数据所有权，很有可能在将来网络霸权以此对你主张它们的知识产权。在今天信息成为财富的主要来源，根源于极端西方个人主义财产法概念的知识产权与现有的产权模式和许多社会根本社群主义价值观的格格不入。西方知识产权思想通过因特网在世界范围内扩张并由与贸易有关的知识产权协议执行，这一协议是强大的世界贸易组织的知识产权"分支"。

数据信息的知识产权化，就是通过给予主导全球市场的少数国家以看似无法超越的优势，知识产权让由于技术差距产生财富与权利的不平等正式化、合法化。由于数字鸿沟，处于不利地位的国家和民众可能不得不为在全球因特网空间使用自己的名字、信息甚至隐私而支付费用。

所以，网络技术研发容易，网络利益分配困难，网络数据的所有权成为一个大问题。技术总是追求领先超前的，但法律需要看清各种利益，博弈一般会比较滞后，如今网络经济已经发展了20余年，相关的网络法律也应当予以完善，但在一些关键性的问题上，利益集团依然在回避，发展网络经济的同时必须把这些搞清楚，依法治国在网络上不能是空白。

美国就数据保护制定了大量的法律，但其倾向于规范公司可以保存何种客户数据，拿这些数据做什么、能保存多长时间则不是政府管理的范畴。大多数公司隐私政策的条款中称，在收到合法请求的情况下，它们将会共享信息以及有关其他监控的细心措辞。这就是美国可以获取他人或者他国数据的关键。看似ICANN是一个独立于美国的机构，但这些数据也可能会被提交给美国的情报机构，属于美国所有。同样，在美国上市的公司也是一样，如今多数网络公司在美国上市，怎样才能保障自己的数据不受侵犯呢？

对数据的保护美国的政客通常会辩称，阻止恐怖主义高于保护隐私权。奥巴马在2013年对美国监视方法进行辩护时称："你不能在拥有100%安全的情况下同时拥有100%隐私、100%便利。"英国外交大臣黑格在接受英国广播公司采访时称，英国的守法公民永远不会知道政府部门为了阻止你的身份被盗或者挫败恐怖袭击所做的一切事情。用户数据(例如电子邮件和社交媒体活动等)并不总是存储在用户自身所在的国家里。例如，Facebook在其隐私条款中称，所有用户必须同意他们的数据"被转送和存储在美国"。2001年的爱国者法案给予美国政府在使用按这种方式存储的欧洲数据新的权力。

"隐私国际"认为："由于世界主要技术公司的总部都在美国，那些参与我们互联世界、使用谷歌或者SKYPE的人士的隐私都可能被'棱镜项目'所侵犯。美国政府可能接触到世界的大部分数据。"斯诺登称，他是出于对隐私权的担心才采取报料行为的。他对英国《卫报》称："我不想生活在一个做那些事情的社会里，我不想生活在一言一行都被记录的世界里。"数据所有权在美国因特网上，这就是美国的霸权。

美国为了网络霸权，做好了全方位的准备。传统时期，各国的文明核心数据是文化、史料、书籍等，而数字时代，文明的核心就是这些信息数据。这些数据的流失，对国家民族的主权构成了巨大的威胁，这些数据的所有权是当今虚拟世界国家、民族的核心资产，是网络空间的民族财富。因此，对这些信息数据背后的权利我们要有清醒的认识，并且进行保护。

2016年我国颁布的《网络信息化战略发展纲要》指出：建立信息资源基本制度体系。探索建立信息资产权益保护制度，实施分级分类管理，形成重点信息资源全过程管理体系。加强采集管理和标准制定，提高信息资源准确性、可靠性和可用性。依法保护个人隐私、企业商业秘密，确保国家安全。研究制定信息资源跨境流动管理办法。这是对我们数据安全、数据所有权立法的关键论述，中国建立保护中国数据财富的法律体系，已经不能再拖了。

三、美国最终控制网络司法裁决权

司法谁有权管辖，以谁的法律为准进行审判，在传统的情况下，有国界，是非常清楚的，但是如果发生在网络上，就变得模糊了，这是一项国家的主权，也是霸权的体现。

1. 司法最终解决

"司法最终解决"是一个法制国家的根本司法原则之一，就是说一切争端最后都可以归结为司法裁决、诉讼和仲裁解决，这样的原则体现了司法的独立。对信息产业司法最终解决同样适用，把司法的裁决权利置于自己的控制，也就是拥有了最终的对于各种争端的裁决权，有谁控制了这样的争端最终裁决权，就等于有了对信息产业的最终控制，是信息霸权的最高体现之一。

对传统的信息基本与原来的国际司法没有太大的冲突，司法管辖权也不可能过于国际化和模糊。但在网络时代，互联网的特性赋予了美国在网络司法领域寻求世界霸权的机会，美国正在试图使它们成为网络世界的最终裁决者，从而把整个互联网世界的终极权利置于美国的手中。

2. 网络的司法管辖的争端

管辖权的重要性一般老百姓没有深刻体会，但是对专业人员来说就是至关重要的，尤其是在国际争端中。因为不同的管辖权关系到争议适用哪一国的法律，不同国家法律是保护本国国民或者本国利益的，同时管辖权即使不能在适用法律上有利，也会在审判程序上占尽便宜，尤其是在有陪审团和自由心证的国家，陪审团会更加倾向相信本国、本民族的利益相关人。

管辖权还是一个国家司法主权的体现，我们当年的半殖民地的一个主要特征就是我们没有治外法权，也就是说对于外国人的犯罪没有管辖权。就传统管辖理论而言，管辖区域是确定的，有明确的地理边界。由于网络空间的全球性，上网后无论谁点击任何地区或国家的网站就可进入，这种行为彻底打破空间上的有形界线。作为管辖根据和连接点的行为地与主权管辖区确定的联系性降低。仅靠一国主权无法对私人行为进行控制，仅凭行为地也无法确切地知道其案件的管辖国家、地区及所适用的法律。Internet 中，私人主体与其行为的这种无限分离的特性，使传统的司法管辖规则丧失，难以起到其固有的规范功能。对互联网的司法管辖，主要有：

服务器所在地法院管辖论。该理论认为，服务器位置所在地相对稳定，其稳定性比网址更高；服务器位置所在地与管辖区域之间的关联度体现在"服务器"所在地是一种物理位置，与虚拟的"网址"相比，其关联度更高。因此，服务器类似于"居所"，由服务器所在法院管辖网络侵权纠纷案件，与传统的管辖权原则更容易融合。

网址管辖依据论。该理论认为：网址具有相对的稳定性，它在网络空间的位置是相对确定的。网址在网络空间中的地位类似于居所在物理空间中的地位。网址与管辖区域有一定的联系，特别是与提供网址的 ISP 所在地区有密切充分的联系，同时网址活动涉及其他网络参加者时，与其他参加者所在地管辖区域产生联系。因此应该将网址作为一种新的管辖权依据。

以上是主要的网络诉讼的法律依据，后来还有法学界的学者提出了原告所在地管辖理论，并且以"不方便法院"作为原告管辖的抗辩补充，但是世界比较主流的还是上面的两种理论，原告管辖实际上是为了使得一些原来按照传统管辖模式无法取得管辖权的国家得到司法主权的依据。

在我国互联网诉讼实践过程中，我有幸参与了中国第一起网络管辖争议案件——北京优一百科技公司诉深圳桑夏民生科技公司网络侵犯著作权案件。被告把原告的软件"推箱子"放到自己的网站上供给用户免费下载，该案的管辖权争议非常大，法官本来准备采用美国的必经服务器标准，我专门给有关方面建议采取美国司法原则的危害。因为美国采取必经服务器司法原则的背景是所有网络的域名解释服务器在美国，美国总会有必经服务器在国内，而中国就不同了。如果必经服务器不在中国，同时被告也不在中国，中国将丧失管辖权。最后有关方面采纳了我的意见，案件的诉讼管辖地被确定在北京，理由是我们在北京取得了被告侵权的证据，最后经过法庭调解原告取得了相应的赔偿。

此后，最高人民法院先后出台了《关于审理涉及计算机网络著作权纠纷案件适用法律若干问题的解释》（下称"解释一"）和《关于审理涉及计算机网络域名民事纠纷案件适用法律若干问题的解释》（下称"解释二"），分别对网络著作权侵权和域名侵权案件的管辖作了规定。

"解释一"第一条规定："网络著作权侵权纠纷案件由侵权行为地或者被告住所地人民法院管辖。侵权行为地包括实施被诉侵权行为的网络服务器、计算机终端等设备所在地。对难以确定侵权行为地和被告住所地的，原告发现侵权内容的计算机终端等设备所在地可以视为侵权行为地。"

"解释二"第二条第一款规定"涉及域名的侵权纠纷案件，由侵权行为地或者被告住所地的中级人民法院管辖。对难以确定侵权行为地和被告住所地的，原告发现该域名的计算机终端等设备所在地可以视为侵权行为地。"

按照我国司法解释，只要在中国发现侵权域名，中国就有管辖权，而具体做法实际上就是我们当初的证据取得地。

3. 美国的司法执行优势

司法诉讼还有一个重要的问题，是即使判决生效，如果得不到有效的执行，司法判决就成为废纸一张。对美国因特网的司法执行尤其突出，它和普通的案件不一样。关于因特网的案件多数需要执行的是虚拟资产，需要网站的配合，但是网站的服务器很多不在国内，这种情况很难进行有效的司法执行，谁才真正拥有审判的司法权力。

而美国的优势则是在网络的执行上。因为，网络域名服务器的监管权在美国。对所有网站来说，如果网址不能被解析，别人无法找到你的网址，你将丧失网上生存的权利，所以在司法执行上封杀网站的域名，将会给网站带来灭顶之灾。而美国拥有这样的权利，只要美国法院认可的判决，相关方面便可以封杀网站域名或者拍卖。拥有这样的权利，使得美国对世界范围内的网络诉讼案件均有执行能力，这种优势是其他国家所根本不具备的。

4. 接入协议的裁决权

我们的网络是接入美国因特网，我们网络权利基础来自接入协议，那么，接入协议的司法裁决到底是怎么样的？这对各国的权利非常关键。司法最终解决是现代社会法制的基础，而最终解决权利是美国控制网络的权利基础。

自 1998 年成立以来，ICANN 总部一直设在美国加利福尼亚州，主要承担着全球互联网域名系统、根服务器系统、IP 地址资源的协调、管理与分配等工作。按照属地原则，你要告它，原告就成了被告，管理机构在哪里，哪里有司法管辖权，美国的司法解释为必经之服务器，本身就是排除你想要以行为结果影响地主张诉讼权利的理由，通过司法程序解决和 ICANN 的问题只能到美国。

还有关键一点需要注意，这机构允许接入而签署的协议中，已经约定了仲裁条款，如果发生纠纷只能走仲裁程序而不能走诉讼程序。仲裁地点就是它们指定的，从仲裁的地点、机构和适用法律，早就可以看出仲裁的倾向了。

我们来看看相关的协议内容是怎么说的。依据 ICANN 与台湾地区等地区的协议《ICANN |（.tw）国家地区顶级域名（ccTLD）赞助协议》其第六节第五条：争议处理。当发生任何争议时，应按《国际商会仲裁规则》（ICC）处理。仲裁语言为英文，仲裁地点可选在美国纽约或经由双方同意的其他地点。应有三个仲裁者：ICANN 可选择一个仲裁者，赞助实体可选择一个仲裁者，如果这两个仲裁者都不同意第三个仲裁者，可按照 ICC 规定重新选定第三个仲裁者。ICANN 和赞助实体应均摊仲裁所产生的费用，仲裁者将按照 ICC 规定收取相关的费用。为协助仲裁和／或保留双方在仲裁未决期间的权利，双方有权向仲裁小组或位于美国加州洛杉矶的法庭寻求停留权或临时初步的禁令救济，不放弃对仲裁协议的否决权。凡涉及 ICANN 且与协议、管辖权、专属地点有关的诉讼应在位于美国加州洛杉矶的法庭进行；然而，双方还应保留在任何主管司法机构强制实行上述法庭判决的权利。第六节第六条是：法律选取。协议诠释中涉及的法律问题应按以下方式解决（a）仲裁小组认为适用的法律法规，（b）仲裁小组认为适用的国际法律法规。

从上面的法律文件中，我们可以清楚地看到网络接入，各国与美国在司法上也是不平等的，司法裁决权管辖权就是美国网络霸权的一部分。

5. 美国事实拥有因特网的全球司法管辖权

随着人类共同利益的增强，国际社会法律的协调发展和国际利益的优先已成为一个突出的趋势。而美国法院长臂管辖权一直受到其他国家的猛烈抨击，其实质是域外管辖权，威胁到他国的管辖主权。

在信息时代，网络接触无孔不入，长臂管辖权在 Internet 案件中的运用意味着"域外管辖权"的过分扩张，其结果必然导致全球所有法域都对 Internet 案件具有管辖权，造成国际民商事案件管辖冲突的泛滥，这既有损于国家司法主权，也不利于保护当事人双方的合法权益，甚至引发国际争端。此外，这种域外管辖权也很难得到其他国家的认可。在此我们首先列举一个与中国有关的美国长臂管辖案件，以便让我们看到美国的长臂管辖的手到底伸了多长。

2004 年 11 月 21 日上午 8 时 20 分，一架从包头直飞上海的东航小型客机 MU5210 航班起飞后不久，就坠入离机场不远的南海公园。事故共造成 55 人遇难，其中包括机上 47 名乘客和 6 名机组人员，以及两名地面人员。包头空难是中国东方航空公司发生在国内航线上的一起空难事故，遇难者中并无美国公民。但为何空难赔偿诉讼会在美国进行，且演变为一场跨国集团诉讼？在包头空难中，航空公司、遇难者、事故地点以及航线等诸多因素，显然都与美国无关，按照中国的法律制度，这种官司应该在中国国内解决。

但美国法律制度不同于中国。美国民事诉讼中有一个重要的原则是"长臂管辖"，即只要被告和立案法院所在地存在某种"最低联系"，而且原告所提权利要求和这种联系有关时，该法院就对被告具有属人管辖权，可以对被告发出传票，哪怕被告在州外甚至国外。所谓"最低联系"的范围十分广泛。比如，可以是被告"有意接受"，或者被告在法院所在地有"营业活动"，等等。

2005 年 5 月，里夫律师事务所的罗伯特·尼尔森律师和大卫·佛尔律师代表部分中国空难家属在美国加州洛杉矶郡高等法院起诉了美国通用电气公司、加拿大庞巴迪公司和中国东方航空公司，要求三被告共同承担包头空难的事故责任。起诉书中的"最低联系"是在包头空难中，发生事故的飞机发动机是由美国通用电气公司（GE）生产的，空难事故不能完全排除发动机故障的可能性。同时，飞机的制造商加拿大庞巴迪公司和中国东方航空公司均在美国有营业活动。

有美国这样的长臂管辖的原则，就等于美国自己给自己全球互联网络诉讼的司法管辖权，因为互联网络的域名解释服务器在美国，就等于是给了美国所有互联网争议的"最低联系"，只要美国人愿意，这样的管辖就可以把手伸到别人的家里。

由于美国的长臂管辖原则和美国在网络案件司法执行方面的优势，实际上很多国际的互联网争端当事人也乐意选择美国作为案件的诉讼地，这样美国就垄断了国际间的互联网络的诉讼，在信息和互联网络越来越重要的今天，取得了网络的霸权和制高点。

四、网络安全法是根本大法

中国也在筹备制定网络安全法，中国起草的安全法过于简单，部分关键内容缺失，这引发了业内人士深深的担忧。美国的网络安全法有多少节，中国的网络安全法才多少条，这样一比，足以吓你一身冷汗。

在 2016 年党中央和国务院联合发布的《国家信息化发展战略纲要》当中对网络安全提出了特别的要求，纲要指出：树立正确的网络安全观，坚持积极防御、有效应对，增强网络安全防御能力和威慑能力，切实维护国家网络空间主权、安全、发展利益。维护网络主权和国家安全。依法管理我国主权范围内的网络活动，坚定捍卫我国网络主权。坚决防范和打击通过网络分裂国家、煽动叛乱、颠覆政权、破坏统一、窃密泄密等行为。

所以，网络安全法，在发展网络经济当中是根本保障性大法，只要发展，不要安全，势必会付出巨大代价。

中国制定了网络安全法，这能够带给我们多少安全呢？比照美国网络安全法，我们的网络安全法是太简单了，我们的安全法在很多层面是需要加强和说明的。

以笔者多年从事法律工作的经验判断，让我们的网络安全法能够保护中国利益并具有实操性，需要增加以下几个方面：

（1）应当定义网络概念，区分：internet、Internet、中国国内公网、内网等不同的标准。

这里法律统一以网络一词概括，对网络处于的不同状态是要区分的，这是不会链接到境外的网络，还是一个与境外机构、国家平等互联的网络，还是我们是人家的接入客户，我们要无条件地服从人家的网络管理，问题是完全不一样的。

（2）网络接入国际网络的管理。

我们的网络接入到国际网络，需要有什么样的管理、什么样的信息可以自由出入、什么样的是要受到限制的、外国网络对我们接入后的控制是怎么样的，这些都是非常重要的内容。

（3）中国网连接外国网络的主从和互联关系的不同。

网络连接是分为接入和互联，一个是平等的网络关系，是两张网交换信息；另外一个则是被控制、被管理的关系，是一张网的内部信息交换。你要是以主从关系接入外网，实际上是把你的网络主导权给了别人，这网络所有权到底归谁，还是有的说呢。

（4）不同的网络协议、网络协议的许可和权利用尽。

我们的网络接入外国网络，对网络上的知识产权怎样规定，是不是他们的网络已经取得的知识产权授权就视为我们也有授权了，这个知识产权的边界在哪里？在哪里权利用尽，如果我们的法律不说清楚，是有很大的争议的。

（5）网络安全技术的强制许可。

我们的专利法规定了专利技术可以强制许可，在关乎中国重大利益的时候，就是通过强制许可让专利权所有人不能以其专利权限制和禁止他人使用。对网络安全，更是关乎未来信息产业的核心利益，必要的时候不能被外国专利绑死，而且我们的强制许可，还可以扩展到非专利领域，在网络上标准和版权是更流行的做法。我们可以看到由于有专利的强制许可，印度的很多药品价格不到中国同类药品的十分之一，而非洲对艾滋病药物的强制许可，也给非洲带来了廉价药物。

（6）外国网络安全技术进入中国的审查制度。

网络安全技术本身是可以有后门的，它本身就是可以极为不安全地成为间谍软件，我们对外国相关产品进入中国，应当进行审查，要求其公开源代码，否则其中的间谍木马是防不胜防的。

（7）网络流氓软件、垃圾软件

网络安全还有一个层面就是流氓软件和垃圾软件，他们不但让你防不胜防，烦不胜烦，更可以成为各种不安全因素的载体，各种黑客、木马、间谍软件和外国对华的情报收集，都可以假借和伪装成垃圾软件和流氓软件的，对制作此类软件的个人、法人，我们也要从网络安全的层面，提高认识。

（8）网络信息收集、挖掘带来的资源对公共安全的影响。

网络企业以及相关人员、用户，在网络上不受限制地肆意收集他人信息，肆意挖掘信息，让个人在网络面前透明，并且利用这些信息牟利。在小的层面是给社会和公众带来精准诈骗，大的层面就是国家安全问题，被外国组织和情报机构挖掘情报主导中国的社会行为、群体事件，造成不稳定因素。现在台湾地区居然有几十万的从业者专门从大

陆骗取财富，成为台湾地区的支柱产业，这个问题在我们的网络安全当中已经不是个案，要从网络安全的宏观角度来系统性地考量。

（9）高频交易和机器行为。

网络上各种不受监管的自动机器运行的行为，对网络的公共秩序造成了巨大的危害，比如金融交易领域的高频交易，已经在 2015 年的股市波动当中让全社会认识了，另外就是网络上的各种秒杀器、各种挂件，让本来网络正常的竞争变成了机器秒杀，还有网络上的信息爬虫在运行，以地毯查询的方式把政府网上公开的数据库爬走，严重侵害中国数据产权。

（10）网络安全的司法管辖权和法律适用。

网络的争端到底应当在哪里管辖，这是非常重要的事情，管辖地背后还有法律适用的问题。能够司法管辖本身就是一项主权，对中国网络安全有影响的境外案件，应当明确中国有法定的管辖权，美国的长臂管辖就是这样的做法，只要与中国的网络安全有联系，境外的我们也有管辖权，网络的事情经常是可以境外远距离的。而关乎中国利益，法律适用也必须是中国法律。对此有些争议，我们就是要法定的管辖权，当事人不能约定、不能仲裁。

（11）罚款过低，等于鼓励。

我们可以看到对危害网络安全的罚款数额是封顶的，50 万上限对有钱的 VIE（可变利益实体）什么都不算，应当是按照比例进行处罚，甚至可以罚到企业破产，或者封网。没有足够严厉的处罚，这个法律就是毛毛雨的样子，根本得不到像样的执行。

综上所述，我们可以看到《网络安全法（征求意见稿）》还需进一步完善，对中国网络安全的关键性利益，我们立法是不能有半点让步的，宁可先严厉再放松、放开。因为法律有不溯及既往的原则，你以后收紧，对收紧前的行为也是没有约束力的。法律的制定是保守的行为，对可能发生的最坏的情况，一定要先按照最坏的考虑，否则你在面对法不禁止皆可为的时候，你就太多皆可为了，漏洞会让立法目的变成泡影。

附1：《国家信息化战略发展纲要》中的法治环境建设内容

不断优化信息化发展环境

（一）推进信息化法治建设

……

依法推进信息化、维护网络安全是全面依法治国的重要内容。要以网络空间法治化为重点，发挥立法的引领和推动作用，加强执法能力建设，提高全社会自觉守法意识，营造良好的信息化法治环境。

48.完善信息化法律框架。以网络立法为重点，加快建立以促进信息化发展和强化网络安全管理为目标，涵盖网络基础设施、网络服务提供者、网络用户、网络信息等对象的法律、行政法规框架。

49.有序推进信息化立法进程。坚持急用先行，加快出台亟须法律法规和规范性文件。强化网络基础设施保护，加快制定网络安全法、电信法、电子商务法，研究制定密码法。加强网络用户权利保护，研究制定个人信息保护法、未成年人网络保护条例。规范网络信息服务与管理，修订互联网信息服务管理办法。研究制定电子文件管理条例。完善司法解释，推动现有法律延伸适用到网络空间。

50.加强执法能力建设。加强部门信息共享与执法合作，创新执法手段，形成执法合力。理顺网络执法体制机制，明确执法主体、执法权限、执法标准。

附2：笔者参与的《网络安全法》修订意见稿

目前我国信息网络空间领域的主权和安全形势十分严峻。美国在因特网（Internet）上的网络霸权越来越嚣张跋扈，基于美国绝对控制的因特网上的我国信息化发展不能不令人时刻提心吊胆、胆战心惊。

2016年7月，全国人大常委会法制工作委员会公布了《网络安全法（草案）》（二次审议稿）。大家曾抱有极大的期待，期待通过国家立法坚决阻击美国主权网络对我国信息网络空间领域肆无忌惮地渗透和侵犯。二审稿再次令人感到失望。

笔者撰稿整理了海内外部分专家、学者、专业人士和各界人士对《网络安全法（草案）》（二次审议稿）的意见、建议和看法，提供参考。

一、问题的提出

通观《网络安全法（草案）》（二次审议稿），感觉不少网络、信息和信息化用词用语与定义、概念不清，相互之间的逻辑关系、法律制约关系不清。看不出究竟应如何

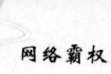

对信息"积极利用、科学发展、依法管理、确保安全",好像须对"网络"推进建设、鼓励创新、健全保障体系、提高安全能力,"信息化发展"自然而然就"并重"了!

网络安全的目的和作用是什么?网络安全与信息、信息安全和信息化发展是什么关系?网络安全是不是与信息化发展并重的唯一条件和途径?不得要领,一头雾水。苹果皮光泽鲜亮,未必果肉就一定是甜的,更不能改变果核有毒的天然特性!果皮、果肉和果核应如何在种植与生长中"并重"呢?

一种观点认为,本次审议稿仍存在较多瑕疵和较大漏洞,不宜通过,以免造成受制于人的更大被动和失误,建议慎重修订,再次审议。

另一种观点认为,我国网络和信息安全问题严重,亟须国家立法规范。如果明确宣誓国家主权原则,可以尽量修补相关条款后审议通过,作为暂行法实施。

二、国家主权原则是网络安全的前提与根本

《网络安全法》应旗帜鲜明地宣誓和强调国家主权原则是网络安全、信息安全和信息化发展的前提与根本,通篇贯穿国家主权原则的红线。

国家对所拥有的全部领域包括陆海空天疆域、政治域、经济域、军事域、社会域、知识文化域、人民与民族域以及信息网络空间域的所有权、管辖权、治理权和保卫权,一句话,即国家对所属全部拥有域完全的统治权,构成了全方位、全范畴的国家主权内涵和外延。网络主权和网络所承载的信息主权,都是国家主权不可分割的有机组成部分。国家主权原则是网络安全和信息安全的前提与根本,也是信息化发展的前提与根本。

习近平总书记一贯重视网络主权原则,呼吁国际社会"尊重网络主权",明确指出"网络和信息安全牵涉到国家安全和社会稳定,是我们面临的新的综合性挑战";强调"在网络这块'新疆域',同样要维护国家主权、安全、发展利益";强调"网络安全对国家安全牵一发而动全身"。显然,反对侵犯网络主权、反对通过信息网络空间干涉他国内政,是维护本国网络安全和信息安全的首要与根本的原则性举措,是绝不能含糊的红线。"国家坚持网络安全与信息化发展并重",就必须旗帜鲜明地宣誓信息网络空间领域的国家主权原则,强调中国政府对本国信息网络空间领域拥有完全的、无可争议的、不容侵犯的主权。

信息网络空间领域的主权危机已经到了最危险的时候。由美国主导与控制的因特网及其单方面定义的赛博空间(Cyberspace)构成的信息网络空间,已经被美国和北约成员宣布为"第五作战域"。美国等公然借此侵犯他国主权、威胁他国安全并早已付诸行动,

势同水火。利用信息网络空间进行攻击、恐怖、淫秽、贩毒、洗钱、赌博、窃密、诈骗和信息掠夺等犯罪活动比比皆是，网络谣言和虚假、低俗、流氓、垃圾信息等随时可见，信息网络空间领域侵犯国家主权、破坏国家安全、分裂民族团结、扭曲民族文化、损害公共利益的颠覆社会问题日益严重和突出。

国家主权原则决定信息网络空间领域的安全本质，坚持国家主权原则才能从根本上奠定网络安全和信息安全的基石，战略上居于主动，战术上争取优势。尤其在全球市场化的框架下，信息网络空间主权掌握在谁的手里，谁就是操控信息网络空间技术和舆论的"业主"。建立中国拥有完整主权、自主管理、不受制于人并与国际其他网络平等互联的信息网络安全体系，是举国上下爱国军民的由衷心声，是关系我国信息化、现代化发展刻不容缓的百年大计、万年大计！主权不在我，必受制于人，岂止掣肘难书，更将四面楚歌；主权在我，不受制于人，尽可防患于未然，亦必能增强拒敌于万里之外的国力、民力和军力。

信息网络空间领域的司法管辖权，亦属于国家主权原则范畴。构成信息网络空间领域行为主体的机构、组织、人员、物品和设施等在国家主权疆域及其延伸领域发生的全部行为和行为过程，必须接受该主权国家的司法管辖。信息网络空间领域因主权和安全引起的纠纷、争议和侵害事件，都必须由被侵害、被侵扰的主权国家依法处置，任何外国政府、机构和人员不得干预。

三、网络安全服务于、作用于信息安全

《网络安全法》应正确定义网络安全与信息安全的定义、概念和相互关系以及对于信息化发展的作用，不可偏颇和疏忽。

信息基础设施连接、覆盖及承载的信息处理交换时空体系，构成了信息网络空间领域。网络是承载（包括采集、传播、保存、交换和处理）信息的物质工具，是物理结构的信息媒体。人类获取的信息通常是以文字、图形、图像、声音、视频、动画、符号等形式表现和传承的，形成与丰富了人类的知识文化体系。换句话说，信息是人类知识文化体系的表现，是基于人类感知的、反映世间万物存在与变化及其相互联系状态和方式的内容，是信息化发展的重要基础。

国际电信联盟（ITU）的标准化部门（ITU-T，由国际电报电话咨询委员会 CCITT 改组而来），将信息媒体划分为五类：

一是感觉媒体（Perception Medium），指直接作用于人的感觉器官，如文字、图形、

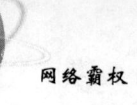

图像、声音、视频、动画、符号等。

二是表示媒体（Representation Medium），指为了加工处理和传输感觉媒体而人为研究、构造出来的一种媒体，它有各种编码方式，如：文字编码、图像编码和声音编码等。

三是表现媒体（Presentation Medium），指进行信息输入和输出的媒体，如：键盘、鼠标、扫描仪、话筒和摄像机等输入媒体，以及显示器、打印机和扬声器等输出媒体。

四是存储媒体（Storage Medium），指用于存储感觉媒体和表示媒体的物理介质，如：纸张、胶卷、唱片、磁带和软盘、硬盘、光盘、U盘等。

五是传输媒体（Transmission Medium），指用于传输表示媒体的物理介质，如：同轴电缆和光缆等。

按照以上分类，感觉媒体是直接作用于人的天生感觉器官，是人们获取各种信息来源的基本功能渠道。而与网络密不可分、构成人们公认的计算机物理结构体系的表示媒体、表现媒体、存储媒体和传输媒体，都是服务于、作用于感觉媒体的"人为研究、构造媒体"，是典型的信息控制技术和网络应用工具。就安全而言，网络是"标"，信息是"本"；网络是"路"，信息是"车"。"标""本"兼治天经地义，"路""车"并重亦无可厚非。相对于信息化发展而言，网络安全和信息安全是其翱翔的两翼，不可偏颇、疏忽、失衡。

信息化不仅与网络安全有关，更需要信息安全、安全信息的支撑。网络安全是信息安全的基础和屏障，但不是充分条件。网络运转过程中，信息丢失、泄露、扭曲等时有发生，垃圾、虚假、流氓信息经常壅塞，网络安全未必能确保信息安全和信息化发展的万无一失。网络被别有用心者利用制造、掩饰、改变、传播不安全信息、有害信息或直接破坏信息安全的事件屡见不鲜。最典型不过的例子，德国等欧洲各国领导人的电话，长期受到美国的监听；伊朗费尽心思保护的民用核技术，终究被美国的信息控制技术攻破；无论中国如何千方百计地在协议租用的美国主权网络因特网（Internet）上构筑"长城"防火墙，美国总统候选人希拉里·克林顿早就直白地宣称"across the greatwall we can reach every corner in China"（穿过中国的长城，我们可以到达每一个角落）。

上述事实一再提醒我们不得不关注的是：

1. 人为研究、构造的信息控制技术和网络应用工具，可以承载、保存和传播感觉媒体获取的信息，却不可能改变原始信息客观真实的本相和物质属性。

2. 人们在不断深化对信息的认识过程中产生了日益丰富的知识、知识体系和知识产权，不可避免地有条件利用信息化发展进程为自身利益或利益集团服务。从而，利用信息控制技术和网络应用工具影响、改变、扭曲甚至颠覆信息的情况,在信息网络空间领域是完全可能、确实存在、无处不在的。

3.信息安全是网络安全服务与作用的基本目的和直接目标,是信息化的第一要务。忽略、回避与舍弃信息安全的主导权、主动权和话语权,意味着国家主权原则在信息网络空间领域的被动、让步和倒退,意味着任由国家传统民族文化和舆论在信息网络空间领域受到颠覆,后果不堪设想。

四、国家应坚持网络安全和信息安全并重

信息安全的基本要求是必须保证信息的真实性、完整性、保密性和可靠性。离开信息安全谈网络安全,难免说空话、讲大话、扯假话,无的放矢。

大约100万古代流传遗世的汉字,11万近现代使用的汉字构成的从古至今包罗万象、丰富多彩、博大精深的汉文化知识体系,远远超过26个字母衍生积聚的西方文化知识体系,但在美国绝对控制的因特网(Internet)上却没有主导地位。微软拼音组合的汉字、词、句谬错遗漏百出,误人子弟,或被视而不见,或则无可奈何。美国等发达国家借助网络渗透肆无忌惮地传输、渲染危及他国主权和安全的西方理论、思想、意识、主张甚至行动指引,煽动"颜色革命"、暴力对抗,等等,防不胜防。

有"互联网权威"声称,中国就是将"Internet"翻译成"互联网","因特网"就是"互联网"。这倒是给全国民众提了个醒:有人故意通过罔顾事实、违背科学、回避主权、蛮不讲理的蓄意性或随意性语意翻译(这也是危害信息安全的一种手法),混淆和掩盖汉字知识文化的正确认知,甚至在根本没有理解定义的情况下引进、宣扬、追随和使用外国概念,欺骗国人落入甘当他国网奴的陷阱,怎不令人毛骨悚然!中国在信息化进程中构建保护和传承中华民族文化及其构成的信息和知识文化安全体系,已是信息化发展的当务之急!

在信息控制技术革命推动的信息化时代,网络安全与信息安全是孪生同胞。建立在国家主权原则基础上的网络安全是信息安全的重要屏障,信息安全则是检验网络安全的根本标准,二者相辅相成、相互促进、密不可分。网络安全环境下的信息安全体系是保障信息安全和安全信息的关键。

信息化是信息技术应用于社会各个领域,以达到提高效率、发展经济、繁荣文化等多重目的的活动和过程,是借助现代信息控制技术整合安全信息所形成的创新生产力。没有信息安全、安全信息,信息化发展难免迷失方向、步履艰难。正因如此,"国家坚

持网络安全与信息化发展并重",改为"国家坚持网络安全、信息安全和信息化发展并重"更为确切,更加符合实际。

五、对修订《网络安全法》的主要意见和建议

综上,谨向全国人民代表大会就《网络安全法(草案)》(二次审议稿)的修订,综合提出如下意见和建议:

1."国家坚持网络安全与信息化发展并重",调整为"国家坚持主权原则基础上的网络安全、信息安全和信息化发展并重"。

2.增加有关信息网络空间主权原则的条款,建议修订补充以下文字内容:

国家坚持信息网络空间的国家主权原则,尊重各国网络主权,反对侵犯他国网络主权的行为,反对通过信息网络空间干涉他国内政,倡导构建平等、和平、安全、开放、合作的国际信息网络空间新秩序。

国家支持中国主权信息网络空间的构建,支持信息网络空间领域关系国家主权的基础性、关键性与核心技术的创新和基础设施建设;支持创建和应用我国自主知识产权为核心技术主导的军民深度融合的公共信息网络;支持对接入我国的非我国主权信息网络强制性实行必要的限制、治理和改造,提倡平滑过渡。国务院应采取有力措施,坚决推动落实。

国家对信息网络空间领域涉及我国国家主权和网络安全、信息安全的争议、纠纷与侵害,拥有全部司法管辖权,任何外国政府和机构不得干预。对利用信息网络蓄意侵害我国国家主权、网络安全和信息安全的犯罪分子必须严惩。在境外利用网络和信息控制技术的渗透,侵犯我国信息网络空间主权和安全、社会公共及发展利益以及公民、法人和其他组织合法权益的,适用本法。

国务院应组织清理涉及信息网络国家主权原则的政府文件、文告和涉外协议,对明显违反国家主权原则的政府文件、文告和涉外协议予以废除或调整。

3.增加相应的信息安全强制性规范条款,建议修订补充以下文字内容:

国家支持企业、信息网络相关行业和社会服务组织及公民共同参与信息网络空间领域国际标准、国家标准、行业标准、团体标准和企业标准的制修订,鼓励制修订和创新严于国家标准、行业标准的团体标准和企业标准。对国家认定的主权范畴的网络安全、信息安全标准,应强制进入中华人民共和国疆域的信息网络实行。国家对接入外国信息网络、采用外国信息网络的安全技术和产品,实行准入许可管理。

国家有规范信息网络用词、用语的责任，公民有遵守信息网络用词、用语的义务。国务院应责成有关部门对有损中华民族文化、国家主权和社会公共及发展利益的信息网络用词、用语进行清理、整顿、定义和颁布。外国信息网络用词、用语未经国务院授权机构权威认定发布，任何单位和个人不得违反信息网络国家主权原则和安全规定任意使用。任何单位和个人不得故意在网络上传播错误词语代替规范词语。教育、科研、法律部门和单位及其工作人员，应带头规范使用信息网络用词、用语。

任何单位和个人不得从事危害我国网络安全和信息安全的活动，亦不得为境外非法信息传播者和信息网络控制者提供危害我国网络安全和信息安全的任何服务。对违者必须追究刑事责任、解散其违法活动机构、没收违法所得、强制罚款、强制赔偿经济损失。

支持本文及提出修订补充意见和建议的联署者，包括但不限于（排名不分先后）：李志强、夏树芳、吕述望、董传仪、李道本、谢建平、张捷、沈永言、刘亚东、倪健中、楼培德、张庆松、白济民、卢明欣、李北伟、陈志军、任笑和、李阳、傅平、吴为、郑东阳、范晴、李建、王学军、张子方、蒋洪强、郭英凯、郑珑、张青、许祖云、李凤、纵晨光、潘晓江等几十位专家学者和相关单位人员。

第九章　网络反透明与国家安全

网络产生新的空间，产生新的疆域，产生新的国土，在网络空间上就有主权概念和产权概念，也要维护国家安全的秘密。我们不能总是附属在别人的物权之上，被一览无余，被最终支配。

一、中国的崛起必须改变信息环境

在中国的快速发展中，网络实名制被扭曲成了网络透明制，最终成为外国机构掠夺中国情报的饕餮盛宴。海外机构和西方国家情报部门通过合作、投资、上市、融资、咨询等手段对中国核心经济信息的掠夺，并将这些信息通过大数据、云计算等手段进行分析挖掘，早已经掌握了中国的社会、经济、金融的信息全貌。而我们却无法对国外的核心信息进行分析。由于我国制定的政策更侧重于对海外信息公开、信赖海外的咨询机构，比如国内对麦肯锡的追捧。然而，我们对这些机构的信赖，将来却很可能给我们带来不少的损失。

1. 信息不对称是中国的损失根源

中国自古讲"知己知彼百战不殆"，而我们在参与海外竞争时所掌握的信息是不对等的，实际是对方处于知己知彼的状态，而我们只能做到知己。由于某些原因自身统计的数据还会存在水分，导致我们的知己也是有水分的，其结果一定是我们在竞争中处于劣势。因为海外的信息机构已经形成垄断，建立了信息霸权，它们公开的信息多带有明显的西方金融资本的利益取向，在以其信息为基础作出的政策分析只能将我们一步步引入陷阱。现在中国提出大力发展智库，已经看到了这个问题，但我们智库对数据的掌握能力远不如西方的智库。我们缺少专享的特殊信息渠道，而这样的渠道没有国家的强力支持是做不到的。

为了解决信息不对称问题，我国应当加强对核心部门信息的垄断。对于重要的信息可以仿效美国的中央情报局的做法，以国家的名义进行询问，这样可以有效地避免涉外保密协议，然后通过政府情报部门的发掘整理，服务于中国进军海外的企业，改善中国企业海外投资在信息上不利的局面。因为对于单一的企业，是不可能做到国家情报力量所能够达到的能力。

2. 中国产业升级的天花板

国际 Internet 标准化组织 IETF 近 2000 个标准中，中国人提出或者主导的标准数量很有限。从国家产业的发展和企业的长远利益着想，在技术标准上我们不能总是受制于人，而是需要赶超先进技术取得发言权。只有参与并制定"游戏规则"，才能最后取得胜利。随着自由贸易运动的发展，阻碍国际贸易的关税壁垒正逐步被打破，但是新的形形色色的非关税壁垒又正在形成，通过标准壁垒有效地削弱对手的市场竞争力保护本国产业的发展。

"温州打火机事件"便是典型的标准壁垒。我国温州有近 200 家打火机生产企业，年产打火机 6 亿只，产值 20 多亿元，占全球打火机市场 80% 份额，其中 30% 出口欧盟。2002 年 5 月欧盟成员国及机构表决通过了进口打火机的 CR 法案，其核心内容是要求进口价在 2 欧元以下的打火机必须设有防止儿童开启的"安全锁"。安全锁专利大多掌握欧盟、美国的生产商手中。如果与欧盟企业研发的安全锁有 80% 相似将会被起诉。欧洲很多技术研制出来之后并不投入生产，只等坐收来自中国的专利费。这样，温州生产的打火机在欧洲市场上失去了竞争优势。面对标准规则，新进入企业要想进入这一行业，不得不接受寡头企业所制定的技术标准，受制于跨国企业施加的控制，被钉死在国际分工的低技术链条和附属地位上，落入发达国家所设置的"标准陷阱"之中。

中国与国际标准的争夺也是异常激烈。在网络标准方面，中国企业陷入同样的被动，在 IPV4 和 IPV6 层面标准掌握在西方手中。当我们在 IPV9 层面中有一定的技术和标准优势时，西方便开始妖魔化 IPV9。再如此前的 WLAN 标准和 WAPI 标准之争。WAPI（Wireless LAN Authentication and Privacy Infrastructure）无线局域网鉴别和保密基础结构，是一种安全协议，同时也是中国无线局域网安全强制性标准。WAPI 标准将密码算法和无线电频率的要求纳入其中，是基于国际标准之上的符合中国安全规范的 WLAN

标准。中国互联网的安全标准，让中国不被外国控制，是中国信息安全的核心，也是中国重要的主权之一。但是，在中国标准中获利巨大的全球 WLAN 三大芯片巨头之一、Wi-Fi 的核心成员，中国 WAPI 无线安全标准的替代对象——WPA 安全协议的利益拥有者 Broadcom 在内的芯片厂商表示，中国强制实施 WAPI 标准使得外国供应商必须与中国企业分享受严密保护的设计资料，知识财产受到威胁。Broadcom 首席执行官罗斯表示："我们不会玩他们的游戏。即使到了只有使用他们的加密技术才能进入中国市场的地步，我们现在也不打算承诺照办。"这样的西方联盟，迫使中国做出了让步，无限期推迟中国国家标准执行时间，事实上等于放弃了这个标准。

如果我们没有制定标准的权利，产业发展将会处处受制于西方的标准垄断者，我们与他们的差距就如隔着玻璃天花板，看得见却摸不着。打破国际的标准垄断的局面需要中国长期不懈地努力，在世界舞台上拥有自己的位置。实现这样的目标不是一个企业能够完成的，而是需要国家在发展中支持本国企业标准成为国家标准，从而限制外国的产品和产业标准。

背景资料：IPV9 技术解密
——IETF 如何使用愚人节笑话对中国实施战略欺骗？

自 2014 年中国宣布研发成功新一代互联网（真正的基于平等互联原则上的）IPV9 之后，便引发了"IPV9 是愚人节笑话"的争论。这一争论持续了近十年之久，对中国部署实施 IPV9 制造了巨大的舆论障碍。在 2011 年 4 月 1 日，国际智慧学会发布了一系列证据，证明了 IPV9 确实存在版本号，而且确实由美国 IETF 研发并放弃，并公布了大量的技术文献历史资料，使得愚人节笑话论彻底破产。

然而，从另一方面看，IETF 确实在 1994 年 4 月 1 日抛出两篇技术文献，用愚人节笑话的形式公布了 IPV9 的一些技术特点。有分析认为，IETF 是用这个方法，给其放弃的但是性能优越的 IPV9（TUBA 技术）贴上一个愚人节笑话的标签，防止有人继续沿着这条技术路线进行研究。因此，愚人节笑话可以说是一个战略欺骗。这个战略欺骗的第一个受害者是中国。

下面，我们公布一个真实发生的事件，可以充分显示 IETF 是如何用"愚人节笑话"来抹黑中国 IPV9 并误导中国公众的。

背景情况：中国工信部在2001年批准成立了十进制网络标准工作组，IPV9就是这个工作组开发的一个关键技术。

事件发生在2001年的4月17日。一位来自中国科技大学的名叫王辉（Wang Hui）的中国人在IETF的电子邮件讨论网上发布了一条消息，内容是"我偶然发现了一个IPV9的新协议编号。我不知道什么是IPV9。IPV9和IPV6的关系是怎样的？哪位给我一个提供这方面信息的地址链接？"

这封信得到了一个回音。一位来自美国弗吉尼亚理工大学的IETF成员希里哈里回信说"你去看RFC1306和1307吧。这两份文件都是在4月1日愚人节那天发布的。希望你会因此而明白IPV9是怎么回事？"这份回答给出的强烈暗示是，"IPV9是愚人节笑话。"这个回答的问题在于，只提供了愚人节笑话的两份文件，却没有给出其他非常多的真实的IPV9技术文件。这是一种明显的误导行为。

结论：IETF不但制造了愚人节笑话的烟幕，以掩盖IPV9的技术本质，还采取了主动欺骗手段，来把公众的注意力引导到愚人节笑话上去。当然，希里哈里本人并不能代表IETF，但是他的电子邮件是发在IETF网站上的，也没有看到IETF出面澄清，因此IETF的关系是无法撇清的。

3. 需要独立自主的评价体系

在世界上，自然科学的评价体系是客观的，社会科学评价体系是人为的，我们不能完全依赖西方的学术观点。有些经济学者只是西方利益集团和金融资本的御用文人，通过控制信息和控制评价体系给社会洗脑，让社会产生错觉，让人们在这些所谓的经济学者的引导下得出他们需要的结论。这里我们以贫富差距为例进行一下分析：

我们说贫富的差距，首先要确定穷人与富人的分界在哪里，然后再说明富人与穷人在财产上的差距。对贫富的分野多是按照西方的标准，采用西方的标准分辨，是否存在问题呢？

西方关于人群的贫富分野是以5%收入最高的人为富人，看富人所得到财富在社会中所占有的比例，然而5%的分野却掩盖了贫富问题的真相。我们粗略地来计算便知真相。在西方社会，老人和孩子不工作是没有收入的，约占总人口的一半，这样社会上富人的比例从5%增加到了10%左右，同时西方很多家庭妇女是不工作的，即使工作收入也很难与男性相比，考虑女性占人口总数近一半，这样10%就又扩大成为20%。在西方蓝领工人收入不低，美国汽车公司的工人的平均收入高于大学教授的平均收入，一般的劳动

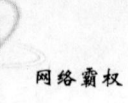

者也被统计在富人范围内。2008年奥巴马竞选总统说给富人加税时，遇到了超级管道工乔先生的抵制。他取得的高收入是靠每天比别人多完成50%的工作量取得。勤劳致富却成为加税的对象，当然是极大不公。从上述内容，我们可以看到西方以5%为标准统计贫富是有巨大问题的，为什么不采用千分之五，或者万分之五作为统计标准呢？这样工薪阶层将不会被统计进来，这样的比例才能真实反映社会的贫富差距。

讨论贫富差距时，大家心里都清楚这需要分析劳方和资方的收入差距，企业主与工薪者不同阶层的收入差距，西方5%的比例标准恰恰把劳资双方的差距人为地掩盖了，变成了有技术从事复杂劳动的高级劳动者与普通劳动者的收入差距。而我们知道复杂劳动的价值本来就是数倍于简单劳动的，收入也远远高于从事简单劳动者。西方现在采用的贫富区分的标准把从事管理和高技术劳动者给框算进来了，以及把危险、肮脏和繁重体力劳动的人应得的高收入也统计进来。从而可以看出，这种统计方法是极其不合理的。其目的只是为了掩盖国内严重的贫富分化和社会矛盾，是一个愚民手段。但是我国一些学者把这样愚民的统计算法生搬硬套到中国，肯定不会有正确的结论的。

在我国，2014年统计乡村人口为61866万人，其收入多低于城镇人口，在统计上可以忽略农村的高收入者；我国小城市人口的收入也明显地低于大中城市。实际上发达城市的平均收入以上人员，可以粗略统计为5%的富人。这样的统计肯定是有问题的，中国的贫富分化更多的是地区的差异和底层农村人口收入过低。假如我们将农产品的价格涨30%，贫富差距会明显缩小。而西方之所以炒作中国贫富分化，本质是西方不希望中国的企业家做大、做强，西方早已经是垄断的经济，中国还处于过度的市场竞争阶段，如果不能让产业集中，让中国企业实力与西方相当参与国际竞争，中国的企业还将受到国外大企业的压制。但是这些西方国家是不会直接说出这个恶劣目的的，反而用以他们贫富数据来忽悠中国社会，似乎富人变穷那些愤青就可以更富，这种宣传舆论符合愤青的利益，实际上这些人在西方统计标准中基本上属于"富人"。西方的限制富人的实际结果是富人不富，其背后多余出来的财富被西方攫取，穷人还是那样贫穷。对于我国国家控制的重要战略行业，被西方势力指责为国有垄断。国家集中产业，肯定有既得利益者也有损失惨重者，必然存在矛盾，但是在西方势力的忽悠下，忽略了一个重要的事实，在西方同类企业也是被垄断的，很多也是国家参与运营的；尤其是日、韩等亚洲领先国家的战略行业国家垄断情况则更高；在最近这次金融危机中，美国救市实际上就是把很多的行业垄断企业变成了国有企业。西方势力指责我国出发点不是让社会更加公平合理，而是让中国企业处于分裂状态，在国际舞台受制于人。因此，很多西方势力通过各种方式对中国进行渗透，对此我们应当多方位分析，了解其中的实质。

在我国的经济体制下确实存在导致效率低下的地方，但是也要看到市场自由竞争中的资源浪费，尤其是过度竞争的条件下的浪费。就如3G网络在技术上可以满足全国的需要，现在为了市场竞争建立了三个3G网络的运营机构，竞争提高了效率，但是效率能提高三倍吗？所以对于一个事物要多方面思考。

由此可见，独立思考的重要性，需要建立自己独立的评价体系。如今，我国的专家、学者的职称评价体系多来自西方，需要提供西方学术刊物的论文，很可能导致一些国家智库被西方的思想洗脑！国家战略只能在西方圈定的框架内亦步亦趋！

在网络领域拥有独立的评价体系就更关键了。西方在网络上建立了话语霸权成为他们舆论场，煽动老百姓的情绪，绑架某些国家政策执行，在一片叫骂声中，一些很好的国家政策难以施行。各方的思考变得越来越扁平化和越来越低级，以网络的声音大小决定真理归属，以网络叫骂替代了学术讨论，以网络情绪替代了逻辑思考。

建立中国独立的评价方式，引入经济领域一线实战企业家进入中国学术研究体系，以研究结果应用后的表现作为最终评价，才有可能在经济理论上跳出西方圈定的框架。然而，目前我国学生从毕业走向社会后很难回到学术研究领域，而从事研究的人很多是没有离开过研究机构或是在研究室里闭门造车，很少有商场的实战历练，这种情况与西方有所不同。而西方顶级大学的很多研究人员是来自各大企业，当我们拿到他们的教学案例时，早已失去了时效性，我国现阶段的评价不利于培养中国这真需要的操盘者，而是在西方学术气氛熏陶下培养出一些理论家，纸上谈兵多于临场竞技，对中国走向海外很难提供更有力的支持，这也是我国最近海外投资屡次失误的原因之一。

4. 支持传统产业集中整合对抗虚拟霸权

中国参与国际竞争中失败的原因还在于过度竞争，而世界经济早已经呈现出垄断的趋势，因此我们需要加强国内产业的集中。产业集中势必会给西方带来压力而指责中国的国家垄断，他们希望中国永远是一个过度竞争的市场，商场大鳄便可纵横驰骋。各种网络绑架传统经济其实质让传统经济进一步参与过度竞争，使得产业扁平化，传统产业的利润流失到了网络平台。

过度竞争危害究竟有多大？我们先来看一个例子。我国钢铁业总量在世界占有举足轻重的地位，但是产业集中度太低了，国内排名前几位的钢铁企业的总产量不到钢铁产业的30%。而西方国家一国也没有几家钢铁企业,世界的铁矿石供货商基本集中为三四家。

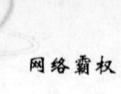

但是由于我们没有铁矿石的定价权,产业利润被外资掠夺。对此有些人可能说我们没有合理控制矿业资源,那么我们再来看看占世界储量的 80% 以上稀土情况如何。稀土是重要的半导体、高科技所需要的材料,却卖了一个"土"价钱,重要原因之一在于中国上百家稀土企业的过度竞争。

我们所指责的垄断企业的低效率,更多的是如何做好企业的监管,这些问题不仅仅是中国的问题,西方也一样,就如美国汽车工人 14 万美元的平均工资福利一样。实现监管限制可以在企业市场竞争时,还可以在公司的内部通过股东制度进行。当初中国移动的员工工资问题就是在海外股东的压力下得到了很好限制。大股东给经营人员过高的工资和低下的待遇,可以视为对于公司利益的侵占,如果放开小股东的质询甚至诉讼权,得到小股东的认可,即使薪资待遇像西方的资本家给"打工皇帝"开出的天价薪酬一样高,公众也不会有太多意见,企业的效率也不会降低。

放开小股东的权利有利于中国产业集中。当小股东的权益得到了保障,才有可能进行股权的换股收购集中,如使用现金收购并不利于风险的共担。只有产业集中了,企业的信息能力才足够与国际竞争并形成国际标准。我国的《反垄断法》本应更多服务于中国的企业,可惜对外资的制约手段稍显薄弱。从现阶段看《反垄断法》对国企和对网络企业实行的是双重标准。就如对网约车平台迅速合并成为垄断 90% 的机构并未采取有效措施,对垄断 80% 市场的电商平台滥用市场经营地位侵害传统企业利益的情况,也没有有效的手段,反而被歌颂为打破垄断。但是中国最大的银行仅占有 20% 左右的市场份额,然而面对 80% 的网络支付,银行却被认定为垄断。

传统企业与网络企业之间的竞争主要体现在市场信息上。为何德国推进的是工业 4.0 而不是"互联网+",其背后进行的是工业企业的整合,信息在企业内部流通不外流。德国工业 4.0 的深刻意义此前已经论述过了,在此我们不赘述。个人认为传统企业要以其整合的产业深度,对抗扁平化的网络虚拟经济平台,这其中的意义还需要认我们深刻认识。

5. 信息才是未来

中国已经完成了第一步的工业化,成为制造业的大国、世界工厂,但笔者认为"工厂"的概念还很淡薄,更多的是"车间"的概念,而我们需要做的是把中国的产业做强。

虽然受汇率影响,我国外汇储备有所降低,3 万亿美元以上的外汇储备仍居世界第一位,却并未改变我国是外汇资本项目管制国家的事实。人民币正在国际化,我国的国际金融之路还很漫长，想要将国际金融的资金实力转化为左右世界的能量，必须在信息和研究等领域占得先机，在这方面我们需要学习的东西更多。美国能够取得金融霸权，其背后有网络霸权的支撑，世界已经从工业时代发展到金融时代，如今已经迈入了信息时代、网络时代。

对于中国的强大需要加强软实力，而软实力的核心就是中国信息竞争能否处于有利地位，从而改变中国在世界链条上的位置，在信息环节获取我们应有的权利。世界已经进入信息霸权时代，虽然我们没有取得霸权的实力，但起码不能被西方的信息霸权所掠夺，中国的强大需要有自主的体制。

二、中美博弈与网络虚拟身份

1. 接入美国与希拉里的名言

对我国网络接入美国和透明的现状，著名政客、美国原国务卿希拉里有一句名言"Across the Great Wall, we can reach every corner in China."也就是说在美国因特网之下，他们可以让中国一丝不挂，完全透明没有死角。

无独有偶，我们可以看一下中国第一封电子邮件是怎么说的，中国第一次上网发出的信息是什么？CNNIC CA 确认的结果显示，第一封从我国发出的电子邮件："Across the Great Wall we can reach every corner in the world."是北京市计算机应用技术研究所于 1987 年 9 月 14 日 21 时 7 分发往德国的。通过与德国卡尔斯鲁厄大学档案馆联系，CNNIC CA 查到了这封邮件的打印件。这个邮件的翻译为"越过长城，走向世界"，但真的是这样吗？

2. 被迫实名制与美国隐含身份制

在网络上，我们的信息是透明的，但美国可不是这样。美国宣传他们是网络匿名的，而且不光如此，美国的身份证都是自愿领取，很少时候必须使用身份证，美国人的证件有身份证、护照、社保号、纳税号、驾照号，不同场合不同证件并且不允许网络机构私自收集这些信息。而我国对网络用户强制实行实名制，这种做法在中国乃至世界都受到了广泛的质疑。中国的网络是有大量的敌对势力渗透的，如果不采用实名制，则无法保障国家安全，这一点在"斯诺登事件"中已经让全球人看清楚了美国情报机构的嘴脸。

棱镜计划是一项由美国国家安全局（NSA）自2007年小布什时期起开始实施的绝密电子监听计划，该计划的正式名号为"US-984XN"。英国《卫报》和美国《华盛顿邮报》曾在2013年6月6日报道，美国国家安全局和联邦调查局于2007年启动了一个代号为"棱镜"的秘密监控项目，直接进入美国网际网路公司的中心服务器里挖掘数据、收集情报，包括微软、雅虎、谷歌、苹果等在内的9家国际网络巨头皆参与其中。"斯诺登"事件泄露的文件描述，PRISM计划能够对即时通信和既存资料进行深度的监听。许可的监听对象包括任何在美国以外地区使用参与计划公司服务的客户，或是任何与国外人士通信的美国公民。国家安全局在PRISM计划中可以获得的数据包括：电子邮件、视频和语音交谈、影片、照片、VoIP交谈内容、档案传输、登入通知，以及社交网络细节等内容。综合情报文件"总统每日简报"中，2012年在1477个计划中使用了来自PRISM计划的资料。根据斯诺登披露的文件，美国国家安全局可以接触到大量个人聊天日志、存储的数据、语音通信、文件传输、个人社交网络数据。美国政府证实，它确实要求美国公司威瑞森（Verizon）提供数百万私人电话记录，其中包括个人电话的时长、通话地点、通话双方的电话号码。

很多人可能对国家安全与个人的关系没有切身感受，但对网络黑客和木马侵害感受颇多，虚拟装备、QQ号、邮箱等有过被盗的经历，金融账户、支付宝、银行卡也存在被盗刷的情况，要查办这些黑客和罪犯网络实名制是非常必要。在一系列的实名环境中，黑客和罪犯的活动受到了很大限制，可以说实名制关系到每一个人的安全。维权和网络监督成为一件可以身份公开光明正大的事情。

对此有些人就要把美国的所谓网络匿名原则拿出来说事，但美国的网络并不是真的匿名，它是有一个隐含的身份制的。原因就是美国的网络采用的是固定IP地址，而我国采用的是浮动IP地址。浮动IP总是在改变的，这些IP具体是属于谁的？虽然我们可以把电信的核心数据拿过来做比对，但对一般的单位在反黑客方面就显得力不从心了。而固定IP的拥有者是清晰可查的，其IP地址就可以变成反黑客的一个识别标志，浮动IP则不能作为黑客的识别标志。浮动IP的地址分配是电信公司的底层核心数据，也不可能分享给每一位反黑客的人员，从IP地址的分配方式，便可以看出两国的不对等。

要彻底解决这个问题，就需要中国建设自己的公网，或者施行IPV9地址大扩容，中国与美国接轨采用固定IP地址的分配方式，届时我们分配的每一个固定IP地址对应的是实名制，而不是现在的把实名信息给网站，把我们变成网络上的透明人。我们不是总要说与美国接轨吗？没有技术条件做保障接轨是不可能的。但当我们有技术实力和经济实力的时候为什么还没有做呢？

想要做到能够方便找到网络的使用者的方式除了我国使用的实名制与美国的隐含身份制外还有一个方式——虚拟网络身份制（eID），美国的固定 IP 实质就是一个 eID，中国的 eID 技术也已经成熟，下面这篇由中国工程院倪光南院士撰写的文章将帮助我们更好地了解 eID。

背景资料：eID 是保障网络主权、安全和发展的需要

中国工程院院士、中科院计算机所研究员　倪光南

eID 是网络空间基础设施建设的重要环节

十八届五中全会上提出了创新、协调、绿色、开放和共享发展五大发展理念，我们应当以此为指针，指导信息领域的发展。

习主席指出："网络安全和信息化是一体之两翼、驱动之双轮，必须统一谋划、统一部署、统一推进、统一实施。做好网络安全和信息化工作，要处理好安全和发展的关系，做到协调一致、齐头并进，以安全保发展、以发展促安全。"遵循这个指示，在信息领域，最重要的协调就是处理好发展和安全的关系。尤其是信息化程度越高，受到网络攻击所产生的损失也越大。目前，随着"互联网+"计划的推进，随着信息网络越来越广泛和深入地融合到我国的政治、经济、文化和社会的各个领域，我们必须格外重视发展和安全的协调，在推进信息化的同时，格外重视增强网络安全。

应当指出，当前我国信息网络基础设施还远远不能满足自主可控、安全可信的要求，其中的一个薄弱环节就是缺乏网络身份管理体系（eID）。如果说，在实体世界中，我们的人口治理和户籍制度需要有二代身份证作为支撑的话，那么，在虚拟世界中，我们的网络治理和网络安全制度同样需要有一个类似的"网络身份证"作为支撑。换言之，我们亟须构建一个网络身份管理体系（eID），它是当代网络空间基础设施中不可或缺的部分。

过去我国没有这样一个体系，在很多情况下，只能直接以身份证的身份信息作为网络信任基础，即实行所谓的"网络实名制"。但国内外许多实践已经证明，这种做法不但难以有效管理公民的网络身份，而且很容易被假冒，并造成公民身份信息泄露等严重

问题。"亡羊补牢犹未为晚",我们应当着眼网络安全和长远发展,尽快地构建一个符合自主可控、安全可信要求的网络身份管理体系(eID),从而一劳永逸地解决网络身份管理问题,为国家网络安全、信息安全提供保障。

eID建设应符合我国国情

这些年来,我国第二代身份证作为实体空间实行人口管理和户籍制度的支撑是十分成功的,但其当初目标定位为"线下"防伪,只适合现场"人证合一"的身份识别,而不宜用于"线上"的、非面对面的网络远程身份认证。如前所述,一方面,二代身份证的技术体系不适于网络应用,另一方面,由此形成的"网络实名制"将公民的身份信息以及其他敏感信息传到网上,大大增加了隐私泄露的风险;而且由于身份证无法撤销,一旦被泄露将难以补救。

虽然我们可以发展一种兼具"线下"和"线上"使用功能的新的身份证体系来取代第二代身份证,但这样做代价大、周期长,不如构建一个与"线下"第二代身份证互补使用的"线上身份证"即eID,这样投入小、见效快,更符合中国国情。

另外,鉴于现阶段信息网络对于中国经济社会的发展具有决定的意义,网络大数据也直接与国家利益密切相关,因此,构建网络身份管理体系(eID)必须由国家统一谋划、统一部署、统一推进、统一实施。希望有关部门能整合资源,协同攻关,防止各自为政,各行其是,造成创新资源碎片化。显然,这一网络基础设施建设关系到国计民生,属于百年大计,中国只能有一个而不能有多个,所以绝不能将权力下放,交给一些互联网巨头分头去做,以免大权旁落,形成网络空间的诸侯割据,损害国家的根本利益。

进一步加强eID建设的几点建议

现在看来,要构建网络身份管理体系(eID)还需要做很多工作,解决许多实际问题。

第一,应当在法规制度方面提供相应的支持。不久前公布的《网络安全法》草案中,并没有考虑到网络身份管理体系(eID)这一重要的网络空间基础设施建设。希望修订后的《网络安全法》能明确规定,将eID这一国家签发的网络电子标识作为公民网络身份的信任根;规定eID的登记发放规范以及eID的使用规范、法律效力,等等。

第二,为了保障eID的自主可控、安全可信,应积极推进采用自主可控的国产芯片和密码算法。2011年6月,正值我国金融界由磁条卡向IC卡迁移时,多位院士曾向中央领导提出:为"确保我国金融安全","并持续带动我国电子信息技术和产业的发展",

建议"向金融IC卡迁移必须在国家的有效控制下有序推动",并"采用国产芯片和密码算法"。这一建议受到了领导的重视,促进了国产芯片的发展。但回顾这四年来,国产芯片在金融IC卡市场中占有的份额还很小,希望在这新一轮的eID建设中,能显著扩大自主可控的国产IC芯片的市场份额,这无论对增强网络安全还是对促进信息技术和产业发展都是非常重要的。

第三,随着eID应用的发展,生物特征识别,特别是指纹和虹膜识别这类"强生物特征"识别将会得到更多应用。但迄今为止,这方面还没有相应的标准或规范,以至于这些"强生物特征"往往会在应用过程中在网络上泄露。鉴于这些特征是不可更改、不可撤销的,一旦被泄露将造成难以挽回的损失。为此,建议有关部门(或学术机构或产业联盟)应尽快制定相应的标准规范。一般说来,这些"强生物特征"只能在"线下"使用,如要在"线上"使用,应通过第三方测评,满足相应的标准规范,以防止任何"强生物特征"的原始信息或其变换信息直接在网上泄露。

3. 网络身份制取代网络实名制

如何改变中国网络走向透明现状?网络身份制不失是一个好办法。网络身份制是指由国家有关机构发放一组数字作为网络身份证,这组数字在密码体系下是一组公钥和私钥的关系。在网络上这个身份是难以被仿真的,网络平台也知道其背后持有者的真实身份,具体的对应关系只对国家相关的权力机关开放。虚拟数字身份还可以对外国人开放从而了解他们在我国的活动情况。采取这种方式的目的是真正的掌握中国网络空间的主权。

在国家收回网站透明权的过程中博弈也将异常激烈。各种网站都在推动线上认证,打着智能服务的旗号,进行生物信息的收集和信息透明化。生物信息一旦被收集和实名化,网站将拥有和公安机关权限类似的虚拟世界的治安管理权。公民生物特征信息是不可更改的,一旦被广泛地外传带来的后果将极为严重。可以说这是一个网络夺权的过程。

当务之急如何让网络从透明制变成虚拟身份制?国家尽快开通全面的网络身份认证工作。公民的网络虚拟身份有多个且可以更改,就如我们拥有多家银行的安全密钥一样。虚拟身份在网络上不能被外国和企业收集,与美国等西方国家接轨。很多既得利益集团希望在我国公民的二代身份证的基础上进行升级从而实施网络身份制,使身份证具有了网络虚拟身份认证的功能。实施这种方案的后果,将会被利益集团绑架,实名制会变得

更加透明。这是因为上述方案还给了网站操作身份证的权力。实行网络虚拟身份认证的目的就是在公民使用网络平台时不再提供真实的身份信息，无法将虚拟身份和真实身份进行对应。

更进一步的是，我们要认识到线上虚拟空间与线下是完全不同的，因此网络虚拟认证关键在于密钥体系而不是载体，当然载体本身能否分裂也很关键的，为何国家不能使用护照替代身份证？为何美国的社保号、纳税号和驾照号是不统一的？虽然欧洲有统一的身份证和虚拟认证，但在欧洲人人都有护照，使用也最为广泛，反而身份证的使用并未像我国广泛。那么，欧洲会让护照与虚拟身份挂钩吗？

各国护照和本国身份证是分离的，身份证号码、社保号和纳税号等国人关键的信息是不会在护照上的，当我们在国外时，国内的个人信息是不会对其所在地透明，护照相当于国内虚拟身份。这种虚拟身份的方式，难道不适合用于网络吗？

所以，我们的网络空间的秘密、我们的透明程度、我们的管理权，是我们的核心利益，需要特别保护，真实信息由国家相关部门管理，用网络虚拟身份制来替代实名制不失一种好的方法。

背景资料：公安部公民网络身份识别系统大解密

互联网发展至今，隐私泄露、身份冒用、账号盗窃、网络诈骗等安全问题严重阻碍了电子政务、电子商务的发展。网络实名制虽然在规范网民言行、构建更加和谐的网络环境方面起到了积极作用，但也会带来公民隐私信息大量泄露等问题。

为解决上述问题，公安部第三研究所根据公安部指示开展网络身份识别技术研发和试点，采用国密算法和国际主流的网络身份认证主流技术，先后牵头承担了国家发改委、"十二五"国家863信息安全重大专项等与网络身份相关的国家级科研项目，承建了"公安部公民网络身份识别系统"项目，制定了网络身份的国家和行业标准体系，初步构建起eID网络身份识别基础设施和服务体系，加载eID的工商银行金融IC卡在全国发行已经突破4500万张。

4月29日，由"公安部公民网络身份识别系统"签发的eID亮相第三届首都网络安全日活动现场，展示了eID发行和各类网络应用，如工商银行发卡终端发行eID、"航旅纵横"航旅信息服务注册、中国儿童失踪预警平台登记、江苏省工商全程电子化网络平台应用、奇虎360生活助手eID支付等应用示范。

eID：签发给公民的网络电子身份标识

据公安部第三研究所网络身份技术事业部书记严则明介绍，当前公民在自证身份时普遍采用了上传姓名、身份证号，短信认证手机号，上传证件照片，甚至手持证件自拍照片等方式。这些方法的弊端在于：一是不能分辨是否本人在上传身份信息，从法律的角度不能确认网络行为的责任主体；二是可能造成公民身份隐私泄露。公民隐私信息的泄露是不法分子倒卖身份信息，冒用他人身份进行抢注账号、刷号和抢票以及实施电信、网络精准诈骗等违法犯罪的源头。因此，只要直接基于身份信息的网络身份识别方法不改变，窃取、买卖个人信息以及网络诈骗犯罪就不可能根除。

eID是以密码技术为基础、以智能安全芯片为载体、由"公安部公民网络身份识别系统"签发给公民的网络电子身份标识，能够在不泄露公民身份信息的前提下在线远程识别身份。据公安部第三研究所网络身份技术事业部市场部姜亚斌介绍，用户开通eID时，智能安全芯片内部会采用非对称密钥算法生成一组公私钥对，这组公私钥对可用于电子签名。基本原理是：用户可以使用自己的私钥对信息进行电子签名后发送给其他人，其他人可以使用用户的公钥对签名信息进行验签。

对于用户最为担心的eID卡被盗窃遗失后被冒用问题，eID有着独特的方式应对——用户使用私钥签名的功能受eID签名密码保护，在开通eID时需要用户本人设置eID签名密码，连续输错3次eID签名密码，eID功能将被锁死，确保了使用eID完成的电子签名不可冒用。

公民使用eID通过网络向应用方自证身份时，应用方会向连接"公安部公民网络身份识别系统"的eID服务机构发出请求，以核实用户网络身份的真实性和有效性，并通过数字签名固定网络行为数据，出现纠纷时可通过追溯机制确定责任主体，有效确保了网上交易的安全性。

让"数据多跑路，群众少跑腿"

今年4月26日，国务院办公厅转发国家发展改革委、财政部等10部门《推进"互联网+政务服务"开展信息惠民试点实施方案》，提出要加快实施信息惠民工程，实现"一号申请、一窗受理、一网通办"。

"一号申请"就是要求政府部门以公民身份号码作为唯一标识，依托各级政府统一的数据共享交换平台,"打通"所有政府部门登记发行的证件,建立后台电子证照库,这样可以避免公民办事重复提交材料、证明和证件。

"一窗受理"就是要求政府部门整合、构建综合政务服务窗口和统一的政务服务信息系统,公民持本人身份证去任何一个政府线下窗口即可实现"就近能办、同城通办、异地可办"。

"一网通办"就是指要建成网上统一的身份认证体系,公民在移动或桌面环境下,通过网络身份识别技术即可实现网上远程办事,提高政务服务便捷性和效率。

eID具有跨域通用的特性,有利于推进落实国家"一号、一窗、一网"的要求,实现让"数据多跑路,群众少跑腿"。

目前电子政务是eID的一个主要应用领域,如江苏省工商部门创建全程电子化网络平台,以eID支撑全国统一标准规范的电子营业执照的全流程电子化登记的试点,已经实现在申请人与受理审核人员"零见面"的场景下即可完成营业执照登记。

将人口管理制度延伸到网络社会

我国人口管理制度是建立在户籍制度和身份证制度基础上最基本的社会管理制度。通过eID实现线上、线下人口的统一管理,将实体社会的管理制度延伸到网络社会,是互联网时代社会管理发展的必由之路。

但是,由于我国网络身份管理基础设施的缺位,网络信任体系异常脆弱,网络治理效率低下,不仅公共安全难以保障,而且在错综复杂的国际形势下对国家安全构成隐患。

据了解,欧盟诸国及美国、俄罗斯等都已从战略计划、标准、法律法规等方面进行了网络空间身份管理方面的大规模战略部署,其中主要的技术措施就是发行同时具备线下和线上身份识别功能的eID。当前,已经有18个欧洲国家发行了eID,其中德国、意大利、比利时、爱沙尼亚等10国强制发行。这些国家提供电子政务等服务,公民持eID到线下窗口也可以通过网络办理业务。其中,爱沙尼亚以eID数字身份为引擎,已成为全球数字化程度最高的国家。

据了解,公安部第三研究所开展的长达6年的公民网络电子身份标识(eID)的理论研究和技术研发,建立了依托国密算法的标准体系,已经初步形成由公安部签发、社会机构参与登记发行、运营服务、网络应用接入以及上网公民使用的五位一体、自主可控和扩张性极强的eID发行基础设施和eID应用服务体系的生态雏形。

4. 网络反透明需要立法

中国的网络信息应该怎么使用，各种网站、网络公司对公民信息的滥用情况尤为严重，大到国家安全小到民生均受到了影响，不能让一些人打着新事物且法不禁止皆可为的旗号圈占信息，形成利益集团。针对这种乱象通过立法的手段，可以有效遏制。这些网络乱象有两块重要的遮羞布，一个叫作法不禁止皆可为；另外一个叫作当事人意思自治。对这两个问题，我们下面将进一步分析。

法不禁止皆可为本来是一个非常好的司法原则，在网络上却被用成了法不禁止皆可胡作非为。在西方则不同，法不禁止是讲有法的时候，不是没有法的时候可以随便干。没有法的时候西方是按照法理遵从案例判例。而在法不禁止和法律明确之间的地带，西方也是案例判例起作用。

对当事人意思自治也不是绝对的，还有显失公平和重大误解，还有涉嫌违法和弱势群体保护，这个对应措施就是可撤销合同。我国的《消费者权利保护法》有明确规定，不应当免除提供服务者责任，尤其是格式合同免除是无效的。网络对消费者的强势，消费者是没有选择的。网络上的垄断度是最高的，这里还有滥用市场支配地位的问题。因此在网络世界，消费者权益、信息权益是怎么样的，其实还有非常多的不确定因素，不是某些网络利益集团说的那么法律权利明确。

看到这些问题，就应当知道我们需要的是什么！我们需要的是对网络世界的立法，尤其是在信息数据领域做到有法可依。

作者于 7 月 21 日在 2016 中国网络空间安全（上海）论坛讲演

附：专家的立法建议

2016中国网络空间安全（上海）论坛组委会（组委会成员：中国网络空间安全协会、公安部第三研究所、亚太示范电子口岸网络运营中心、上海市电子口岸建设联席会议办公室、上海防灾安全策略研究中心）于2016年7月31日在上海举行了关于"中华人民共和国网络安全法（草案）（二次审议稿）公开征求意见"的座谈会，座谈会邀请了互联网法律、产业、科技、社团等各界专家参加，经各界专家座谈讨论后，形成本修改建议。

中国网络空间安全（上海）

论坛组委会

2016年7月31日

（修改意见附后）

中华人民共和国网络安全法（草案）（二次审议稿）
第二十三条修改建议

【条款原文】第二十三条　网络运营者为用户办理网络接入、域名注册服务，办理固定电话、移动电话等入网手续，或者为用户提供信息发布、即时通信等服务，在与用户签订协议或者确认提供服务时，应当要求用户提供真实身份信息。用户不提供真实身份信息的，网络运营者不得为其提供相关服务。

国家实施网络可信身份战略，支持研究开发安全、方便的电子身份认证技术，推动不同电子身份认证之间的互认。

【建议条文】第二十三条国家建立公民网络数字身份制度，保障公民网络数字身份的保密性、确定性、可管理性。公民网络数字身份制度的实施办法由国务院另行规定。

网络运营者为用户办理网络接入、域名注册服务，办理固定电话、移动电话等入网手续,或者为用户提供信息发布、即时通信等服务,与用户签订协议或者确认提供服务时,在线下应当要求用户提供真实身份信息、在线上应当要求用户证明其公民网络数字身份。用户在线下不提供真实身份信息的、或者在线上不能证明其公民网络数字身份的,网络运营者不得为其提供相关服务。

【修改理由】

1. 现有的物理空间的公民身份管理制度

主权是一个国家所拥有的独立自主地处理其内外事务的最高权力。治权,即统治权,是政府执行政务的权力。公民身份管理就是治权在传统的物理空间进行公民管理的一项重要内容。

我国目前的公民身份管理制度的基础来源于公安部基层户政机关的"口卡"。居民户口簿、居民身份证是该"口卡"数据的一次映射;社会上的各种证件则是居民户口簿、居民身份证的一次映射,也是该口卡数据的二次映射。由此实现在物理空间对公民的身份管理。

但是,目前要求"用户提供真实身份信息",是"网络实名制"的初级版,是由公民直接向网络运营商提供其未经变换加密的公民身份号码,所以往往直接导致个人信息的大量泄露,从源头上就无法有效保护个人信息。犯罪分子趁机疯狂窃取、买卖个人信息,"科技黄牛"在网上冒用个人身份抢注账号进行刷号抢票牟利,甚至犯罪分子利用个人隐私信息通过电信和网络进行精准诈骗。如韩国的"网络实名制"因屡次发生大规模泄露公民信息事件而被判违宪。

2. 应建立网络空间的公民网络数字身份制度

要通过本法的制定,充实并落实国家网络空间主权的内涵和外延。在网络空间的治权中,管辖权是主权国家的基本权利之一。在网络空间的管辖权方面,我们主张属地管辖权、属人管辖权、保护性管辖权的结合。

属地管辖权是指国家对其领土范围内的一切人、事、物享有完全的和排他的管辖权。就本法而言,在中国境内的与网络空间相关的一切人、事、物,中国都有管辖权。

属人管辖权是指国家有权对具有其本国国籍的人或物均具有管辖的权利。按照管辖对象不同,分为属人管辖和属物管辖。就本法而言,网络空间中的具有中国国籍的人及其创造的虚拟物,中国都有管辖权。

保护性管辖权是指国家为了保护本国的安全、独立和利益,包括本国国民的生命、

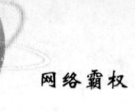

财产和利益，而对于外国人在该国领域之外，对该国国家或其国民的犯罪行为实行的管辖。就本法而言，对于外国人在中国境外，在网络空间中对中国或中国国民的犯罪行为，应有管辖权。

所有上述三种管辖权，都涉及行为人的国籍的认定、涉及中国公民在网络空间的身份管理。因此，需要建立适用于网络空间的公民网络数字身份制度。这一制度的建立，有利于体现国家的治权，有利于维护网络空间的正常秩序，有利于防御网络犯罪。

3. 建立公民网络数字身份制度是国家行为

公民网络数字身份制度的建立，是国家治权的体现，因此只能是国家行为，而不可能是企业行为。与物理空间中的公民身份管理权力只能由公安机关代表国家行使相同，网络空间中的公民网络数字身份管理权力也只能由公安机关代表国家行使。

公民网络数字身份制度之外的"电子身份认证"，属于企业的事权的范畴，不属于国家的事权。两者性质不同，作用不同。

因此，本法中应该明确规定"国家建立公民网络数字身份制度"，且"公民网络数字身份制度的实施办法由国务院另行规定"，而不必涉及纯属企业行为的"不同电子身份认证之间的互认"。

4. 公民网络数字身份制度应具备的特征

公民网络数字身份应该是网络空间用户识别的可信身份源，并具有"可靠电子签名"的功能。

目前的"网络实名制"初级版，由公民在线上直接向网络运营商提供公民身份号码，是导致个人信息大量泄露的主要原因。如果实施公民网络数字身份制度，则公民在线上并不需要向网络运营商直接提供公民身份号码，只需要提供由其公民身份号码经过数次变换加密之后形成的"公民网络数字身份"信息。这样，除公安机关之外，其他任何人获得这种"公民网络数字身份"信息后，并不能与物理空间中的公民身份号码直接对应；与此同时，通过"可靠电子签名"证明公民网络数字身份，能确保公民网络信息的不可抵赖性。

由此可见，网络空间中的公民网络数字身份既实现了个人信息的保密性的要求，也实现了网络空间个人行为不可抵赖，并且网络空间行为人的身份与公安部人口库（"口卡"总成）直接一一对应的确定性的要求，同时也实现了网络空间中公民个人信息的可管理性的要求。

所以，公民网络数字身份制度是"网络实名制"的升级版。这一制度既保护了国家利益，又保护了个人信息，实现了国家安全、公共安全和个人隐私安全有机的统一。

5. 中国网络信息战防线必不可少

为净化网络环境，避免青少年受互联网不良信息的影响和毒害，由国家出资开发上网管理软件并提供免费下载使用，本来是一件好事，但由于带有国家指令性和强制性的推行方式，在社会上形成了抵制情绪，让"绿坝"成为老百姓心目中的"绿霸"，同时使得兴风作浪的某些利益集团利益受损。"绿坝"作为国家安全的需要与有些人利用"绿坝"干不正当的事情不能混为一谈，把执行层面的问题描述成阻碍有失偏颇。

净化网络环境、维护网络安全问题相对于控制着根域名解释的国家解决起来就很简单了，它们可以在核心节点上和根域名服务器上安装过滤程序，普通用户无法知道。即使网站对这种做法有异议，但谁敢挑战美国域名解析的权威呢？美国商务部曾经宣布，将坚持保留对互联网域名根服务器的监控权，这一声明的隐含信息是：美国将继续掌握全球互联网的最终控制权。

中国一些门户网站、搜索网站，实际上都已经被外资控股，对国家的影响是不容忽视的。比如"力拓案件"[①]后，"爱国可耻论"竟然在网络上横行，当我回复"严惩间谍汉奸"这样的语句也要执着多次才发出，最后还被版主删除，我想这种行为应该不是政府举措。甚至支持政府做法的帖子被围剿。且不说是外国敌对势力的影响，就是金融资本和网络公关也是影响巨大的，如此大的间谍案在网络中却表现得异常的平静，这正常吗？网络上对爱国的攻击和对叛国的辩护思潮，不分青红皂白都认为是政府制度问题等。简单分析一下就会发现，这种攻击应该是有组织的行为，表面上很多问题都被归结为憎恨腐败，但并不是所有问题均可以归咎于腐败，腐败问题并不能掩饰外国、敌对势力的阴谋和对中国的掠夺。

因此，我国的网络信息防线是必不可少的，尤其在未来信息战将成为世界竞争的一种主要手段时，即便我们没有信息优势，也需要有防卫能力。对网络信息防线的滥用和监管，与该不该建立这样的防线是两个问题。反对建立这样防线的人，所依据的"绿坝"

[①] 2009 年 7 月 5 日，胡士泰等四名力拓员工，被上海市国家安全局、上海市检察机关以涉嫌侵犯商业秘密罪、非国家工作人员受贿罪，对澳大利亚力拓公司上海办事处胡士泰等 4 人作出批准逮捕决定，力拓案牵出铁矿石贿赂链，涉及多方利益。

可能被滥用和不受监管成为"绿霸"。这种观点就如军队可能有过横行霸道的行为便主张国家不能有军队一样愚蠢，如何防止滥用可以在实践中不断地解决问题，而防线建设却是刻不容缓的事情，不能被外来势力洗脑和混淆视听。

三、网络知识产权壁垒与安全

美国网络霸权还有一个关键性的壁垒就是知识产权，对他们来说权利巨大，对我们来说却是壁垒。

因特网上运行的技术都是有专利和版权的。这些专利和版权我们得到使用许可了吗？我们付费了吗？使用这些权利的合法性在哪里？如果要深问一下，就可以知道我们使用的网络与美国因特网是一张网，但它们才是网络的所有者。原因很简单，知识产权的许可和收费，是向使用这个权利的资产所有者收取的，也就是说人家已经向美国因特网收取了，你是因特网的一部分和使用者，你没有所有者的权利，你想要缴费人家都不收！

清楚了这一点，就能理解为什么我们想要在网络上有发言权是多么的困难，中国想要建设自己的公网，就是要突破这些知识产权的壁垒，否则人家收费我们就会受不了的，更别说拥有知识产权的人可以禁止使用。因此，中国要认识到在网络技术上，我们被捆绑在西方利益的分配机制上，它们用知识产权给我们布下天罗地网了，比如：网络最常见的 IP/TCP 协议，都是有知识产权的，如果组建一个网，它们如何找我们收费呢？

更进一步地讲，美国的网络地址主要都分配给了自己，可以奢侈浪费地使用，接入都是固定地址，拥有这个不变的地址便可以再自己建设一个网站，但我们获得地址数量很少，我国采用的是浮动地址，每一次登录后系统都会重新分配，是不能自己在家建设网站的。如果要建立网站就要到有关机构去托管，给你固定的 IP 地址是要收费的，此费用也是美国收取的，这是它们的网络权利。

现在 IP 地址不够用，大家想要升级到 IPV6 却发现在这个领域，美国早已经把知识产权的大网织造好了。IPV6 的标准就是他们制定的，围绕这个标准他们拥有大量版权。如果我们实施此标准，所需的费用巨大。

中国人的网络技术现在已经有了巨大的突破，这就是在 IPV9 层面，中国有了自主知识产权的一席之地，建设自己的公网，在技术和知识产权层面将不再受制于人，这是中国网络安全的关键。

十进制网络是根据中国知名发明家谢建平为专利权人的《采用全数字码给上网的计算机分配地址的方法》，基于0-9十进制算法的IPV9协议，即主要由IPV9地址协议、报头协议、过渡期协议和数字域名规范等构成的十进制网络系统。有了自己的技术，这些技术形成体系标准，并对突破西方的知识产权壁垒起到了决定性的作用。

综上所述，我们要认识到网络上的知识产权状态对我们的壁垒和对国家安全的影响，同时我们也要看到中国的进步，我们在新技术IPV9领域已经逐步具备了打破这个壁垒的能力。信息技术革命，我们需要的是"主权在我"。

附：信息控制技术革命需"主权在我"

中国移动通信联合会常务副会长 倪健中、
国际战略研究中心主任 牟承晋

（一）信息控制技术革命

第三次工业革命突出表现为涉及信息技术、新能源技术、新材料技术、生物技术、空间技术和海洋技术等诸多领域的一场信息控制技术革命。

一般认为，中国在蒸汽工业革命、电气工业革命时代被边缘化、是落伍者，错失经济社会发展良机。而在信息工业革命时代，中国受益于对外开放实现了成功追赶，成为世界最大的信息通信技术生产国、消费国和出口国。21世纪，中国与美国、欧盟、日本等发达国家在同一起跑线上、在加速信息革命的同时，共同发动和创新第四次工业革命——绿色工业革命。

认真推敲起来，信息控制技术革命不等于信息工业革命，字面上不是，内涵和外延也不是。在中文里，控制就是使之占有、管理、掌握、操纵在所能影响的范畴之中不得任意活动或越出。也就是说，控制就是限制被掌握对象（无论人、物、时间或空间）必须按照控制者的意愿和规范活动（变化）不得违拗。

如此说来，信息控制技术革命是掌握主权的革命，是不受制于人的革命。显然，掌握信息控制技术的主动权、话语权、主导权，才能掌握主权、不受制于人，才能居于信息控制技术革命的制高点、优胜点。恰恰在这一点上，在我们追赶全球第三次工业革命开始迄今的认识和实践中，经常是模糊的、混沌的，甚至是自欺欺人、令人不知所措的。

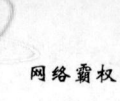

主动权的基本点，就是创新思维，是在工业革命中长期积累的知识、经验和教训的基础上所产生的跨越思维、超常规思维、主动再创造思维。主动权不仅来自主观能动性，还来自客观必然性。科学与经济、社会、文化高度发展导致信息控制技术的必然革命，信息控制技术的革命又迫使市场各经济要素高速运行的变革。正如短信技术曾改变了电信运营商的主要收益模式，微信技术又颠覆了短信收益模式，Wi-Fi技术的普及推广势将令运营商不得不再次做出全新的收益，模式探索与选择。在信息通信领域，没有主动权，不可能有话语权和主导权。

掌握主动权，必须拥有话语权。就技术和应用而言，标准化是话语权的前提、基础和依据。2015年，国务院三令五申深化标准化工作改革，加快标准化在经济社会各领域的普及应用和深度融合，就是完善、加强及强化我国在信息控制技术革命中话语权的果断举措。2014年，国家标准化委员会外函〔2014〕46号文件正式确认，国际标准化组织ISO/IEC正式发布的未来网络国际标准中《命名与寻址》和《安全》两个技术报告都由中国专家主导，中国拥有核心知识产权。谢建平、刘亚东、张庆松等中国专家成功嵌入了基于谢建平主持的IPV9专利技术的全新框架网络结构设计上的许多核心技术思想，确立了未来网络发展趋势的核心影响力，为中国未来网络/IPV9后续技术标准走向国际奠定了基础，创造了新的网络空间。也就是说，中国专家掌握了世界未来网络发展的基本的、核心的、主流的话语权和主动权。

IPV4资源将枯竭专家呼吁试点IPV9

互联网IP地址资源面临枯竭，主流观点力挺IPv4向IPv6全面转换，王汝林提出疑问，已有15年发展史的IPV6并未上马说明其缺陷的存在，中国人发明的IPV9应当得到与IPV6试点对比的机会。信息化与电子商务专家王汝林（IT商业新闻网讯）（记者 吴雨）1月26日消息，我国知名实战型信息化与电子商务专家王汝林昨日表示，IPV6未必是IPV4资源枯竭的必然解决方案，上海科研人员发明的IPV9，在包括互联网和物联网方面的应用都已有成果，可以进行试点使用。

1月19日，CNNIC（China Internet Network Information Center，中国互联网络信息中心）发布了第27次中国互联网络发展状况统计报告。数据显示，我国IPv4地址数量已达到2.78亿，预计IANA（The Internet Assigned Numbers Authority，互联网数字分配机构）在2011年2月将IPv4地址资源最终分发完毕。

对此，业界主流观点认为，应当加紧IPV4向IPv6全面转换。IPV6将原来的32位地址转换到128位地址，几乎可以不受限制地提供地址，可以解决互联网IP地址资源分配不足的问题。

不过，国家《电子商务发展"十一五"规划》评估专家、中国电子商务协会移动商务专家咨询委副主任、中国信息经济学会电子商务专业委员会副主任、北京信息产业协会专家委员会副主任王汝林则提出了不同的意见。

王汝林介绍说，IPV6的替代解决方案有两种，一是中科院支持的IPV6，另一种则是上海民间组织主导的IPV9。

据悉，目前已有一些系统和设备厂商开始支持IPv6。但分析指出，要实现从IPv4到IPv6的顺利转换，还存在政策法规、技术标准、组织机构等多个方面的问题。

王汝林则认为，IPV6在国外已经有15年的发展历史，但并没有上马，可见应用中存在的问题，只是现在因为IPV4资源枯竭而被迫上马。王汝林指出，IPV4向IPV6转换的过程中，IPV6和IPV4两种网络同时存在，必然面临安全的问题。

记者了解到，IPV6虽然号称"能给世界上的每粒沙子分配地址"。但地址资源掌握在他国手中，我国实际能分得的地址数量尚未可知。事实上，IPV4虽然可以为网络分配约42亿个IP地址，但美国占据了地址总量的74%，而我国分到使用权的地址数不到美国公开地址的10%。

更为严重的问题是，在现行游戏规则下，我国无法设立根域名服务器，对互联网这片虚拟疆土只有租用使用权，而没有最终管理权。有专家担心，如果发生特殊情况，这种使用权就有被剥夺的隐患。原信息产业部（现更名工信部）官员曾指出："从国家安全角度讲，IPV6虽然解决了IP地址问题，但没有解决自主知识产权和信息安全的问题。"

如果IPV9能投入使用，上述信息安全问题自然迎刃而解。据王汝林介绍，IPV9在包括互联网和物联网方面的应用，都已有成果。他认为，IPV9和IPV6的优劣，只有试验对比才能得知，因此，IPV9应当得到试点的机会。

王汝林最后呼吁说，专家们应当将IPV9客观地介绍给IT界，让中国信息产业多一种选择。

延伸阅读：什么是IP？什么是IPV4？什么是IPV6？什么是IPV9？[1]

目前的全球因特网所采用的协议族是TCP/IP协议族。IP是TCP/IP协议族中网络层的协议，是TCP/IP协议族的核心协议。目前IP协议的版本号是4（简称为IPv4），它的下一个版本就是IPv6。IPv4中规定IP地址长度为32，即有$2^{32}-1$个地址；而IPv6

中 IP 地址的长度为 128，即有 $2^{128}-1$ 个地址。

IPv9 协议是指 0-9 阿拉伯数字网络作虚拟 IP 地址，并将十进制作为文本的表示方法，即一种便于找到网上用户的使用方法；为提高效率和方便终端用户，其中有一部分地址可直接作域名使用；同时，由于采用了将原有计算机网、有线广播电视网和电信网的业务进行分类编码，因此，又称"新一代安全可靠信息综合网协议"。

据介绍，IPv4 和 IPv6 都采用十六进制技术，而 IPV9 采用十进制技术，能分配的地址量是 IPV6 的 8 倍。

IPv9 协议的主要特点

由于 IPv9 在 IPv4 基础上扩展，同时吸取了 IPv6 经历几年研究的成果，克服了 IPv6 的弱点，因而 IPV9 有以下特点：

1. 采用了定长不定位的方法，可以减少网络开销，就像电话一样可以不定长使用。

2. 采用特定的加密机制。加密算法控制权掌握在我国手中，因此网络特别安全。

3. 采用了绝对码类和长流码的 TCP/D/IP 协议，解决了声音和图像在分组交换电路传输的矛盾。

4. 可以直接将 IP 地址当成域名使用，特别适合 E164，使用于手机和家庭上网。

5. 有紧急类别可以解决在战争和国家紧急情况下的线路畅通。

6. 由于实现点对点线路，因此对用户的隐私权加强了。

7. 特别适合无线网络传输。

方舟子曾对 IPV9 声讨笔伐

著名"科学打假专家"方舟子曾对 IPV9 声讨笔伐，认为所谓的"IPV9 是基于愚人节的国际笑话"，缺少科学依据，不能成为科学研究项目，政府不应该支持。

IPv9 所依据的，确实是 1994 年 4 月 1 日（西方的"愚人节"）美国互联网标准组织 IETF 发布的两份文件，文件中也确实带有科学幻想的色彩，描述的是若干年以后一种新的互联网协议的产生以及其在未来时代中的应用。如方舟子文中说，"其发明人声称，这个技术依据的是美国互联网标准组织 IETF 发布的互联网协议第 9 版（简称 IPv9）RFC 编号 1606 的文件。"

对此，有专家认为，尽管 IPV9 确实是起源于一个愚人节当天发布的带有科幻色彩的文件，但这并不能成为否定 IPv9 的根据。该文件事实上蕴涵着科技人员的假设性理论研究成果，体现了作者对未来互联网络新架构的一种理想性愿望和构想，而中国人发明的

---

① 本文来源：IT 商业新闻网（北京）。

IPv9 将这个构想变成了现实。

IPV9 历史真相大白：“愚人节笑话”的责任谁来担？

国际智慧学会创新智慧研究会

2004 年，中国有关部门高调宣布，研制成功了全新框架的新一代网络 IPV9。消息发布后，震撼了全世界，但也在国内引起了一场持续十年的风波。一派观点认为：IPV9 是美国 IETF 在 1994 年发布的两个"愚人节笑话"，IPV9 是一个让中国丢脸的国际大笑话。方舟子、沈阳甚至一些院士将 IPV9 核心技术发明者谢建平称为"骗子"，要求工信部撤销十进制网络标准工作组。强大的舆论压力和网络恶名给 IPV9 的发展造成了极大的障碍。

IPV9 真是愚人节笑话吗？这是为 IPV9 正名的关键。为了解决这个问题，以历史学家张庆松博士率领的一个海外学者团队，经过多年的探索，终于摸清了 IPV9 的来龙去脉，揭开了 IPV9 历史之谜。使得 IPV9 反对者宣扬的"愚人节笑话"论彻底破产。

原来，早在 1991 年美国因特网研究者就预测，第一代因特网地址长度不够，容量有限，预计在 21 世纪初地址就会耗尽。因此迫切需要开发第二代因特网，以增加地址资源。

于是，IAB（美国因特网架构委员会）在 1991 年开始推动下一代因特网的技术方案研发工作。经过一年多的研究后，IAB 选定了一套名为 TUBA 的方案，并赋予其一个新协议号 IPV7。（就是后来的 IPV9）

当 IAB 把这个方案交给了 IETF 后，却遭到了反对。反对的最主要原因，TUBA 是基于 ISO 的标准体系，而且是与 ISO/IECJTC1/SC6 联合研发的，美国没有绝对控制权。

IETF 决定自己举办一次技术方案征集活动，并成立了下一代因特网研究工作组。这个工作组征集到了四个方案，其中最具有竞争力的是 IPV6 和 TUBA。IETF 制定了一个方案评估标准，这个标准提出了一些规则性指标，如要求方案基于 IETF 的架构等，这明显是排斥 TUBA 技术。在技术指标上，工程师们基本认为 TUBA 的技术性能优于 IPV6。但是，IETF 最终还是选了 IPV6。

选定 IPV6 的公开理由是：方案比较简单，可以按时提供新的地址资源。而 TUBA(IPV7) 则太复杂，耗时较长，无法保证研发成功，也无法有足够的时间来应对 IPV4 地址耗尽的危机。所以，IPV7 被排除了。但有很多人认为，TUBA 失败的根本原因是政治因素（是 ISO 的技术基础）。因此很多主张 TUBA 的专家对其失败耿耿于怀。近几年美国因特网的元老 JohnDay 教授就曾经多次在 ISO 公开指责 IPV6 是浪费了 20 年时间。

有趣的是，在竞争失败后，TUBA 工作组最终发布的声明是"进入冬眠"，而不是解散。而且，TUBA 还被重新分配了协议号，也就是后来的 IPV9。这个协议号至今仍然有效。

也许是为了防止其他团体继续研发 IPV9，IETF 故意发布了两个愚人节笑话，而且还把原来的 IPV7 改成了 IPV9。这就导致许多人误认为 IPV9 根本不存在，是笑话的原因。

由此可以得出的结论是：

1. IPV9 确实是 IETF 没有研发完成而放弃的技术。
2. IPV9 相对 IPV6 而言有许多技术优越性。
3. IPV9 不是 IETF 的技术，而是 ISO 的技术。
4. IPV9 输给 IPV6 的原因不是技术差，而是政治原因和技术研发和实现过于艰难。

IPV9 的真相大白了，可是中国十进制网络由于中国一些院士们制造的"愚人节笑话论"耽搁了整整十年。可惜啊。这是多么宝贵的时间啊！就在这十年中，西方国家展开了全新框架的未来网络研究。使得中国的遥遥领先地位受到挑战。这是中国的巨大损失，是中华民族的巨大损失。难道没有人承担责任吗？

更可恶的是，现在那些崇洋媚外鼓吹引进 IPV6 的专家们摇身一变又成了未来网络的专家，而且企图鱼目混珠，把 IPV6 同未来网络混为一谈，有的还主张中国应该继续等待引进西方的未来网络技术。

鉴于中国 IPV9 蒙受多年的不白之冤，而且其先进性和实用性已经得到国际承认，中国政府应该公开为 IPV9 正名，这是中国未来网络建设的重要一步。

四、中国需要自己的公网和规则

网络的出现是新时代的特征，但不等于"互联网＋"披上了网络的外衣就是天使，伪装成天使的恶魔多得很。我们认识分析"互联网＋"的问题，但不等于要拒绝网络，我们要的不是美国的因特网上的增值，而是要有网络控制权，在自己公网上的增值。同时，还要制定自己的网络规则，与美国接轨。也就是说这个公网可以与现在的"互联网"一样，也是军方控制，别说外资参与了，连私有化都不要有，你看我们让美国控制的因特网私有化，美国同意吗？

网络是新技术，给美国创造优势的新技术，我们所说的"互联网"问题，是美国利用新技术对他国取得竞争优势，使他国财富流失的问题。我们要发展新技术，接受新生事物是另外一个问题。我们需要的是在自己的掌控下搞创新，服务中国社会和经济，给自己创造竞争优势。

真的实现"互联网+"了，网络的主权和控制权将变得无比重要了。这个网络一定要是我们自己的网络，制定自己的游戏规则，我们有网络征税权，能够权限制敌对势力的网上行为，这才是真正的网络经济。我们需要把经济资源垄断到自己的公网之上，变成中国网络管理，政府工作人员不再是为了安全限制上网，中国的经济主权不能让他人染指。而德国的工业4.0也是建立在企业的内网上，搞企业的智能生产、智能工厂，是一个工厂的内部智能化，中国要透明也要将资源放在中国的内网之上。

建立自己的公网，在自己的网上各种权利是不受制约的，便可以把各种管理行为放到网络之上进行网络管理，建立网络政权。美国的所谓互联网，是美国要管理世界，建立网络帝国、网络政权，从本质看其他国家向美国因特网帝国"投降"。这不是爱国者所希望的道路，我们需要建立在自己公网之上的应用并捆绑中国的优势传统行业，形成中国制造更高的门槛，这才是产业升级的方向。

"互联网"的核心全在美国，全世界都存在风险，互联网产业越加繁盛，美国的中心枢纽作用越强大。可以说互联网是美国手中类似于美元地位、军事实力、文化输出等的又一大国际话语权。

中国如果没有自己的公网，就没有与美国谈判的筹码。世界多个国家要求美国将互联网国际化交给联合国或者私有化，美国都不答应。现在中国有世界最多的网民，足够多的用户规模，最大的网络使用国家却没有半点网络主权，这是一种落后和无能的表现。我们现在的网络、电信的设备制造业已经非常成功，完全有能力独立自主，自力更生地建设中国自己的公网。"互联网"是因为克林顿执政初期的力排众议站得够高，推出的军用转商用的信息高速公路计划，有划时代意义。对美国当年的成功经验和战略高度，我们是要学习的。

建立中国自己的公网这个话题，引来一大堆的网络打手。有的说中国要建立公网就是网络分裂主义，分裂"互联网"，而这样的说法完全扭曲了概念！网络是需要互通的，但互通是可以为接入状态也可以是互联状态，现在让中国成为美国因特网主从关系的接入者我们当然不愿意，我们的公网不是打破"互联网"的互通状态，而是要求中国的主权和互联，掌控中国"网络主权"，要让中国不再受制于人，实现真正的互联网而不是美国因特网这种伪互联网。

中国公网将与世界互通，只不过国家有界，谁都要对自己的边界管理，英美是有明确立场的。英国新版网络监管法案中，有争议的一条就是"禁止科技公司给用户提供无法破解的加密保护"。"斯诺登事件"后，Apple就以其加密保护功能作为主要的宣传点，声称imessage是无法破解的，这种做法在英国的法案是被禁止的。美国政府对此也是持否定态度。

网络审查是互联网当前的主要争议之一，特别是移动互联网和云计算兴起之后，社会和政府之间的冲突、跨国规制制度之间的冲突愈加激烈。争议内容包括，隐私权和言论自由的冲突、互联网平台的责任、技术进步和制度的冲突等。其实各国在网络上是需要有国界的，这个界限不能是英美单方面的界限。

我们还应该注意，欧洲和日本经济技术原比中国发达却没有"互联网"企业崛起，这背后与中国有网络这道"墙"是有关的。"墙"存在的经济意义不能被政治妖魔化所掩盖。因为中国有网络的"墙"，就让外国的"互联网"企业必须在中国设有服务器或者开办企业，中国网络的"墙"对中国的网络企业的崛起也是有好处的，虽然这些企业很多是外资控制的。如果没有这个"墙"，就根本不是外资控制的中国法人企业而直接变成外国企业了。中国在网络上通过保护建立中国的网络核心产业的作用是巨大的。而这个"墙"是不够的，有很多翻墙软件不说，我们需要在端口和客户端做监测，而它们可以在根服务器和域名解释服务器上进行，成本完全不对等。

建立中国自己的公网，更在于未来战争状态之下不受制于人。我们的公网可以选择在战争等状态下与国际敌对国家断网，也可以不害怕网络霸权国家的断网威胁，并可以在必要的时候征为军用，赋予军事用途，这样的网络才是中国国家的重器。建立中国公网，让中国公网全球互联，并且在公网上构建传统经济的网络体系，才真正是我们要的"互联网+"，这一切均应当以中国公网建设为前提，中国公网的建设是当务之急。

在中国加入WTO以后，发生了美国的"9·11危机"和"2008年金融危机"的机会，中国意外积累了巨大的财富和取得了全球制造业的大奶酪。中国能够崛起的机会来之不易，但中国的相关理论水平就如乌鸦一般叼着大奶酪，西方一群狐狸唱着"互联网+"的赞歌，希望叼着奶酪的乌鸦叫上一声。我们是决不能跟着"互联网+"叫的，这叫的结果就是将"互联网+"变成互联网枷和互联网痂。

对"互联网+"的概念，翻译出来的也是偷换了概念。中国"互联网+"使用加号，"加"上各种产业，让"互联网"来控制各种产业。"加"其实还可以理解为"互联网"的技术升级版，把各种产业接入美国网络，美国是欢迎的，但如果技术升级为中国自主网络，美国是不允许的。如果"互联网+"变成IPV9下的中国公网，我们就是完全支持了，这里面的差别不能概念偷换。

我们搞"互联网+"，把信息放在"互联网"上，需要与美国对价的。因此，对"互联网"不是我们单方面地去搞"+"，而是要与美国谈判谋求利益的分享和对等。要求对等需要具备谈判的基础和筹码，就是要有自己的网络。

美国如果不让因特网国际化，世界各国必然会研发建设自己的网络，因特网霸权主义是对世界其他所有国家主权的伤害。每一个国家自己独立地建立公网，将形成网络国家的概念，持续发展下去，也会出现网络帝国时代。网络主权下也需要有各个网络之间如何互联和合作的多种谈判，最终诞生网络外交。网络的虚拟空间，可能会出现网络国家概念、网络政权概念，形成世界公网。将现实社会生活的内容放在网络上，需要国家和政府的监管，需要建立国际秩序和国际组织，这才是虚拟与现实的结合，才是真正的"互联网+"。建立这样的公网不是什么高不可攀，朝鲜已经建立。目前世界上只有朝鲜的网络与美国因特网是互联的。

综上所述，中国一定要坚持走自主公网的道路，与世界各国的网络平等互联。有自己的网络，才可能有自己的网络规则，才能实现平等，将虚拟空间的经济主权彻底掌握在自己手中。

背景资料：习主席与普京发表一个强硬声明，向美国"一网天下"说不

中国移动通信联合会国际战略研究中心主任　牟承晋

长期以来，美国利用自身网络信息技术的先发优势，一方面对各国和全球用户进行战略欺骗，竭力建树和维持其一网独大、一网独强、一网独霸的网络霸主思想和地位；另一方面，抢先组建扩张网军、研发各种网络武器，有计划、有步骤、有目的地不断对

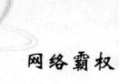

各国实施网络侵扰、攻击和颠覆，不择手段地威胁、迫使各国就范。近一个时期接连发生的主要针对多国专网、内网的"永恒之蓝"、"永恒之石"等网络攻击发人深省，美国又要搞什么网络欺诈名堂，又想怎样实施其网络霸权行径，又想如何掣肘和破坏中国、俄罗斯、欧洲各国等自主选择网络发展道路？

据新华社电，日前习近平主席和普京总统共同发表《关于当前世界形势和重大国际问题的联合声明》，双方强调"尊重各国自主选择网络发展道路、网络管理模式、互联网公共政策，致力于推进在联合国框架内建立公平正义的国际互联网治理规则体系"。

这是一个振聋发聩的强硬声明。声明表明，中俄两国元首一致对长期以来美国因特网"一网天下"的局面说"不"！一致反对美国企图独霸全球的咄咄逼人的"赛博空间"网络战略。

自主选择网络发展道路，首先是各国有权自主研发、建设、应用、发展不受制于他国的主权网络，有权依照本国法律自主控制和管理任何服务于本国的网络，有权平等参与各国网络之间互连互通公共领域的治理。说到底，美国可以全面升级、部署、维护其基于IPV6技术的下一代因特网网络，这是美国的自主权。中国和俄罗斯等其他国家未必非要追随美国亦步亦趋，未必非要租用美国的因特网束缚自己的手脚，未必非要将自己捆绑在美国"赛博空间"的网络战车上。各国有权选择包括IPV9十进制网络在内的符合最权威的国际标准化组织ISO/IEC《未来网络问题陈述与要求》规范的新一代网络推动和发展，美国以及任何国家、任何人都无权干涉，无权说三道四、指手画脚、妄评妄议。

自主选择网络发展道路，就是"致力于推进在联合国框架内建立公平正义的国际互联网治理规则体系"。这里清晰地强调，互联网是国际的，是各国网络之间平等构建的互连互通、共享共管体系，是"国际社会应秉持维护和平、安全与稳定，尊重国家主权、共治、普惠原则，共同构建和平、安全、开放、合作、有序的网络空间。"说到底，在美国因特网"一张网"的框架内，只有为用户间提供相互联系的服务，并不存在不同国家、不同网络之间构建的"和平、安全、开放、合作、有序的网络空间"。而美国主要基于因特网打造的"赛博空间"，早就成为充满火药味的网络战争策源领域，成为威胁世界和平、各国主权和安全的网络信息战空间。

自主选择网络发展道路，就是旗帜鲜明地"反对利用信息通信技术干涉他国内政，""反对利用信息通信技术实施敌对行动和侵略行径"。长期以来，美国利用自身网络信息技术的先发优势，一方面对各国和全球用户进行战略欺骗，竭力建树和维持其一网独大、一网独强、一网独霸的网络霸主思想和地位；另一方面，抢先组建扩张网军、研发各种网络武器，有计划、有步骤、有目的地不断对各国实施网络侵扰、攻击和颠覆，不择手段地威胁、迫使各国就范。近一个时期接连发生的主要针对多国专网、内网的"永恒之蓝"、"永恒之石"等网络攻击发人深省，美国又要搞什么网络欺诈名堂，又想怎样实施其网络霸权行径，又想如何掣肘和破坏中国、俄罗斯、欧洲各国等自主选择网络发展道路？

自主选择网络发展道路，就是要"支持联合国在应对使用信息通信技术安全问题上发挥关键作用，推动在联合国框架下制定各方普遍遵守的负责任国家行为准则"，"倡议在联合国框架下研究建立应对合作机制，包括研究制定国际法律文书。"一是要支持联合国承认的、由各国家成员体平等组成的国际组织在使用信息通信技术安全问题上发挥关键作用，而不是盲从美国民间组织的什么"因特网国际标准"；二是要推动联合国框架下国际权威组织制定的网络空间国家行为准则，监督、限制和制止任何制造和发动网络战争的犯罪行为；三是要在联合国框架下研究制定规范统一的法律文书，美国民间组织在美国政府支持下强迫各国签署的不平等"租网"协议必须废除。

自主选择网络发展道路，有力地驳斥了追随下一代因特网技术 IPV6 "是弯道超车"的谬论，粉碎了企图强加中国、俄罗斯等"闭关锁国"大帽子的恶意诽谤，严正宣告"尊重各国自主选择网络发展道路"是维护本国国家主权和安全的必由之路。中国拥有完全自主知识产权的 IPV9 十进制网络/数字域名技术体系，已经获得 ISO/IEC 和 ITU 的尊重、信任和肯定，受到国内北京、上海、浙江、江苏、新疆、内蒙、吉林等地党政军民的关注，还将在国际、国内受到更多的应有尊重与肯定。自主选择网络发展道路明确警示，死抱着已经被证明安全问题千疮百孔的下一代因特网技术 IPV6 不放，挥舞美国 IPV6 大棒使劲绞杀中国 IPV9，必将被钉在中华民族伟大复兴的耻辱柱上。

正值中华民族全民抗战"七·七"事变纪念日，"自主选择网络发展道路"吹响了中华民族网络解放战争的正义号角，展现了中国和俄罗斯引领世界各国"共同构建和平、安全、开放、合作、有序的网络空间"的崭新蓝图。

世界和中国的未来网络，景雨初过爽气清，玉波荡漾画桥平；日出江花红胜火，春来江水绿如蓝。

五、抗衡因特网：中国主权网络关键技术标准横空出世

中华人民共和国工业和信息化部2016年第3号公告，共批准643项行业标准，包括电子行业标准132项、通信行业标准67项。公告附件所列序号529-532号标准SJ/T 11603-2016、SJ/T 11604-2016、SJ/T 11605-2016、SJ/T 11606-2016，在这一堆枯燥繁缛的编号和名称中，竟然是"十进制网络与因特网两种网络互联互通"的技术要求、实施要求、解析架构和标识格式。

十进制网络是根据中国知名发明家谢建平的《采用全数字码给上网的计算机分配地址的方法》基于0-9十进制算法的IPV9协议研发的，主要由IPV9地址协议、报头协议、过渡期协议和数字域名规范等构成的十进制网络系统。

2001年9月11日，原国家信息产业部科学技术司信科函〔2001〕96号通知"决定成立十进制网络标准工作组"，它是我国十进制网络应用领域负责标准制（修）订工作的技术组织，授权联合社会各方面的力量，制定具有自主知识产权的IPV9报头、地址和基于IPV9协议的数字域名技术标准。任命谢建平为工作组长，中国电子技术标准化研究所、中国国家信息安全测评认证中心、中国科学技术大学、中国互联网信息中心、中国电信北京研究院、中广有线信息网络公司、航天信息股份公司、中兴通讯股份公司、上海市信息化办技术中心、中国人民解放军总参谋部和总装备部所属机构等30余家单位为工作组成员。

追溯到20世纪末谢建平等研发、申请专利的砥砺过程，真可谓是二十年磨一剑。

十进制网络与因特网是各自拥有自主知识产权所有权、支配权和管控权，是可以相互平等制衡的两张网络。这两张网络各有自主研制的母根服务器，不是一个娘；各有不同字母命名的13个主根服务器，IPV9是N-Z，因特网是A-M，各自独立，互不相干；各有自主的顶级域名及其解析系统，IPV9是.CHN，因特网是.COM，各为其主，各司其职。请注意，只有两张各自主权平等、技术可以制衡的网络互联互通，世界才会有真正意义上的互联网。严格地说，应该是"互连网"，不是泛泛地主权联合，而是毫不含糊地实现技术的相互连接。

2014年，中国国家标准化委员会外函〔2014〕46号文件正式确认，国际标准化组织ISO/IEC正式发布的未来网络国际标准中《命名与寻址》和《安全》等核心部分都由中国专家主导，中国拥有核心知识产权。在这两份技术报告中，谢建平、刘亚东、张庆松等中国专家成功嵌入了基于谢建平主持的IPV9专利技术的全新框架网络结构设计上

的许多核心技术思想，掌握了未来网络发展趋势的核心影响力，为中国未来网络/IPV9后续技术标准走向国际奠定了基础，创造了新的网络空间，提供了主权网络与信息安全新的强大技术助力和保障。

2016年6月26日，中俄元首发表《关于协作推进信息网络空间发展的联合声明》，明确提出将共同倡导推动尊重各国网络主权，反对侵犯他国网络主权的行为。7月5日，工信部在十进制网络标准工作组成立十多年后，几经周折，终于出台四项涉及IPV9技术的十进制网络标准，再一次向国人、向世界宣誓了中国创新主权信息网络的决心和信心。

这是一个巧合的重要日子。7月7日，是中国爆发全面抗日战争、举国上下团结一心保家卫国的重要纪念日。7月10日，是中国人民抗美援朝将强敌赶过三八线，迫使美国侵略军坐下来谈判的重要日子，我们可以理直气壮、旗帜鲜明地说，中国掌握了上述基础技术、核心技术，并成功研制和运行了自主根域名服务器，必将实现由租借.COM、.CN到安全使用自主.CHN网络的转换，实现相对IPV4和IPV6的网络主权转换，实现真正意义上的主权网络的互连，实现引领世界走向未来网络/网际网络的必要平稳过渡，进而彻底改变中国在信息网络主权和安全方面长期受制于人的局面。与美国主权网Internet相比，中国主权网络将为中国和世界未来数十年的网络互连发展大大降低成本的同时，提供更加可靠、安全的技术保障和丰富的域名资源。

相信所有的爱国有识之士，都会为中国主权网络关键技术出台大声喝彩、欢欣鼓舞。而那些竭力鼓噪美国主权网如何如何美好者，是不是该有些自知之明了？

跋

中华公网共图强

中国科学院教授、信息安全国家重点实验室研究员　吕述望

早在我公开发声"中国没有互联网"之后，美国某学者就在一次圆桌会议上提出，我们一看到吕述望教授的文章就头疼。问他为啥头疼，他回答说吕教授是个 Internet 的分裂主义者。

某些国人误认美国因特网为"中国互联网"，我只是学术一下，讲"中国没有互联网"，可能没讲清楚，弄得美国同行头疼了，但不应该扣帽子。因此，我请中国同行带话说："我不反对美国因特网，我无能力分裂美网，但在中国，我是美国因特网统治的掘墓人。美国人民拥有因特网，中国就不能拥有中华公网、周网、唐网、宋网、学习网以至于吕望网、仲尼网等中国老百姓学习知识、交流知识的国域网吗？"

我相信，在习近平原则指引下，中国政府一定会为中国人民提供一张国域网，一张美好的公众网络家园。我相信，中国一定会成为一个网络大国，随着陆基民网的自主安全建设，中国终将摆脱美网的附庸地位，进入世界强网民族之列。

"中华公网共图强！"是中华民族的心声。

附录文件

附录一：台湾与 ICANN 的美国因特网接入协议

ICANN | ccTLD Sponsorship Agreement （.tw ccTLD）

《ICANN |（.tw）国家地区顶级域名（ccTLD）赞助协议》

Signed： 26 March 2003 签署日期：2003 年 3 月 26 日

Effective： 26 March 2003 生效日期：2003 年 3 月 26 日

This ccTLD Sponsorship Agreement （"Agreement"） is entered into by and between ICANN and TWNIC as defined in Section 2 of this Agreement.《.tw 国家地区顶级域名（ccTLD）赞助协议》（即 .tw ccTLD，以下简称"协议"）由 Internet 名称与数字地址分配机构（ICANN，即协议"甲方"）与财团法人台湾网络资讯中心（TWNIC，即协议"乙方"）共同签署，详细内容如第 2 节所述。

1. Recitals 详述（概述）

1.1 ICANN is a non-profit corporation formed on 30 September 1998 for the purposes of providing technical-coordination functions for the Internet in the public interest. Among ICANN's responsibilities is to oversee operation of the Internet's Authoritative Root-Server System. 因特网名称与数字地址分配机构（ICANN）于 1998 年 9 月 30 日成立，是一家为因特网公众利益提供相关技术协调职能的非营利机构。监管因特网授权根服务

器的运营是该机构的一项重要职能。

1.2 On 31 July 1989, the .tw top-level domain was established by the Information Sciences Institute, University of Southern California, which was then performing the functions of the Internet Assigned Numbers Authority (the IANA). The early Internet in the region was connected to JvNcnet, USA, and was operated by TANet, founded in July 1990, under the Ministry of Education. Before 1994, TANet was also responsible for .tw domain name registration as the .tw ccTLD registry. In 1994, TWNIC began domain name registration initially as a technical experiment project. From October 1996, TWNIC ran the .tw domain name service as a voluntary effort and prepared for TWNIC's formal incorporation. In 1998, the National Information Infrastructure (NII) Task Force of the Executive Yuan determined that The Directorate General of Telecommunications (the DGT) would monitor the process of TWNIC incorporation. On 29 December 1999, TWNIC obtained approval as a legal corporation, with its operation as a corporate body supervised by the Directorate General of Telecommunications (the DGT). TWNIC's certificate and its English-language translation appear as Annex 1 to this Agreement. 1989年7月31日，.tw顶级域名由美国南加州大学信息科学院创建，随后该学院承担了因特网号码分配管理机构（即Internet Assigned Numbers Authority，IANA）的职能。最初，台湾地区的因特网与美国JvNcnet连接，并由台湾教育部所属的TANet（该机构成立于1990年7月）负责运营。1994年前，TANet作为.tw ccTLD（即.tw国家地区顶级域名）注册机构负责.tw顶级域名的注册管理。1994年，TWNIC最初以技术实验项目的方式进行域名注册。自1996年10月起，TWNIC以志愿者的身份运行.tw域名服务，并筹备TWNIC正式合法化（即公司化）。1998年，行政院国家资讯基础建设（NII）任务组指定电信总局（DGT）监督TWNIC合法化（公司化）进程。1999年12月29日，TWNIC获得合法机构许可证，以企业身份接受DGT监督。TWNIC证书及英文版详见本协议的附录1。

1.3 As of the date of this Agreement, the Internet Assigned Numbers Authority (the IANA), a function performed by ICANN, recognizes TWNIC as the Sponsoring Organization, Vincent W.S. Chen as the administrative contact, and Nai-wen Hsu as the technical contact for the .tw top-level Domain. 自本协议签订之日起，IANA（即ICANN所承担的一项职能）承认TWNIC作为.tw顶级域的主管机构（倡导机构），Vincent W.S. Chen担任行政联络人，Nai-wen Hsu担任.tw顶级域名技术联络人。

1.4 On 4 April 2002, TWNIC reported its intent to sign the ccTLD-ICANN sponsorship agreement with ICANN in a communication to the Governmental Authority. The 4 April 2002 letter appears as Annex 2 to this Agreement. 2002年4月4日，TWNIC向政府管理机构汇报了与ICANN签订《ccTLD-ICANN赞助协议》的意向。2002年4月4日的请示报告参见本协议附录2。

1.5 On 14 May 2002, in reply to the 4 April 2002 TWNIC letter, the Governmental Authority expressed to TWNIC in writing its endorsement of the .tw top-level domain and recognized TWNIC as the proper entity to operate .tw ccTLD, on the terms stated in its letter of endorsement sent to ICANN, as described in Section 1.6. A copy of that communication is attached as Annex 3 to this Agreement. 2002年5月14日，台湾地区政府部门对2002年4月TWNIC请示报告发出回复信，书面担保TWNIC运营.tw顶级域名，承认TWNIC是.tw顶级域名最合适的运营机构，并将书面担保信的内容发函通知ICANN，如1.6节所述。该书信副本参见本协议附录3。

1.6 On 11 March 2003, the Governmental Authority wrote to ICANN endorsing TWNIC for administration of the .tw top-level domain, based on the TWNIC's suitability to operate the domain in the interest of the local Internet community and on its communications with TWNIC. A copy of the Governmental Authority's letter of endorsement is attached as Annex 4 to this Agreement. 2003年3月11日，考虑到TWNIC能够在维护本地区因特网社区利益的基础上对域名进行稳定运营以及与政府部门的有效沟通，台湾地区政府部门向ICANN致函，授权TWNIC管理.tw顶级域名。台湾地区政府部门的授权信参见本协议附录4。

1.7 Based upon the DGT letter of 11 March 2003, TWNIC's Executive Director, Vincent W.S. Chen, sent a letter to ICANN's President and Chief Executive Officer, M.

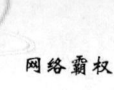

Stuart Lynn, on 11 March 2003 formally requesting to enter into a sponsorship agreement recognizing TWNIC as the .tw Sponsoring Entity. The 11 March 2003 letter appears as Annex 5 to this Agreement. 根据2003年3月11日DGT的信函，TWNIC执行理事Vincent W.S. Chen向ICANN总裁及首席行政长官M. Stuart Lynn致信，正式申请签署一份赞助协议，承认TWNIC作为.tw顶级域名的赞助实体。2003年3月11日信件内容参见本协议附录5。

1.8 TWNIC and ICANN desire that the Governmental Authority assume responsibility for overseeing TWNIC's management and administration of the .tw top-level domain, ensuring that it serves the interest of the local Internet community, with ICANN continuing its role of preserving the technical stability and operation of the DNS and the Internet in the interest of the global Internet community. To allocate the respective responsibilities of the Governmental Authority, TWNIC, and ICANN with respect to the .tw top-level domain, and also in light of the communications described in Sections 1.4, 1.5, 1.6 and 1.7, TWNIC and ICANN now enter into this Agreement to formally reflect their commitments to one another. 双方均期望台湾地方政府部门继续负责对TWNIC及.tw顶级域名的监管，保持技术的稳定性及DNS的运行，确保TWNIC的服务能同时满足本地区及全球因特网社区的需要，并就此正式签订协议，分配给台湾地方政府部门及协议双方有关.tw顶级域名的职责，连同第1.4节至1.7节相关内容一并生效，由双方共同遵守。

2. Definitions 定义

2.1 The "Authoritative-Root Database" refers to the database described in Section 3.2. "主根数据库"参见第3.2节描述的数据库。

2.2 The "Authoritative Root-Server System" means the constellation of DNS root nameservers specified, from time to time, in the file <ftp://ftp.internic.net/domain/named.root>. "主根服务系统"有时指<ftp://ftp.internic.net/domain/named.root>文件中所详述的DNS根域名服务器群。

2.3 Unless otherwise specified, "days" refers to calendar (rather than business) days. "日期"指日历日，除非另做规定。

2.4 The "Delegated ccTLD" means the .tw top-level domain of the Internet domain-name system. "授权的 ccTLD"指因特网域名系统中的 .tw 顶级域名。

2.5 "DNS" refers to the Internet domain-name system. "DNS"指因特网域名系统。

2.6 "Governmental Authority" means the Directorate General of Telecommunications (the DGT), of the Ministry of Transportation and Communications (MOTC), the supervising governmental agency of TWNICs Operations. "政府部门"指交通及通信部（MOTC）所属电信总局（DGT），即监管 TWNIC 运营的政府机构。

2.7 The "Governmental Communication" means the laws, regulations, agreements, documents, contracts, memoranda of understanding, and other written instruments regulating the relationship between the Sponsoring Entity and the Governmental Authority. The Governmental Communication at the commencement of this Agreement is described in Sections 1.5 and 1.6. "政府书信"指赞助实体与政府部门之间起到调节作用的法律法规、文件、合同、谅解备忘录及其他文书。协议伊始提到的"政府书信"如第 1.5 节及 1.6 节所述。

2.8 "ICANN" refers to the Internet Corporation for Assigned Names and Numbers, a party to this Agreement with its principal offices in Marina del Rey, California, USA, or its assignee. "ICANN"指位于美国加州 Marina del Rey 的因特网名称与数字地址分配机构（公司），即本协议的甲方，或其受让人。

2.9 The "Sponsoring Entity" and "TWNIC" refer to Taiwan Network Information Center, a not-for-profit corporation created on 29 December, 1999 that is a party to this Agreement, with its principal offices located at 4F-2, No.9, Roosevelt Road, Section 2, Taipei, 100, Taiwan, or its assignee. "赞助实体"和"TWNIC"，指 1999 年 12 月 29 日成立、名为"财团法人台湾网路资讯中心"的非营利机构，办公场所位于 4F-2, No.9, Roosevelt Road, Section 2, Taipei, 100, Taiwan, 即协议乙方。

2.10 The "Term of this Agreement" begins on the date when this Agreement is first signed on behalf of both parties and extends until this Agreement is terminated. "协议条款"自甲乙双方签订协议之日起生效，协议终止日失效。

3. ICANN Obligations 甲方责任

3.1 Recognition of the Sponsoring Entity. ICANN hereby recognizes TWNIC as the manager of the Delegated ccTLD during the Term of this Agreement 承认赞助实体。在协

议有效期内，ICANN 承认 TWNIC 是授权的国家地区号码顶级域名（ccTLD）的管理者。

3.2 Authoritative-Root Database. ICANN shall maintain, or cause to be maintained, a stable, secure, and authoritative database (referred to in this Agreement as the "Authoritative-Root Database") of relevant information about TLDs in the Authoritative Root-Server System. For the Delegated ccTLD, the Authoritative-Root Database shall contain information about at least the Sponsoring Entity, the administrative contact, the technical contact, and the nameservers. 主根数据库。ICANN 应维护或理当维护一个稳定的、安全的主根数据库（即本协议所指的"主根数据库"），该数据库包括了主根服务器中有关顶级域名（TLDs）的相关信息。针对授权的 ccTLD，主根数据库应至少包含赞助实体、行政联络人、技术联络人及域名服务器等相关信息。

3.3 Designation of Administrative and Technical Contacts. At the commencement of the Term of this Agreement, the administrative and technical contacts for the Delegated ccTLD shall be as stated on Attachment A. From time to time during the Term of this Agreement, the Sponsoring Entity may, by notifying ICANN in writing, request a change in the designation of the administrative or technical contact. The administrative and technical contact must reside in the territory of the Governmental Authority during the entire period he or she is designated as such. The request for designation of an administrative or technical contact must be made by the Sponsoring Entity and be accompanied by complete and accurate contact information for the newly designated contact according to Section 4.4. ICANN shall implement a request to change the administrative or technical contact for the Delegated ccTLD in the Authoritative-Root Database within seven days after ICANN is reasonably satisfied that the request is genuine and meets the requirements of this Section 3.3. 行政联络人及技术联络人的任命。自协议条款生效之日起，授权的 ccTLD 行政联络人及技术联络人将如附件 A 所述。在协议期限内，赞助实体如需变更行政联络人和技术联络人的任命，应以书面形式通知 ICANN。行政联络人或技术联络人任职期间必须居住在政府部门管辖区域内。行政联络人或技术联络人任命申请必须由赞助实体提出，并按照第 4.4 节要求附上新任命人员完整、准确的个人信息。ICANN 应在确认请求属实且满足第 3.3 节要求后 7 日内对主根数据库中委托顶级域名行政或技术联络人进行变更。

3.4 Updating of Nameserver Information. At the commencement of the Term of this Agreement, the host names and IP addresses of the nameservers for the Delegated ccTLD shall be as stated on Attachment A. From time to time during the Term of this Agreement, the Sponsoring Entity may, by notifying ICANN, request a change in the host name or IP address (es) of the nameservers for the Delegated ccTLD reflected in the Authoritative-Root Database. The initial format and technical requirements for such requests are set forth in Attachment B. Changes to the format requirements may be made by ICANN upon thirty days written notice to the Sponsoring Entity. Changes to the technical requirements may be made only with the mutual written consent of ICANN and the Sponsoring Entity (which neither party shall withhold unreasonably) or in the manner provided in Section 5. ICANN shall implement a request for a change to nameserver data for the Delegated ccTLD in the Authoritative-Root Database within seven days after ICANN is reasonably satisfied that the request is genuine and meets the requirements of this Section 3.4. 更新域名服务器信息。自协议生效之日起，授权的 ccTLD 服务器主机名称及 IP 地址应在附件 A 中注明。在协议期限内，赞助实体可随时向 ICANN 提出授权的 ccTLD 服务器主机名称或 IP 地址变更申请，原始格式及技术要求参见附件 B。ICANN 应在接到书面通知 30 日内处理格式变更申请。技术变更申请只能在 ICANN 与赞助实体双方书面确认（双方均不得无故取消）后或者按照第 5 节所述方式处理。ICANN 在确认请求内容真实合理且满足第 3.4 节要求后 7 日内在主根域名服务器内完成对授权的 ccTLD 相应服务器数据的变更。

3.5 Implementation of Updates to Contact Information. ICANN shall implement a request submitted by the Sponsoring Entity under Section 4.4 to revise contact information in the Authoritative-Root Database within seven days after ICANN is reasonably satisfied that the request is genuine and meets the requirements of Section 4.4. 联络人信息变更（实施）。ICANN 应在确认联络人变更申请符合第 4.4 节要求后 7 日内修改主根服务器中的联络人信息。

3.6 Publication of Root-Zone Whois Information. ICANN shall publish, or cause to be published, data maintained in the Authoritative-Root Database about the Delegated ccTLD. The published data shall include at least the names of the Sponsoring Entity, the Administrative Contact, and the Technical Contact. The specification of the data elements published, the means of publication, and the update frequency of the publication initially shall be as provided in Attachment C.Changes to those specifications may be made only with the mutual written consent of ICANN and the Sponsoring Entity (which neither party shall withhold unreasonably） or in the manner provided in Section 5. 根域名（Whois）信息公布。ICANN 应在主根服务器上公布或理应公布授权的 ccTLD 相关数据。所公布的数据应至少包括赞助实体名称、行政联络人及技术联络人。所公布的数据元素、公布方式及初始公布更新频率等相关规范应符合附件 C 的要求。对这些规范做出的任何更改仅在 ICANN 和赞助实体双方书面确认（双方均不得无故取消）或者遵循第 5 节要求的前提下生效。

3.7 Operation of Authoritative Root-Nameserver System; Contents of Authoritative Root-Zone File. ICANN shall use reasonable commercial efforts to coordinate the Authoritative Root-Server System to ensure that it is operated and maintained in a stable and secure manner. ICANN, to the extent it has the authority under its agreements and otherwise, shall cause the Authoritative Root-Server System to publish DNS resource records delegating the Delegated ccTLD to the nameservers recorded in the Authoritative-Root Database. 主根域名服务器系统及主根区域文件内容的运营：ICANN 应采取合理的商业手段整合主根服务系统，以保证系统稳定、安全地运营和维护。除非在本协议及其他方面授予特别的权力，ICANN 理应让主根服务系统将所授权的 ccTLD 相应 DNS 资源记录公布到主根域名数据库的服务器记录中。

3.8 Maintenance of Authoritative Records and Audit Trail. ICANN shall maintain, or cause to be maintained, authoritative records and an audit trail regarding ccTLD delegations and records related to these delegations. These records concerning .tw shall be provided to TWNIC and the Governmental Authority once they request within 30 days. 有效记录维护及审计跟踪。ICANN 应该或理应维护关于 ccTLD 授权及授权相关资料的有效记录，并负责审计追溯。在 TWNIC 和政府部门提出相关请求的 30 日内，ICANN 应提供涉及 .tw 顶级域名的记录。

3.9 Notification of Changes to ICANN's Contact Information. ICANN shall notify the Sponsoring Entity of any changes to ICANN's contact information no later than seven days after the change becomes effective. ICANN 联络人信息变更通知。ICANN 联络人信息变更生效的 7 日内，ICANN 应通知赞助实体相关变更情况。

3.10 Use of ICANN Name and Logo. ICANN hereby grants to the Sponsoring Entity a non-exclusive, worldwide, royalty-free license during the Term of this Agreement（a）to state that it is recognized by ICANN as the Sponsoring Entity for the Delegated ccTLD and (b) to use a logo specified by ICANN to signify that recognition. No other use of ICANN's name or logo is licensed hereby. This license may not be assigned or sublicensed by the Sponsoring Entity. The Sponsoring Entity does not acquire any right, title to or interest in any of ICANN's names or logos as a result of this Agreement. ICANN 名称及标志的使用。在协议有效期内，ICANN 授予赞助实体一份全球范围内有效、非排他性的免税许可，其作用如下：（a）表明作为授权的 ccTLD 赞助实体经 ICANN 认可；（b）使用 ICANN 指定的标志，以示认可。除此之外，ICANN 的名称或标志不得再做他用。该许可证不能被赞助实体转让或者再许可。赞助实体不会因本协议而获得任何 ICANN 名称或徽标的任何权利，所有权或利益。

4. The Sponsoring Entity Obligations 乙方责任

4.1 Provision of Nameservice for the Delegated ccTLD. The Sponsoring Entity shall use reasonable and best commercial efforts to cause the authoritative primary and secondary nameservers for the Delegated ccTLD to be operated and maintained in a stable and secure manner, adequate to resolve names within the Delegated ccTLD, and any sub-domains over whichthe Sponsoring Entity retains administrative authority, for users throughout the Internet. 为所授权的 ccTLD 提供域名服务。赞助实体应采用最佳合理的商业手段为所授权的 ccTLD 提供一级域名服务器和二级域名服务器，确保稳定、安全运行，保证用户通过因特网在授权的 ccTLD 范围内正确解析域名，且任何通过赞助实体的子域具有权威性。

4.2 ICANN Access to Zone Files and Registration Data for the Delegated ccTLD. The Sponsoring Entity shall ensure that the zone file and accurate and up-to-date registration data for the Delegated ccTLD is continuously available to ICANN, in a manner which ICANN may from time to time reasonably specify, for purposes of verifying and ensuring the operational stability of the Delegated ccTLD only. ICANN 访问所授权的 ccTLD 区域文件和注册数据。赞助实体应保证所授权的 ccTLD 区域文件和注册数据的准确性与实效性，并保证 ICANN 随时能够访问这些数据。ICANN 可以不时地采用恰当的方法来验证经授权 ccTLD 运行的稳定性。

4.3 ccTLD Registry Data Escrow. The Sponsoring Entity shall ensure the safety and integrity of the registry database, including the establishment at its expense of a data escrow or a mirror site policy for the registry data managed by the Sponsoring Entity.

The escrow agent or mirror-site operator shall be approved by the Sponsoring Entity and the Governmental Authority, and shall not be under the Sponsoring Entity's control. The escrowed or mirror-site data shall be held under an agreement (the "Escrow Agreement") among the Sponsoring Entity, the said escrow agent or mirror-site operator, and the DGT, providing that (1) the data will be maintained by the escrow agent or mirror-site operator according to business practices prevalent within the territory of the Governmental Authority (the DGT); (2) the escrow agent or mirror-site operator will verify the data to be complete, consistent, and in proper format according to a schedule and procedures to be reasonably agreed by the parties; (3) upon termination of this Agreement, the data will be provided immediately to the successor manager for the Delegated ccTLD; and (4) in the event of such provision, the successor manager shall have all rights to use of the data necessary to operate the Delegated ccTLD and its registry. ccTLD 注册数据托管。赞助实体应保证注册数据库的安全性与完整性，包括由赞助实体所管理的注册数据托管开支或镜像站点政策。托管代理或镜像站点运营商应经赞助实体及政府部门核准且不受赞助实体管理。赞助实体、所述托管代理或镜像站点运营商及 DGT 之间的协议（即"托管协议"）规定托管数据或镜像站点数据应被保留，并提供如下内容：（1）数据应由托管代理或镜像运营商按照政府部门（DGT）管辖范围内现行的商业惯例进行维护；（2）托管代理或镜像站点运营商应按照各方共同商定的日程和规程验证数据的完备性、一致性以及格式是否符合标准；（3）如协议终止，这些数据应即刻转交经授权的 ccTLD 继承者管理；（4）在这种情况下，继承管理者在需要运营经授权的 ccTLD 及注册信息时有权使用这些数据。

4.4 Accuracy and Completeness of Contact Information. The Sponsoring Entity shall notify ICANN of any change to the contact information about the Delegated ccTLD in the Authoritative-Root Database no later than seven days after the change becomes effective. The administrative and technical contact for the Delegated ccTLD must reside in the territory of the Governmental Authority during the entire period he or she is designated as such. The format of the notice shall comply with requirements established from time to time by ICANN. The initial format requirements are specified in Attachment D. Changes to the format requirements may be made by ICANN upon thirty days written notice to the Sponsoring Entity. 联络人信息的准确性及完备性。如主根数据库中经授权的 ccTLD 联络

人信息发生任何变更，赞助实体应在变更生效后 7 日内通知 ICANN。经授权的 ccTLD 行政联络人及技术联络人必须于任职期间居住在行政管辖区域内。通知格式应符合 ICANN 的相关要求。原始格式要求详见附件 D。ICANN 如需对格式要求进行修改，应于 30 日内以书面形式通知赞助实体。

4.5 Conformity to ICANN Policies. The Sponsoring Entity shall abide by ICANN policies developed in accordance to Section 5, that concern: 政策的一致性。赞助实体应遵守根据第 5 节制定的 ICANN 策略，涉及如下：

4.5.1 the interoperability of the Delegated ccTLD with other parts of the DNS and Internet; technical operational capabilities and technical performance of the ccTLD operator; and the obtaining and maintenance of, and public access to, accurate and up-to-date contact information. 经授权的 ccTLD 与 DNS 及因特网其他部分的互操作性；ccTLD 的技术运营能力及技术性能；联络人信息获取、维护及公众访问的准确性与时效性。

4.5.2 other topics, in the circumstance that the registration policies for the Delegated ccTLD encourage or promote registrations from entities or individuals resident outside the territory of the Governmental Authority, to the extent those policies are applicable to the Delegated ccTLD, except where （a）the Sponsoring Entity is prohibited by law from implementing such an other ICANN policy or （b）the Governmental Authority instructs the Sponsoring Entity in writing to refrain from implementing such an other ICANN policy, with three months written notice to ICANN and the ICANN Governmental Advisory Committee. 经授权的 ccTLD 注册策略鼓励或促进政府行政管辖区域外的实体或个人注册。其他相关事项策略扩展均适用于经授权的 ccTLD。如有类似需求，有关部门应在三个月内书面通知 ICANN 及 ICANN 政府咨询委员会。以下情况除外：（a）当地法律禁止赞助实体执行 ICANN 策略或（b）政府部门以书面形式责令赞助实体制止执行 ICANN 策略。

4.6 Financial Contributions to ICANN. Throughout the Term of this Agreement, the Sponsoring Entity shall contribute to ICANN's cost of operation in accordance with an equitable scale, based on ICANN's total funding requirements （including reserves）, developed by ICANN on the basis of consensus, as described in Attachment F. At ICANN's request, the Sponsoring Entity will provide ICANN with the information reasonably necessary to calculate the amount of the Sponsoring Entity's contribution （e.g., the number of Registered Names in the ccTLD) in time of periodic calculations of that amount. 向 ICANN 交付运营费用。协议期内，赞助实体应根据与 ICANN 达成共识的总资金需求（包括储备）按照一定比例向 ICANN 交付运营费用，如附件 F 所述。赞助实体应根据 ICANN 要求提供必要的相应信息，以计算此阶段赞助实体所交付的金额（例如，国家地区代码顶级域名的注册域名数量）。

5. Establishment of Specifications and Policies 规范及政策制定

5.1 Procedure for Establishment. The specifications and policies set forth in Attachment G shall apply to the operation of the Delegated ccTLD under Section 4. 创建规程。附件 G 所述规范和策略适用于第 4 节经授权 ccTLD 的运营。

beginning at the commencement of the Term of this Agreement. During the Term of this Agreement, new or revised ICANN specifications and policies applicable to the Sponsoring Entity shall be established according to procedures that comply with ICANN's by laws and articles of incorporation. In addition, new or revised ICANN specifications and policies established during the Term of this Agreement that are required by this Agreement to be established in the manner specified in this Section 5 shall be developed according to procedures that provide the Sponsoring Entity with input into the decision making process, including where feasible (a) prior notice (by web posting, by e-mail, or according to Section 6.8) to the Sponsoring Entity explaining what specification or policy is being considered for adoption and why; (b) reasonable opportunities for the Sponsoring Entity to comment, in writing and at a public forum, before the specification or policy is established, and (c) a written statement of the specification or policy that is established and the reason(s) for its Establishment. 协议生效初期。协议有效期内，要按照符合 ICANN 章程及公司规章的程序来制定适用赞助实体的新版或修订版 ICANN 规范及策略。此外，如第 5 节所述，协议期间新版或修改版 ICANN 规范及政策制定有助于赞助实体作出相应决策，包括以下内容（如可行）：（a）提前通知赞助实体（通过网上发布信息、电子邮件或根据第 6.8 节内容），解释应采取何种规范或政策以及相应缘由；（b）规范或政策制定前，赞助实体应在公共论坛寻找合适机会进行书面评论；（c）有关规范或政策制定的书面陈述及原因。

5.2 Time Allowed for Compliance. The Sponsoring Entity shall be afforded a reasonable period of time (not to exceed four months unless the nature of the specification or policy established under Section 5.1 reasonably requires, as agreed to by ICANN and the Sponsoring Entity, a longer period) after receiving notice of the establishment of a specification or policy under Section 5.1 in which to comply with that specification or policy, taking into account any urgency involved. 遵守时限。赞助实体在收到按第 5.1 节相关内容制定的政策通知后，应提供一个合理的时限（一般不超过 4 个月，除非该规范及政策有特殊要求。在这种情况下，双方可据此商定将期限适当延长），将一切可能发生的紧急情况纳入考虑范围之内。

6. Miscellaneous 其他

6.1 Termination by the Sponsoring Entity. This Agreement may be terminated by the Sponsoring Entity upon six months written notice to ICANN and to the Governmental Authority (the DGT). 赞助实体终止协议。赞助实体可终止本协议，但必须提前 6 个月向 ICANN 和 DGT 提交书面通知。

6.2 Termination by ICANN. This Agreement may be terminated by ICANN in any of the following circumstances. ICANN 终止协议。遇到如下情况，ICANN 可终止本协议。

6.2.1 The Sponsoring Entity fails to cure any material breach of this Agreement within thirty days (or such longer reasonable period as may be necessary using best efforts to cure such breach) after ICANN gives the Sponsoring Entity written notice of the breach, and to the Governmental Authority. ICANN 向赞助实体及政府部门书面发出违约通知后，赞助实体未能在 30 日内（或在更长合理期限内）尽最大努力纠正违反本协议的事项。

6.2.2 The Sponsoring Entity's action or failure to act has been determined by arbitration under Section 6.5 to be in violation of this Agreement and the Sponsoring Entity continues to act or fail to act in the manner that was determined to violate this Agreement for a period stated in the arbitration decision, or if no period is stated, thirty Days. 赞助实体的行为或失误因违反协议第 6.5 节相关规定而受到仲裁，且在裁决期限内仍继续违反协议要求。如未阐明具体期限，一般默认为 30 日。

6.2.3 The Sponsoring Entity acts or continues acting in a manner that ICANN has reasonably determined endangers the operational stability of the DNS or the Internet after the Sponsoring Entity receives seven days' notice of that determination. 赞助实体行为被认定已

危害到 DNS 或因特网运营的稳定性,且在接到 ICANN 通知后 7 日内仍不予纠正。

6.2.4 After ICANN is notified by the Governmental Authority that the Sponsoring Entity has contravened the terms of the Governmental Communication, or the term of the Governmental Authority's designation of the Sponsoring Entity as manager of the Delegated ccTLD has expired, ICANN gives notice of its intent to terminate to the Sponsoring Entity. 如政府部门通知 ICANN 赞助实体违反了当地政府通信条款,或赞助实体作为政府部门制定的 ccTLD 管理者期限已满,ICANN 将通知赞助实体终止协议。

6.2.5 The Sponsoring Entity becomes bankrupt or insolvent. This Agreement may be terminated in the circumstances described in Sections 6.2.1 through 6.2.3 above only upon thirty days notice (the "Arbitration Notice Period") to the Sponsoring Entity and to the Governmental Authority (occurring after the Sponsoring Entity's failure to effect a cure during the stated period), with the Sponsoring Entity being given an opportunity during the Arbitration Notice Period to initiate arbitration under Section 6.5 to determine the appropriateness of termination under this Agreement. In the event the Sponsoring Entity initiates arbitration concerning the appropriateness of termination by ICANN, the Sponsoring Entity may at the same time request that the arbitration panel stay the termination until the arbitration decision is rendered, and that request shall have the effect of staying the termination until the decision or until the arbitration panel has granted an ICANN request for lifting of the stay. If the Sponsoring Entity acts in a manner that ICANN reasonably determines endangers the operational stability of the DNS or the Internet and upon notice does not immediately effect a cure, ICANN may suspend this Agreement for five calendar days pending ICANN's application for more extended injunctive relief under Section 6.5. This Agreement may be terminated immediately upon notice to the Sponsoring Entity in the circumstances described in Sections 6.2.4 and 6.2.5. 赞助实体破产或无力偿还债务。按照前面第 6.2.1 至 6.2.3 节所述,可以终止本协议,但需提前 30 日(即"仲裁通知期")通知赞助实体及政府部门(适用于赞助实体在此阶段未能对过失予以纠正的情况)。在仲裁通知期内,赞助实体有机会按照第 6.5 节发起仲裁申诉,以确认终止协议是否合法有效。在此过程中,赞助实体可以申请仲裁小组在做出仲裁决定前终止协议。该申请具有使协议在仲裁决议发布前终止协议或仲裁小组授权 ICANN 解除协议的同等效力。如果 ICANN 有理由断定赞助实体的行为确实对 DNS 或因特网运营的稳定性造成危害且

未能及时补救，ICANN 可暂时中止本协议 5 个自然日。在此期间，ICANN 可依据第 6.5 节内容申请延长禁令。赞助实体如出现第 6.2.4 节及第 6.2.5 节描述的问题，本协议可立即终止。

6.3 Effect of Termination. Upon termination of this Agreement, ICANN shall notify the Sponsoring Entity of the successor to which the management of the Delegated ccTLD has been reassigned in coordination with the Governmental Authority, the DGT. (The manner or result of selection of the successor shall not be subject to challenge by the Sponsoring Entity). The parties shall then cooperate to transfer operation of the Delegated ccTLD to that successor. In particular, the Sponsoring Entity shall ensure the transfer of all relevant DNS and registry data to the successor, subject only to the successor's commitment to use the data in a manner consistent with the Sponsoring Entity's prior published commitments made to data subjects regarding the use of their personal data. The Sponsoring Entity acknowledges that upon termination of this Agreement it will cease to be the recognized manager administrator of the Delegated ccTLD. The Sponsoring Entity agrees to the reassignment of the Delegated ccTLD under the conditions and in the manner described in Section 6.2 and shall indemnify, defend, and hold harmless ICANN (including its directors, officers, employees, and agents) from and against any and all claims, damages, liabilities, costs, and expenses, including reasonable legal fees and expenses, arising out of termination of this Agreement according to that Section. 协议终止的影响。协议一旦终止，ICANN 应与政府部门（即 DGT）协商重新指定经授权的 ccTLD 管理继承者，并将结果通知给赞助实体。（选取继承者的方式或结果不受赞助实体干涉。）在将经授权的 ccTLD 运营顺利移交给继承者的过程中，双方应相互配合。尤其，赞助实体应确保全部相关 DNS 和注册数据都顺利移交给继承者。继承者仅需要承诺在个人数据使用方面遵循赞助实体以前公布的相关方式。赞助实体承认其经授权的 ccTCD 管理权限将随协议终止而终止。赞助实体同意按照第 6.2 节所述内容对经授权的 ccTLD 进行重新指定，并应为 ICANN（包括其董事、官员、雇员及代理）作出赔偿、辩护，使其免受任何索赔、损害、责任追究、成本及费用损失，包括由协议终止引发的合理法律费用及开销，详见相关条款。

6.4 No Monetary Liability. No breach of an obligation arising under this Agreement shall give rise to monetary liability by one party to another, provided that a party's failure to make financial contributions as required by this Agreement shall constitute a material breach of this Agreement. 无经济责任。未能按照协议要求交付相关费用的一方构成严重违约（即违约方）。违约方应承担未违约方的经济损失。

  6.5 Resolution of Disputes. Disputes arising under, in connection with, or related to this Agreement shall be finally settled under the Rules of Arbitration of the International Chamber of Commerce ("ICC"). The arbitration shall be conducted in English and shall occur at a location agreed by the parties or, in the absence of agreement, in New York, New York, USA. There shall be three arbitrators: ICANN shall choose one arbitrator, the Sponsoring Entity shall choose one arbitrator, and, if those two arbitrators do not agree on a third arbitrator, the third shall be chosen according to the ICC rules. ICANN and the Sponsoring Entity shall bear the costs of the arbitration in equal shares, subject to the right of the arbitrators to reallocate the costs in their award as provided in the ICC rules.The parties shall bear their own attorneys' fees in connection with the arbitration, and the arbitrators may not reallocate the attorneys' fees in conjunction with their award. The arbitrators shall render their decision within ninety days of the conclusion of the arbitration hearing. For the purpose of aiding the arbitration and/or preserving the rights of the parties during the pendency of an arbitration, the parties shall have the right to seek a stay or temporary or preliminary injunctive relief from the arbitration panel or in a court located in Los Angeles, California, USA, which shall not be a waiver of this arbitration agreement. In all litigation involving ICANN concerning this Agreement, jurisdiction and exclusive venue for such litigation shall be in a court located in Los Angeles, California, USA; however, the parties shall also have the right to enforce a judgment of such a court in any court of competent Jurisdiction. 争议处理。当发生任何争议时，应按《国际商会仲裁规则》（ICC）处理。仲裁语言为英文，仲裁地点可选在美国纽约或经由双方同意的其他地点。应有三个仲裁者：ICANN可选择一个仲裁者，赞助实体可选择一个仲裁者，如果这两个仲裁者都不同意第三个仲裁者，可按照ICC规定重新选定第三个仲裁者。ICANN和赞助实体应均摊仲裁所产生的费用，仲裁者将按照ICC规定收取相关的费用。双方应分摊仲裁相关的律师费，仲裁者不应再以收取律师费的方式获取奖金。仲裁者们应在仲裁听证会结束后90天内给出判决。为协助仲裁和/或保留双方在仲裁未决期间的权利，双方有权向仲裁小组或位于美国加州洛杉矶的法庭寻求停留权或临时初步的禁令

救济，不放弃对仲裁协议的否决权。凡涉及 ICANN 且与协议、管辖权、专属地点有关的诉讼应在位于美国加州洛杉矶的法庭进行；然而，双方还应保留在任何主管司法机构强制实行上述法庭判决的权利。

6.6 Choice of Law. Issues of law arising in connection with the interpretation of this Agreement shall be resolved by （a） the rules of law determined by the conflict of laws rules which the arbitration panel considers applicable and （b） such rules of international law as the arbitration panel considers applicable; provided that the validity, interpretation, and effect of acts of the Governmental Authority and the Sponsoring Entity shall be judged according to the laws of Taiwan's government and the validity, interpretation, and effect of acts of ICANN shall be judged according to the laws of the State of California, USA. 法律选取。协议诠释中涉及的法律问题应按以下方式解决：（a）仲裁小组认为适用的法律法规。（b）仲裁小组认为适用的国际法律法规；前提是政府部门及赞助实体的效力、诠释及影响应依据台湾地区法律执行，而 ICANN 的效力、诠释及影响应依据美国加州法律执行。

6.7 No Third-Party Beneficiaries. This Agreement shall not be construed to create any obligation by any party to any non-party to this Agreement. 无第三方受益人。协议不得增加任何第三方责任。

6.8 Notices. Except as otherwise specifically provided, all notices to be given under this Agreement to the parties or the Governmental Authority shall be given in writing at the address as set forth below, unless the recipient has given a notice of change of address in writing. Any notice required by this Agreement shall be deemed to have been properly given when delivered in person, when sent by electronic facsimile, or when scheduled for delivery by internationally recognized courier service. 注意事项。除非另外说明，协议下所有适用于协议双方或政府部门的注意事项应以书面形式写于地址栏下方。收件人以书面形式通知地址变动情况者除外。协议中提及的所有注意事项在亲自递交、通过电子传真发送或计划由国际认可的快递服务代送前均应恰当列出。

If to ICANN, addressed to: 如发送 ICANN，请邮寄至：

Internet Corporation for Assigned Names and Numbers 因特网名称与数字地址分配机构

4676 Admiralty Way, Suite 330

Marina del Rey, California 90292 USA

Telephone: +1/310/823-9358

Facsimile: +1/310/823-8649

If to the Sponsoring Entity, addressed to: 如发送接入实体，请邮寄至：

Taiwan Network Information Center（TWNIC）台湾网路资讯中心（TWNIC）

4F-2，No.9，Roosevelt Road，Section 2，Taipei，100，Taiwan

Telephone: + 886-2-2341-1313Facsimile: + 886-2-2396-8832

If to the Governmental Authority: 如发送政府部门：

The Directorate General of Telecommunications（the DGT）电信总局（DGT）

Ministry of Transportation and Communications 交通与通信部

No. 16，Sec. 2，Chinan Road，Taipei，100，Taiwan

Telephone: 886-2-2343-3663

Facsimile: 886-2-2343-3863

6.9 Dates and Times. All dates and times relevant to this Agreement or its performance shall be computed based on the date and time observed in Los Angeles, California, USA. 日期和时间。与协议相关的所有日期及时间将以美国加州洛杉矶当地时间为准。

6.10 Language. All notices, designations, determinations, and specifications made under this Agreement shall be in the English Language. 语言。协议项下所有注意事项、任命、决议、细则均采用英文。

6.11 Subcontracting. 分包。

6.11.1 The Sponsoring Entity may subcontract part or all of the technical operations of the registry for the Delegated ccTLD only under terms that ensure that the subcontractor has the technical qualifications required by ICANN. Prior to entering into the subcontracting relationship, the Sponsoring Entity shall provide ICANN written notice of the proposed subcontractor, a written description of the subcontractor's qualifications and proposed role, and a written acknowledgement signed by the subcontractor that its rights under the subcontract are subject to termination upon termination of this Agreement. 赞助实体可将经授权的 ccTLD 注册或所有技术运营进行分包，分包的前提是保证分包商具备 ICANN 要

求的技术资质。分包前，赞助实体应以书面通知的方式向 ICANN 提供拟定分包商、分包商资质及拟定角色，以及拟定分包商签署的确认函，并阐明拟定分包商的权利将伴随本协议终止而终止。

6.11.2 In any subcontracting of the technical operations of the registry or administrative and management functions of the Delegated ccTLD, the subcontract must state that the delegation itself is an exercise of a public right, not an item of property, and cannot be reassigned to a new manager except by ICANN. The Sponsoring Entity's obligations to ICANN under this Agreement shall not be diminished or affected by the fact it has subcontracted some operations or functions with respect to the Delegated ccTLD. 对于经授权的 ccTLD 注册、行政管理职能分包，分包合同必须阐明此代理实为行使公众权利，不同于所有权的条款，未经 ICANN 许可不得重新分配给新管理者。本协议内 ICANN 向赞助实体所承担的责任不因分包经授权的 ccTLD 部分运营或管理职能而削弱或受到影响。

6.12 Assignment. Any assignment of this Agreement shall be effective only upon the assignee's written agreement, enforceable by the other party, to assume the assigning party's obligations under this Agreement. Moreover, neither party may assign this Agreement without the prior written approval of the other party. Notwithstanding the foregoing, ICANN may assign this Agreement by giving written notice to the Sponsoring Entity（a）in conjunction with a reorganization or re-incorporation of ICANN, to another non-profit corporation organized for the same or substantially the same purposes as ICANN or（b）as required by Section 5 of Amendment 1（dated 10 November 1999）to the 25 November 1998 Memorandum of Understanding between ICANN and the United States Department of Commerce. 分配。协议内任何分配仅在受让人书面许可后生效，由另一方强制执行并承担受让方的责任。此外，若无对方书面许可，单方不得将协议进行转让。尽管有上述规定，对于以下情况，ICANN 可在书面通知赞助实体后将协议转让：（a）ICANN 重组后与赞助实体合并，在现有目标与 ICANN 相同或基本相同的情形下将协议转让给另一个非营利机构；（b）根据附录 1 第 5 节内容（1999 年 11 月 10 日版本）及 ICANN 和美国商务部之间的相互谅解备忘录（1998 年 11 月 25 日版本）。

6.13 Entire Agreement. This Agreement（including its Attachments, which form a part of it, but not its Annexes, which are not part of the Agreement）constitutes the entire agreement of the parties hereto pertaining to the matters covered in this Agreement and supersedes all prior agreements, understandings, negotiations and discussions, whether oral or written, between the parties on those matters. In the event of a conflict between the provisions in the body of this Agreement (Sections 1 to 6) and any provision in its Attachments, the provisions in the body of the Agreement shall control. 完整的协议。至此，本协议（包括作为协议一部分的附件，但不包括补充部分）构成由双方认同涵盖所有事项的完整协议并取代先前双方所有相关协议以及口头或书面的谅解、磋商及讨论。如协议主体（第1至6节）条款与附件中的任何条款发生冲突，以协议主体条款为准。

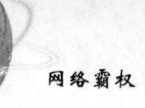

6.14 Review of Agreement. At the request of either party, the parties will in good faith review the appropriateness of the provisions of this Agreement in view of any materially changed circumstances. Any modifications agreed as a result of such a review will become effective only in accordance with Section 6.15. 协议审查。如任一方对协议提出审查要求，另一方应积极配合，对协议中出现的任何重大改动予以审查。审查后做出的任何修改将与第6.15节要求相符。

6.15 Amendments and Waivers. No amendment, supplement, or modification of this Agreement or any provision hereof shall be binding unless executed in writing by all parties. No waiver of any provision of this Agreement shall be binding unless evidenced in writing and signed by the party waiving compliance with such provision. No waiver of any of the provisions of this Agreement shall be deemed or shall constitute a waiver of any other provision hereof, nor shall any such waiver constitute a continuing waiver unless otherwise expressly provided. 修订与豁免。协议所有修订、补充或变更仅在双方书面许可后具有约束力。协议中任何条款的豁免仅在弃权方书面签署相关文件后具有约束力。除非另有明文规定，否则协议中任何条款的豁免不构成对其他条款的弃权，此类豁免也不构成持续豁免。

6.16 Counterparts. This Agreement may be executed in one or more counterparts, each of which shall be deemed an original, but all of which together shall constitute one and the same instrument.

IN WITNESS WHEREOF, the parties hereto have caused this Agreement to be executed in duplicate by their duly authorized representatives. 副本。协议可按一份或多份副本执行，每份均可被视作原件，所有副本共同构成相同唯一文书。兹证明，协议将分

别由双方授权代表执行。

INTERNET CORPORATION FOR ASSIGNED NAMES AND NUMBERS 因特网名称与数字地址分配机构

By:__/s/_____

M. Stuart Lynn

President and CEO 总裁兼首席执行官

Date: 26 May 2003 日期：2003 年 5 月 26 日

Taiwan Network Information Center （TWNIC） 台湾网路资讯中心（TWNIC）

By:__/s/_____

M. Vincent W.S. Chen

Executive Director 执行董事

Date: 26 May 2003 日期：2003 年 5 月 26 日

Comments concerning the layout, construction and functionality of this site should be sent to webmaster@icann.org. Page Updated 03-Jun-2003 ©2003 The Internet Corporation for Assigned Names and Numbers. All rights reserved. 关于此站点的布局、建设及功能如有任何建议请发送邮件至 webmaster@icann.org。页面更新于 2003 年 6 月 3 日 ©2003 因特网名称与数字地址分配机构保留所有权利。

附录二：美国因特网之——《新 GTLD 注册管理机构协议提案》

DRAFT NEW GTLD REGISTRY AGREEMENT
新 GTLD 注册管理机构协议提案

New gTLD Agreement
新 gTLD 协议

This document contains the registry agreement associated with the Applicant Guidebook for New gTLDs. 本文件包含与新 gTLD《申请人指南》相关的注册管理机构协议。

Successful gTLD applicants would enter into this form of registry agreement with ICANN prior to delegation of the new gTLD. （Note: ICANN reserves the right to make reasonable updates and changes to this proposed agreement during the course of the application process, including as the possible result of new policies that might be adopted during the course of the application process）. 申请成功的 gTLD 申请人将于新 gTLD 授权前被列入注册管理机构协议。（注：ICANN 保留申请过程中对本协议提案进行适当更新和更改的权利，包括申请过程中可能被采用的新政策所引发的潜在结果。）

REGISTRY AGREEMENT（PROPOSED DRAFT 5 FEBRUARY 2013）This REGISTRY AGREEMENT（this "Agreement"）is entered into as of _____（the "Effective Date"）between Internet Corporation for Assigned Names and Numbers, a California nonprofit public benefit corporation（"ICANN"）, and_____, a _____（"Registry Operator"）.

注册管理机构协议

（2013 年 2 月 5 日提案）

本《注册管理机构协议》（以下简称"本协议"）由位于美国加利福尼亚州非营利性公益组织"因特网名称与数字地址分配机构"（以下简称"ICANN"，即"协议甲方"）与 _____（所属司法辖区及性质）_____（以下简称"注册管理执行机构"，即"协议乙方"）共同签署，自 _____（以下简称"生效日期"）起生效。

ARTICLE 1. DELEGATION AND OPERATION OF TOP-LEVEL DOMAIN; REPRESENTATIONS AND WARRANTIES 第 1 节. 顶级域名的授权与运行；陈述与保证

1.1 **Domain and Designation.** The Top-Level Domain to which this Agreement applies is _____ (the "TLD"). Upon the Effective Date and until the earlier of the expiration of the Term (as defined in Section 4.1) and the termination of this Agreement pursuant to Article 4, ICANN designates Registry Operator as the registry operator for the TLD, subject to the requirements and necessary approvals for delegation of the TLD and entry into the root-zone. 域名与指定。本协议适用的顶级域名为____（以下简称"TLD"）。自协议生效之日起至期限届满初期（如第 4.1 节中定义）及协议期满（如第 4 条所述），根据 TLD 授权以及进入根区域的要求及必要的审批，ICANN 将注册管理执行机构指定为 TLD 注册管理执行机构。

1.2 **Technical Feasibility of String.** While ICANN has encouraged and will continue to encourage universal acceptance of all top-level domain strings across the Internet, certain top-level domain strings may encounter difficulty in acceptance by ISPs and webhosters and/or validation by web applications. Registry Operator shall be responsible for ensuring to its satisfaction the technical feasibility of the TLD string prior to entering into this Agreement. 字符串的技术可行性。尽管 ICANN 一向鼓励并且还将继续鼓励全球网民能够普遍接受因特网上所有顶级域名字符串，某些顶级域字符串还是有可能会遇到 ISP 和网络主机提供商难以接受和/或 Web 应用程序难以验证的问题。注册管理执行机构应在签署本协议之前负责确保其满足 TLD 字符串的技术可行性。

1.3 **Representations and Warranties.** 陈述及保证。

（a）Registry Operator represents and warrants to ICANN as follows: 注册管理执行机

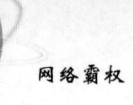

构对 ICANN 做出如下陈述及保证：

（i） all material information provided and statements made in the registry TLD application, and statements made in writing during the negotiation of this Agreement, were true and correct in all material respects at the time made, and such information or statements continue to be true and correct in all material respects as of the Effective Date except as otherwise previously disclosed in writing by Registry Operator to ICANN；其在注册管理机构 TLD 申请中提供的所有重要信息、作出的所有声明以及在本协议谈判期间所作的书面声明在所有重要方面均真实无误，且自生效日期起，此类信息和声明在所有重要方面将继续保持自生效日期起仍将真实无误，除非注册运营管理机构以书面形式另行通知 ICANN。

（ii） Registry Operator is duly organized, validly existing and in good standing under the laws of the jurisdiction set forth in the preamble hereto, and Registry Operator has all requisite power and authority and obtained all necessary approvals to enter into and duly execute and deliver this Agreement; and 注册管理执行机构为正式组织，协议前述法律管辖范围内有效存续并享有良好的声誉，而且注册管理执行机构具备所有必要权力和权限并已获得所有必要批准，可以订立、正式签署和交付本协议；且

（iii） Registry Operator has delivered to ICANN a duly executed instrument that secures the funds required to perform registry functions for the TLD in the event of the termination or expiration of this Agreement（the "Continued Operations Instrument"）, and such instrument is a binding obligation of the parties thereto, enforceable against the parties thereto in accordance with its terms. 注册管理执行机构已向 ICANN 交付一份正式签署的法律文书（"持续运营法律文书"），以保证在本协议终止或到期之时具备履行 TLD 注册管理机构职能所需的资金；此类法律文书对协议双方均具有约束力，且其条款对于协议双方均具有强制执行力。

（b） ICANN represents and warrants to Registry Operator that ICANN is a nonprofit public benefit corporation duly organized, validly existing and in good standing under the laws of the State of California, United States of America. ICANN has all requisite power and authority and obtained all necessary corporate approvals to enter into and duly execute and deliver this Agreement. ICANN 向注册管理执行机构陈述与保证，ICANN 是依据美利坚合众国加利福尼亚州法律正式成立、有效存续且资格完备的一家非营利性公益机构。

ICANN 具备订立并正式签署和交付本协议所需的所有权力和权限并已通过所有必要的机构审批。

ARTICLE 2. COVENANTS OF REGISTRY OPERATOR 第 2 节 . 注册管理执行机构盟约

Registry Operator covenants and agrees with ICANN as follows：注册管理执行机构与 ICANN 达成协议如下：

2.1 **Approved Services; Additional Services.** Registry Operator shall be entitled to provide the Registry Services described in clauses（a）and（b）of the first paragraph of Section 2.1 in the Specification 6 attached hereto（"Specification 6"）and such other Registry Services set forth on Exhibit A（collectively, the "Approved Services"）. If Registry Operator desires to provide any Registry Service that is not an Approved Service or is a modification to an Approved Service（each, an "Additional Service"）, Registry Operator shall submit a request for approval of such Additional Service pursuant to the Registry Services Evaluation Policy at http://www.icann.org/en/registries/rsep/rsep.html, as such policy may be amended from time to time in accordance with the bylaws of ICANN（as amended from time to time, the "ICANN Bylaws"）applicable to Consensus Policies（the "RSEP"）. Registry Operator may offer Additional Services only with the written approval of ICANN, and, upon any such approval, such Additional Services shall be deemed Registry Services under this Agreement. In its reasonable discretion, ICANN may require an amendment to this Agreement reflecting the provision of any Additional Service which is approved pursuant to the RSEP, which amendment shall be in a form reasonably acceptable to the parties. 批准服务；附加服务。注册管理执行机构有权提供规范 6 中第 2.1 节首段的（a）和（b）条款中所述的注册管理机构服务 [请参见规范 6] 及其附录 A 中规定的此类其他注册管理机构服务（统称为"批准的服务"）。如果注册管理执行机构欲提供不属于批准的服务的注册管理机构服务或属于对批准的服务修改后的服务（均称为"附加服务"），则注册管理执行机构应根据 <http://www.icann.org/en/registries/rsep/rsep.html> 上载明的注册管理机构评估政策（简称"RSEP"）提交此类附加服务审批申请。此类政策可能不时根据 ICANN 章程（称为"ICANN 章程"，可能会不时修订）进行修订，以适应共识性政策的需要。只有经过 ICANN 的书面批准，

注册管理执行机构才能提供附加服务。ICANN 经过合理的判断，可能要求对本协议作出修订，以反映根据 RSEP 批准提供任何附加服务这一情况，修订内容应采用各方可以合理接受的格式。

2.2 **Compliance with Consensus Policies and Temporary Policies.** Registry Operator shall comply with and implement all Consensus Policies and Temporary Policies found at <http://www.icann.org/general/consensus-policies.htm>, as of the Effective Date and as may in the future be developed and adopted in accordance with the ICANN Bylaws, provided such future Consensus Polices and Temporary Policies are adopted in accordance with the procedure and relate to those topics and subject to those limitations set forth in Specification 1 attached hereto（"Specification 1"）. 遵守共识性政策和临时政策。自协议生效之日起，注册管理执行机构应遵守并执行 <http://www.icann.org/general/consensus-policies.htm> 中的所有共识性政策和临时政策，以及将来按照 ICANN 章程可能制定和采纳的政策，前提是此类共识性政策和临时政策按[请参见规范1]★（"规范1"）中规定的程序进行采纳，与其中的主题相关并遵守其中规定的限制。

2.3 **Data Escrow.** Registry Operator shall comply with the registry data escrow procedures set forth in Specification 2 attached hereto（"Specification 2"）. 数据托管。注册管理执行机构应遵守[请参见规范2]★中公布的注册管理机构数据托管程序。

2.4 **Monthly Reporting.** Within twenty（20）calendar days following the end of each calendar month, Registry Operator shall deliver to ICANN reports in the format set forth in Specification 3 attached hereto（"Specification 3"）. 每月报告。在每个月结束后的二十（20）日之内，注册管理执行机构应以规范[请参见规范3]★中公布的格式向 ICANN 提交报告。

2.5 **Publication of Registration Data.** Registry Operator shall provide public access to registration data in accordance with Specification 4 attached hereto（"Specification 4"）. 注册数据的公布。注册管理执行机构应根据[请参见规范4]★（"规范4"）中公布的规范提供公众访问注册数据的途径。

2.6 **Reserved Names.** Except to the extent that ICANN otherwise expressly authorizes in writing, Registry Operator shall comply with the restrictions on registration of character strings set forth in Specification 5 attached hereto（"Specification 5"）. Registry Operator may establish policies concerning Registry Operator's ability to reserve（i.e., not register to third parties, delegate, use, or otherwise make available）or block additional character strings within the TLD at its discretion. If Registry Operator is the registrant for any domain names in the registry TLD （other than the second-level reservations for Registry Operator's use pursuant to Section 4 of Specification 5）, such registrations must be through an ICANN accredited registrar. Any such registrations will be considered Transactions （as defined in Section 6.1） for purposes of calculating the Registry-level transaction fee to be paid to ICANN by Registry Operator pursuant to Section 6.1; provided that Registry Operator may register names in its own name without the use of an ICANN accredited registrar in order to withhold such names from delegation or use in accordance with this Section 2.6, and such registrations will not be considered Transactions. 保留域名。除 ICANN 另有明确书面授权，注册管理执行机构应遵守 [请参见规范5]*（"规范5"）规定的字符串注册限制。注册管理执行机构可自行决定拟定有关注册管理执行机构储备能力的政策（即，不提供第三方注册，包括通过委托、使用或其他方式提供）或在 TLD 内部阻止多余的字符串。如果注册管理执行机构为注册表 TLD 中任何域名（而非注册管理执行机构根据规范5第4节使用的二级保留域名）的注册人，则此类注册必须通过 ICANN 认可的注册服务商进行。任何此类注册都将被视为交易（如第 6.1 节中定义），以便于根据第 6.1 节计算注册管理执行机构要支付给 ICANN 的注册管理机构交易费用；前提是注册管理执行机构可以通过自己的名义而不以 ICANN 认可的注册服务商名义注册，这样可以依照第 2.6 节内容保护此类名称不被授权或使用，而此类注册将不被视为交易。

2.7 **Registry Interoperability and Continuity.** Registry Operator shall comply with the Registry Interoperability and Continuity Specifications as set forth in Specification 6 attached hereto （"Specification 6"）. 注册互操作性和连续性。注册管理执行机构应遵守 [请参见规范 6]*（"规范 6"）所述注册互操作性和连续性。

2.8 **Protection of Legal Rights of Third Parties.** Registry Operator must specify, and comply with, the processes and procedures for launch of the TLD and initial registration-related and ongoing protection of the legal rights of third parties as set forth Specification 7 attached hereto （"Specification 7"）. Registry Operator may, at its election, implement additional protections of the legal rights of third parties. Any changes or modifications to the process and procedures required by Specification 7 following the Effective Date must be approved in advance by ICANN in writing. Registry Operator must comply with all remedies imposed by ICANN pursuant to Section 2 of Specification 7, subject to Registry Operator's right to challenge such remedies as set forth in the applicable procedure described therein. Registry Operator shall take reasonable steps to investigate and respond to any reports from law enforcement and governmental and quasi-governmental agencies of illegal conduct in connection with the use of the TLD. In responding to such reports, Registry Operator will not be required to take any action in contravention of applicable law. 保护第三方合法权益。注册管理执行机构必须按照[请参见规范7]*("规范7")中的规定,指定并遵守用于启动TLD以及在首次注册和后续过程中对第三方合法权利提供持续保护。注册管理执行机构可以自行选择对第三方合法权利实施额外保护。在本协议生效日期后对规范7所要求的流程和程序作出的任何更改或修改均应由ICANN提前作出书面批准。注册管理执行机构必须按照规范7第2节之规定遵守ICANN作出的所有决定和决策,前提是注册管理执行机构有权按照适当的程序对此类决定提出质疑。注册管理执行机构应采取合理措施调查并回应执法部门、政府及准政府机构针对TLD非法使用拟定的报告。应对此类报告,注册管理执行机构不得采取任何违反适用法律的行为。

2.9 **Registrars.** 注册服务商。

(a) All domain name registrations in the TLD must be registered through an ICANN accredited registrar; provided, that Registry Operator need not use a registrar if it registers names in its own name in order to withhold such names from delegation or use in accordance with Section 2.6. Registry Operator must provide non-discriminatory access to Registry Services to all ICANN accredited registrars that enter into and are in compliance with the registry-registrar agreement for the TLD; provided that Registry Operator may establish non-discriminatory criteria for qualification to register names in the TLD that are reasonably related to the proper functioning of the TLD. Registry Operator must use a uniform non-discriminatory agreement with all registrars authorized to register names in the TLD. Such agreement may be revised by Registry Operator from time to time; provided, however, that any such revisions must be approved in advance by ICANN. (a) TLD 所有域名注册必须通过ICANN认定的注册服务商。注册管理执行机构如以自己名字注册则无须通过注册服务商,这样可以依照第2.6节内容保护此类域名不被授权或使用。注册管理执行机构必须一视同仁地为所有ICANN认可的、签订并遵守TLD"注册管理机构—注册服

务商协议"的注册服务商提供注册管理机构服务访问权限。对于所有经授权可以在TLD中注册名称的注册服务商，注册管理执行机构必须使用统一的公正协议，前提是这种协议可以为在TLD中注册与TLD之正常使用合理相关的名称的资格设定统一公正的标准。注册管理执行机构可能会不时对此类协议进行修订，不过，任何修订须经ICANN事先批准。

（b）If Registry Operator (i) becomes an Affiliate or reseller of an ICANN accredited registrar, or (ii) subcontracts the provision of any Registry Services to an ICANN accredited registrar, registrar reseller or any of their respective Affiliates, then, in either such case of (i) or (ii) above, Registry Operator will give ICANN prompt notice of the contract, transaction or other arrangement that resulted in such affiliation, reseller relationship or subcontract, as applicable, including, if requested by ICANN, copies of any contract relating thereto; provided, that ICANN will not disclose such contracts to any third party other than relevant competition authorities or as required by applicable law or legal process. ICANN reserves the right, but not the obligation, to refer any such contract, transaction or other arrangement to relevant competition authorities in the event that ICANN determines that such contract, transaction or other arrangement might raise competition issues. （b）如果注册管理执行机构（i）成为某个ICANN认可的注册服务商；或者（ii）将任何注册管理机构服务分包给ICANN认可的注册服务商、注册服务商的分销商或其任何附属机构；无论出现情况（i）还是情况（ii），注册管理执行机构应及时通知ICANN上述情况以及与此关联的合同、交易或其他安排，以及相应合同副本（如ICANN要求）。ICANN不得将此类合同泄露给除相关竞争管理机构外的任何第三方，包括符合适用法律或合法流程的情况。如果ICANN认定此类合同、交易或其他安排可能引发竞争问题，ICANN保留向相关竞争管理机构提及此类合同、交易或其他安排的权利（而非义务）。

（c）For the purposes of this Agreement: (i) "Affiliate" means a person or entity that, directly or indirectly, through one or more intermediaries, controls, is controlled by, or is under common control with, the person or entity specified, and (ii) "control" (including the terms "controlled by" and "under common control with") means the possession, directly or indirectly, of the power to direct or cause the direction of the management or policies of a person or entity, whether through the ownership of securities, as trustee or executor, by serving as an employee or a member of a board of directors or equivalent governing body, by contract, by credit arrangement or otherwise. (c) 在本协议中：(i)"附属机构"是指直接或间接通过一个或多个中间方来控制指定个人或实体、受指定个人或实体控制或与其共同受控的个人或实体；(ii)"控制"(包括术语"控制""受控"和"共同受控")是指拥有直接或间接的权利来引导或造成引导个人或实体的管理和政策，无论是通过证券所有权、作为受托人或执行人、通过担任理事会或等效监管机构的成员、根据合约、信用协定还是其他方式。

2.10 **Pricing for Registry Services.** 注册管理机构服务定价。

(a) With respect to initial domain name registrations, Registry Operator shall provide ICANN and each ICANN accredited registrar that has executed the registry-registrar agreement for the TLD advance written notice of any price increase (including as a result of the elimination of any refunds, rebates, discounts, product tying or other programs which had the effect of reducing the price charged to registrars, unless such refunds, rebates, discounts, product tying or other programs are of a limited duration that is clearly and conspicuously disclosed to the registrar when offered) of no less than thirty (30) calendar days. Registry Operator shall offer registrars the option to obtain initial domain name registrations for periods of one to ten years at the discretion of the registrar, but no greater than ten years. (a) 注册管理执行机构针对域名初始注册的任何提价举动(包括取消退款、回扣、折扣、产品搭售或取消其他有效减低对注册服务商收取的价格的计划，除非此类退款、回扣、折扣、产品搭售或其他计划有一定期限，且在提供时已清楚、明显地透露给注册服务商)，应至少提前三十(30)天向每个ICANN认可且与注册管理执行机构正式签署"注册管理机构—注册服务商协议"的注册服务商发出书面通知，注册管理执行机构为注册服务商提供获得初始注册域名一至十年(由注册服务商自行选择)的方案，但不超过十年。

(b) With respect to renewal of domain name registrations, Registry Operator shall provide ICANN and each ICANN accredited registrar that has executed the registry-registrar agreement for the TLD advance written notice of any price increase (including as a result of the elimination of any refunds, rebates, discounts, product tying, Qualified Marketing Programs or other programs which had the effect of reducing the price charged to registrars) of no less than one hundred eighty (180) calendar days. Notwithstanding the foregoing sentence, with respect to renewal of domain name registrations: (ⅰ) Registry Operator need only provide thirty (30) calendar days notice of any price increase if the resulting price is less than or equal to (A) for the period beginning on the Effective Date and ending twelve (12) months following the Effective Date, the initial price charged for registrations in the TLD, or (B) for subsequent periods, a price for which Registry Operator provided a notice pursuant to the first sentence of this Section 2.10 (b) within the twelve (12) month period preceding the effective date of the proposed price increase; and (ⅱ) Registry Operator need not provide notice of any price increase for the imposition of the Variable Registry-Level Fee set forth in Section 6.3. Registry Operator shall offer registrars the option to obtain domain name registration renewals at the current price (i.e. the price in place prior to any noticed increase) for periods of one to ten years at the discretion of the registrar, but no greater than ten years. (b) 关于域名注册续约，注册管理执行机构应针对价格增长向 ICANN 和每家执行过《TLD 注册服务商协议》的 ICANN 认可注册服务商提前（不少于180天）提供书面通知（包括因取消任何退款、回扣、折扣、产品搭售、合格市场项目，或具有减少注册服务商费用效果的或其他项目）。尽管有上述规定，对于域名注册续约：（ⅰ）如果自生效日起 12 个月内最终价格低于或等于（A），注册管理执行机构只需要在 30 个自然日内通知提价并提供 TLD 注册初始价格，或（ⅱ）如果后续阶段价格为（B），注册管理执行机构应按照第 2.10（b）条首句内容在提价申请生效后的 12 个月内予以通知；（ⅱ）注册管理执行机构无须按照第 6.3 节内容为可变注册级费用征收提供任何提价。注册管理执行机构应以现价（即注册服务商在 1 至 10 年内通知提价前采用的适当价格，该期限不超过 10 年）向注册服务商提供获得域名注册续约的选择。

(c) In addition, Registry Operator must have uniform pricing for renewals of domain name registrations ("Renewal Pricing"). For the purposes of determining Renewal Pricing, the price for each domain registration renewal must be identical to the price of all other domain name registration renewals in place at the time of such renewal, and such price must take into account universal application of any refunds, rebates, discounts, product tying or other programs in place at the time of renewal. (c) 此外，注册管理执行机构必须有域名注册续约的统一价格（"续约价格"）。为了确定续约价格，每个域名注册续约价格必须与该时期同类其他注册续约价格相同。此价格须考

虑统一适用任何退款、回扣、折扣、产品搭售或其他计划。The foregoing requirements of this Section 2.10（c）shall not apply for （i） purposes of determining Renewal Pricing if the registrar has provided Registry Operator with documentation that demonstrates that the applicable registrant expressly agreed in its registration agreement with registrar to higher Renewal Pricing at the time of the initial registration of the domain name following clear and conspicuous disclosure of such Renewal Pricing to such registrant, and （ii） discounted Renewal Pricing pursuant to a Qualified Marketing Program（as defined below）. 第2.10(c)节上述规定不适用于（i）注册服务商已在域名注册初始阶段向注册管理执行机构提供相关文件，说明适用注册服务商明确同意在与注册管理机构签署的协议中采用注册管理机构明确清晰提出更高续约价格，及（ii）按照（下文定义的）合格的营销计划折扣后续约价格。The parties acknowledge that the purpose of this Section 2.10（c）is to prohibit abusive and/or discriminatory Renewal Pricing practices imposed by Registry Operator without the written consent of the applicable registrant at the time of the initial registration of the domain and this Section 2.10（c）will be interpreted broadly to prohibit such practices. 双方确认第2.10（c）节旨在禁止由注册管理执行机构在域名注册初始阶段未得到适用注册管理机构书面同意的情况下提出的辱骂/非歧视性条款，且本节将被广泛解释为禁止此类做法。For purposes of this Section 2.10（c）, a "Qualified Marketing Program" is a marketing program pursuant to which Registry Operator offers discounted Renewal Pricing, provided that each of the following criteria is satisfied:（i） the program and related discounts are offered for a period of time not to exceed one hundred eighty（180）calendar days（with consecutive substantially similar programs aggregated for purposes of determining the number of calendar days of the program）,（ii） all ICANN accredited registrars are provided the same opportunity to qualify for such discounted Renewal Pricing; and （iii） the intent or effect of the program is not to exclude any particular class（es） of registrations（e.g., registrations held by large corporations）or increase the renewal price of any particular class（es）of registrations. Nothing in this Section 2.10（c）shall limit Registry Operator's obligations pursuant to Section 2.10（b）. 就本节2.10（c）条而言，"合格的营销计划"是一个注册管理机构提供打折续约价格的营销计划，需满足下述标准：（i）本计划及相关折扣期限不超过一百八十（180）个自然日（含为确定计划天数进行的相似计划的连续、大幅度合并）（ii）所有ICANN认可的注册服务商都具有取得

此类折扣续约定价资质的相同机会,及(iii)该计划的目的或效果是不排除任何特定类别的注册(例如,大型企业的注册)或任何特定类别注册的续约价格提价。第2.10(c)节中的任何内容均不应按照第2.10(b)节规定限制注册管理执行机构的义务。

(d) Registry Operator shall provide public query-based DNS lookup service for the TLD (that is, operate the Registry TLD zone servers) at its sole expense. (d) 注册管理机构应为TLD提供基于公共查询的DNS查找服务(即操作注册表TLD区域服务器)。

2.11 Contractual and Operational Compliance Audits. 合同和运营合规审核。

(a) ICANN may from time to time (not to exceed twice per calendar year) conduct, or engage a third party to conduct, contractual compliance audits to assess compliance by Registry Operator with its representations and warranties contained in Article 1 of this Agreement and its covenants contained in Article 2 of this Agreement. Such audits shall be tailored to achieve the purpose of assessing compliance, and ICANN will (a) give reasonable advance notice of any such audit, which notice shall specify in reasonable detail the categories of documents, data and other information requested by ICANN, and (b) use commercially reasonable efforts to conduct such audit in such a manner as to not unreasonably disrupt the operations of Registry Operator. As part of such audit and upon request by ICANN, Registry Operator shall timely provide all responsive documents, data and any other information necessary to demonstrate Registry Operator's compliance with this Agreement. Upon no less than five (5) business days notice (unless otherwise agreed to by Registry Operator), ICANN may, as part of any contractual compliance audit, conduct site visits during regular business hours to assess compliance by Registry Operator with its representations and warranties contained in Article 1 of this Agreement and its covenants contained in Article 2 of this Agreement. ICANN 可能会不时(每年不超过两次)自己或聘用第三方机构进行合同合规性审核,以评估注册管理执行机构是都遵守本协议第1条中包括的陈述和保证及第2条中包括的约款。此类审核应针对评估合规性的目标而设计,ICANN(a)应合理地提前通知任何此类审核,此通知中应适当详细说明ICANN所要求的文档、数据和其他信息的类别,并且(b)通过合理的商业行为以不会无理干扰注册管理执行机构的方式类执行此类审核。在任何此类审核过程中,注册管理执行机构应根据ICANN的要求履行以下业务:及时提供所有必要的相关文档、数据和其他任何必要信息,以证明注册管理执行机构遵守了本协议。ICANN应至少提前五(5)

个工作日通知（或经注册管理执行机构同意另行指定提前期），以便可以在任何合同合规性审核过程中在正常工作时间进行现场访问，以评估注册管理机构是否遵守本协议第 1 条中包括的陈述和保证及第 2 条中包括的约款。

（b） Any audit conducted pursuant to Section 2.11（a） will be at ICANN's expense, unless （i） Registry Operator （A） controls, is controlled by, is under common control or is otherwise Affiliated with, any ICANN accredited registrar or registrar reseller or any of their respective Affiliates, or （B） has subcontracted the provision of Registry Services to an ICANN accredited registrar or registrar reseller or any of their respective Affiliates, and, in either case of （A） or （B） above, the audit relates to Registry Operator's compliance with Section 2.14, in which case Registry Operator shall reimburse ICANN for all reasonable costs and expenses associated with the portion of the audit related to Registry Operator's compliance with Section 2.14, or （ii） the audit is related to a discrepancy in the fees paid by Registry Operator hereunder in excess of 5% to ICANN's detriment, in which case Registry Operator shall reimburse ICANN for all reasonable costs and expenses associated with the entirety of such audit. In either such case of （i） or （ii） above, such reimbursement will be paid together with the next Registry-Level Fee payment due following the date of transmittal of the cost statement for such audit. 第 2.11（a）中所述任何此类审核由 ICANN 承担费用，除非（i）注册管理执行机构（A）控制、受控或共同受控于某方或以其他方式附属于任何 ICANN 认可的注册服务商或注册服务商的分销商或各自附属机构。或（B）分别提供注册服务的 ICANN 认可的注册或注册经销商或任何各自的附属公司。对于（A）（B）上述任何情况，审核是关于注册管理机构是否遵守第 2.14 节规定。注册管理机构应据此向 ICANN 赔偿与此类审核相关的所有合理成本和费用，或（ii）审核是关于注册管理执行机构支付费用与本协议规定相差超过 5% 而为 ICANN 带来损害。无论对于上述情况（i）或（ii），补偿费用应在此类审核成本声明发送之日的下一个注册管理机构费用支付日与注册费用一起支付。

（c） Notwithstanding Section 2.11（a）, if Registry Operator is found not to be in compliance with its representations and warranties contained in Article 1 of this Agreement or its covenants contained in Article 2 of this Agreement in two consecutive audits conducted pursuant to this Section 2.11, ICANN may increase the number of such audits to one per calendar quarter. 尽管有上述规定，如果在第 2.11 节进行的连续两次审核中发现注册管理

执行机构未遵守本协议第 1 条中的陈述与保证及第 2 条中包括的约款，则 ICANN 可以将此类审核的次数增加到每季度一次。

（d）Registry Operator will give ICANN immediate notice of the commencement of any of the proceedings referenced in Section 4.3（d）or the occurrence of any of the matters specified in Section 4.3（f）. 对于第 4.3（d）节提及的诉讼或出现第 4.3（f）节所描述的任何情况，注册管理执行机构应立即就此通知 ICANN。

2.12 Continued Operations Instrument. Registry Operator shall comply with the terms and conditions relating to the Continued Operations Instrument set forth in Specification 8 attached hereto（"Specification 8"）. 持续运营法律文书。注册管理执行机构应遵守规范 8 中列出的"持续运营法律文书"相关条款与条件（参见"规范 8"）。

2.13 Emergency Transition. Registry Operator agrees that in the event that any of the emergency thresholds for registry functions set forth in Section 6 of Specification 10 is reached, ICANN may designate an emergency interim registry operator of the registry for the TLD（an "Emergency Operator"）in accordance with ICANN's registry transition process（available at _____）（as the same may be amended from time to time, the "Registry Transition Process"）until such time as Registry Operator has demonstrated to ICANN's reasonable satisfaction that it can resume operation of the registry for the TLD without the reoccurrence of such failure. 紧急移交。注册管理执行机构同意，对于达到第 6 节规范 10 中规定的任何注册职能紧急阀值的情况，ICANN 可以根据 ICANN 注册管理机构过户流程（在 _____ 提供）（称为"注册管理机构过户流程"，可对其予以不时修正），直至注册管理机构向 ICANN 表明并使其合理，相信其可以继续运营 TLD 注册管理机构而不会再发生类似未能履行职责的情况。Following such demonstration, Registry Operator may transition back into operation of the registry for the TLD pursuant to the procedures set out in the Registry Transition Process, provided that Registry Operator pays all reasonable costs incurred（i）by ICANN as a result of the designation of the Emergency Operator and（ii）by the Emergency Operator in connection with the operation of the registry for the TLD, which costs shall be documented in reasonable detail in records that shall be made available to Registry Operator. 之后，注册管理执行机构可以根据注册管理机构过户流程中规定的程序重新运营 TLD 注册管理机构，前提是注册管理执行机构支付了下列所有合理相关成本：（i）ICANN 因指定紧急执行机构

而产生的成本，以及（ii）紧急执行机构运营 TLD 注册管理机构而产生的成本。这些成本应以合理的详细程度记录在案并提供给注册管理执行机构。In the event ICANN designates an Emergency Operator pursuant to this Section 2.13 and the Registry Transition Process, Registry Operator shall provide ICANN or any such Emergency Operator with all data (including the data escrowed in accordance with Section 2.3) regarding operations of the registry for the TLD necessary to maintain operations and registry functions that may be reasonably requested by ICANN or such Emergency Operator. Registry Operator agrees that ICANN may make any changes it deems necessary to the IANA database for DNS and WHOIS records with respect to the TLD in the event that an Emergency Operator is designated pursuant to this Section 2.13. In addition, in the event of such failure, ICANN shall retain and may enforce its rights under the Continued Operations Instrument. 如果 ICANN 依据此 2.13 节和注册管理机构过户流程指定一家紧急执行机构，且 ICANN 或此类紧急执行机构提出合理要求，则注册管理执行机构应向 ICANN 或该紧急执行机构提供维持运营和注册管理机构职能必需的所有 TLD 注册管理机构运营数据（包括根据第 2.3 节托管的数据）。注册管理执行机构同意，在 2.13 节指定紧急执行机构的前提下，ICANN 可以对 IANA 数据库中与 TLD 相关的 DNS 和 WHOIS 记录进行其认为有必要的任何修改。此外，对于未能履行职责的情况，ICANN 应保留并可执行其根据"持续运营法律文书"应享有的权利。

2.14 **Registry Code of Conduct.** In connection with the operation of the registry for the TLD, Registry Operator shall comply with the Registry Code of Conduct as set forth in Specification 9 attached hereto ("Specification 9"). 注册管理机构行为准则。注册管理执行机构应遵守规范 9 中规定的"注册管理机构行为准则"（参见规范 9）。

2.15 **Cooperation with Economic Studies.** If ICANN initiates or commissions an economic study on the impact or functioning of new generic top-level domains on the Internet, the DNS or related matters, Registry Operator shall reasonably cooperate with such study, including by delivering to ICANN or its designee conducting such study all data reasonably necessary for the purposes of such study requested by ICANN or its designee, provided, that Registry Operator may withhold any internal analyses or evaluations prepared by Registry Operator with respect to such data. Any data delivered to ICANN or its designee pursuant to this Section 2.15 shall be fully aggregated and anonymized by ICANN or its designee prior to any disclosure of such data to any third party. 合作与经济研究。如果 ICANN 对因特网新 gTLD（通用顶级域名）、DNS 及相关事宜的影响或功能发起或委托经济研究，注册管理执行机构应与此类研究合作，包括根据 ICANN 或其指定方要求向其合理提交此类研究需要的所有必要数据。注册管理执行机构不得撤销其对此类数据的任何内部分析或评估。根据本 2.15 节向 ICANN 或其指定方提交的任何数据在披露给任何第三方前应由 ICANN 或其指定方负责对其匿名统筹。

2.16 **Registry Performance Specifications.** Registry Performance Specifications for operation of the TLD will be as set forth in Specification 10 attached hereto（"Specification 10"）. Registry Operator shall comply with such Performance Specifications and, for a period of at least one year, shall keep technical and operational records sufficient to evidence compliance with such specifications for each calendar year during the Term. 注册表性能规范。用于 TLD 运营的注册表性能规范将被列入规范 10（参见规范 10）。注册管理执行机构应遵守有关性能规范，且应在至少一年内保管足以证明在期限内合乎规范的年度技术及运营记录。

2.17 **Additional Public Interest Commitments.** Registry Operator shall comply with the public interest commitments set forth in Specification 11 attached hereto（"Specification 11"）. 其他公众利益承诺。注册管理执行机构应遵守规范 11（参见规范 11）规定的公众利益承诺。

2.18 **Personal Data.** Registry Operator shall （i） notify each ICANN-accredited registrar that is a party to the registry-registrar agreement for the TLD of the purposes for which data about any identified or identifiable natural person（"Personal Data"）submitted to Registry Operator by such registrar is collected and used under this Agreement or otherwise and the intended recipients（or categories of recipients）of such Personal Data, and （ii） require such registrar to obtain the consent of each registrant in the TLD for such collection and use of Personal Data. Registry Operator shall take reasonable steps to protect Personal Data collected from such registrar from loss, misuse, unauthorized disclosure, alteration or destruction. Registry Operator shall not use or authorize the use of Personal Data in a way that is incompatible with the notice provided to registrars. 个人数据。注册管理执行机构应（i）通知 ICANN 认可的注册服务商（为《TLD 注册服务商协议》中的一方）已识别或可识别自然人向注册管理执行机构相关的哪些数据（"个人数据"）

是按照协议要求采集或使用、哪些数据是来自其他途径、提交数据的相应目的以及预接收方（或接收方类别），及（ii）要求注册服务商就个人数据的采集与使用获得每个 TLD 注册人的同意。注册管理执行机构应采取合理措施以防止从注册服务商处获得的个人数据丢失、误用、未经授权的披露、更改或销毁此类登记处收集的个人数据。注册管理执行机构不得采用与通知不符的方式使用或授权使用个人数据。

2.19 [Note: For Community-Based TLDs Only] Obligations of Registry Operator to TLD Community. Registry Operator shall establish registration policies in conformity with the application submitted with respect to the TLD for:（i）naming conventions within the TLD,（ii）requirements for registration by members of the TLD community, and（iii）use of registered domain names in conformity with the stated purpose of the community-based TLD. Registry Operator shall operate the TLD in a manner that allows the TLD community to discuss and participate in the development and modification of policies and practices for the TLD. Registry Operator shall establish procedures for the enforcement of registration policies for the TLD, and resolution of disputes concerning compliance with TLD registration policies, and shall enforce such registration policies. Registry Operator agrees to implement and be bound by the Registry Restrictions Dispute Resolution Procedure as set forth at [insert applicable URL] with respect to disputes arising pursuant to this Section 2.19. [说明：仅限基于群体的 TLD] 注册管理执行机构对 TLD 群体的责任。注册管理执行机构应按照提交的关于 TLD 的申请就以下各项制定注册政策：（i）TLD 中的命名规则；（ii）TLD 群体成员的注册要求和（iii）按照基于群体的 TLD 的确定目的使用注册域名。注册管理执行机构应允许 TLD 群体讨论和参与 TLD 政策和做法的制定和修改。注册管理执行机构应制定 TLD 注册政策的执行程序和有关 TLD 注册政策合规性的争议解决程序，并负责执行此类注册政策。对于第 2.19 节引发的争议，注册管理执行机构同意执行 [insert applicable URL] 中规定的"注册管理机构限制争议解决程序"并受其约束。

ARTICLE 3. COVENANTS OF ICANN 第 3 节 ICANN 约款

ICANN covenants and agrees with Registry Operator as follows: ICANN 与注册管理执行机构达成协议如下：

3.1 **Open and Transparent.** Consistent with ICANN's expressed mission and core values, ICANN shall operate in an open and transparent manner. 公开和透明。ICANN 将按照其公示的使命与核心价值，以公开透明的方式行使职责。

3.2 **Equitable Treatment.** ICANN shall not apply standards, policies, procedures or practices arbitrarily, unjustifiably, or inequitably and shall not single out Registry Operator for disparate treatment unless justified by substantial and reasonable cause. 公平待遇。除非有实质性的正当理由，否则 ICANN 不得以武断、不合理、不公正的方式应用自己的标准、政策、程序或做法，也不得对注册管理执行机构区别对待。

3.3 **TLD Nameservers.** ICANN will use commercially reasonable efforts to ensure that any changes to the TLD nameserver designations submitted to ICANN by Registry Operator (in a format and with required technical elements specified by ICANN at http://www.iana.org/domains/root/ will be implemented by ICANN within seven (7) calendar days or as promptly as feasible following technical verifications. TLD 名称服务器。ICANN 将通过合理的商业行为确保由注册管理执行机构提交给 ICANN 的对 TLD 名称服务器指定的任何变更（使用 ICANN 在 http://www.iana.org/domains/root/ 中指定的格式并包含所需的技术要素），都会由 ICANN 在技术验证后七（7）天之内或尽快实施。

3.4 **Root-zone Information Publication.** ICANN's publication of root-zone contact information for the TLD will include Registry Operator and its administrative and technical contacts. Any request to modify the contact information for the Registry Operator must be made in the format specified from time to time by ICANN at http://www.iana.org/domains/root/. 根区域信息的公布。ICANN 公布的注册管理机构 TLD 根区域联系信息应包括注册管理执行机构及其管理和技术联系人信息。有关注册管理执行机构联系人信息修改的任何请求必须按照 ICANN 不时在 http://www.iana.org/domains/root/ 指定的格式提出。

3.5 **Authoritative Root Database.** To the extent that ICANN is authorized to set policy with regard to an authoritative root server system (the "Authoritative Root Server System"), ICANN shall use commercially reasonable efforts to (a) ensure that the authoritative root will point to the top-level domain nameservers designated by Registry Operator for the TLD, (b) maintain a stable, secure, and authoritative publicly available database of relevant information about the TLD, in accordance with ICANN publicly available policies and procedures, and (c) coordinate the Authoritative Root

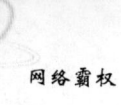

Server System so that it is operated and maintained in a stable and secure manner; provided, that ICANN shall not be in breach of this Agreement and ICANN shall have no liability in the event that any third party (including any governmental entity or internet service provider) blocks or restricts access to the TLD in any jurisdiction. 官方根数据库。如果ICANN获得授权制定与官方根服务器系统相关的政策，ICANN应该通过合理的商业行为（a）确保官方根指向注册管理执行机构为TLD指定的顶级域名称服务器，（b）依据ICANN公开可用的政策和程序，维护一个稳定、安全且公开可用的包含TLD相关信息的权威数据库，并且（c）协调官方根服务器系统，使其以一种稳定、安全的方式运行和维护，前提是ICANN不应违反本协议且ICANN在任何第三方（包括任何政府实体或因特网服务提供商）在任何司法管辖区内阻止或限制接入TLD。

ARTICLE 4. TERM AND TERMINATION 第4节期限与终止

4.1 **Term.** The term of this Agreement will be ten years from the Effective Date (as such term may be extended pursuant to Section 4.2, the "Term"). 期限。本协议期限将自生效日期起持续十年（此期限可根据第4.2节延长，以下简称"期限"）。

4.2 **Renewal.** 续约。

（a） This Agreement will be renewed for successive periods of ten years upon the expiration of the initial Term set forth in Section 4.1 and each successive Term, unless: 在上述第4.1节中规定的初始期限和各个后续期限到期后，本协议都将进行续约（期限为十年的倍数），除非：（i）Following notice by ICANN to Registry Operator of a fundamental and material breach of Registry Operator's covenants set forth in Article 2 or breach of its payment obligations under Article 6 of this Agreement, which notice shall include with specificity the details of the alleged breach, and such breach has not been cured within thirty (30) calendar days of such notice, (A) an arbitrator or court has finally determined that Registry Operator has been in fundamental and material breach of such covenant (s) or in breach of its payment obligations, and (B) Registry Operator has failed to comply with such determination and cure such breach within ten (10) calendar days or such other time period as may be determined by the arbitrator or court; or （i）注册管理执行机构从根本上和实质上违反本协议第2条中规定的注册管理执行机构约款或没有履行本协议第6条规定的付款责任，并且在收到ICANN就此违约行为向

注册管理执行机构发出的通知（应详细说明所指控的违约行为）后三十（30）天内未纠正自己的违约行为，（A）仲裁机构和法院最终裁定注册管理执行机构从根本上和实质上违反此约款或没有履行此付款责任和（B）注册管理执行机构未遵守此裁定，在十（10）天或仲裁机构和法院规定的其他时间期限内未纠正自己的违约行为；或（ii）During the then current Term, Registry Operator shall have been found by an arbitrator（pursuant to Section 5.2 of this Agreement）on at least three（3）separate occasions to have been in fundamental and material breach（whether or not cured）of Registry Operator's covenants set forth in Article 2 or breach of its payment obligations under Article 6 of this Agreement. 现行"期限"期间，仲裁机构（根据本协议第5.2节）最少在三（3）次不同情况下发现注册管理执行机构从根本上和实质上违反本协议第2条中规定的注册管理执行机构约款或没有履行本协议第6条规定的付款责任（不管是否纠正）。

（b）Upon the occurrence of the events set forth in Section 4.2（a）（i）or（ii）, the Agreement shall terminate at the expiration of the then current Term. 出现第4.2（a）（i）或（ii）节所述事件后，本协议将于现行期限到期时终止。

4.3 Termination by ICANN. ICANN 终止协议。

（a）ICANN may, upon notice to Registry Operator, terminate this Agreement if:（i）Registry Operator fails to cure（A）any fundamental and material breach of Registry Operator's representations and warranties set forth in Article 1 or covenants set forth in Article 2, or（B）any breach of Registry Operator's payment obligations set forth in Article 6 of this Agreement, each within thirty（30）calendar days after ICANN gives Registry Operator notice of such breach, which notice will include with specificity the details of the alleged breach,（ii）an arbitrator or court has finally determined that Registry Operator is in fundamental and material breach of such covenant（s）or in breach of its payment obligations, and（iii）Registry Operator fails to comply with such determination and cure such breach within ten（10）calendar days or such other time period as may be determined by the arbitrator or court. 如果出现下列情况，ICANN可在通知注册管理执行机构后终止本协议：（i）注册管理执行机构（A）从根本上和实质上违反本协议第1条中规定的注册管理执行机构的陈述和保证，没有履行本协议第2条规定的约款，或者（B）未能履行本协议第6条规定的注册管理执行机构付款责任，在收到ICANN就此违约行为向注册管理执行机构发出的通知（应详细说明所指控的违约行

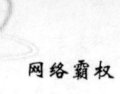

为）后三十（30）天内没有纠正违约行为；（ii）仲裁机构或法院最终裁定注册管理执行机构从根本上和实质上违反此类约款或未能履行其付款责任和（iii）注册管理执行机构未遵守此裁定，在十（10）天或者仲裁机构或法院规定的其他时间期限内未纠正自己的违约行为。

（b）ICANN may, upon notice to Registry Operator, terminate this Agreement if Registry Operator fails to complete all testing and procedures (identified by ICANN in writing to Registry Operator prior to the date hereof) for delegation of the TLD into the root zone within twelve (12) months of the Effective Date. Registry Operator may request an extension for up to additional twelve (12) months for delegation if it can demonstrate, to ICANN's reasonable satisfaction, that Registry Operator is working diligently and in good faith toward successfully completing the steps necessary for delegation of the TLD. Any fees paid by Registry Operator to ICANN prior to such termination date shall be retained by ICANN in full. 如果注册管理执行机构在生效日期起12个月内未完成将TLD授权到根区域需要的所有的测试和程序（ICANN在本协议日期前发送给注册管理执行机构的书面文件中确定的测试和程序），ICANN可在通知注册管理执行机构后终止本协议。如果注册管理执行机构能向ICANN证明其正在为成功完成TLD授权必需的步骤而勤勉诚实地努力，且得到了ICANN的合理认同，则注册管理执行机构可以请求延长授权期限，最多可以延长12个月。在此终止日期之前由注册管理执行机构向ICANN支付的所有费用应由ICANN全额保留。

（c）ICANN may, upon notice to Registry Operator, terminate this Agreement if (i) Registry Operator fails to cure a material breach of Registry Operator's obligations set forth in Section 2.12 of this Agreement within thirty (30) calendar days of delivery of notice of such breach by ICANN, or if the Continued Operations Instrument is not in effect for greater than sixty (60) consecutive calendar days at any time following the Effective Date, (ii) an arbitrator or court has finally determined that Registry Operator is in material breach of such covenant, and (iii) Registry Operator fails to cure such breach within ten (10) calendar days or such other time period as may be determined by the arbitrator or court. 如发生以下情形，则ICANN可在通知注册管理执行机构后终止本协议：（i）注册管理执行机构从实质上违反了本协议第2.12节中规定的注册管理执行机构责任，且未在ICANN发出此类违约通知之后的三十（30）天内纠正违约行为，或者"持续运营法律文书"在

生效日期之后的任何时间连续超过六十（60）天无效，（ii）仲裁机构或法院最终裁定注册管理执行机构从实质上违反此约款，以及（iii）注册管理执行机构在十（10）天或仲裁机构或法院规定的其他此类时间期限内未能纠正此类违约行为。

（d）ICANN may, upon notice to Registry Operator, terminate this Agreement if (i) Registry Operator makes an assignment for the benefit of creditors or similar act; (ii) attachment, garnishment or similar proceedings are commenced against Registry Operator, which proceedings are a material threat to Registry Operator's ability to operate the registry for the TLD, and are not dismissed within sixty (60) days of their commencement; (iii) a trustee, receiver, liquidator or equivalent is appointed in place of Registry Operator or maintains control over any of Registry Operator's property; (iv) execution is levied upon any property of Registry Operator; (v) proceedings are instituted by or against Registry Operator under any bankruptcy, insolvency, reorganization or other laws relating to the relief of debtors and such proceedings are not dismissed within thirty (30) days of their commencement, or (vi) Registry Operator files for protection under the United States Bankruptcy Code, 11 U.S.C. Section 101 et seq., or a foreign equivalent or liquidates, dissolves or otherwise discontinues its operations or the operation of the TLD. 如发生以下情形，ICANN 可在通知注册管理执行机构后终止本协议：（i）注册管理执行机构为了债权人的利益进行转让或采取类似措施；（ii）对注册管理执行机构提起了查封、传唤或类似诉讼程序并且在六十（60）天内没有被驳回；（iii）指定了委托人、接收人、清算人或具有同类效力的人来取代注册管理执行机构或保持对注册管理执行机构任何财产的控制；（iv）对注册管理执行机构的任何财产进行法律执行；（v）依据任何破产、无力偿还、重组或其他与债务人债务清除相关的法律，由注册管理执行机构或针对注册管理执行机构提起了诉讼程序，并且此类诉讼在三十（30）天内没有被驳回，或者（vi）注册管理执行机构依照美国破产法（美国法典第 11 编第 101 条及以下内容）或同等外国法律申请保护或者清盘、关闭或以其他方式停止其运营或停止 TLD 的运营。

（e）ICANN may, upon thirty (30) calendar days' notice to Registry Operator, terminate this Agreement pursuant to Section 2 of Specification 7 or Sections 2 and 3 of Specification 11, subject to Registry Operator's right to challenge such termination as set forth in the applicable procedure described therein. （e）ICANN 可按照规范 7 第 2 款或规范 11 第 2 款和第 3 款的规定，在通知注册管理执行机构三十（30）天

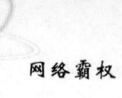

后终止本协议，前提是注册管理执行机构有权按照适当程序对此类终止提出质疑。

（f）ICANN may, upon notice to Registry Operator, terminate this Agreement if (i) Registry Operator knowingly employs any officer that is convicted of a misdemeanor related to financial activities or of any felony, or is judged by a court of competent jurisdiction to have committed fraud or breach of fiduciary duty, or is the subject of a judicial determination that ICANN reasonably deems as the substantive equivalent of any of the foregoing and such officer is not terminated within thirty (30) calendar days of Registry Operator's knowledge of the foregoing, or (ii) any member of Registry Operator's board of directors or similar governing body is convicted of a misdemeanor related to financial activities or of any felony, or is judged by a court of competent jurisdiction to have committed fraud or breach of fiduciary duty, or is the subject of a judicial determination that ICANN reasonably deems as the substantive equivalent of any of the foregoing and such member is not removed from Registry Operator's board of directors or similar governing body within thirty (30) calendar days of Registry Operator's knowledge of the foregoing. 如发生以下情形，ICANN可在通知注册管理执行机构后终止本协议：（i）注册管理执行机构雇用的任何高管被判重罪或与经济活动相关的轻罪，或被具有有效管辖权的法院判定进行欺诈或违反诚信义务，或是某司法认定的处罚对象；ICANN有理由相信此处罚在性质上与以上罪行同样严重，且注册管理执行机构可以证实该高管的雇佣协议在三十（30）天内有效；或者（ii）注册管理执行机构董事会或类似主管团体的任何成员被判重罪或与经济活动相关的轻罪，或被具有有效管辖权的法院判定进行欺诈或违反诚信义务，或是某司法认定的处罚对象；ICANN有理由相信此处罚在性质上与以上罪行同样严重，且注册管理执行机构可证实该成员在董事会或类似主管团体的身份在三十（30）天内不会被移除。

（g）[Applicable to intergovernmental organizations or governmental entities only.] ICANN may terminate this Agreement pursuant to Section 7.14. [仅适用于政府间机构或政府组织。] ICANN可依照第7.14节之规定终止本协议。

4.4 **Termination by Registry Operator.** 注册管理执行机构终止协议。

（a）Registry Operator may terminate this Agreement upon notice to ICANN if, (i) ICANN fails to cure any fundamental and material breach of ICANN's covenants set forth in Article 3, within thirty (30) calendar days after Registry Operator gives ICANN notice of such breach, which notice will include with specificity the details of the alleged breach, (ii) an arbitrator or court has finally determined that ICANN is in fundamental and material breach of such covenants, and (iii) ICANN fails to comply with such determination and cure such breach within ten (10) calendar days or such other time period as may be determined by the arbitrator or court. 如发生以下情形，注册管理执行机构可在通知 ICANN 后终止本协议：(i) ICANN 从根本上和实质上违反第 3 条中规定的 ICANN 约款，并在注册管理执行机构就此违约行为向 ICANN 发出通知（应详细说明所指控的违约行为）后三十（30）天内没有纠正此违约行为；(ii) 仲裁机构或法院最终裁定 ICANN 从根本上和实质上违反此类约款；(iii) ICANN 未遵守此裁定且在十（10）天或仲裁机构或法院规定的其他此类时间期限内未纠正此类违约行为。

(b) Registry Operator may terminate this Agreement for any reason upon one hundred eighty (180) calendar day advance notice to ICANN. 注册管理执行机构可在提前一百八十（180）天通知 ICANN 后因任何原因终止本协议。

4.5 Transition of Registry upon Termination of Agreement. 协议终止时的注册管理机构移交。Upon expiration of the Term pursuant to Section 4.1 or Section 4.2 or any termination of this Agreement pursuant to Section 4.3 or Section 4.4, Registry Operator shall provide ICANN or any successor registry operator that may be designated by ICANN for the TLD in accordance with this Section 4.5 with all data (including the data escrowed in accordance with Section 2.3) regarding operations of the registry for the TLD necessary to maintain operations and registry functions that may be reasonably requested by ICANN or such successor registry operator. After consultation with Registry Operator, ICANN shall determine whether or not to transition operation of the TLD to a successor registry operator in its sole discretion and in conformance with the Registry Transition Process; provided, 当期限按照第 4.1 或 4.2 节的规定过期或本协议根据第 4.3 或 4.4 节规定而终止时，如果 ICANN 或 ICANN 指定的任何继任 TLD 注册管理执行机构提出合理要求，注册管理执行机构应向 ICANN 或此类注册管理执行机构提供维持运营和注册管理机构职能必需的所有 TLD 注册管理机构运营数据（包括根据第 2.3 节托管的数据）。与注册管理执行机构商讨后，ICANN 应根据注册管理机构过户流程自行决定是否将 TLD 的运营移交给继任注册管理执行机构。however, that if Registry Operator demonstrates to ICANN's reasonable satisfaction that (i) all domain name registrations in the TLD are registered to, and maintained by, Registry Operator for its own exclusive use; (ii) Registry Operator does not sell, distribute or transfer control or use of any registrations in the TLD to any third party that is not an Affiliate of Registry Operator, and (iii) transitioning operation of the TLD is not necessary to protect the public interest, then ICANN may not transition operation of the TLD to a successor registry operator upon the expiration or termination of this Agreement without the consent of Registry Operator (which shall not be unreasonably withheld, conditioned or delayed). 然而，如果注册管理执行机构表现出 ICANN 的合理信纳：（i）TLD 的所有域名注册皆出自注册管理执行机构且接受其专门维护；（ii）注册管理执行机构拒绝向非其附属机构的第三方销售、分发、转让控制、提供使用任何 TLD 注册；（iii）鉴于 TLD 的移交运营不是保护公众利益的必要条件，在未得到注册管理执行部门许可的情况下，ICANN 可能不会于协议失效或终止前将 TLD 运营移交给继承注册管理执行机构（不得无理取消、支配或延迟）。For the avoidance of doubt, the foregoing sentence shall not prohibit ICANN from delegating the TLD pursuant to a future application process for the delegation of top-level domains, subject to any processes and objection procedures instituted by ICANN in connection with such application process intended to protect the rights of third parties. Registry Operator agrees that ICANN may make any changes it deems necessary to the IANA database for DNS and WHOIS records with respect to the TLD in the event of a transition of the TLD pursuant to this Section 4.5. In addition, ICANN or its designee shall retain and may enforce its rights under the Continued Operations Instrument, regardless of the reason for termination or expiration of this Agreement. 为免存疑，上述规定不得按照顶级域名授权的未来应用程序禁止 ICANN 对 TLD 的授权，遵从 ICANN 与此类应用程序共同引发的，意在保护第三方权益的任何程序和异议。注册管理执行机构同意，如果依据此 4.5 节移交了 TLD，则 ICANN 可以对 IANA 数据库中与 TLD 相关的 DNS 和 WHOIS 记录进行其认为有必要的任何修改。此外，不管本协议终止或到期的理由为何，ICANN 或 ICANN 指定的一方应保留并可执行其根据"持续运营法律文书"和其他法律文书（如适用）应享有的权利。

[Alternative Section 4.5 Transition of Registry upon Termination of Agreement text for intergovernmental organizations or governmental entities or other special circumstances: [注册管理机构于第 4.5 节协议终止时移交的替换文本（适用于政府间机构或政府组织或其他特殊情况）：

"Transition of Registry upon Termination of Agreement." 协议终止时注册管理机构的移交。Upon expiration of the Term pursuant to Section 4.1 or Section 4.2 or any termination of this Agreement pursuant to Section 4.3 or Section 4.4, in connection with ICANN's designation of a successor registry operator for the TLD, Registry Operator and ICANN agree to consult each other and work cooperatively to facilitate and implement the transition of the TLD in accordance with this Section 4.5. After consultation with Registry Operator, ICANN shall determine whether or not to transition operation of the TLD to a successor registry operator in its sole discretion and in conformance with the Registry Transition Process. In the event ICANN determines to transition operation of the TLD to a successor registry operator, upon Registry Operator's consent (which shall not be unreasonably withheld, conditioned or delayed), Registry Operator shall provide ICANN or such successor registry operator for the TLD with any data regarding operations of the TLD necessary to maintain operations and registry functions that may be reasonably requested by ICANN or such successor registry operator in addition to data escrowed in accordance with Section 2.3 hereof. In the event that Registry Operator does not consent to provide such data, any registry data related to the TLD shall be returned to Registry Operator, unless otherwise agreed upon by the parties. Registry Operator agrees that ICANN may make any changes it deems necessary to the IANA database for DNS and WHOIS records with respect to the TLD in the event of a transition of the TLD pursuant to this Section 4.5. In addition, ICANN or its designee shall retain and may enforce its rights under the Continued Operations Instrument, regardless of the reason for termination or expiration of this Agreement."] 当期限根据第4.1或4.2节规定过期或本协议根据第4.3或4.4节规定而终止时，如果ICANN或ICANN指定的任何继任TLD注册管理执行机构提出合理要求，注册管理执行机构应向ICANN或此类注册管理执行机构提供维持运营和注册管理机构职能必需的所有TLD注册管理机构运营数据（包括根据第2.3节托管的数据）。与注册管理执行机构商讨后，ICANN应根据注册管理机构过户流程自行决定是否将TLD的运营移交给继任注册管理执行机构。注册管理执行机构同意，如果依据此4.5节移交了TLD，则ICANN可以对IANA数据库中与TLD相关的DNS和WHOIS记录进行其认为有必要的任何修改。此外，不管本协议终止或到期的理由为何，ICANN或ICANN指定的一方应保留并可执行其根据"持续运营法律文书"和其他法

律文书（如适用）应享有的权利。]

4.6 **Effect of Termination.** Upon any expiration of the Term or termination of this Agreement, the obligations and rights of the parties hereto shall cease, provided that such expiration or termination of this Agreement shall not relieve the parties of any obligation or breach of this Agreement accruing prior to such expiration or termination, including, without limitation, all accrued payment obligations arising under Article 6. In addition, Article 5, Article 7, Section 2.12, Section 4.5, and this Section 4.6 shall survive the expiration or termination of this Agreement. For the avoidance of doubt, the rights of Registry Operator to operate the registry for the TLD shall immediately cease upon any expiration of the Term or termination of this Agreement. 协议终止的效力。本协议到期或终止时，本协议各方依照本协议的义务和权利也将终止，但本协议的到期和终止不能免除本协议各方在本协议到期或终止之前产生的任何义务或违约赔偿责任，包括但不限于根据第6条产生的所有应计付款义务。此外，第5条和第7条、第2.12节、第4.5节以及第4.6节在本协议到期或终止后继续生效。为免存疑特此说明，注册管理执行机构对TLD注册管理机构的运营权利在本协议期限到期或终止时随即终止。

ARTICLE 5. DISPUTE RESOLUTION 第5条 争议解决

5.1 **Mediation.** In the event of any dispute arising under or in connection with this Agreement, before either party may initiate arbitration pursuant to Section 5.2 below, ICANN and Registry Operator must attempt to resolve the dispute through mediation in accordance with the following terms and conditions: 合作约定。在任何一方依据下文第5.2节之规定启动仲裁程序之前，ICANN和注册管理执行机构应开始诚恳的沟通，然后，双方必须以诚恳的态度进行至少十五（15）天的商讨，以尝试解决争议。

（a） A party shall submit a dispute to mediation by written notice to the other party. The mediation shall be conducted by a single mediator selected by the parties. If the parties cannot agree on a mediator within fifteen （15） calendar days of delivery of written notice pursuant to this Section 5.1, the parties will promptly select a mutually acceptable mediation provider entity, which entity shall, as soon as practicable following such entity's selection, designate a mediator, who is a licensed attorney with general knowledge of contract law. Any mediator must confirm in writing that he or she is not, and will not become during the term of the mediation, an employee, partner, executive officer, director, or security holder of ICANN or Registry Operator. If such confirmation is not provided by the appointed mediator, then a replacement mediator shall be appointed pursuant to this Section 5.1. (a) 一方当事人应以书面通知形式将争议调解提交给对方。调解应由当事人选择调解人。如果双方不能在出具书面通知后十五（15）天内按照第 5.1 节规定达成一致意见，双方应立即选择一个双方都能接受的调解提供商实体。该实体须在切实可行的范围内根据实体选择尽快指定一名了解合同法的有执照律师作为调解人。调解人必须以书面形式确认他 / 她在调解期限内不是且将不会成为 ICANN 雇员、合伙人、总裁、董事或股权持有人。如果指定的调解员无法提供此类证明，应根据第 5.1 节规定予以更换。

(b) The mediator shall conduct the mediation in accordance with the rules and procedures that he or she determines. The parties shall discuss the dispute in good faith and attempt, with the mediator's assistance, to reach an amicable resolution of the dispute. The mediation shall be treated as a settlement discussion and shall therefore be confidential and may not be used against either party in any later proceeding relating to the dispute, including any arbitration pursuant to Section 5.2. The mediator may not testify for either party in any later proceeding relating to the dispute. (b) 调解员应当按照其拟定的规则与程序进行调解。双方应在调解员的协助下以诚恳的态度就争议展开协商，最终达成友好解决的共识。调解应被视为协商过程，故应予以保密，任何一方不得将其用于未来与此争议相关的任何诉讼程序，包括根据第 5.2 节做出的任何仲裁。调解员不得在与此争议相关的任何未来诉讼程序中为任何一方作证词。

(c) Each party shall bear its own costs in the mediation. The parties shall share equally the fees and expenses of the mediator. (c) 调解费用应由各方自行承担。当事人应平均分担调解员的费用及开支。

(d) If the parties have engaged in good faith participation in the mediation but have not resolved the dispute for any reason, either party or the mediator may terminate the mediation at any time and the dispute can then proceed to arbitration pursuant to Section 5.2 below. If the parties have not resolved the dispute for any reason by the date that is ninety (90) calendar days following the date of the notice delivered pursuant to Section 5.1 (a), the mediation shall automatically terminate (unless extended by agreement of the parties) and the dispute can then proceed to arbitration pursuant to Section 5.2 below. (d) 如果双方在调节过程中均持诚恳态度，但出于任何原因争议未能得到解决，任何一方或调解员可随时终止调解。在此情况下，纠纷可以根据下述第5.2节进行仲裁。如果双方未能按照第5.1 (a) 节规定在通知交付日期后九十 (90) 天内解决争议，调解将自动终止（除非经双方协商后将期限延长），争议可根据下述第5.2节进行仲裁。

5.2 Arbitration. Disputes arising under or in connection with this Agreement that are not resolved pursuant to Section 5.1, including requests for specific performance, will be resolved through binding arbitration conducted pursuant to the rules of the International Court of Arbitration of the International Chamber of Commerce. The arbitration will be conducted in the English language and will occur in Los Angeles County, California. Any arbitration will be in front of a single arbitrator, unless (i) ICANN is seeking punitive or exemplary damages, or operational sanctions, or (ii) the parties agree in writing to a greater number of arbitrators. In either case of clauses (i) or (ii) in the preceding sentence, the arbitration will be in front of three arbitrators with each party selecting one arbitrator and the two selected arbitrators selecting the third arbitrator. In order to expedite the arbitration and limit its cost, the arbitrator (s) shall establish page limits for the parties' filings in conjunction with the arbitration, and should the arbitrator (s) determine that a hearing is necessary, the hearing shall be limited to one (1) calendar day, provided that in any arbitration in which ICANN is seeking punitive or exemplary damages, or operational sanctions, the hearing may be extended for one (1) additional calendar day if agreed upon by the parties or ordered by the arbitrator (s) based on the arbitrator (s) independent determination or the reasonable request of one of the parties thereto. The prevailing party in the arbitration will have the right to recover its costs and reasonable attorneys' fees, which the arbitrator (s) shall include in the awards. In the event the arbitrators determine that Registry Operator has been repeatedly and willfully in fundamental and material breach of its obligations set forth in Article 2, Article 6 or Section 5.4 of this Agreement, ICANN may request the arbitrators award punitive or exemplary damages, or operational sanctions (including without limitation an order temporarily restricting Registry Operator's right to sell new registrations). In any litigation involving ICANN concerning this Agreement, jurisdiction and exclusive venue for such litigation will be in a court located in Los Angeles County, California; however, the parties will also have the right to enforce a judgment of such a court in any court of competent jurisdiction. 仲裁。由本协议引起或与本协议有关的争议，包括申请强制履行，将依据国际商会国际仲裁法院的规则进行具有约束力的仲裁加以解决。仲裁将在美国加利福尼亚州洛杉矶郡以英语进行。任何仲裁将由一位仲裁人作出，除非（i）ICANN 提请惩罚性或警告性赔偿或者运营制裁；或者（ii）本协议各方书面同意由更多仲裁人进行裁决。在诉讼判决中无论是条文（i）的情况还是条文（ii）的情况，仲裁将由三位仲裁人执行，每方各选择一位仲裁人并由选出的这两位仲裁人选择第三位仲裁人。为了加快仲裁处理进度并限制其成本，仲裁人应对各方与仲裁相关的材料做出页数限制，而且一旦仲裁人决定必须举行听证会，则应将听证会限制在一（1）天内完成，如果是对 ICANN 提请惩罚性或警告性赔偿或者运营制裁的诉讼进行仲裁，可在双方协商一致的情况下延长听证会持续天数。仲裁中胜诉一方有权要求获得成本和合理的律师费用补偿，仲裁人应在其裁决中包含此项补偿。在任何诉讼程序中，如果仲裁人裁决注册管理执行机构一再蓄意从根本上和实质上违反本协议第 2 条、第 6 条或和第 5.4 节中规定的注册管理执行机构义务，ICANN 均可向指定的仲裁人申请惩罚性或警告性赔偿，或对注册管理执行机构进行运营制裁（包括但不限于发出临时限制注册管理执行机构出售新注册的权利的指令）。在涉及 ICANN 且与本协议有关的任何诉讼中，此类诉讼的辖区和唯一审判地点将是位于加利福尼亚州洛杉矶县的法院；但是，协议双方均有权通过任何具备有效管辖权的法院来强制执行上述法院的审判结果。

[Alternative Section 5.2 Arbitration text for intergovernmental organizations or governmental entities or other special circumstances: [第 5.2 节仲裁的替换文本（适用于政府间机构或政府组织或其他特殊情况）：

"Arbitration. Disputes arising under or in connection with this Agreement that are not resolved pursuant to Section 5.1, including requests for specific performance, will be resolved through binding arbitration conducted pursuant to the rules of the International Court of Arbitration of the International Chamber of Commerce. The arbitration will be conducted in the English language and will occur in Geneva, Switzerland, unless another location is mutually agreed upon by Registry Operator and ICANN. Any arbitration will be in front of a single arbitrator, unless (i) ICANN is seeking punitive or exemplary damages, or operational sanctions, or (ii) the parties agree in writing to a greater number of arbitrators. In either case of clauses（i）or（ii）in the preceding sentence, the arbitration will be in front of three arbitrators with each party selecting one arbitrator and the two selected arbitrators selecting the third arbitrator. In order to expedite the arbitration and limit its cost, the arbitrator（s）shall establish page limits for the parties' filings in conjunction with the arbitration, and should the arbitrator（s）determine that a hearing is necessary, the hearing shall be limited to one（1）calendar day, provided that in any arbitration in which ICANN is seeking punitive or exemplary damages, or operational sanctions, the hearing may be extended for one（1）additional calendar day if agreed upon by the parties or ordered by the arbitrator（s）based on the arbitrator（s）independent determination or the reasonable request of one of the parties thereto. The prevailing party in the arbitration will have the right to recover its costs and reasonable attorneys' fees, which the arbitrator（s）shall include in the awards. In the event the arbitrators determine that Registry Operator has been repeatedly and willfully in fundamental and material breach of its obligations set forth in Article 2, Article 6 or Section 5.4 of this Agreement, ICANN may request the arbitrators award punitive or exemplary damages, or operational sanctions（including without limitation an order temporarily restricting Registry Operator's right to sell new registrations）. In any litigation involving ICANN concerning this Agreement, jurisdiction and exclusive venue for such litigation will be in a court located in Geneva, Switzerland, unless another location is mutually agreed upon by Registry Operator and ICANN; however, the parties will also have the right to enforce a judgment of such a court in any court of competent jurisdiction."]"仲裁。由本协议引起或与本协议有关的争议,包括申请强制履行,将依据国际商会国际仲裁法院的规则进行具有约束力的仲裁加以解决。仲裁将使用英语语言在瑞士日内瓦进行,除非注册管理执行机构和 ICANN 双方都同意在其他地点进行。任何仲裁将由一位仲裁人作出,除非（i）ICANN 提请惩罚性或警告性赔偿或者运营制裁;或者（ii）本协议各方书面同意由更多仲裁人进行裁决。在诉讼判决中无论是条文（i）的情况还是条文（ii）的情况,仲裁将由三位仲裁人执行,每方各选择一位仲裁人并由选出的这两位仲裁人选择第三位仲裁人。为了加快仲裁处理进度并限制其成本,仲裁人应对各方与仲裁相关的材料做出页数限制,而且一旦仲裁人决定必须举行听证会,则应将听证会限制在一（1）天内完成,如果是对 ICANN 提请惩罚性或警告性赔偿或者运营制裁的诉讼进行仲裁,可在双

方协商一致的情况下延长听证会持续天数。仲裁中胜诉一方有权要求获得成本和合理的律师费用的补偿，仲裁人应在其裁决中包含此项补偿。在任何诉讼程序中，如果仲裁人裁决注册管理执行机构一再蓄意从根本上和实质上违反本协议第2条、第6条或第5.4节中规定的注册管理执行机构义务，ICANN均可向指定的仲裁人申请惩罚性或警告性赔偿，或对注册管理执行机构进行运营制裁（包括但不限于发出临时限制注册管理执行机构出售新注册的权利的指令）。在涉及ICANN且与本协议有关的任何诉讼中，此类诉讼的辖区和唯一审判地点将是位于瑞士日内瓦的法院，除非注册管理执行机构和ICANN双方都同意其他地点；但是，协议双方还有权通过任何具备有效管辖权的法院来强制执行上述法院的审判结果。"]5.3 Limitation of Liability. ICANN's aggregate monetary liability for violations of this Agreement will not exceed an amount equal to the Registry-Level Fees paid by Registry Operator to ICANN within the preceding twelve-month period pursuant to this Agreement（excluding the Variable Registry-Level Fee set forth in Section 6.3, if any）. Registry Operator's aggregate monetary liability to ICANN for breaches of this Agreement will be limited to an amount equal to the fees paid to ICANN during the preceding twelve-month period（excluding the Variable Registry-Level Fee set forth in Section 6.3, if any）, and punitive and exemplary damages, if any, awarded in accordance with Section 5.2. In no event shall either party be liable for special, punitive, exemplary or consequential damages arising out of or in connection with this Agreement or the performance or nonperformance of obligations undertaken in this Agreement, except as provided in Section 5.2. Except as otherwise provided in this Agreement, neither party makes any warranty, express or implied, with respect to the services rendered by itself, its servants or agents, or the results obtained from their work, including, without limitation, any implied warranty of merchantability, non-infringement or fitness for a particular purpose. 责任限制。ICANN在违反本协议时的总赔偿金额不得超过注册管理执行机构根据本协议在前十二个月期限内向ICANN支付的注册管理机构费用的同等金额（如果有第6.3节中规定的可变注册管理机构费用，则不包括在内）。注册管理执行机构在违反本协议时对ICANN的总赔偿金额仅限于在前十二个月期限内向ICANN支付的费用的同等金额（如果有第6.3节中规定的可变注册管理机构费用，则不包括在内），以及第5.2节规定的惩罚性或警告性赔偿（如果有）。除第5.2节中规定的赔偿之外，在任何情况下，任意一方均无须承担因本协议引起或与本协议有关的特殊损害赔偿、惩

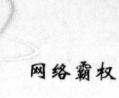

罚性损害赔偿、警告性损害赔偿或间接损害赔偿，也无须对履行或不履行本协议中规定的义务承担损害赔偿责任。除非本协议中另有规定，否则任一协议方均不得做出关于自己提供的服务、其服务人员或代理人或者其工作结果的任何明确或默示的保证，包括但不限于对任何适销性、非侵害性或特定用途适用性的默示保证。

5.4 Specific Performance. Registry Operator and ICANN agree that irreparable damage could occur if any of the provisions of this Agreement was not performed in accordance with its specific terms. Accordingly, the parties agree that they each shall be entitled to seek from the arbitrator or court specific performance of the terms of this Agreement （in addition to any other remedy to which each party is entitled）. 强制履行。注册管理执行机构和ICANN同意，不按照本协议的细则来履行本协议条款将可能造成无法挽回的损害。因此，双方同意各方均应有权请求仲裁人发出强制履行本协议条款的命令（此外，双方还有权采取其他任何补救措施）。

ARTICLE 6. FEES 第 6 节费用

6.1 Registry-Level Fees. Registry Operator shall pay ICANN a Registry level fee equal to （i） the Registry fixed fee of US$6,250 per calendar quarter and （ii） the Registry level transaction fee. The Registry level transaction fee will be equal to the number of annual increments of an initial or renewal domain name registration （at one or more levels, and including renewals associated with transfers from one ICANN-accredited registrar to another, each a "Transaction"）, during the applicable calendar quarter multiplied by US$0.25; provided, however that the Registry level transaction fee shall not apply until and unless more than 50,000 Transactions have occurred in the TLD during any calendar quarter or any consecutive four calendar quarter period in the aggregate （the "Transaction Threshold"） and shall apply to each Transaction that occurred during each quarter in which the Transaction Threshold has been met, but shall not apply to each quarter in which the Transaction Threshold has not been met. Registry Operator shall pay the Registry level fees on a quarterly basis by the 20th day following the end of each calendar quarter （i.e., on April 20, July 20, October 20 and January 20 for the calendar quarters ending March 31, June 30, September 30 and December 31） of the year to an account designated by ICANN. 注册管理机构费用。注册管理执行机构应向ICANN支付注册管

理机构费用，支付金额等于：（i）每个季度 6250 美元的注册管理机构固定费用；加上（ii）注册管理机构交易费用。注册管理机构交易费用等于：在适用的季度内首次域名注册或续签域名注册（一级或多级注册，包括与在 ICANN 认可的注册服务商之间迁移域名相关的续签，各为一个"交易"）每年递增的数量乘以 0.25 美元。但是，只有在 TLD 中注册的域名超过 50,000 个以后才应支付注册管理机构交易费，并且此后每个交易都应付费。如果适用，注册管理执行机构应在每个季度结束后的第 20 天（例如对于 3 月 31 日、6 月 30 日、9 月 30 日和 12 月 31 日结束的季度分别为 4 月 20 日、7 月 20 日、10 月 20 日和 1 月 20 日）支付注册管理机构费用，即全年向 ICANN 指定的账户支付四笔相等的款项。

6.2 **Cost Recovery for RSTEP**. Requests by Registry Operator for the approval of Additional Services pursuant to Section 2.1 may be referred by ICANN to the Registry Services Technical Evaluation Panel （"RSTEP"） pursuant to that process at http://www.icann.org/en/registries/rsep/. In the event that such requests are referred to RSTEP, Registry Operator shall remit to ICANN the invoiced cost of the RSTEP review within ten （10） business days of receipt of a copy of the RSTEP invoice from ICANN, unless ICANN determines, in its sole and absolute discretion, to pay all or any portion of the invoiced cost of such RSTEP review. RSTEP 的成本回收。注册管理执行机构根据第 2.1 节请求批准附加服务的申请应由 ICANN 根据 http://www.icann.org/en/registries/rsep/ 中的流程提交至注册管理机构服务技术评估小组（以下简称为"RSTEP"）。如果此类申请提交至 RSTEP，注册管理执行机构应在从 ICANN 收到 RSTEP 发票副本后十（10）个工作日内，向 ICANN 汇出 RSTEP 审核费用，除非 ICANN 自行决定支付全部或部分的 RSTEP 审核费用。

6.3 **Variable Registry-Level Fee**. 可变注册管理机构费用。

（a）If the ICANN accredited registrars （accounting, in the aggregate, for payment of two-thirds of all registrar-level fees （or such portion of ICANN accredited registrars necessary to approve variable accreditation fees under the then current registrar accreditation agreement） do not approve pursuant to the terms of their registrar accreditation agreements with ICANN the variable accreditation fees established by the ICANN Board of Directors for any ICANN fiscal year, upon delivery of notice from ICANN, Registry Operator shall pay to ICANN a Variable Registry-Level Fee, which shall be paid on a fiscal quarter basis, and shall accrue as of the beginning of the first fiscal quarter of such ICANN fiscal year. The fee will be calculated and invoiced by ICANN on a quarterly basis, and shall be paid by Registry Operator within sixty (60) calendar days with respect to the first quarter of such ICANN fiscal year and within twenty (20) calendar days with respect to each remaining quarter of such ICANN fiscal year, of receipt of the invoiced amount by ICANN. The Registry Operator may invoice and collect the Variable Registry-Level Fees from the registrars who are party to a registry-registrar agreement with Registry Operator (which agreement may specifically provide for the reimbursement of Variable Registry-Level Fees paid by Registry Operator pursuant to this Section 6.3); provided, that the fees shall be invoiced to all ICANN accredited registrars if invoiced to any. The Variable Registry-Level Fee, if collectible by ICANN, shall be an obligation of Registry Operator and shall be due and payable as provided in this Section 6.3 irrespective of Registry Operator's ability to seek and obtain reimbursement of such fee from registrars. In the event ICANN later collects variable accreditation fees for which Registry Operator has paid ICANN a Variable Registry-Level Fee, ICANN shall reimburse the Registry Operator an appropriate amount of the Variable Registry-Level Fee, as reasonably determined by ICANN. If the ICANN accredited registrars (as a group) do approve pursuant to the terms of their registrar accreditation agreements with ICANN the variable accreditation fees established by the ICANN Board of Directors for a fiscal year, ICANN shall not be entitled to a Variable-Level Fee hereunder for such fiscal year, irrespective of whether the ICANN accredited registrars comply with their payment obligations to ICANN during such fiscal year. 如果 ICANN 认可的注册服务商（作为一个整体）根据其与 ICANN 的注册服务商委任协议条款，没有批准 ICANN 理事会规定的任何 ICANN 财年的可变委任费，则在 ICANN 发出通知后，注册管理执行机构应向 ICANN 支付可变注册管理机构费用，该费用应每个财政季度支付一次，且应从该 ICANN 财年的第一个财政季度开始累积。该费用由 ICANN 每个季度计算并开具发票，并由注册管理执行机构在从 ICANN 收到发票后六十（60）天之内（针对此 ICANN 财年的第一个季度）和二十（20）天内（针对此 ICANN 财年的最后一个季度）支付。注册管理执行机构可向与自己签订"注册管理机构—注册服务商协议"的注册服务商开具发票，并征收可变注册管理机构费用（协议中可能专门规定了补偿注册管理执行机构按照第6.3节支付的可变注册管理机构费用），

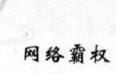

但前提是如果向任何一个注册服务商开具发票，则应向 ICANN 认可的所有注册服务商开具发票。可变注册管理机构费用如果可由 ICANN 征收，则属于注册管理执行机构的应付费用，应根据本协议第 6.3 节的规定支付此类费用，不管注册管理执行机构是否可从注册服务商获得此类费用的补偿。如果注册管理执行机构已向 ICANN 支付了可变注册管理机构费用，而 ICANN 之后又征收可变委任费用，则应由 ICANN 合理确定，向注册管理执行机构补偿适当金额的可变注册管理机构费用。如果 ICANN 认可的注册服务商（作为一个整体）根据其与 ICANN 的注册服务商委任协议条款批准了 ICANN 理事会规定的任一财年的可变委任费，则不管 ICANN 认可的注册服务商在此财年期间是否对 ICANN 履行了支付义务，ICANN 均无权征收此财年的可变注册管理机构费用。

（b） The amount of the Variable Registry-Level Fee will be specified for each registrar, and may include both a per-registrar component and a transactional component. The per-registrar component of the Variable Registry-Level Fee shall be specified by ICANN in accordance with the budget adopted by the ICANN Board of Directors for each ICANN fiscal year. The transactional component of the Variable Registry-Level Fee shall be specified by ICANN in accordance with the budget adopted by the ICANN Board of Directors for each ICANN fiscal year but shall not exceed US$0.25 per domain name registration (including renewals associated with transfers from one ICANN accredited registrar to another) per year. 可变注册管理机构费用的金额应针对每个注册服务商规定，且该金额可同时包括针对每个注册服务商的部分和交易部分。可变注册管理机构费用中针对每个注册服务商的部分应由 ICANN 根据 ICANN 理事会通过的 ICANN 各财年预算来规定。可变注册管理机构费用的交易部分应由 ICANN 根据 ICANN 理事会通过的 ICANN 各财年预算来规定，但每个域名注册（包括与在 ICANN 认可的注册服务商之间迁移域名相关的续约）每年不得超过 0.25 美元。

6.4 **Adjustments to Fees.** Notwithstanding any of the fee limitations set forth in this Article 6, commencing upon the expiration of the first year of this Agreement, and upon the expiration of each year thereafter during the Term, the then current fees set forth in Section 6.1 and Section 6.3 may be adjusted, at ICANN's discretion, by a percentage equal to the percentage change, if any, in (i) the Consumer Price Index for All Urban Consumers, U.S. City Average (1982-1984 = 100) published by the United States Department of Labor, Bureau of Labor Statistics, or any successor index (the "CPI") for the month which is one (1) month prior to the commencement of the applicable year, over (ii) the CPI published for the month which is one (1) month prior to the commencement of the immediately prior year. In the event of any such increase, ICANN shall provide notice to Registry Operator specifying the amount of such adjustment. Any fee adjustment under this Section 6.4 shall be effective as of the first day of the year in which the above calculation is made. 费用调整。尽管本协议第 6 条对于费用限制作出规定，但在整个协议期限内，在本协议第一年结束时开始，以及之后的每一年结束之时，ICANN 可自行决定是否增加第 6.1 和 6.3 节中规定的现行费用，如果调整，变更的百分比为（i）美国劳工部劳工统计局发布的城镇消费者物价指数美国城市平均值（1982—1984=100），或相关年份开始之前一（1）个月的任何替代指数（"CPI"），减去（ii）上一年开始之前一（1）个月发布的 CPI 指数。如果要增加费用，ICANN 应向注册管理执行机构发出详细说明了调整金额的通知。根据本协议第 6.4 节调整的任何费用均从进行以上计算当年的第一天开始生效。

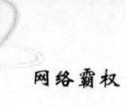

6.5 Additional Fee on Late Payments. For any payments thirty (30) calendar days or more overdue under this Agreement, Registry Operator shall pay an additional fee on late payments at the rate of 1.5% per month or, if less, the maximum rate permitted by applicable law. 延迟付款的附加费用。根据本协议，如果付款延迟三十（30）天或更长时间，注册管理执行机构应以每月 1.5% 的利率支付延迟付款的附加费用；如果付款延迟少于三十（30）天，则按适用法律允许的最大利率支付延迟付款的附加费用。

ARTICLE 7. MISCELLANEOUS 第 7 节 杂项

7.1 Indemnification of ICANN. 7.1 对 ICANN 的补偿。

（a）Registry Operator shall indemnify and defend ICANN and its directors, officers, employees, and agents (collectively, "Indemnitees") from and against any and all third-party claims, damages, liabilities, costs, and expenses, including reasonable legal fees and expenses, arising out of or relating to intellectual property ownership rights with respect to the TLD, the delegation of the TLD to Registry Operator, Registry Operator's operation of the registry for the TLD or Registry Operator's provision of Registry Services, provided that Registry Operator shall not be obligated to indemnify or defend any Indemnitee to the extent the claim, damage, liability, cost or expense arose: (i) due to the actions or omissions of ICANN, its subcontractors, panelists or evaluators specifically related to and occurring during the registry TLD application process (other than actions or omissions requested by or for the benefit of Registry Operator), or (ii) due to a breach by ICANN of any obligation contained in this Agreement or any willful misconduct by ICANN. This Section shall not be deemed to require Registry Operator to reimburse or otherwise indemnify ICANN for costs associated with the negotiation or execution of this Agreement, or with monitoring or management of the parties' respective obligations hereunder. Further, this Section shall not apply to any request for attorney's fees in connection with any litigation or arbitration between or among the parties, which shall be governed by Article 5 or otherwise awarded by a court or arbitrator. 对于因 TLD 的知识产权所有权、将 TLD 委托给注册管理执行机构、注册管理执行机构运营 TLD 注册管理机构或提供注册管理机构服务而引发的或与之相关的任何第三方索赔、损害赔偿、债务、费用和开支（包括合理法律费用和开支），注册管理执行机构应为 ICANN 及其理事、官员、雇员和代理人（通称为"受补偿人"）提供补偿和辩护；但如果索赔、损害赔偿、债务、费用和开支是因 ICANN 违反本协议所含任何义务或 ICANN 的故意不当行为而产生，则注册管理执行机构对任何受补偿人均无补偿或辩护义务。本节不应视为要求注册管理执行机构向 ICANN 偿还或补偿与本协议的协商或执行相关的成本或与监督或管理本协议各方各自的协议义务相关的成本。此外，本节也不适用于与本协议各方之间任何诉讼或仲裁相关的律师费的申请，该费用应由第 5 条规定或由法院或仲裁机构判定。

[Alternative Section 7.1 (a) text for intergovernmental organizations or governmental entities: [第 7.1 (a) 节的替换文本（适用于政府间机构或政府组织）：

"Registry Operator shall use its best efforts to cooperate with ICANN in order to ensure that ICANN does not incur any costs associated with claims, damages, liabilities, costs and expenses, including reasonable legal fees and expenses, arising out of or relating to intellectual property ownership rights with respect to the TLD, the delegation of the TLD to Registry Operator, Registry Operator's operation of the registry for the TLD or Registry Operator's provision of Registry Services, provided that Registry Operator shall not be obligated to provide such cooperation to the extent the claim, damage, liability, cost or expense arose due to a breach by ICANN of any of its obligations contained in this

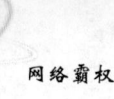

Agreement or any willful misconduct by ICANN. This Section shall not be deemed to require Registry Operator to reimburse or otherwise indemnify ICANN for costs associated with the negotiation or execution of this Agreement, or with monitoring or management of the parties' respective obligations hereunder. Further, this Section shall not apply to any request for attorney's fees in connection with any litigation or arbitration between or among the parties, which shall be governed by Article 5 or otherwise awarded by a court or arbitrator."] "对于因TLD的知识产权所有权、将TLD委托给注册管理执行机构、注册管理执行机构运营TLD注册管理机构或提供注册管理机构服务而引发的或与之相关的任何第三方索赔、损害赔偿、债务、费用和开支（包括合理法律费用和开支），注册管理执行机构应尽全力与ICANN合作以确保ICANN不会发生相关成本；但如果索赔、损害赔偿、债务、费用和开支是因ICANN违反本协议所含其任何义务或ICANN的故意不当行为而产生，则注册管理执行机构没有义务提供此类合作。本节不适用于任何与各方之间的诉讼或仲裁有关的律师费用请求。本节不应视为要求注册管理执行机构向ICANN偿还或补偿与本协议的协商或执行相关的成本或与监督或管理本协议各方各自的协议义务相关的成本。此外，本节也不适用于与本协议各方之间任何诉讼或仲裁相关的律师费的申请，该费用应由第5条规定或由法院或仲裁机构判定。"]

（b）For any claims by ICANN for indemnification whereby multiple registry operators (including Registry Operator) have engaged in the same actions or omissions that gave rise to the claim, Registry Operator's aggregate liability to indemnify ICANN with respect to such claim shall be limited to a percentage of ICANN's total claim, calculated by dividing the number of total domain names under registration with Registry Operator within the TLD (which names under registration shall be calculated consistently with Article 6 hereof for any applicable quarter) by the total number of domain names under registration within all top level domains for which the registry operators thereof are engaging in the same acts or omissions giving rise to such claim. For the purposes of reducing Registry Operator's liability under Section 7.1 (a) pursuant to this Section 7.1 (b), Registry Operator shall have the burden of identifying the other registry operators that are engaged in the same actions or omissions that gave rise to the claim, and demonstrating, to ICANN's reasonable satisfaction, such other registry operators' culpability for such actions or omissions. For the avoidance of doubt, in the event that a registry operator is engaged in the same acts or omissions giving rise to the claims, but such registry operator (s) do not have the same or similar indemnification obligations to ICANN as set forth in Section 7.1（a）above, the number of domains under management by such registry operator(s)shall nonetheless be included in the calculation in the preceding sentence.(Note: This Section 7.1（b） is inapplicable to intergovernmental organizations or governmental entities.）如果 ICANN 对参与引起索赔的同一行为或疏忽行为的多个注册管理执行机构（包括"注册管理执行机构"）提出补偿要求，注册管理执行机构对 ICANN 关于此类索赔的总补偿金额应限定于 ICANN 索赔总额的一部分（百分比），计算方法：将在 TLD 中注册管理执行机构注册的域名总数（注册域名总数的计算方法应与第 6 条规定的任何适用季度的计算方法一致）除以注册管理执行机构参与的引起索赔的同一行为或疏忽行为所涉及的所有顶级域中的注册域名总数。为了按照第 7.1（b）节的规定减轻注册管理执行机构按照第 7.1（a）节应承担的责任，注册管理执行机构应负责确定参与引起索赔的同一行为或疏忽行为的其他注册管理执行机构，并在得到 ICANN 合理认可的前提下证明这些注册管理执行机构存在参与此类行为或疏忽行为的过失。为避免疑义特此说明，如果注册管理执行机构参与了引起索赔的同一行为或疏忽行为，但此注册管理执行机构对于 ICANN 没有以上第 7.1（a）节中规定的相同或类似的补偿义务，则上一句所述的计算中仍应包括由此类注册管理执行机构管理的域名数量。（说明：此 7.1（b）节不适用于政府间机构或政府组织。）

7.2 **Indemnification Procedures**. If any third-party claim is commenced that is indemnified under Section 7.1 above, ICANN shall provide notice thereof to Registry Operator as promptly as practicable. Registry Operator shall be entitled, if it so elects, in a notice promptly delivered to ICANN, to immediately take control of the defense and investigation of such claim and to employ and engage attorneys reasonably acceptable to ICANN to handle and defend the same, at Registry Operator's sole cost and expense, provided that in all events ICANN will be entitled to control at its sole cost and expense the litigation of issues concerning the validity or interpretation of ICANN's policies, Bylaws or conduct. ICANN shall cooperate, at Registry Operator's cost and expense, in all reasonable respects with Registry Operator and its attorneys in the investigation, trial, and defense of such claim and any appeal arising therefrom, and may, at its own cost and expense, participate, through its attorneys or otherwise, in such investigation, trial and defense of such claim and any appeal arising therefrom. No settlement of a claim that involves a remedy affecting ICANN other than the payment of money in an amount that is fully indemnified by Registry Operator will be entered into without the consent of ICANN. If Registry Operator does not assume full control over the defense of a claim subject to such defense in accordance with this Section 7.2, ICANN will have the right to defend the claim in such manner as it may deem appropriate, at the cost and expense of Registry Operator and Registry Operator shall cooperate in such defense. (Note: This Section 7.2 is inapplicable to intergovernmental organizations or governmental entities.) 补偿程序。如果发生属于以上第 7.1 节补偿范围的任何第三方索赔，则 ICANN 应尽快通知注册管理执行机构。注册管理执行机构可在自愿的基础上，通过迅速向 ICANN 发出通知而立即接管此类索赔的辩护和调查，并雇用 ICANN 理应接受的律师进行处理和辩护，有关费用和开支全部由注册管理执行机构承担；但无论是什么情况，ICANN 都可以自费控制与 ICANN 政策或行为的合法性或阐释有关的问题的诉讼。在注册管理执行机构承担费用和开支的情况下，ICANN 应该与注册管理执行机构及其律师在此类索赔和由此产生的任何申诉的调查、审判和辩护中进行一切合理的合作；ICANN 也可以在自费的情况下，通过自身的律师或其他途径参与此类索赔和由此产生的任何申诉的调查、审判和辩护。未经 ICANN 同意，不得达成任何涉及影响到 ICANN 的赔偿的索赔和解，除非需要支付的金额完全由注册管理执行机构补偿。如果注册管理执行机构没有按照本协议第 7.2 节规定对此类索赔辩护取得完全控制权，则 ICANN 有权以它认为合适的方式对索赔进行辩护，费用和开支由注册管理执行机构承担。（说明：此 7.2 节不适用于政府间机构或政府组织。）

7.3 **Defined Terms.** For purposes of this Agreement, unless such definitions are amended pursuant to a Consensus Policy at a future date, in which case the following definitions shall be deemed amended and restated in their entirety as set forth in such Consensus Policy, Security and Stability shall be defined as follows: 术语定义。在本协议中，"安全性"和"稳定性"的定义如下：

（a）For the purposes of this Agreement, an effect on "Security" shall mean (1) the unauthorized disclosure, alteration, insertion or destruction of registry data, or (2) the unauthorized access to or disclosure of information or resources on the Internet by systems operating in accordance with all applicable standards. 在本协议中，对"安全性"造

成影响是指（1）出现未经授权而泄露、篡改、插入或销毁注册数据的情况，或（2）遵照所有适用标准运行的系统出现未经授权而访问或泄露因特网信息或资源的情况。

（b）For purposes of this Agreement, an effect on "Stability" shall refer to (1) lack of compliance with applicable relevant standards that are authoritative and published by a well-established and recognized Internet standards body, such as the relevant Standards-Track or Best Current Practice Requests for Comments ("RFCs") sponsored by the Internet Engineering Task Force; or (2) the creation of a condition that adversely affects the throughput, response time, consistency or coherence of responses to Internet servers or end systems operating in accordance with applicable relevant standards that are authoritative and published by a well-established and recognized Internet standards body, such as the relevant Standards-Track or Best Current Practice RFCs, and relying on Registry Operator's delegated information or provisioning of services. 在本协议中，对"稳定性"造成影响是指（1）不符合由信誉卓著、业界公认的因特网标准组织发布的相关权威性适用标准，例如因特网工程任务组（IETF）提出的相关标准通道或当前最佳实践意见征求稿（"RFC"），或（2）对于遵守由信誉卓著、业界公认的因特网标准组织发布的相关权威性适用标准（例如 IETF 提出的相关标准通道或当前最佳实践 RFC）并依赖于注册管理执行机构的授权信息或提供的服务而运行的因特网服务器或终端系统，给其吞吐能力、响应时间、一致性或连贯性带来负面影响。

7.4 **No Offset.** All payments due under this Agreement will be made in a timely manner throughout the Term and notwithstanding the pendency of any dispute (monetary or otherwise) between Registry Operator and ICANN. 禁止抵销。不论注册管理执行机构与 ICANN 之间有无悬而未决的纠纷（金钱或其他方面），本协议规定的所有付款应在本协议期限内及时付清。

7.5 **Change in Control; Assignment and Subcontracting.** Except as set forth in this Section 7.5, neither party may assign this Agreement without the prior written approval of the other party, which approval will not be unreasonably withheld. For purposes of this Section 7.5, a direct or indirect change of control of Registry Operator or any material subcontracting arrangement with respect to the operation of the registry for the TLD shall be deemed an assignment. Registry Operator must provide no less than thirty (30) calendar days advance notice to ICANN of any material subcontracting arrangements, and any agreement to subcontract portions of the operations of the TLD must mandate compliance with all covenants, obligations and agreements by Registry Operator hereunder, and Registry Operator shall continue to be bound by such covenants, obligations and agreements. Registry Operator must also provide no less than thirty (30) calendar days advance notice to ICANN prior to the consummation of any transaction anticipated to result in a direct or indirect change of control of Registry Operator. Such change of control notification shall include a statement that affirms that the party acquiring such control and the ultimate parent entity of the party acquiring such control meets the ICANN-adopted specification or policy on registry operator criteria then in effect, and affirms that Registry Operator is in compliance with its obligations under this Agreement. Within thirty (30) calendar days of either such notification, ICANN may request additional information from Registry Operator establishing (a) compliance with this Agreement and (b) that the party acquiring such control or entering into such subcontracting arrangement (in either case, the "Contracting Party") and the ultimate parent entity of the Contracting Party meets the ICANN-adopted specification or policy on registry operator criteria then in effect, in which case Registry Operator must supply the requested information within fifteen (15) calendar days. In connection with ICANN's consideration of any such transaction, ICANN may request (and Registry Operator shall provide and shall cause the Contracting Party to provide) additional information that will allow ICANN to evaluate whether the proposed Contracting Party (or its ultimate parent entity) meets such specification or policy, including with respect to financial resources and operational and technical capabilities. Registry Operator agrees that ICANN's consent to any proposed transaction will also be subject to background checks on any proposed Contracting Party (and such Contracting Party's Affiliates). Following such review, ICANN shall be deemed to have reasonably withheld its consent to any direct or indirect change in control or subcontracting arrangement in the event that ICANN reasonably determines that the Contracting Party (or the ultimate parent entity of the Contracting Party) does not meet the ICANN-adopted specification or policy on registry operator criteria then in effect. If ICANN fails to expressly provide or withhold its consent to any direct or indirect change of control of Registry Operator or any material subcontracting arrangement within thirty

（30） calendar days of ICANN's receipt of notice of such transaction （or, if ICANN has requested additional information from Registry Operator as set forth above, sixty （60） calendar days of the receipt of all requested written information regarding such transaction） from Registry Operator, ICANN shall be deemed to have consented to such transaction. In connection with any such transaction, Registry Operator shall comply with the Registry Transition Process. Notwithstanding the foregoing, （i） ICANN may assign this Agreement without the consent of Registry Operator upon approval of the ICANN Board of Directors in conjunction with a reorganization, reconstitution or re-incorporation of ICANN, and （ii） ICANN shall be deemed to have consented to any material subcontracting arrangement or change of control transaction in which the Contracting Party is an existing operator of a generic top-level domain pursuant to a registry agreement between such Contracting Party and ICANN （provided that such Contracting Party is then in compliance with the terms and conditions of such registry agreement in all material respects）, unless ICANN provides to Registry Operator a written objection to such transaction within ten （10） calendar days of ICANN's receipt of notice of such transaction pursuant to this Section 7.5. 控制权变更、转让和分包。任何一方都不得在未经对方书面批准的情况下转让本协议，同时任何一方都不得无理地拒绝批准。尽管有上述规定，如ICANN发生重组或再合并，ICANN可将本协议转让给与组建ICANN相同的司法管辖区内且出于相同或基本相同的目的而组建的非营利性公司或相似实体。对于此7.5节，对注册管理执行机构控制权的直接或间接变更或者对TLD注册管理机构运营的任何实质性分包安排都应被视作转让。如果ICANN有合理理由断定获取注册管理执行机构控制权或者接受这种分包安排的个人或实体（或者其所属最终父实体）不满足ICANN采用的当时有效的注册管理执行机构的标准或资格，则ICANN应被视为已经合理撤销对任何此类控制权的直接或间接变更或分包安排的同意。此外，尽管有上述规定，注册管理执行机构必须至少提前三十（30）天将所有重要分包安排通知ICANN，有关分包部分TLD运营业务的协议必须遵守注册管理执行机构在本协议中的所有约款、义务和协议，并且注册管理执行机构将继续受此类约款、义务和协议的约束。在不对上述条款构成限制的前提下，如果预计有完成的交易可能导致注册管理执行机构的控制权发生直接或间接变更，注册管理执行机构应在该交易完成前至少三十（30）天向ICANN发布通知。此类控制权变更通知应包括一项声明，确认获取此控制权一方的最

高总部遵守 ICANN 为注册管理执行机构标准制定的规范和政策，并确认注册管理执行机构遵守本协议的义务。在收到此通知三十（30）天内，ICANN 可向注册管理执行机构索取更多信息以遵守本协议，对此，注册管理执行机构必须在十五（15）天内提供所要求的信息。如果 ICANN 在收到注册管理执行机构发送的有关此类交易的书面通知后六十（60）天内，未能明确表示同意或拒绝注册管理执行机构控制权的直接或间接变更或任何实质性分包安排，则视为 ICANN 已同意此类交易。

7.6 Amendments and Waivers. 修订和弃权。

（a） If ICANN determines that an amendment to this Agreement （including to the Specifications referred to herein） and all other registry agreements between ICANN and the Applicable Registry Operators （the "Applicable Registry Agreements"） is desirable （each, a "Special Amendment"）, ICANN may submit a Special Amendment for approval by the Applicable Registry Operators pursuant to the process set forth in this Section 7.6, provided that a Special Amendment is not a Restricted Amendment （as defined below）. Prior to submitting a Special Amendment for such approval, ICANN shall first consult in good faith with the Working Group （as defined below） regarding the form and substance of a Special Amendment. The duration of such consultation shall be reasonably determined by ICANN based on the substance of the Special Amendment. Following such consultation, ICANN may propose the adoption of a Special Amendment by publicly posting such amendment on its website for no less than thirty （30） calendar days （the "Posting Period"） and providing notice of such amendment by ICANN to the Applicable Registry Operators in accordance with Section 7.8. ICANN will consider the public comments submitted on a Special Amendment during the Posting Period （including comments submitted by the Applicable Registry Operators）. 如果 ICANN 确定对本协议（包括对其中引用的"规范"）以及 ICANN 与适用注册管理执行机构之间的所有其他注册管理机构协议（"适用注册管理机构协议"）的修订（分别称为"特殊修订"）是必要的，则 ICANN 可以提交一份特殊修订供适用注册管理执行机构依据此 7.6 节中规定的流程进行审批，前提是该特殊修订不是"受限修订"（定义见下文）。在提交特殊修订进行此类审批之前，ICANN 首先应就特殊修订的形式和内容与工作组（定义见下文）进行诚恳磋商。这种磋商的持续时间应由 ICANN 根据特殊修订的内容合理确定。磋商后，ICANN 可以通过在其网站上公开发布特殊修订不少于三十（30）天（"发布

期"),并根据第7.8节的规定将其通知给适用注册管理执行机构,提议采纳该特殊修订。ICANN将考虑在发布期内针对特殊修订征集到的公众意见,包括由适用注册管理执行机构提交的意见。

(b) If, within two (2) calendar years of the expiration of the Posting Period (the "Approval Period"), (i) the ICANN Board of Directors approves a Special Amendment (which may be in a form different than submitted for public comment) and (ii) subject to Section 7.6 (c), such Special Amendment receives Registry Operator Approval (as defined below), such Special Amendment shall be deemed approved (an "Approved Amendment") by the Applicable Registry Operators (the last date on which such approvals are obtained is herein referred to as the "Amendment Approval Date") and shall be effective and deemed an amendment to this Agreement upon sixty (60) calendar days notice from ICANN to Registry Operator (the "Amendment Effective Date"). In the event that a Special Amendment is not approved by the ICANN Board of Directors or does not receive Registry Operator Approval within the Approval Period, subject to Section 7.6 (c), the Special Amendment will have no effect. The procedure used by ICANN to obtain Registry Operator Approval shall be designed to document the written approval of the Applicable Registry Operators, which may be in electronic form. 如果在发布期到期后的两(2)年内("审批期"),(i)ICANN理事会批准了特殊修订(可能与提交以征询公众意见的版本形式不同)并且(ii)特殊修订获得"注册管理执行机构批准"(定义见下文),则该特殊修订应被视为已获得适用注册管理执行机构的批准("获批修订")(获得这种批准的最后日期在本协议中称为"修订批准日期"),并且应在ICANN向注册管理执行机构发出通知后六十(60)天之际("修订生效日期")生效并被视为对本协议的修订。如果特殊修订在审批期内没有获得ICANN理事会批准或没有获得注册管理执行机构批准,则该特殊修订将不会生效。ICANN采用的获得注册管理执行机构批准的程序应该设计为记录适用注册管理执行机构的书面批准,可以采用电子形式。

(c) Notwithstanding the provisions of Section 7.6 (b), in the event that a Special Amendment does not receive Registry Operator Approval, such Special Amendment shall still be deemed an "Approved Amendment" if, following the failure to receive Registry Operator Approval, the ICANN Board of Directors reapproves such Special Amendment (which may be in a form different than submitted for approval by the Applicable Registry

Operators, including any revisions thereto based on comments from the Applicable Registry Operators) by a two-thirds vote (a "Supermajority Board Approval") and such Special Amendment is justified by a substantial and compelling need. The "Amendment Effective Date" of any such Approved Amendment shall be the date that is ninety (90) calendar days following the date on which ICANN provides notice to Registry Operator of the Supermajority Board Approval. 尽管第 7.6（b）条规定，未接到注册管理执行机构批准的特殊修订仍被视作"获批修订"。对于未收到注册管理执行机构批准的情况，ICANN 董事应重新批准此类特殊修订（可采用与适用注册管理执行机构报批不同的方式），包括基于适用注册管理执行机构意见的任何修订，以三分之二票数（绝大多数董事会成员批准）通过。特殊修订是出于重大、迫切需要做出的合理决定。任何此类批准修订应于 ICANN 向注册管理执行机构提供绝大多数董事会成员批准通知后的第 90 天后生效。

（d）Registry Operator（so long as it did not vote in favor of the Approved Amendment）may apply in writing to ICANN for an exemption from the Approved Amendment（each such request submitted by Registry Operator hereunder, an "Exemption Request"）during the thirty (30) calendar day period following either the Amendment Approval Date or the date on which Registry Operator received notice of the Supermajority Board Approval, as applicable. Each Exemption Request will set forth the basis for such request and provide detailed support for an exemption from the Approved Amendment. An Exemption Request may also include a detailed description and support for any alternatives to, or a variation of, the Approved Amendment proposed by such Registry Operator. An Exemption Request may only be granted upon a clear and convincing showing by Registry Operator that compliance with the Approved Amendment conflicts with applicable laws or would have a material adverse effect on the long-term financial condition or results of operations of Registry Operator. No Exemption Request will be granted if ICANN determines, in its reasonable discretion, that granting such Exemption Request would be materially harmful to registrants or result in the denial of a direct benefit to registrants. Within ninety (90) calendar days of ICANN's receipt of an Exemption Request, ICANN shall either approve (which approval may be conditioned or consist of alternatives to or a variation of the Approved Amendment) or deny the Exemption Request in writing, during which time the Approved Amendment will not amend this Agreement. If the Exemption Request is approved by ICANN, the Approved Amendment will not amend this Agreement; provided, that any conditions, alternatives or variations of the Approved Amendment required by ICANN shall be effective and, to the extent applicable, will amend this Agreement as of the Amendment Effective Date. If such Exemption Request is denied by ICANN, the Approved Amendment will amend this Agreement as of the Amendment Effective Date (or, if such date has passed, such Approved Amendment shall be deemed effective immediately on the date of such denial), provided that Registry Operator may, within thirty (30) calendar days following receipt of ICANN's determination, appeal ICANN's decision to deny the Exemption Request pursuant to the dispute resolution procedures set forth in Article 5. The Approved Amendment will be deemed not to have amended this Agreement during the pendency of the dispute resolution process. 在修订批准日期之后的三十（30）天期限内，注册管理执行机构（前提是它没有投票赞成获批修订）可以书面向 ICANN 申请从"获批修订"豁免（注册管理执行机构提交的每个此类请求特此称为"豁免请求"）。每个豁免请求将说明这种请求的依据，并为从"获批修订"豁免提供详细的支持信息。豁免请求还可以包含对该注册管理执行机构提议的获批修订备选方案或变通方案的详细说明和支持信息。只有当注册管理执行机构明确且令人信服地表明，遵守获批修订会与适用法律发生冲突或者将对注册管理执行机构的长期财务状况或运营绩效产生实质性负面影响时，才应批准豁免请求。如果 ICANN 经过合理的判断认定批准这种豁免请求将对注册人造成实质性损害或导致对注册人直接利益的否决，则不会批准该豁免请求。在 ICANN 收到豁免请求的九十（90）天内，ICANN 应该书面批准（可能是有条件的批准或批准获批修订的备选或变通方案）或拒绝该豁免请求，在此期间获批修订不会修订本协议。如果豁免请求获得 ICANN 批准，则获批修订不会修订本协议。如果豁免请求被 ICANN 拒绝，则获批修订将自修订生效日期开始修订本协议（或者，如果该日期已过，应将获批修订视为在被拒绝之日立即生效）；但是，注册管理执行机构可以在收到 ICANN 决定的三十（30）天内，根据第 5 条规定的争议解决程序对 ICANN 拒绝豁免请求的决定提出上诉。在争议解决流程进行期间，获批修订将被视为未修订本协议。For avoidance of doubt, only Exemption Requests submitted by Registry Operator that are approved by ICANN pursuant to this Section 7.6 (d), agreed to by ICANN following mediation pursuant to Section 5.1 or through an arbitration decision pursuant to Section 5.2 shall exempt Registry

Operator from any Approved Amendment, and no exemption request granted to any other Applicable Registry Operator (whether by ICANN or through arbitration) shall have any effect under this Agreement or exempt Registry Operator from any Approved Amendment. 为避免疑义特此说明，只有注册管理执行机构提交的由 ICANN 根据第 7.6（d）节批准、根据第 5.1 节仲裁调停、根据第 5.2 节通过仲裁决议后批准的豁免请求才应将注册管理执行机构从"获批修订"豁免，而且针对任何其他适用注册管理执行机构批准的豁免请求（无论是通过 ICANN 还是仲裁）均不应对本协议有任何影响或从任何"获批修订"豁免注册管理执行机构。

（e）Except as set forth in this Section 7.6, no amendment, supplement or modification of this Agreement or any provision hereof shall be binding unless executed in writing by both parties, and nothing in this Section 7.6 shall restrict ICANN and Registry Operator from entering into bilateral amendments and modifications to this Agreement negotiated solely between the two parties. No waiver of any provision of this Agreement shall be binding unless evidenced by a writing signed by the party waiving compliance with such provision. No waiver of any of the provisions of this Agreement or failure to enforce any of the provisions hereof shall be deemed or shall constitute a waiver of any other provision hereof, nor shall any such waiver constitute a continuing waiver unless otherwise expressly provided. For the avoidance of doubt, nothing in this Section 7.6 shall be deemed to limit Registry Operator's obligation to comply with Section 2.2. 除第 7.6 条规定的情况外，未经协议双方签字生效，本协议的任何修订、补充、更改或这些改动中的任何条款均无约束力，第 7.6 节中的任何内容都不应限制 ICANN 和注册管理执行机构通过仅在双方之间进行的谈判达成对本协议的双边修订和更改。任何一方不得根据本协议规定取得豁免，除非有明确规定由一个放弃这种权利各方授权代表签署的书面文件。除非弃权方另外明确表示，否则对本协议中任何条款的放弃或未执行本协议中任何条款的事实，均不应视为或构成对本协议中任何其他条款的放弃，也不应构成持续的弃权。"为避免疑义特此说明，此 7.6 节中的任何内容均不应视为是对注册管理执行机构遵守第 2.2 节的义务的限制。

（f）For purposes of this Section 7.6, the following terms shall have the following meanings: 第 7.6 节下列术语解释如下：

（i）"Applicable Registry Operators" means, collectively, the registry operators of the top-level domains party to a registry agreement that contains a provision similar to this Section 7.6, including Registry Operator. "适用注册管理执行机构"是指包含类似于此7.6节条款的注册管理机构协议之顶级域名协议方的注册管理执行机构的总称,涵盖普通注册管理执行机构。

(ii) "Registry Operator Approval" means the receipt of each of the following: (A) the affirmative approval of the Applicable Registry Operators whose payments to ICANN accounted for two-thirds of the total amount of fees (converted to U.S. dollars, if applicable) paid to ICANN by all the Applicable Registry Operators during the immediately previous calendar year pursuant to the Applicable Registry Agreements, and (B) the affirmative approval of a majority of the Applicable Registry Operators at the time such approval is obtained. For avoidance of doubt, with respect to clause (B), each Applicable Registry Operator shall have one vote for each top-level domain operated by such Registry Operator pursuant to an Applicable Registry Agreement. "注册管理执行机构批准"表示获得以下批准:(A)根据注册管理机构协议,向ICANN支付的款项占所有适用注册管理执行机构在上一年度付给ICANN的所有费用(适用时转换为美元)三分之二的适用注册管理执行机构所给予的肯定批准,以及(B)获得此类批准时的大多数适用注册管理执行机构的肯定批准。为避免疑义特此说明,关于条款(B),每个适用注册管理执行机构应根据适用注册管理机构协议,对由该注册管理执行机构运营的每个顶级域名有一次投票权。

(iii) "Restricted Amendment" means the following: (i) an amendment of Specification 1, (ii) except to the extent addressed in Section 2.10 hereof, an amendment that specifies the price charged by Registry Operator to registrars for domain name registrations, (iii) an amendment to the definition of Registry Services as set forth in the first paragraph of Section 2.1 of Specification 6, or (iv) an amendment to the length of the Term. "受限修订"含义如下:(i)对规范1的修订;(ii)除本协议第2.10节中规定的范围之外,规定注册管理执行机构对注册人收取的域名注册费用的修订;

(iii)对规范6第2节中第一段给出的注册管理机构服务定义的修订;(iv)对期限时间长度的修订。

(iv) "Working Group" means representatives of the Applicable Registry Operators and other members of the community that ICANN appoints, from time to time, to serve as a working group to consult on amendments to the Applicable Registry Agreements [excluding bilateral amendments pursuant to Section 7.6（d）]．"工作组"是指适用注册管理执行机构的代表和 ICANN 指派的其他机构群体成员，作为工作组为适用注册管理机构协议的修订 [不含根据第 7.6（d）节进行的双边修订] 提供咨询。

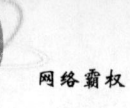

7.7 No Third-Party Beneficiaries. This Agreement will not be construed to create any obligation by either ICANN or Registry Operator to any non-party to this Agreement, including any registrar or registered name holder. 无第三方受益人。本协议不应解释为 ICANN 或注册管理执行机构给本协议之外的任何一方（包括任何注册服务商或已注册名称持有人）施加任何义务。

7.8 General Notices. Except for notices pursuant to Section 7.6, all notices to be given under or in relation to this Agreement will be given either （i）in writing at the address of the appropriate party as set forth below or （ii）via facsimile or electronic mail as provided below, unless that party has given a notice of change of postal or email address, or facsimile number, as provided in this agreement. All notices under Section 7.6 shall be given by both posting of the applicable information on ICANN's web site and transmission of such information to Registry Operator by electronic mail. Any change in the contact information for notice below will be given by the party within thirty （30）calendar days of such change. Notices, designations, determinations, and specifications made under this Agreement will be in the English language. Other than notices under Section 7.6, any notice required by this Agreement will be deemed to have been properly given （i）if in paper form, when delivered in person or via courier service with confirmation of receipt or （ii）if via facsimile or by electronic mail, upon confirmation of receipt by the recipient's facsimile machine or email server, provided that such notice via facsimile or electronic mail shall be followed by a copy sent by regular postal mail service within two （2）business days. Any notice required by Section 7.6 will be deemed to have been given when electronically posted on ICANN's website and upon confirmation of receipt by the email server. In the event other means of notice become practically achievable, such as notice via a secure website, the parties will work together to implement such notice means under this Agreement. 一般通知。除了根据第 7.6 节规定做出的通知，有关本协议的所有通知的发送形式为：（i）按照下面列出的地址以书面形式发往相应当事方；（ii）按照下面提供的传真号码或电子邮件地址发出。

除非相应当事方已通知变更邮政地址、电子邮件地址或传真号码，否则将按照本协议提供的下列地址或传真号码发送有关本协议的所有通知。应通过在 ICANN 的网站上发布相关信息，并通过电子邮件将此类信息发送至注册管理执行机构，来发布第 7.6 节规定的所有通知。如一方要更改下文的通知联系信息，必须在此类变更发生后三十（30）天内通知对方。根据本协议发出的所有通知、任命、决议和说明均以英语书写。除根据第 7.6 节规定做出的通知以外，在下列情况中，本协议要求的任何通知都将视为已适当提供：（i）如果是纸面通知，当面递送或通过快递服务递送并收到送达确认；（ii）如果是传真或电子邮件形式的通知，收到接收方传真机或电子邮件服务器的送达确认，但前提是，通过传真或电子邮件传送通知后应在两（2）个工作日之内由正常邮递服务传送一份副本。对于第 7.6 节要求的任何通知，如果在 ICANN 网站上以电子形式发布并收到电子邮件服务器送达确认，均应视为已适当提供。如果有切实可行的其他通知方式，例如通过安全网站发布通知，双方将按本协议合作实施此类通知方式。

If to ICANN, addressed to: Internet Corporation for Assigned Names and Numbers 12025 Waterfront Drive, Suite 300 Los Angeles, CA 90094-2536 Telephone: +1-310-823-9358 Facsimile: +1-310-823-8649 Attention: President and CEO With a Required Copy to: General Counsel Email:（As specified from time to time.） If to Registry Operator, addressed to: [_____] [_____] [_____] Telephone:With a Required Copy to: Email:（As specified from time to time.）ICANN 的通信地址如下：

Internet Corporation for Assigned Names and Numbers

4676 Admiralty Way, Suite 330

Marina Del Rey, California 90292

电话：1-310-823-9358

传真：1-310-823-8649

收件人：President and CEO

同时必须将副本送至：General Counsel

电子邮件：（按当时的指定地址。）

注册管理执行机构的通信地址如下：

[_____]

[_____]

[_____]

电话：

传真：

收件人：

同时必须将副本送至：

电子邮件：（按当时的指定地址。）

7.9 **Entire Agreement.** This Agreement （including those specifications and documents incorporated by reference to URL locations which form a part of it） constitutes the entire agreement of the parties hereto pertaining to the operation of the TLD and supersedes all prior agreements, understandings, negotiations and discussions, whether oral or written, between the parties on that subject. 协议完整性。本协议（包括通过引用本协议中的 URL 地址而并入的规范和文档）构成双方就 TLD 的运营而达成的完整协议，取代双方此前在该问题上的所有口头或书面协议、谅解、谈判和讨论。

7.10 **English Language Controls.** Notwithstanding any translated version of this Agreement and/or specifications that may be provided to Registry Operator, the English language version of this Agreement and all referenced specifications are the official versions that bind the parties hereto. In the event of any conflict or discrepancy between any translated version of this Agreement and the English language version, the English language version controls. Notices, designations, determinations, and specifications made under this Agreement shall be in the English language. 英语语言控制。虽然注册管理执行机构可能会收到本协议（和/或规范）的翻译版本，但本协议（及其所有引用规范）的英语版是约束协议双方的正式版本。如果本协议的任何翻译版本和英语版本存在冲突或差异，则以英语版本为准。所有根据本协议发出的通知、任命、决议和说明均以英语书写。

7.11 **Ownership Rights.** Nothing contained in this Agreement shall be construed as establishing or granting to Registry Operator any property ownership rights or interests in the TLD or the letters, words, symbols or other characters making up the TLD string. 所有权。本协议中的任何内容均不应解释为确立或授予注册管理执行机构对 TLD 或 TLD 文本字符串中包含的字母、单词、符号或其他字符具有任何资产所有权或相关利益。

7.12 **Severability.** This Agreement shall be deemed severable; the invalidity or unenforceability of any term or provision of this Agreement shall not affect the validity or enforceability of the balance of this Agreement or of any other term hereof, which shall remain in full force and effect. If any of the provisions hereof are determined to be invalid or unenforceable, the parties shall negotiate in good faith to modify this Agreement so as to effect the original intent of the parties as closely as possible. 可分割条款。本协议应视为可分割；本协议任何条款的无效或不可执行，不影响本协议其他部分或本协议任何其他条款的效力或执行，它们具有完全的执行力和效力。如果本协议任何条款被确定为无效或不可执行，协议各方应真诚协商来修改此协议，以便尽量接近各方的原意。

7.13 **Court Orders.** ICANN will respect any order from a court of competent jurisdiction, including any orders from any jurisdiction where the consent or non-objection of the government was a requirement for the delegation of the TLD. Notwithstanding any other provision of this Agreement, ICANN's implementation of any such order will not be a breach of this Agreement. 政府支持。如果是在某个政府组织的同意的前提下将 TLD 授权给注册管理执行机构，来使用某个与该政府组织所在管辖区相关的地理名称，则协议各方同意，一旦该政府组织与注册管理执行机构之间存在争议，不论本协议条款如何规定，ICANN 都可以实施该管辖区内的任何法院的指令在 TLD 方面给该政府组织以支持。

（Note: The following section is applicable to intergovernmental organizations or governmental entities only）（说明：下节仅适用于政府间机构或政府组织。）

7.14 **Special Provision Relating to Intergovernmental Organizations or Governmental Entities.** 关于政府间机构或政府组织的特殊条款。

（a）ICANN acknowledges that Registry Operator is an entity subject to public international law, including international treaties applicable to Registry Operator （such public international law and treaties, collectively hereinafter the "Applicable Laws"）. Nothing in this Agreement and its related specifications shall be construed or interpreted to require Registry Operator to violate Applicable Laws or prevent compliance therewith. The Parties agree that Registry Operator's compliance with Applicable Laws shall not constitute a breach of this Agreement. ICANN 承认注册管理执行机构是受公共国际法律制约的实体，包括适用于注册管理执行机构的国际条约（此类公共国际法律和条约以下统称"适用法律"）。本协议中的任何内容均不应解读或解释为要求注册管理执行机构违反适用法律或阻止其遵守这些法律。各方同意，注册管理执行机构对适用法律的遵守不应构成对本协议的违反。

(b) In the event Registry Operator reasonably determines that any provision of this Agreement and its related specifications, or any decisions or policies of ICANN referred to in this Agreement, including but not limited to Temporary Policies and Consensus Policies (such provisions, specifications and policies, collectively hereinafter, "ICANN Requirements"), may conflict with or violate Applicable Law (hereinafter, a "Potential Conflict"), Registry Operator shall provide detailed notice (a "Notice") of such Potential Conflict to ICANN as early as possible and, in the case of a Potential Conflict with a proposed Consensus Policy, no later than the end of any public comment period on such proposed Consensus Policy. In the event Registry Operator determines that there is Potential Conflict between a proposed Applicable Law and any ICANN Requirement, Registry Operator shall provide detailed Notice of such Potential Conflict to ICANN as early as possible and, in the case of a Potential Conflict with a proposed Consensus Policy, no later than the end of any public comment period on such proposed Consensus Policy. 如果注册管理执行机构合理认定本协议的任何条款及其相关规范或者本协议中引用的任何ICANN决策或政策，包括但不限于临时政策和共识性政策（此类条款、规范和政策以下统称"ICANN要求"），可能违反适用法律或与之发生冲突（以下称"潜在冲突"），则注册管理执行机构应尽早向ICANN提供此类潜在冲突的详细声明（以下称"声明"），而且若与提议的共识性政策之间存在潜在冲突，不得晚于该共识性政策的任何公众意见征询期结束日。如果注册管理执行机构认定在提议的适用法律与任何ICANN要求之间存在潜在冲突，则注册管理执行机构应尽早向ICANN提供此类潜在冲突的详细声明，而且若与提议的共识性政策之间存在潜在冲突，不得晚于该共识性政策的任何公众意见征询期结束日。

(c) As soon as practicable following such review, the parties shall attempt to resolve the Potential Conflict by cooperative engagement pursuant to the procedures set forth in Section 5.1. In addition, Registry Operator shall use its best efforts to eliminate or minimize any impact arising from such Potential Conflict between Applicable Laws and any ICANN Requirement. If, following such cooperative engagement, Registry Operator determines that the Potential Conflict constitutes an actual conflict between any ICANN Requirement, on the one hand, and Applicable Laws, on the other hand, then ICANN shall waive compliance with such ICANN Requirement (provided that the parties shall negotiate in good faith on a continuous basis thereafter to mitigate or eliminate the effects of such noncompliance on ICANN), unless ICANN reasonably and objectively determines that the failure of Registry Operator to comply with such ICANN Requirement would constitute a threat to the Security and Stability of Registry Services, the Internet or the DNS (hereinafter, an "ICANN Determination"). Following receipt of notice by Registry Operator of such ICANN Determination, Registry Operator shall be afforded a period of ninety (90) calendar days to resolve such conflict with an Applicable Law. If the conflict with an Applicable Law is not resolved to ICANN's complete satisfaction during such period, Registry Operator shall have the option to submit, within ten (10) calendar days thereafter, the matter to binding arbitration as defined in subsection (d) below. If during such period, Registry Operator does not submit the matter to arbitration pursuant to subsection (d) below, ICANN may, upon notice to Registry Operator, terminate this Agreement with immediate effect. 在此类审核后，各方应尽早根据第5.1节中规定的程序，共同协作努力解决潜在冲突。此外，注册管理执行机构应尽全力消除或尽量消除因这种适用法律与ICANN要求之间的潜在冲突而导致的任何影响。如果在协作努力解决冲突后，注册管理执行机构仍认定潜在冲突构成一端的任何ICANN要求与另一端的适用法律之间的实际冲突，则ICANN应放弃要求遵守此类ICANN要求（前提是各方应在之后不断诚意地协商以减小或消除由此对ICANN带来的影响），除非ICANN合理并客观认定注册管理执行机构不遵守此类ICANN要求将对注册管理机构服务、因特网或DNS的安全和稳定构成威胁（以下称"ICANN决议"）。在注册管理执行机构收到此类ICANN决议后，注册管理执行机构应获得为期九十（90）天的宽限期来解决与适用法律之间的这种冲突。如果在此期间与适用法律之间冲突的解决未能使ICANN完全满意，则注册管理执行机构有权在此后十（10）天内提交该问题进行具有约束力的仲裁，如下面的子节（d）中所定义。如果在此期间，注册管理执行机构没有依据下述子节（d）提交问题进行仲裁，ICANN可以在通知注册管理执行机构后立即终止本协议。

(d) If Registry Operator disagrees with an ICANN Determination, Registry Operator may submit the matter to binding arbitration pursuant to the provisions of Section 5.2, except that the sole issue presented to the arbitrator for determination will be whether or not ICANN reasonably and objectively reached the ICANN Determination. For the purposes of such arbitration, ICANN shall present evidence to the arbitrator supporting the ICANN Determination. If the arbitrator determines that ICANN did not reasonably and objectively reach the ICANN Determination, then ICANN shall waive Registry Operator's compliance with the subject ICANN Requirement. If the arbitrators or pre-arbitral referee, as applicable, determine that ICANN did reasonably and objectively reach the ICANN Determination, then, upon notice to Registry Operator, ICANN may terminate this Agreement with immediate effect. 如果注册管理执行机构不同意某项 ICANN 决议，则注册管理执行机构可以依据第 5.2 节的条款提交该问题进行有约束力的仲裁，除非提交给仲裁机构进行裁决的唯一问题是 ICANN 是否合理且客观地作出该 ICANN 决议。对于此类仲裁，ICANN 应向仲裁机构提交证据来支持 ICANN 决议。如果仲裁机构判定 ICANN 未能合理且客观地作出 ICANN 决议，则 ICANN 应放弃要求注册管理执行机构遵守相关 ICANN 要求。如果仲裁机构或仲裁前调停机构（如适用）判定 ICANN 确实合理且客观地作出 ICANN 决议，则在通知注册管理执行机构后，ICANN 可以立即终止本协议。

（e）Registry Operator hereby represents and warrants that, to the best of its knowledge as of the date of execution of this Agreement, no existing ICANN Requirement conflicts with or violates any Applicable Law. 注册管理执行机构特此声明并保证，根据其全部所知，截至本协议执行日期，任何现有 ICANN 要求均不违反任何适用法律或与之发生冲突。

（f）Notwithstanding any other provision of this Section 7.14, following an ICANN Determination and prior to a finding by an arbitrator pursuant to Section 7.14（d）above, ICANN may, subject to prior consultations with Registry Operator, take such reasonable technical measures as it deems necessary to ensure the Security and Stability of Registry Services, the Internet and the DNS. These reasonable technical measures shall be taken by ICANN on an interim basis, until the earlier of the date of conclusion of the arbitration procedure referred to in Section 7.14（d）above or the date of complete resolution of the conflict with an Applicable Law. In case Registry Operator disagrees with such technical measures taken by ICANN, Registry Operator may submit the matter to binding arbitration pursuant to the provisions of Section 5.2 above, during which process ICANN may continue to take such technical measures. In the event that ICANN takes such measures,

Registry Operator shall pay all costs incurred by ICANN as a result of taking such measures. In addition, in the event that ICANN takes such measures, ICANN shall retain and may enforce its rights under the Continued Operations Instrument and Alternative Instrument, as applicable. 无论此 7.14 节中任何其他条款如何规定，在 ICANN 决议出台之后、仲裁机构依据上述第 7.14（d）节做出裁定之前，ICANN 可以在事先与注册管理执行机构商议的前提下，采取此类其认为有必要的合理技术措施来确保注册管理机构服务、因特网和 DNS 的安全与稳定。这些合理的技术措施应由 ICANN 临时执行，直到上述第 7.14（d）节中规定的仲裁程序生成判决之日或完全解决与适用法律间冲突之日为止，以两者中较早的日期为准。若注册管理执行机构不同意 ICANN 采取的此类技术措施，注册管理执行机构可以依据上述第 5.2 节条款提交问题进行有约束力的仲裁，在此过程中 ICANN 可以继续执行此类技术措施。若 ICANN 执行此类措施，则注册管理执行机构应支付 ICANN 为此付出的所有费用。此外，若 ICANN 执行此类措施，ICANN 应该保留并可执行其依据"持续运营法律文书"和其他法律文书（如果适用）应享有的权利。

IN WITNESS WHEREOF, the parties hereto have caused this Agreement to be executed by their duly authorized representatives. 双方兹派其正式授权代表签署本协议，特此为证。

INTERNET CORPORATION FOR ASSIGNED NAMES AND NUMBERS By: _____ [_____] President and CEO Date:[Registry Operator]By: _____ [_____] [_____] Date: 因特网名称与数字地址分配机构

代表：_____

[_____]

总裁兼首席执行官

日期：

[注册管理执行机构]

代表：_____

[_____]

[_____]

日期：

SPECIFICATION 1 CONSENSUS POLICIES AND TEMPORARY POLICIES
SPECIFICATION 规范 1 合意政策和临时政策规范

1. Consensus Policies. 合意政策。

1.1. "Consensus Policies" are those policies established (1) pursuant to the procedure set forth in ICANN's Bylaws and due process, and (2) covering those topics listed in Section 1.2 of this document. The Consensus Policy development process and procedure set forth in ICANN's Bylaws may be revised from time to time in accordance with the process set forth therein. "合意政策"是指根据以下条件制定的政策：（1）遵循互联网名称与数字地址分配机构（ICANN）章程中规定的程序和正当流程；（2）涵盖本文档第1.2节中列出的主题。ICANN章程中规定的有关制定合意政策的流程和程序，随时可能根据此处规定的流程进行修订。

1.2. Consensus Policies and the procedures by which they are developed shall be designed to produce, to the extent possible, a consensus of Internet stakeholders, including the operators of gTLDs. Consensus Policies shall relate to one or more of the following: 合意政策和制定这些政策的程序应旨在允许的范围内，使各个互联网利益主体（包括通用顶级域名[gTLD]运营商）达成一致的意见。合意政策应与以下一项或多项内容有关：

1.2.1 issues for which uniform or coordinated resolution is reasonably necessary to facilitate interoperability, security and/or stability of the Internet or Domain Name System （"DNS"）；为提高互联网或域名系统（以下简称"DNS"）的互操作性、安全性和/或稳定性，必须采取统一或协调的解决方案的问题；

1.2.2 functional and performance specifications for the provision of Registry Services; 有关提供注册服务的职能和履行规范；

1.2.3 Security and Stability of the registry database for the TLD; 顶级域名（TLD）注册数据库的安全性和稳定性；

1.2.4 registry policies reasonably necessary to implement Consensus Policies relating to registry operations or registrars; 为实施与注册机构运营或注册商相关的合意政策而必需的合理注册政策；

1.2.5 resolution of disputes regarding the registration of domain names（as opposed to the use of such domain names); or 解决与域名注册相关的争议（不同于此类域名的使用）；或

1.2.6 restrictions on cross-ownership of registry operators and registrars or registrar resellers and regulations and restrictions with respect to registry operations and the use of registry and registrar data in the event that a registry operator and a registrar or registrar reseller are affiliated. 对注册机构运营商和注册商或注册商分销商交叉持股的限制，以及有关注册机构运营和注册机构和注册商数据使用（在注册机构运营商和注册商或注册商分销商联营的情况下）的规定和限制。

1.3. Such categories of issues referred to in Section 1.2 shall include, without limitation: 本文第 1.2 节中提到的此类问题应包括但不限于：

1.3.1 principles for allocation of registered names in the TLD（e.g., first-come/first-served, timely renewal, holding period after expiration）; 用于分配 TLD 中已注册名称的原则（例如，先到先得、及时续签、过期后仍然持有）；

1.3.2 prohibitions on warehousing of or speculation in domain names by registries or registrars; 禁止注册机构或注册商对域名进行囤积或投机；

1.3.3 reservation of registered names in the TLD that may not be registered initially or that may not be renewed due to reasons reasonably related to（ⅰ）avoidance of confusion among or misleading of users,（ⅱ）intellectual property, or（ⅲ）the technical management of the DNS or the Internet（e.g., establishment of reservations of names from registration）; and 保留最初不能注册或由于与下列因素相关的合理原因而不能续签的 TLD 中的已注册名称：（ⅰ）避免用户混淆或对用户产生误导；（ⅱ）知识产权；或（ⅲ）DNS 或互联网的技术管理（例如注册时即确立对名称的保留），以及

1.3.4 maintenance of and access to accurate and up-to-date information concerning domain name registrations; and procedures to avoid disruptions of domain name registrations due to suspension or termination of operations by a registry operator or a registrar, including procedures for allocation of responsibility for serving registered domain names in a TLD affected by such a suspension or termination. 与域名注册相关的最新准确信息的维护与访问；避免因注册运营商或注册商暂停或终止运营而中断域名注册的程序，包括为 TLD 中受此类暂停或终止运营影响的已注册域名提供服务的责任分配程序。

1.4. In addition to the other limitations on Consensus Policies, they shall not: 除对

合意政策的其他限制外，这些政策不应：

1.4.1 prescribe or limit the price of Registry Services; 规定或限制注册服务的价格；

1.4.2 modify the terms or conditions for the renewal or termination of the Registry Agreement; 修改续签或终止注册协议的条款或条件；

1.4.3 modify the limitations on Temporary Policies（defined below）or Consensus Policies; 修改对临时政策（见下文定义）或合意政策的限制；

1.4.4 modify the provisions in the registry agreement regarding fees paid by Registry Operator to ICANN; or 修改注册协议中有关注册机构运营商向互联网名称与数字地址分配机构（ICANN）支付费用的规定；或

1.4.5 modify ICANN's obligations to ensure equitable treatment of registry operators and act in an open and transparent manner. 修改互联网名称与数字地址分配机构（ICANN）责任，以确保注册机构运营商的公平待遇，并以公开透明的方式行使职责。

2. **Temporary Policies.** Registry Operator shall comply with and implement all specifications or policies established by the Board on a temporary basis, if adopted by the Board by a vote of at least two-thirds of its members, so long as the Board reasonably determines that such modifications or amendments are justified and that immediate temporary establishment of a specification or policy on the subject is necessary to maintain the stability or security of Registry Services or the DNS（"Temporary Policies"）. 临时政策。对于董事会临时确立、并由董事会中至少三分之二的成员表决通过的所有规范或政策，只要董事会有理由确定此类修改或修订是正当的，并且就相关问题立即确立的临时性规范或政策对于维护注册服务或域名系统（DNS）的稳定性或安全性具有不可或缺的作用，注册机构运营商就应当遵守并予以实施（以下简称"临时政策"）。

2.1. Such proposed specification or policy shall be as narrowly tailored as feasible to achieve those objectives. In establishing any Temporary Policy, the Board shall state the period of time for which the Temporary Policy is adopted and shall immediately implement the Consensus Policy development process set forth in ICANN's Bylaws. 此类建议的规范或政策应尽可能细化，以实现相应的目标。在确立任何临时政策时，董事会应说明采用临时政策的持续时间，并应立即实施ICANN章程中规定的合意政策制定流程。

2.1.1 ICANN shall also issue an advisory statement containing a detailed explanation of its reasons for adopting the Temporary Policy and why the Board believes such Temporary

Policy should receive the consensus support of Internet stakeholders. ICANN 还应发表咨询声明，详细阐明采用临时政策的原因，以及董事会为何认为此类临时政策会得到互联网利益主体的一致同意。

2.1.2 If the period of time for which the Temporary Policy is adopted exceeds 90 days, the Board shall reaffirm its temporary adoption every 90 days for a total period not to exceed one year, in order to maintain such Temporary Policy in effect until such time as it becomes a Consensus Policy. If the one year period expires or, if during such one year period, the Temporary Policy does not become a Consensus Policy and is not reaffirmed by the Board, Registry Operator shall no longer be required to comply with or implement such Temporary Policy. 如果采用临时政策的持续时间超过 90 天，董事会应每 90 天重申暂时采用该临时政策，总持续时间不得超过 1 年，以使此类临时政策在上述期限内始终有效，直到成为合意政策时为止。如果持续时间超过 1 年，或者如果在此 1 年内，临时政策没有成为合意政策，并且董事会没有重申采用该政策，则注册运营商不再需要遵守或实施此类临时政策。

3. **Notice and Conflicts.** Registry Operator shall be afforded a reasonable period of time following notice of the establishment of a Consensus Policy or Temporary Policy in which to comply with such policy or specification, taking into account any urgency involved. In the event of a conflict between Registry Services and Consensus Policies or any Temporary Policy, the Consensus Polices or Temporary Policy shall control, but only with respect to subject matter in conflict. 通知和冲突。考虑到可能存在的紧急情况，注册机构运营商在收到确立合意政策或临时政策的通知后，应获得一段合理的时间来逐步适应此类政策或规范。如果注册服务与合意政策或任何临时政策发生冲突，应以合意政策或临时政策为准，但仅限于发生冲突的情况。

SPECIFICATION 2 DATA ESCROW REQUIREMENTS 规范 2 数据托管要求

Registry Operator will engage an independent entity to act as data escrow agent ("Escrow Agent") for the provision of data escrow services related to the Registry Agreement. The following Technical Specifications set forth in Part A, and Legal Requirements set forth in Part B, will be included in any data escrow agreement between Registry Operator and the Escrow Agent, under which ICANN must be named a third-party beneficiary. In addition to the following requirements, the data escrow agreement may contain other provisions that are not contradictory or intended to subvert the required terms provided below. 注册运营商将根据与注册协议相关的数据托管服务的规定，指定某一独立实体作为数据托管代理（以下简称"托管代理"）。注册运营商与托管代理之间达成的任何数据托管协议，均应包含以下第一部分中规定的技术规范以及第二部分中规定的法律要求，并且必须将互联网名称与数字地址分配机构（ICANN）认定为第三方受益人。除以下要求外，数据托管协议还可以包含其他规定，但这些规定不能破坏下面提供的必要条款，或与这些条款相抵触。

PART A – TECHNICAL SPECIFICATIONS 第一部分——技术规范

1. Deposits. There will be two types of Deposits: Full and Differential. For both types, the universe of Registry objects to be considered for data escrow are those objects necessary in order to offer all of the approved Registry Services. 寄存。将有两种类型的寄存：完全寄存和差别寄存。对于这两种类型，要考虑进行数据托管的全体注册对象是指那些提供已获批准的注册服务所必需的对象寄存。

1.1. "Full Deposit" will consist of data that reflects the state of the registry as of 00：00：00 UTC on each Sunday. "完全寄存"将包括每个星期日的（世界标准时间，UTC）为止的注册机构状态的数据。

1.2. "Differential Deposit" means data that reflects all transactions that were not reflected in the last previous Full or Differential Deposit, as the case may be. Each Differential Deposit will contain all database transactions since the previous Deposit was completed as of 00:00:00 UTC of each day, but Sunday. Differential Deposits must include complete Escrow Records as specified below that were not included or changed since the most recent full or Differential Deposit (i.e., newly added or modified domain names). "差别寄存"是指符合以下条件的数据：反映未反映在上一个完全寄存或差别寄存（视具体情况而定）中的所有交易。每个差别寄存都将包含自上一个寄存完成时起至每天（星期日除外）00:00:00（世界标准时间，UTC）为止的所有数据库交易。差别寄存必须包括自进行最新完全寄存或差别寄存后未包括的或已更改的完整托管记录（即新添加或修改的域名），见以下规定。

2. Schedule for Deposits. Registry Operator will submit a set of escrow files on a daily basis as follows: 寄存时间表。注册机构运营商应根据以下要求每日提交一组托管文件：

2.1. Each Sunday, a Full Deposit must be submitted to the Escrow Agent by 23:59 UTC. 每个星期日，必须在23:59（世界标准时间，UTC）之前将完全寄存提交给托管代理。

2.2. The other six days of the week, a Full Deposit or the corresponding Differential Deposit must be submitted to Escrow Agent by 23:59 UTC. 在一周的其余六天，必须在23:59（世界标准时间，UTC）之前将相应的完全寄存或差别寄存提交给托管代理。

3. **Escrow Format Specification.** 托管格式规范

3.1. **Deposit's Format.** Registry objects, such as domains, contacts, name servers, registrars, etc. will be compiled into a file constructed as described in draft-arias-noguchi-registry-data-escrow, see Section 9, reference 1. The aforementioned document describes some elements as optional; Registry Operator will include those elements in the Deposits if they are available. Registry Operator will use the draft version available at the time of signing the Agreement, if not already an RFC. Once the specification is published as an RFC, Registry Operator will implement that specification, no later than 180 days after. UTF-8 character encoding will be used. 寄存格式。注册对象（例如域、联系人、名称服务器、注册商等）将被编入一个文件中，该文件结构如draft-arias-noguchi-registry-data-escrow中所述，请参见第9款[1]。上述文件将一些要素描述为可选要素；注册机构运营商将在寄存中包括这些要素（如果有）。如果还不是评议请求（RFC），则注册机构运营商将使用签署协议时提供的初稿。将规范发布成评议请求（RFC）后，注册机构运营商将在此后180天内实施该规范。将使用UTF-8字符编码。

3.2. **Extensions.** If a Registry Operator offers additional Registry Services that require submission of additional data, not included above, additional "extension schemas" shall be defined in a case by case base to represent that data. These "extension schemas" will be specified as described in Section 9, reference 1. Data related to the "extensions schemas" will be included in the deposit file described in section 3.1. ICANN and the respective Registry shall work together to agree on such new objects' data escrow specifications. 扩展。如果注册机构运营商提供了需要提交上述数据之外的其他数据的其他注册服务，应根据具体情况定义其他"扩展模式"来代表这些数据。这些"扩展模式"将按[1]中所述进行指定。与"扩展模式"相关的数据将包括在第3.1款中所述的寄存文件中。互联网名称与数字地址分配机构（ICANN）和各个注册机构应通力合作，以达成此类新对象的数据托管规范。

4. Processing of Deposit files. The use of compression is recommended in order to reduce electronic data transfer times, and storage capacity requirements. Data encryption will be used to ensure the privacy of registry escrow data. Files processed for compression and encryption will be in the binary OpenPGP format as per OpenPGP Message Format, RFC 4880, see Section 9, reference 2. Acceptable algorithms for Public-key cryptography, Symmetric-key cryptography, Hash and Compression are those enumerated in RFC 4880, not marked as deprecated in OpenPGP IANA Registry, see Section 9, reference 3, that are also royalty-free. The process to follow for a data file in original text format is: 寄存文件的处理。建议使用压缩，以缩短电子数据传输时间，并减少需要的存储容量。将使用数据加密来确保注册机构托管数据的隐私性。根据 OpenPGP 消息格式，评议请求（RFC）4880，进行压缩和加密的文件将为二进制 OpenPGP 格式，请参见第 9 款 [2]。公钥密码系统、对称密钥密码系统、哈希和压缩的可接受算法为评议请求（RFC）4880 中列举的算法，这些算法在 OpenPGP 互联网号码分配当局（IANA）注册机构中未被标记为过时请参见第 9 款 [3]，而且这些算法是免版权税的。原始文本格式的数据文件的流程为：

（1）The file should be compressed. The suggested algorithm for compression is ZIP as per RFC 4880. 文件应进行压缩。根据 RFC 4880，建议的压缩算法为 ZIP。

（2）The compressed data will be encrypted using the escrow agent's public key. The suggested algorithms for Public-key encryption are Elgamal and RSA as per RFC 4880. The suggested algorithms for Symmetric-key encryption are TripleDES, AES128 and CAST5 as per RFC 4880. 将使用托管代理的公钥对压缩的数据进行加密。根据 RFC4880，建议的公钥加密算法为 Elgamal 和 RSA。根据 RFC4880，建议的对称密钥算法为 TripleDES、AES128 和 CAST5。

（3）The file may be split as necessary if, once compressed and encrypted is larger than the file size limit agreed with the escrow agent. Every part of a split file, or the whole file if split is not used, will be called a processed file in this section. 如果文件在经过压缩和加密后超过托管代理所认可的文件大小限制，则可在必要时拆分文件。拆分文件的每部分或整个文件（如果未进行拆分）在本款中都称为已处理文件。

（4）A digital signature file will be generated for every processed file using the Registry's private key. The digital signature file will be in binary OpenPGP format as per RFC 4880 Section 9, reference 2, and will not be compressed or encrypted. The suggested algorithms for Digital signatures are DSA and RSA as per RFC 4880. The suggested algorithm for Hashes in Digital signatures is SHA256. 将使用注册机构的私钥为每个已处理的文件生成数字签名文件。根据评议请求（RFC）4880 第 9 款 [2]，数字签名文件将为二进制 OpenPGP 格式，且不会被压缩或加密。根据 RFC4880，建议的数字签名算法为 DSA 和 RSA。数字签名中哈希的建议算法是 SHA256。

（5） The processed files and digital signature files will then be transferred to the Escrow Agent through secure electronic mechanisms, such as, SFTP, SCP, HTTPS file upload, etc. as agreed between the Escrow Agent and the Registry Operator. Non-electronic delivery through a physical medium such as CD-ROMs, DVD-ROMs, or USB storage devices may be used if authorized by ICANN. 将根据托管代理和注册机构运营商之间达成的协议，通过安全电子机制（例如，SFTP、SCP、HTTPS 文件上传等）将已处理的文件和数字签名文件传输给托管代理。如果经过互联网名称与数字地址分配机构（ICANN）授权，也可以通过物理介质（例如 CD-ROM、DVD-ROM 或 USB 存储设备）实现非电子方式的交付。

（6） The Escrow Agent will then validate every (processed) transferred data file using the procedure described in section 8. 托管代理将使用第 8 款中所述的程序验证每个已传输（已处理）的数据文件。

5. **File Naming Conventions.** Files will be named according to the following convention: {gTLD}_{YYYY-MM-DD}_{type}_S{#}_R{rev}.{ext} where: 文件命名规则。将根据以下规则命名文件：{gTLD}_{YYYY-MM-DD}_{type}_S{#}_R{rev}.{ext}，其中：

5.1. {gTLD} is replaced with the gTLD name; in case of an IDN-TLD, the ASCII-compatible form (A-Label) must be used; {gTLD} 将替换为通用顶级域（gTLD）的名称；如果是国际化域名顶级域名（IDN-TLD），则必须使用与 ASCII 兼容的格式（A 标签）；

5.2. {YYYY-MM-DD} is replaced by the date corresponding to the time used as a timeline watermark for the transactions; i.e. for the Full Deposit corresponding to 2009-08-02T00:00Z, the string to be used would be "2009-08-02"; {YYYY-MM-DD} 将替换为与用作交易的时间线水印时间相对应的日期；即，对于与 2009-08-02T00:00Z 相对应的完全寄存，要使用的字符串为 "2009-08-02"；

5.3. {type} is replaced by: {type} 将被替换为：

（1）"full"，if the data represents a Full Deposit；"full"（如果数据代表完全寄存）；

（2）"diff"，if the data represents a Differential Deposit；"diff"（如果数据代表差别寄存）；

（3）"thin"，if the data represents a Bulk Registration Data Access file，as specified in section 3 of Specification 4；"thin"（如果数据代表一个批量注册数据访问文件，如规范4第3款规定）；

5.4. {#} is replaced by the position of the file in a series of files，beginning with "1"；in case of a lone file，this must be replaced by "1". {#} 将被替换为文件在一系列文件中的位置，以"1"开头；如果只有一个文件，则必须替换为"1"。

5.5. {rev} is replaced by the number of revision（or resend）of the file beginning with "0"：{rev} 将被替换为以"0"开头的文件的修订（或重新发送）号：

5.6. {ext} is replaced by "sig" if it is a digital signature file of the quasi-homonymous file. Otherwise it is replaced by "ryde". {.ext} 将被替换为".sig"（如果它是与quasi同名文件的数字签名文件）。否则，它将被替换为"ryde"。

6. **Distribution of Public Keys.** Each of Registry Operator and Escrow Agent will distribute its public key to the other party（Registry Operator or Escrow Agent，as the case may be）via email to an email address to be specified. Each party will confirm receipt of the other party's public key with a reply email，and the distributing party will subsequently reconfirm the authenticity of the key transmitted via offline methods，like in person meeting，telephone，etc. In this way，public key transmission is authenticated to a user able to send and receive mail via a mail server operated by the distributing party. Escrow Agent，Registry and ICANN will exchange keys by the same procedure. 公钥的分发。每个注册运营商和托管代理均应按照指定的电子邮件地址将其公钥分发给另一方（注册运营商或托管代理，根据具体情况而定）。各方应该通过回复电子邮件确认收到另一方的公钥，分发方随后将重新确认通过离线方法（例如个人会议、电话等）传输的密钥的真实性。通过这种方式，公钥传输经过验证，用户可以通过分发方运营的邮件服务器发送和接收邮件。托管代理、注册机构和互联网名称与数字地址分配机构（ICANN）将按照相同程序交换密钥。

7. **Notification of Deposits.** Along with the delivery of each Deposit，Registry

Operator will deliver to Escrow Agent and to ICANN a written statement (which may be by authenticated e-mail) that includes a copy of the report generated upon creation of the Deposit and states that the Deposit has been inspected by Registry Operator and is complete and accurate. Registry Operator will include the Deposit's "id" and "resend" attributes in its statement. The attributes are explained in Section 9, reference 1. 寄存通知。注册运营商每提交一个寄存，都必须同时向托管代理和互联网名称与数字地址分配机构（ICANN）提交一份书面声明（可以通过经验证的电子邮件提交），其中要包含一份在创建寄存时生成的报告，并声明该寄存已经注册运营商检查，是完整而准确的。注册机构运营商将在其报表中包括寄存的"ID"和"重新发送"属性。这两个属性在第9款[1]中进行了说明。

8. **Verification Procedure.** 验证程序。

（1）The signature file of each processed file is validated. 验证每个已处理文件的签名文件。

（2）If processed files are pieces of a bigger file, the latter is put together. 如果已处理文件属于某较大文件，则将这些已处理文件放到一起。

（3）Each file obtained in the previous step is then decrypted and uncompressed. 然后解密上一步骤中所得的每个文件并解压缩。

（4）Each data file contained in the previous step is then validated against the format defined in Section 9, reference 1. 再根据第9款[1]中定义的格式，验证上一个步骤中所包含的每个数据文件。

（5）If Section 9, reference 1 includes a verification process, that will be applied at this step. 如果第9款[1]包括验证流程，将会在此步骤中应用该流程。

If any discrepancy is found in any of the steps, the Deposit will be considered incomplete. 如果在上述任何步骤中发现任何差异，则寄存将被视为不完整。

9. **References.** 参考资料。

（1）Domain Name Data Escrow Specification (work in progress), 域名数据托管规范（工作正在进行当中），http://tools.ietf.org/html/draft-ariasnoguchi-registry-data-escrow

（2）OpenPGP Message Format, OpenPGP 消息格式，http://www.rfc-editor.org/rfc/rfc4880.txt

(3) OpenPGP parameters，OpenPGP 参数，

http://www.iana.org/assignments/pgp-parameters/pgp-parameters.xhtml

PART B – LEGAL REQUIREMENTS 第二部分 – 法律要求

1. **Escrow Agent.** Prior to entering into an escrow agreement, the Registry Operator must provide notice to ICANN as to the identity of the Escrow Agent, and provide ICANN with contact information and a copy of the relevant escrow agreement, and all amendment thereto. In addition, prior to entering into an escrow agreement, Registry Operator must obtain the consent of ICANN to (a) use the specified Escrow Agent, and (b) enter into the form of escrow agreement provided. ICANN must be expressly designated a third-party beneficiary of the escrow agreement. ICANN reserves the right to withhold its consent to any Escrow Agent, escrow agreement, or any amendment thereto, all in its sole discretion. 托管代理。注册机构运营商在签署托管协议前，必须以托管代理的身份向互联网名称与数字地址分配机构（ICANN）发出通知，同时向互联网名称与数字地址分配机构（ICANN）提供联系信息、一份相关托管协议的副本，以及该协议的所有修正。此外，注册机构运营商在签署托管协议前，必须取得互联网名称与数字地址分配机构（ICANN）的同意来进行以下活动：（a）使用指定的托管代理，并（b）签署提供的托管协议表单。必须向互联网名称与数字地址分配机构（ICANN）明确指定托管协议的第三方受益人。互联网名称与数字地址分配机构（ICANN）保留同意任何托管代理、托管协议或该协议的任何修正的权利，一切皆由其自行决定。

2. **Fees.** Registry Operator must pay, or have paid on its behalf, fees to the Escrow Agent directly. If Registry Operator fails to pay any fee by the due date (s), the Escrow Agent will give ICANN written notice of such non-payment and ICANN may pay the past-due fee (s) within ten business days after receipt of the written notice from Escrow Agent. Upon payment of the past-due fees by ICANN, ICANN shall have a claim for such amount against Registry Operator, which Registry Operator shall be required to submit to ICANN together with the next fee payment due under the Registry Agreement. 费用。注册运营商必须直接或让其代表代为向托管代理付费。如果注册运营商未能在截止日期前付清任何费用，托管代理将向互联网名称与数字地址分配机构（ICANN）发出有关此类未付费情况的书面通知，而互联网名称与数字地址分配机构（ICANN）可在收到托管

代理的书面通知后十个工作日内支付过期未付费用。在互联网名称与数字地址分配机构（ICANN）支付过期未付费用后，互联网名称与数字地址分配机构（ICANN）应向注册运营商索要该笔费用，而注册运营商必须将该笔费用连同按注册协议需交纳的下一笔费用提交给互联网名称与数字地址分配机构（ICANN）。

3. Ownership. Ownership of the Deposits during the effective term of the Registry Agreement shall remain with Registry Operator at all times. Thereafter, Registry Operator shall assign any such ownership rights （including intellectual property rights, as the case may be） in such Deposits to ICANN. In the event that during the term of the Registry Agreement any Deposit is released from escrow to ICANN, any intellectual property rights held by Registry Operator in the Deposits will automatically be licensed on a non-exclusive, perpetual, irrevocable, royalty-free, paid-up basis to ICANN or to a party designated in writing by ICANN. 所有权。在托管协议有效期内，寄存的所有权将始终归注册运营商所有。因此，注册运营商应将此类寄存中的所有此类所有权（包括知识产权，视具体情况而定）转让给互联网名称与数字地址分配机构（ICANN）。如果在注册协议有效期内将任何寄存从托管代理转让给互联网名称与数字地址分配机构（ICANN），则注册运营商在寄存中享有的任何知识产权都将自动以非独占、永久、不可撤销、免版税和付清全款的方式许可给互联网名称与数字地址分配机构（ICANN）或互联网名称与数字地址分配机构（ICANN）书面指定的一方。

4. Integrity and Confidentiality. Escrow Agent will be required to （ⅰ）hold and maintain the Deposits in a secure, locked, and environmentally safe facility, which is accessible only to authorized representatives of Escrow Agent, （ⅱ）protect the integrity and confidentiality of the Deposits using commercially reasonable measures and （ⅲ）keep and safeguard each Deposit for one year. ICANN and Registry Operator will be provided the right to inspect Escrow Agent's applicable records upon reasonable prior notice and during normal business hours. Registry Operator and ICANN will be provided with the right to designate a third-party auditor to audit Escrow Agent's compliance with the technical specifications and maintenance requirements of this Specification 2 from time to time. 完整性和保密性。托管代理必须：（ⅰ）将寄存保管于安全、经锁定和对环境安全的设施内，且只能由托管代理的授权代表访问；（ⅱ）使用在商业上合理的措施保护寄存的完整性和保密性，并（ⅲ）保留和保护每个寄存一年时间。互联网名称与数字地址分配机构

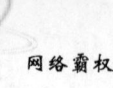

（ICANN）和注册运营商将有权检查托管代理的相应记录，但此类检查应有事先的合理通知，并且须在正常工作时间进行。注册机构运营商和互联网名称与数字地址分配机构（ICANN）将有权指定第三方审计师，来不时审核托管代理是否符合此"规范2"的技术规范和维护要求。

If Escrow Agent receives a subpoena or any other order from a court or other judicial tribunal pertaining to the disclosure or release of the Deposits, Escrow Agent will promptly notify the Registry Operator and ICANN unless prohibited by law. After notifying the Registry Operator and ICANN, Escrow Agent shall allow sufficient time for Registry Operator or ICANN to challenge any such order, which shall be the responsibility of Registry Operator or ICANN; provided, however, that Escrow Agent does not waive its rights to present its position with respect to any such order. Escrow Agent will cooperate with the Registry Operator or ICANN to support efforts to quash or limit any subpoena, at such party's expense. Any party requesting additional assistance shall pay Escrow Agent's standard charges or as quoted upon submission of a detailed request. 如果托管代理收到法院或其他仲裁法庭的有关寄存披露或转让的传票或任何其他指令，则托管代理将立即通知托管运营商和互联网名称与数字地址分配机构（ICANN），除非法律禁止其通知。通知注册运营商和互联网名称与数字地址分配机构（ICANN）后，托管代理应给予注册运营商或互联网名称与数字地址分配机构（ICANN）足够的时间来对任何此类指令提出异议，这应当是注册运营商或互联网名称与数字地址分配机构（ICANN）的责任，但前提是托管代理不放弃其在此类指令中阐明其立场的权利。托管代理将与注册运营商或互联网名称与数字地址分配机构（ICANN）通力合作以支持撤销或限制任何传讯的工作，所需费用由各方自行承担。任何一方如申请其他协助，则应支付托管代理的标准费用或在提交具体申请后根据报价支付相关费用。

5. **Copies.** Escrow Agent may be permitted to duplicate any Deposit, in order to comply with the terms and provisions of the escrow agreement. 副本。为了遵守托管协议的条款和规定，托管代理可以复制任何寄存。

6. **Release of Deposits.** Escrow Agent will make available for electronic download （unless otherwise requested）to ICANN or its designee, within twenty-four hours, at the Registry Operator's expense, all Deposits in Escrow Agent's possession in the event that the Escrow Agent receives a request from Registry Operator to effect such delivery to

ICANN, or receives one of the following written notices by ICANN stating that: 寄存的转让。如果托管代理收到注册机构运营商有关影响此类交付（向互联网名称与数字地址分配机构 [ICANN] 交付）的请求，或收到互联网名称与数字地址分配机构（ICANN）声明下列情况之一的书面通知，则托管代理应在二十四小时内提供给互联网名称与数字地址分配机构（ICANN）或其指定方进行电子下载（除非另有要求）：

6.1. the Registry Agreement has expired without renewal, or been terminated; or 注册协议已到期且未续约，或者注册协议已终止；或

6.2. ICANN failed, with respect to （a）any Full Deposit or （b）five Differential Deposits within any calendar month, to receive, within five calendar days after the Deposit's scheduled delivery date, notification of receipt from Escrow Agent; （x）ICANN gave notice to Escrow Agent and Registry Operator of that failure; and （y）ICANN has not, within seven calendar days after such notice, received notice from Escrow Agent that the Deposit has been received; or 在有关（a）任何完全寄存或（b）任一日历月内的五个差别寄存的预定交付日期过后，互联网名称与数字地址分配机构（ICANN）未在五个日历日内收到托管代理的接收通知；并且（x）互联网名称与数字地址分配机构（ICANN）已向托管代理和注册机构运营商通知该情况；且（y）互联网名称与数字地址分配机构（ICANN）未在发出此类通知后七个日历日内收到托管代理声明收到寄存的通知；或

6.3. ICANN has received notification from Escrow Agent of failed verification of a Full Deposit or of failed verification of five Differential Deposits within any calendar month and （a）ICANN gave notice to Registry Operator of that receipt; and （b）ICANN has not, within seven calendar days after such notice, received notice from Escrow Agent of verification of a remediated version of such Full Deposit or Differential Deposit; or 互联网名称与数字地址分配机构（ICANN）已收到托管代理关于某一完全寄存验证失败或任一日历月内的五个差别寄存验证失败的通知，并且（a）互联网名称与数字地址分配机构（ICANN）已将该情况通知注册机构运营商；而（b）互联网名称与数字地址分配机构（ICANN）未在发出此类通知后七个日历日内收到托管代理有关这类完全寄存或差别寄存修正版本验证情况的通知；或

6.4. Registry Operator has: （i）ceased to conduct its business in the ordinary course; or （ii）filed for bankruptcy, become insolvent or anything analogous to any of the foregoing under the laws of any jurisdiction anywhere in the world; or 注册运营商已：（i）停止经营其正常业务；或（ii）申请破产、无力偿债或按世界上任何地区的任何法律管辖范围的法律而处于与上述情况类似的状态；或

6.5. Registry Operator has experienced a failure of critical registry functions and ICANN has asserted its rights pursuant to Section 2.13 of the Registry Agreement; or 注册运营商已按照注册协议第2.13款：（i）停止经营其正常业务；或（ii）申请破产、无力偿债或按世界上任何地区的任何法律管辖范围的法律而处于与上述情况类似的状态；或

6.6. a competent court, arbitral, legislative, or government agency mandates the release of the Deposits to ICANN. 具备有效管辖权的法院、仲裁机构、立法机构或政府部门命令将寄存让渡给ICANN。

Unless Escrow Agent has previously released the Registry Operator's Deposits to ICANN or its designee, Escrow Agent will deliver all Deposits to ICANN upon expiration or termination of the Registry Agreement or the Escrow Agreement. 除非托管代理事先已将注册运营商的寄存转让给互联网名称与数字地址分配机构（ICANN）或其指定方，否则托管代理应将在注册协议或托管协议到期时将所有寄存交付给互联网名称与数字地址分配机构（ICANN）。

7. **Verification of Deposits.** 寄存的验证。

7.1. Within twenty-four hours after receiving each Deposit or corrected Deposit, Escrow Agent must verify the format and completeness of each Deposit and deliver to ICANN a copy of the verification report generated for each Deposit. Reports will be delivered electronically, as specified from time to time by ICANN. 在收到每个寄存或已修正寄存后的二十四小时内，托管代理必须验证每个寄存的格式和完整性，并向互联网名称与数字地址分配机构（ICANN）交付一份为每个寄存生成的验证报告副本。报告将按照互联网名称与数字地址分配机构（ICANN）的不时指定，以电子方式进行交付。

7.2. If Escrow Agent discovers that any Deposit fails the verification procedures or if Escrow Agent does not receive any scheduled Deposit, Escrow Agent must notify, either by email, fax or phone, Registry Operator and ICANN of such nonconformity or non-receipt within twenty-four hours after receiving the non-conformant Deposit or the deadline for such Deposit, as applicable. Upon notification of such verification or delivery failure, Registry Operator must begin developing modifications, updates, corrections, and other fixes of the Deposit necessary for the Deposit to be delivered and pass the verification procedures and deliver such fixes to Escrow Agent as promptly as possible. 如果托管代理发现有任何寄存未通过验证程序，托管代理必须在收到不合格寄存二十四小时内，以电子邮件、传真或电话形式，向注册机构运营商和互联网名称与数字地址分配机构（ICANN）通报此类情况。注册运营商在获悉此类验证失败的情况时，必须开始开发寄存的修改、更新、修正和其他修补程序，以使寄存能够通过验证程序，并将此类修补程序尽快提交给托管代理。

8. **Amendments.** Escrow Agent and Registry Operator shall amend the terms of the Escrow Agreement to conform to this Specification 2 within ten（10）calendar days of any amendment or modification to this Specification 2. In the event of a conflict between this Specification 2 and the Escrow Agreement, this Specification 2 shall control. 修正。托管代理和注册运营商应在此规范2出现任何修正或修改起的十（10）个日历日内修订托管协议的条款，以符合此规范2。如果本规范2与托管协议有冲突，则以本规范2为准。

9. **Indemnity.** Registry Operator shall indemnify and hold harmless Escrow Agent and each of its directors, officers, agents, employees, members, and stockholders（"Escrow Agent Indemnitees"）absolutely and forever from and against any and all claims, actions, damages, suits, liabilities, obligations, costs, fees, charges, and any other expenses whatsoever, including reasonable attorneys' fees and costs, that may be asserted by a third party against any Escrow Agent Indemnitees in connection with the Escrow Agreement or the performance of Escrow Agent or any Escrow Agent Indemnitees thereunder（with the exception of any claims based on the misrepresentation, negligence, or misconduct of Escrow Agent, its directors, officers, agents, employees, contractors, members, and stockholders）. Escrow Agent shall indemnify and hold harmless Registry Operator and ICANN, and each of their respective directors, officers, agents, employees, members, and stockholders（"Indemnitees"）absolutely and forever from and against any and all claims, actions, damages, suits, liabilities, obligations, costs, fees, charges, and any other expenses whatsoever, including reasonable attorneys' fees and costs, that may be asserted by a third party against any Indemnitee in connection with the misrepresentation, negligence or misconduct of Escrow Agent, its directors, officers,

agents, employees and contractors. 赔偿义务。对于第三方就托管协议的相关事项、托管代理或其各董事、高级职员、代理、员工、成员和股东执行（统称"托管代理受偿方"）托管协议的相关事项，而提出的任何索赔、诉讼、损害、责任、义务、成本、费用和任何其他支出，包括合理的律师费用，注册运营商应绝对且永久地对托管代理及托管代理受偿方做出赔偿并使其免受损害，但由于托管代理及其董事、高级职员、代理、员工、订约方、成员和股东错误陈述、疏忽或错误执行托管协议而引起的任何索赔除外。对于第三方就托管代理、其董事、高级职员、代理、员工和订约方错误陈述、疏忽或错误执行而提出的任何索赔、诉讼、损害、责任、义务、成本、费用和任何其他支出，包括合理的律师费用，托管代理应绝对且永久地对注册运营商和互联网名称与数字地址分配机构（ICANN）以及其各自的董事、高级职员、代理、员工、成员和股东（统称"受偿方"）做出赔偿并使其免受损害。

SPECIFICATION 3 FORMAT AND CONTENT FOR REGISTRY OPERATOR MONTHLY REPORTING 规范3 注册运营商每月报告的格式和内容

Registry Operator shall provide one set of monthly reports per gTLD to [＿＿＿＿] with the following content. ICANN may request in the future that the reports be delivered by other means and using other formats. ICANN will use reasonable commercial efforts to preserve the confidentiality of the information reported until three months after the end of the month to which the reports relate. Unless set forth in this Specification 3, any reference to a specific time refers to Coordinated Universal Time （UTC）. 注册机构运营商应针对每个通用顶级域名（gTLD）向＿＿＿＿提供一份包含下列内容的每月报告。互联网名称与数字地址分配机构（ICANN）可能会要求，将来通过其他方式、使用其他格式交付报告。互联网名称与数字地址分配机构（ICANN）将采取合理的商业措施将报告信息保密至报告相关月份结束三个月后。

1. **Per-Registrar Transactions Report.** This report shall be compiled in a comma separated-value formatted file as specified in RFC 4180. The file shall be named "gTLD-transactions-yyyymm.csv", where "gTLD" is the gTLD name; in case of an IDN-TLD, the A-label shall be used; "yyyymm" is the year and month being reported. The file shall contain the following fields per registrar: Field #

1. **每个注册商交易报告**。如评议请求（RFC）4180 中所规定，该报告应汇编到逗号分隔值格式的文件中。文件应命名为"gTLD transactions-yyyymm",其中"gTLD"为通用顶级域名(gTLD)名称;如果是国际化顶级域名(IDNTLD),则应使用 A 标签;"yyyymm"是报告的年份和月份。对于每个注册商,文件应包含以下字段:

Field 字段号	Field name 字段名称	Description 备注
01	registrar-name	Registrar's full corporate name as registered with IANA 在互联网号码分配当局(IANA)中注册的注册商公司全称
02	iana-id	http://www.iana.org/assignments/registrar
03	total domains	total domains under sponsorship 合计赞助域数量
04	total-nameservers	total name servers registered for TLD 注册顶级域名(TLD)的名称服务器总数
05	net-adds-1-yr	number of domains successfully registered with an initial term of one year (and not deleted within the add grace period) 在最初一年期限内成功注册的域数量(在追加宽限期内未删除)
06	net-adds-2-yr	number of domains successfully registered with an initial term of two years (and not deleted within the add grace period) 在最初两年期限内成功注册的域数量(在追加宽限期内未删除)
07	net-adds-3-yr	number of domains successfully registered with an initial term of three years (and not deleted within the add grace period) 在最初三年期限内成功注册的域数量(在追加宽限期内未删除)
08	net-adds-4-yr	number of domains successfully registered with an initial term of four years (and not deleted within the add grace period) 在最初四年期限内成功注册的域数量(在追加宽限期内未删除)

09	net-adds-5-yr	number of domains successfully registered with an initial term of five years （and not deleted within the add grace period） 在最初五年期限内成功注册的域数量（在追加宽限期内未删除）
10	net-adds-6-yr	number of domains successfully registered with an initial term of six years （and not deleted within the add grace period） 在最初六年期限内成功注册的域数量（在追加宽限期内未删除）
11	net-adds-7-yr	number of domains successfully registered with an initial term of seven years （and not deleted within the add grace period） 在最初七年期限内成功注册的域数量（在追加宽限期内未删除）
12	net-adds-8-yr	number of domains successfully registered with an initial term of eight years （and not deleted within the add grace period） 在最初八年期限内成功注册的域数量（在追加宽限期内未删除）
13	net-adds-9-yr	number of domains successfully registered with an initial term of nine years （and not deleted within the add grace period） 在最初九年期限内成功注册的域数量（在追加宽限期内未删除）
14	net-adds-10-yr	number of domains successfully registered with an initial term of ten years （and not deleted within the add grace period） 在最初十年期限内成功注册的域数量（在追加宽限期内未删除）
15	net-adds-1-yr	number of domains successfully renewed either automatically or by command with a new renewal period of one year （and not deleted within the renew grace period） 在新的一年续签期内自动或按命令成功续签的域数量（在续签宽限期内未删除）
16	net-adds-2-yr	number of domains successfully renewed either automatically or by command with a new renewal period of two years （and not deleted within the renew grace period） 在新的两年续签期内自动或按命令成功续签的域数量（在续签宽限期内未删除）
17	net-adds-3-yr	number of domains successfully renewed either automatically or by command with a new renewal period of three years （and not deleted within the renew grace period） 在新的三年续签期内自动或按命令成功续签的域数量（在续签宽限期内未删除）

18	net-renews-4-yr	number of domains successfully renewed either automatically or by command with a new renewal period of four years（and not deleted within the renew grace period）在新的四年续签期内自动或按命令成功续签的域数量（在续签宽限期内未删除）
19	net-renews-5-yr	number of domains successfully renewed either automatically or by command with a new renewal period of five years（and not deleted within the renew grace period）在新的五年续签期内自动或按命令成功续签的域数量（在续签宽限期内未删除）
20	net-renews-6-yr	number of domains successfully renewed either automatically or by command with a new renewal period of six years（and not deleted within the renew grace period）在新的六年续签期内自动或按命令成功续签的域数量（在续签宽限期内未删除）
21	net-renews-7-yr	number of domains successfully renewed either automatically or by command with a new renewal period of seven years（and not deleted within the renew grace period）在新的七年续签期内自动或按命令成功续签的域数量（在续签宽限期内未删除）
22	net-renews-8-yr	number of domains successfully renewed either automatically or by command with a new renewal period of eight years（and not deleted within the renew grace period）在新的八年续签期内自动或按命令成功续签的域数量（在续签宽限期内未删除）
23	net-renews-9-yr	number of domains successfully renewed either automatically or by command with a new renewal period of nine years（and not deleted within the renew grace period）在新的九年续签期内自动或按命令成功续签的域数量（在续签宽限期内未删除）
24	net-renews-10-yr	number of domains successfully renewed either automatically or by command with a new renewal period of ten years（and not deleted within the renew grace period）在新的十年续签期内自动或按命令成功续签的域数量（在续签宽限期内未删除）
25	transfer-gaining-successful	transfers initiated by this registrar that were ack'd by the other registrar - either by command or automatically 此注册商发起并由其他注册商通过命令或自动承认的转让

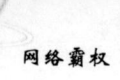

26	transfer-gaining-nacked	transfers initiated by this registrar that were nacked by the other registrar 此注册商发起并被其他注册商否认的转让
27	transfer-losing-successfully	transfers initiated by another registrar that this registrar ack'd – either by command or automatically 另一注册商发起并被此注册商通过命令或自动承认的转让
28	transfer-losing-nacked	transfers initiated by another registrar that this registrar nacked 另一注册商发起并被此注册商否认的转让
29	transfer-disputed-won	number of transfer disputes in which this registrar prevailed 此注册商胜诉的转让纠纷次数
30	transfer-disputed-lost	number of transfer disputes this registrar lost 此注册商败诉的转让纠纷次数
31	transfer-disputed-nodecision	number of transfer disputes involving this registrar with a split or no decision 牵涉到此注册商的分拆或无结果的转让纠纷次数
32	deleted-domains-grace	domains deleted within the add grace period 在追加宽限期内删除的域
33	deleted-domains-nograce	domains deleted outside the add grace period 在追加宽限期外删除的域
34	restored-domains	domain names restored from redemption period 从赎回期恢复的域名
35	restored-noreport	total number of restored names for which the registrar failed to submit a restore report 注册商未能提交有关恢复报告的恢复名称总数
36	agp-exemption-requests	total number of AGP (add grace period) exemption requests 追加宽限期（AGP）豁免请求总数
37	agp-exemptions-granted	total number of AGP (add grace period) exemption requests granted 批准的追加宽限期（AGP）豁免请求总数
38	agp-exempted-domains	total number of names affected by granted AGP (add grace period) exemption requests 追加宽限期（AGP）豁免请求总数

The first line shall include the field names exactly as described in the table above as a "header line" as described in section 2 of RFC 4180. The last line of each report shall include totals for each column across all registrars; the first field of this line shall read "Totals" while the second field shall be left empty in that line. No other lines besides the ones described above shall be included. Line breaks shall be <U+000D, U+000A> as described in RFC 4180. 作为"标题行",第一行应包含与上表所述名称完全相符的字段名称,如评议请求(RFC)4180 的第 2 款所述。每份报告的最后一行应包含每列的所有注册商总数;此行的第一个字段表示"总数",第二个字段应留空。除上述行之外,不得包含任何其他行。换行符应为 <U+000D,U+000A>,如评议请求(RFC)所述。

2. Registry Functions Activity Report. This report shall be compiled in a comma separated-value formatted file as specified in RFC 4180. The file shall be named "gTLD-activity-yyyymm.csv", where "gTLD" is the gTLD name; in case of an IDN-TLD, the A-label shall be used; "yyyymm" is the year and month being reported. The file shall contain the following fields: 注册功能活动报告。本报告应按照评议请求(RFC4810)规定,以逗号分隔值格式编译文件,命名为"gTLD-activity-yyyymm.csv",其中"gTLD"是通用顶级域名;在 IDN-TLD 中应采用标签 A,"yyyymm"即报告的年份和月份。该文件应包含以下字段:

Field 字段号	Field name 字段名称	Description 备注
01	operational-registrars	number of operational registrars at the end of the reporting period 报告期末注册运营商数量
02	ramp-up-registrars	number of registrars that have received a password for access to OT&E at the end of the reporting period 报告期末收到 OT&E 访问密码的注册商数量
03	pre-ramp-up-registrars	number of registrars that have requested access, but have not yet entered the ramp-up period at the end of the reporting period 报告期末请求访问但尚未进入加速期的注册商数量
04	zfa-passwords	number of active zone file access passwords at the end of the reporting period 报告期末活跃区域文件访问密码数量

05	whois-43-queries	number of WHOIS（port-43）queries responded during the reporting period 报告期内WHOIS（端口-43）查询回应数量
06	web-whois-queries	number of Web-based Whois queries responded during the reporting period, not including searchable Whois 报告期内基于Web的Whois查询回应数量，不包括可搜索的Whois
07	searchable-whois-queries	number of searchable Whois queries responded during the reporting period, if offered 报告期内可搜索的Whois查询回应数量，如适用
08	dns-udp-queries-received	number of DNS queries received over UDP transport during the reporting period 报告期内通过UDP传输获取的DNS查询数量
09	dns-udp-queries-responded	number of DNS queries received over UDP transport that were responded during the reporting period 报告期内通过UDP传输获取的DNS查询回应数量
10	dns-tcp-queries-received	number of DNS queries received over TCP transport during the reporting period 报告期内通过TCP传输获取的DNS查询数量
11	dns-tcp-queries-responded	number of DNS queries received over TCP transport that were responded during the reporting period 报告期内通过TCP传输获取的DNS查询回应数量
12	srs-dom-check	number of SRS（EPP and any other interface）domain name "check" requests responded during the reporting period 报告期内SRS（EPP和其他任何界面）域名"查询"请求回应数量
13	srs-dom-create	number of SRS（EPP and any other interface）domain name "create" requests responded during the reporting period 报告期内SRS（EPP和其他任何界面）域名"创建"请求回应数量
14	srs-dom-delete	number of SRS（EPP and any other interface）domain name "delete" requests responded during the reporting period 报告期内SRS（EPP和其他任何界面）域名"删除"请求回应数量

15	srs-dom-info	number of SRS（EPP and any other interface）domain name "info" requests responded during the reporting period 报告期内 SRS（EPP 和其他任何界面）"信息"请求回应数量
16	srs-dom-renew	number of SRS（EPP and any other interface）domain name "renew" requests responded during the reporting period 报告期内 SRS（EPP 和其他任何界面）域名"续约"请求回应数量
17	srs-dom-rgp-restore-report	number of SRS（EPP and any other interface）domain name RGP "restore" requests delivering a restore report responded during the reporting period 报告期内 SRS（EPP 和其他任何界面）域名 RGP "恢复"提交恢复报告请求回应的数量
18	srs-dom-rgp-restore-request	number of SRS（EPP and any other interface）domain name RGP "restore" requests responded during the reporting period 报告期内 SRS（EPP 和其他任何界面）域名 RGP "恢复"请求回应数量
19	srs-dom-transfer-approve	number of SRS（EPP and any other interface）domain name "transfer" requests to approve transfers responded during the reporting period 报告期内批准传输的 SRS（EPP 和其他任何界面）域名"传输"请求回应数量
20	srs-dom-transfer-cancel	number of SRS（EPP and any other interface）domain name "transfer" requests to cancel transfers responded during the reporting period 报告期内取消传输的 SRS（EPP 和其他任何界面）域名"传输"请求回应数量
21	srs-dom-transfer-query	number of SRS（EPP and any other interface）domain name "transfer" requests to query about a transfer responded during the reporting period 报告期内查询传输的 SRS（EPP 和其他任何界面）域名"传输"请求回应数量
22	srs-dom-transfer-reject	number of SRS（EPP and any other interface）domain name "transfer" requests to reject transfers responded during the reporting period 报告期内拒绝传输的 SRS（EPP 和其他任何界面）域名"传输"请求回应数量

23	srs-dom-transfer-request	number of SRS（EPP and any other interface）domain name "transfer" requests to request transfers responded during the reporting period 报告期内SRS（EPP和其他任何界面）请求传输的域名"传输"请求回应数量
24	srs-dom-update	number of SRS（EPP and any other interface）domain name "update" requests（not including RGP restore requests）responded during the reporting period 报告期内SRS（EPP和其他任何界面）域名"更新"请求（不包括RGP还原请求）回应数量
25	srs-host-check	number of SRS（EPP and any other interface）host "check" requests responded during the reporting period 报告期内SRS（EPP和其他任何界面）主机"检查"请求回应数量
26	srs-host-create	number of SRS（EPP and any other interface）host "create" requests responded during the reporting period 报告期内SRS（EPP和其他任何界面）主机"创建"请求回应数量
27	srs-host-delete	number of SRS（EPP and any other interface）host "delete" requests responded during the reporting period 报告期内SRS（EPP和其他任何界面）主机"删除"请求
28	srs-host-info	number of SRS（EPP and any other interface）host "info" requests responded during the reporting period 报告期内SRS（EPP和其他任何界面）主机"info"请求回应数量
29	srs-host-update	number of SRS（EPP and any other interface）host "update" requests responded during the reporting period 报告期内SRS（EPP和其他任何界面）主机"升级"请求回应数量
30	srs-cont-check	number of SRS（EPP and any other interface）contact "check" requests responded during the reporting period 报告期内SRS（EPP和其他任何界面）联系人"检查"请求回应数量
31	srs-cont-create	number of SRS（EPP and any other interface）contact "create" requests responded during the reporting period 报告期内SRS（EPP和其他任何界面）联系人"创建"请求回应数量

32	srs-cont-delete	number of SRS（EPP and any other interface）contact "delete" requests responded during the reporting period 报告期内 SRS（EPP 和其他任何界面）联系人"删除"请求回应数量
33	srs-cont-info	number of SRS（EPP and any other interface）contact "info" requests responded during the reporting period 报告期内 SRS（EPP 和其他任何界面）联系人"信息"请求回应数量
34	srs-cont-transfer-approve	number of SRS（EPP and any other interface）contact "transfer" requests to approve transfers responded during the reporting period 报告期内供 SRS（EPP 和其他任何界面）联系人批准传输的"传输"请求回应数量
35	srs-cont-transfer-cancel	number of SRS（EPP and any other interface）contact "transfer" requests to cancel transfers responded during the reporting period 报告期内供 SRS（EPP 和其他任何界面）联系人取消传输的"传输"请求回应数量
36	srs-cont-transfer-query	number of SRS（EPP and any other interface）contact "transfer" requests to query about a transfer responded during the reporting period 报告期内 SRS（EPP 和其他任何界面）联系人请求传输的"传输"请求回应数量
37	srs-cont-transfer-reject	number of SRS（EPP and any other interface）contact "transfer" requests to reject transfers responded during the reporting period 报告期内 SRS（EPP 和其他任何界面）联系人拒绝传输的"传输"请求回应数量
38	srs-cont-transfer-request	number of SRS（EPP and any other interface）contact "transfer" requests to request transfers responded during the reporting period 报告期内 SRS（EPP 和其他任何界面）联系人请求传输的"传输"请求回应数量
39	srs-cont-update	number of SRS（EPP and any other interface）contact "update" requests responded during the reporting period 报告期内 SRS（EPP 和其他任何界面）联系人"更新"请求回应数量

The first line shall include the field names exactly as described in the table above as a "header line" as described in section 2 of RFC 4180. No other lines besides the ones described above shall be included. Line breaks shall be <U+000D, U+000A> as described in RFC 4180. 作为"标题行",第一行应包含与上表所述名称完全相符的字段名称,如评议请求(RFC)4180 的第 2 款所述。除上述行之外,不得包含任何其他行。换行符应采用(RFC)4180 中的 <U+000D, U+000A>。

SPECIFICATION 4 FOR REGISTRATION DATA PUBLICATION SERVICES 规范 4 注册数据公布服务规范

1. Registration Data Directory Services. Until ICANN requires a different protocol, Registry Operator will operate a WHOIS service available via port 43 in accordance with RFC 3912, and a web-based Directory Service at <whois.nic.TLD> providing free public query-based access to at least the following elements in the following format. ICANN reserves the right to specify alternative formats and protocols, and upon such specification, the Registry Operator will implement such alternative specification as soon as reasonably practicable. 注册数据目录服务。在互联网名称与数字地址分配机构(ICANN)指定其他格式和协议之前,注册机构运营商将根据 RFC3912,运营通过端口 43 和网站(<whois.nic.TLD>)提供的注册数据公布服务,允许公众至少能够查询以下格式的元素。互联网名称与数字地址分配机构(ICANN)保留指定替代格式和协议的权利,指定此类规范之后,注册机构运营商应在合理可行的情况下尽快实施此类替代规范。

1.1. The format of responses shall follow a semi-free text format outline below, followed by a blank line and a legal disclaimer specifying the rights of Registry Operator, and of the user querying the database. 回应应采用下述半自由文本格式,后跟空行和免责声明(指定注册机构运营商和查询数据库的用户的权利)。

1.2. Each data object shall be represented as a set of key/value pairs, with lines beginning with keys, followed by a colon and a space as delimiters, followed by the value. 每个数据对象都应表示为一组密钥/值对,行首是密钥,后跟冒号和空格作为分隔符,再后跟值。

1.3. For fields where more than one value exists, multiple key/value pairs with the same key shall be allowed (for example to list multiple name servers). The first key/value pair after a blank line should be considered the start of a new record, and should be considered as identifying that record, and is used to group data, such as hostnames and IP addresses, or a domain name and registrant information, together. 对于存在多个值的字段，应允许多个密钥/值对具有相同的密钥（例如列出多个名称服务器）。空行之后的第一个密钥/值对应视为新记录的开始，并应视为该记录的标志，用于将数据（例如主机名和 IP 地址或域名和注册人信息）组合在一起。

1.4. **Domain Name Data**: 域名数据：

1.4.1 **Query format**: whois EXAMPLE.TLD 查询格式：whois EXAMPLE.TLD

1.4.2 **Response format**: 回应格式：

Domain Name: 域名：EXAMPLE.TLD Domain ID: 域 ID：D1234567-TLD WHOIS Server: WHOIS 服务器：whois.example.tld Referral URL: 引用 URL：http://www.example.tld

Updated Date: 更新时间：2009-05-29T20:13:00Z

Creation Date: 创建时间：2000-10-08T00:45:00Z

Registry Expiry Date: 到期时间：2010-10-08T00:44:59ZSponsoring Registrar: 赞助注册商：EXAMPLE REGISTRAR LLC

Sponsoring Registrar IANA ID: 赞助注册商互联网号码分配当局（IANA） ID：5555555

Domain Status: 域状态：clientDeleteProhibitedDomain Status: 域状态：clientRenewProhibitedDomain Status: 域状态：clientTransferProhibitedDomain Status: 域状态：serverUpdateProhibitedRegistrant ID: 注册人 ID：5372808-ERLRegistrant Name: 注册人姓名：EXAMPLE REGISTRANTRegistrant Organization: 注册人组织：EXAMPLE ORGANIZATIONRegistrant Street: 注册人所在街道：123 EXAMPLE STREETRegistrant City: 注册人所在城市：ANYTOWNRegistrant State/Province: 注册人所在州/省：APRegistrant Postal Code: 注册人邮政编码：A1A1A1Registrant Country: 注册人所在国家和地区：EXRegistrant Phone: 注册人电话：+1.5555551212Registrant Phone Ext: 注册人电话分机：1234Registrant Fax: 注册人传真：+1.5555551213Registrant Fax Ext: 注册人传真分机：4321Registrant Email: 注册人电子邮件：EMAIL@EXAMPLE.TLDAdmin ID：管理员 ID：5372809-ERLAdmin Name: 管理员姓名：EXAMPLE REGISTRANT ADMINISTRATIVEAdmin Organization: 管理员组织：EXAMPLE REGISTRANT ORGANIZATIONAdmin Street: 管理员所在街道：123 EXAMPLE STREETAdmin City: 管理员所在城市：ANYTOWNAdmin State/Province: 管理员所在

州／省：APAdmin Postal Code：管理员邮政编码：A1A1A1Admin Country：管理员所在国家和地区：EXAdmin Phone：管理员电话：+1.5555551212Admin Phone Ext：管理员电话分机：1234Admin Fax：管理员传真：+1.5555551213Admin Fax Ext：管理员传真分机：

Admin Email：管理员电子邮件：EMAIL@EXAMPLE.TLDTech ID：技术人员 ID：5372811-ERLTech Name：技术人员姓名：EXAMPLE REGISTRAR TECHNICALTech Organization：技术人员组织：EXAMPLE REGISTRAR LLCTech Street：技术人员所在街道：123 EXAMPLE STREETTech City：技术人员所在城市：ANYTOWNTech State/Province：技术人员所在州／省：

AP Tech Postal Code：技术人员邮政编码：A1A1A1Tech Country：技术人员所在国家和地区：

EX Tech Phone：技术人员电话：+1.1235551234Tech Phone Ext：技术人员电话分机：1234Tech Fax：技术人员传真：+1.5555551213Tech Fax Ext：技术人员传真分机：93Tech Email：技术人员电子邮件：EMAIL@EXAMPLE.TLDName Server：名称服务器：NS01.EXAMPLEREGISTRAR.TLDName Server：名称服务器：NS02.EXAMPLEREGISTRAR.TLDDNSSEC：域名系统安全扩展协议（DNSSEC）：signedDelegationDNSSEC：域名系统安全扩展协议（DNSSEC）：unsigned>>> Last update of WHOIS database：>>>WHOIS 数据库上次更新时间：2009-05-29T20:15:00Z <<<

1.5. Registrar Data: 注册商数据：

1.5.1 Query format: 查询格式：whois "registrar Example Registrar, Inc." **1.5.2 Response format:** 回应格式：

Registrar Name：注册商名称：Example Registrar, Inc.Street：街道：1234 Admiralty WayCity：城市：Marina del ReyState/Province：州／省：CAPostal Code：邮政编码：90292 Country：国家和地区：USPhone Number：电话号码：+1.3105551212Fax Number：传真号码：+1.3105551213 Email：电子邮件：registrar@example.tldWHOIS Server：WHOIS 服务器：whois.example-registrar.tldReferral URL：引用 URL：http://www.example-registrar.tldAdmin Contact：管理联系人：Joe Registrar Phone Number：电话号码：+1.3105551213Fax Number：传真号码：+1.3105551213 Email：电子邮件：joeregistrar@example-registrar.tldAdmin Contact：管理联系人：Jane RegistrarPhone Number：电话号码：

+1.3105551214 Fax Number：传真号码：+1.3105551213 Email：电子邮件：janeregistrar@example-registrar.tldTechnical Contact：技术联系人：John GeekPhone Number：电话号码：+1.3105551215Fax Number：传真号码：+1.3105551216Email：电子邮件：johngeek@example-registrar.tld>>> Last update of WHOIS database：>>>WHOIS 数据库上次更新时间：2009-05-29T20：15：00Z <<<

1.6. Nameserver Data: 名称服务器数据：

1.6.1 Query format: 查询格式: whois "NS1.EXAMPLE.TLD" or whois "nameserver（IP Address）"1.6.2 Response format: 回应格式：

Server Name：服务器名称：NS1.EXAMPLE.TLDIP Address：IP 地址：192.0.2.123 IPAddress：IP 地址：2001:0DB8::1Registrar：注册商：Example Registrar, Inc.WHOIS Server:WHOIS 服务器：whois.example-registrar.tldReferral URL：引用 URL：http://www.example-registrar.tld>>> Last update of WHOIS database：>>>WHOIS 数据库上次更新时间：2009-05-29T20：15：00Z <<<

1.7. The format of the following data fields: domain status, individual and organizational names, address, street, city, state/province, postal code, country, telephone and fax numbers, email addresses, date and times should conform to the mappings specified in EPP RFCs 5730-5734 so that the display of this information（or values return in WHOIS responses）can be uniformly processed and understood. 对于域状态、个人姓名和组织名称、地址、街道、城市、州/省、邮政编码、国家和地区、电话和传真号码、电子邮件地址、日期和时间这些数据字段，其格式应符合 EPP RFC 5730-5734 中指定的映射，以便此类信息（或在 WHOIS 回应中返回的值）的显示可以统一处理和理解。

1.8. WHOIS output shall be compatible with ICANN's common interface for WHOIS（InterNIC）. WHOIS 输出应与 ICANN 的 WHOIS 查询（InterNIC 的）通用接口兼容。

1.9. **Searchability**. Offering searchability capabilities on the Directory Services is optional but if offered by the Registry Operator it shall comply with the specification described in this section. 可搜索功能。提供的目录服务可搜索功能是可选的，但若由注册运营商提供则应符合本节所述的规范。

1.9.1 Registry Operator will offer searchability on the web-based Directory Service. 注册运营商应提供基于 Web 目录服务的可搜索功能。

1.9.2 Registry Operator will offer partial match capabilities, at least, on the following fields: domain name, contacts and registrant's name, and contact and registrant's postal address, including all the sub-fields described in EPP (e.g., street, city, state or province, etc.). 注册运营商应提供部分匹配能力，至少应在以下领域：域名、联系人和注册人名称、邮政地址，包括EPP中提到的所有子域（例如，街道、城市、州或省等）。

1.9.3 Registry Operator will offer exact-match capabilities, at least, on the following fields: registrar id, name server name, and name server's IP address (only applies to IP addresses stored by the registry, i.e., glue records). 注册运营商应至少在以下领域提供精确匹配的能力：注册ID名称、服务器名称及IP地址（仅适用于注册表中存储的IP地址，即黏合记录）。

1.9.4 Registry Operator will offer Boolean search capabilities supporting, at least, the following logical operators to join a set of search criteria: AND, OR, NOT. 注册运营商为加入一组搜索条件应提供至少支持以下逻辑运算符的布尔搜索功能：AND、OR、NOT。

1.9.5 Search results will include domain names matching the search criteria. 搜索结果应包括与搜索标准匹配的域名。

1.9.6 Registry Operator will: 1) implement appropriate measures to avoid abuse of this feature (e.g., permitting access only to legitimate authorized users); and 2) ensure the feature is in compliance with any applicable privacy laws or policies. 注册运营商应：1）采取适当措施避免滥用此功能（例如，仅允许合法授权用户访问）；2）确保该功能遵守任何适用的隐私法律或政策。

1.10. Within one hundred twenty (120) days of ICANN's request, Registry shall implement and comply with the new or revised model for gTLD data directory services that may be adopted by the ICANN Board of Directors after public comment based upon the recommendations of the Expert Working Group on gTLD Directory Services ("Next Generation Model") and as specified and implemented by ICANN, unless Registry can demonstrate to ICANN's satisfaction that implementation would be commercially unreasonable. Registry Operator agrees to execute, at ICANN's request, amendments to this Specification and the Registry Agreement reasonably necessary or appropriate to modify, eliminate, or update the WHOIS-related obligations consistent with the Next

Generation Model. The implementation of such recommendations may be superseded by Consensus Policies adopted by ICANN pursuant to Specification 1. 在 ICANN 发出请求的 120 天内，注册机构应实施并符合 gTLD 数据目录服务的新版或修改版模型。ICANN 规定，该模型可由 ICANN 董事会在按照 gTLD 目录服务（"下一代模型"）专家工作组建议征询公众意见后采用。除非注册机构可以向 ICANN 说明具体落实将为非法商业行为。注册运营商同意按照 ICANN 请求对规范和注册协议可进行合理、必要及适当修订，或将 WHOIS 查询相关责任与下一代模型更新一致。实施此类建议可被 ICANN 按照规范 1 内容所取代。

1.11. Registry Operator shall provide a link on the primary website for the TLD to a web page designated by ICANN containing WHOIS policy and education materials. 注册运营商应在 TLD 主要网站上提供连至由 ICANN 指定的含有 WHOIS 策略和教育资料的网页。

2. **Zone File Access** 区域文件访问

2.1. **Third-Party Access** 第三方访问

2.1.1 **Zone File Access Agreement.** 区域文件访问协议。Registry Operator will enter into an agreement with any Internet user that will allow such user to access an Internet host server or servers designated by Registry Operator and download zone file data. The agreement will be standardized, facilitated and administered by a Centralized Zone Data Access Provider, which may be ICANN or an ICANN designee (the "CZDA Provider"). Registry Operator will provide access to zone file data per Section 2.1.3 and do so using the file format described in Section 2.1.4. Notwithstanding the foregoing, （a）the CZDA Provider may reject the request for access of any user that does not satisfy the credentialing requirements in Section 2.1.2 below; （b）Registry Operator may reject the request for access of any user that does not provide correct or legitimate credentials under Section 2.09.2 or where Registry Operator reasonably believes will violate the terms of Section 2.1.5. below; and, （c）Registry Operator may revoke access of any user if Registry Operator has evidence to support that the user has violated the terms of Section 2.1.5. 注册机构运营商将与所有互联网用户签订协议，该协议将允许此类用户访问注册运营商指定的互联网主机服务器并下载区域文件数据。该协议将由中央区域数据访问服务提供商（CZDA 提供商）进行标准化、推动和管理。注册机构运营商应按照第 2.13 款提供区

域文件数据访问并采用第2.14款描述的文件格式操作。尽管有上述规定，但（a）如果注册机构运营商有理由认为任何用户的行为会违反以下第2.1.2款的认证要求，则可以拒绝其访问请求；（b）如果任何用户未能按照第2.09.2款提供正确或合法的认证，或注册机构运营商有理由认为任何用户的行为还会违反以下第2.1.5款约定；（c）如果注册机构运营商有证据证明用户违反第2.1.5款约定，注册机构运营商可以取消任何用户的访问权限。

2.1.2 Credentialing Requirements. 认证要求。Registry Operator, through the facilitation of the CZDA Provider, will request each user to provide it with information sufficient to correctly identify and locate the user. Such user information will include, without limitation, company name, contact name, address, telephone number, facsimile number, email address, and the Internet host machine name and IP address. 注册机构运营商（在中央区域数据访问[CZDA]提供商协助下）将要求每个用户向其提供足以识别用户身份及其指定服务器的信息。此类用户信息包括但不限于公司名称、联系人姓名、地址、电话号码、传真号码、电子邮件地址和互联网主机名及 IP 地址。

2.1.3 Grant of Access. Each Registry Operator will provide the Zone File FTP （or other Registry supported）service for an ICANN-specified and managed URL（specifically, <TLD>.zda.icann.org where <TLD> is the TLD for which the registry is responsible）for the user to access the Registry's zone data archives. Registry Operator will grant the user a non-exclusive, nontransferable, limited right to access Registry Operator's Zone File FTP server, and to transfer a copy of the top-level domain zone files, and any associated cryptographic checksum files no more than once per 24 hour period using FTP, or other data transport and access protocols that may be prescribed by ICANN. For every zone file access server, the zone files are in the top-level directory called <zone>.zone.gz, with <zone>.zone.gz.md5 and <zone>.zone.gz.sig to verify downloads. If the Registry Operator also provides historical data, it will use the naming pattern <zone>-yyyymmdd.zone.gz, etc. 准许访问。所有注册机构运营商应为 ICANN 指定并管理的 URL（<TLD>.zda.icann.org，<TLD>是注册商负责的 TLD）提供区域文件 FTP（或其他注册商支持的）服务，供用户访问注册机构区域数据文件。注册机构运营商将授予用户非排他性、不可转让的有限权利，让用户访问注册机构运营商的区域文件 FTP 服务器，并以不高于每 24 小时一次的频率，使用 FTP 或互联网名称与数字地址分配机构（ICANN）可能规定的其他

数据传输和访问协议，将顶级域区域文件副本及其相关的加密校验文件传输到其服务器。对于每个区域文件访问服务器来说，区域文件置于名为 <zone>.zone.gz 的顶级目录中，通过 <zone>.zone.gz.md5 和 <zone>.zone.gz.sig 验证下载。如果注册机构运营商还提供历史数据，应使用 <zone>-yyyymmdd.zone.gz 等命名方式。

2.1.4 File Format Standard. Registry Operator will provide zone files using a subformat of the standard Master File format as originally defined in RFC 1035，Section 5，including all the records present in the actual zone used in the public DNS. Sub-format is as follows: 2.1.4. 文件格式标准。注册机构运营商应以标准主文件格式（最初定义见评议请求 [RFC] 1035，第 5 款）提供区域文件，其中应包括公共域名系统（DNS）中使用的实际区域内的所有记录。子格式如第 2.1.4 款所示。

1. Each record must include all fields in one line as: <domain-name><TTL><class><type><RDATA>. 每条记录必须将所有域放在一行：<domain-name><TTL><class><type><RDATA>。

2. Class and Type must use the standard mnemonics and must be in lower case. 分级和类型必须使用标准助记符，而且必须小写。

3. TTL must be present as a decimal integer. TLL 必须以十进制整数方式呈现。

4. Use of /X and /DDD inside domain names is allowed. 允许在域名内使用 /X 和 /DDD。

5. All domain names must be in lower case. 所有域名必须采用小写形式。

6. Must use exactly one tab as separator of fields inside a record. 每条记录必须采用制表符作为域间分隔符。

7. All domain names must be fully qualified. 所有域名必须完全符合要求。

8. No $ORIGIN directives. 不得使用 $ORIGIN 指令。

9. No use of "@" to denote current origin. 不得使用 "@" 表示当前来源。

10. No use of "blank domain names" at the beginning of a record to continue the use of the domain name in the previous record. 不得通过在每条记录开端使用"空域名"的方式继续在之前的记录中使用域名。

11. No $INCLUDE directives. 不得使用 $INCLUDE 目录。

12. No $TTL directives. 不得使用 $TTL 目录。

13. No use of parentheses, e.g., to continue the list of fields in a record across a line boundary. 不得使用括号，例如，跨行继续记录域列表的情况。

14. No use of comments. 不得使用评论。

15. No blank lines. 不得使用空白行。

16. The SOA record should be present at the top and （duplicated at）the end of the zone file. SOA 记录应出现在区文件顶部且在区文件底部（进行复制）。

17. With the exception of the SOA record, all the records in a file must be in alphabetical order. 除了 SOA 记录，文件中的所有记录必须按字母顺序排列。

18. One zone per file. If a TLD divides its DNS data into multiple zones, each goes into a separate file named as above, with all the files combined using tar into a file called <tld>.zone.tar. 每个文件占用一个区域。如果 TLD 将其 DNS 数据分成多个区域，每个区域进入按以上方式命名的单独文件，所有文件通过 tar 合并到一个名为 <tld>.zone.tar 的文件中去。

2.1.5 **Use of Data by User.** Registry Operator will permit user to use the zone file for lawful purposes; provided that, （a）user takes all reasonable steps to protect against unauthorized access to and use and disclosure of the data, and （b）under no circumstances will Registry Operator be required or permitted to allow user to use the data to, （i）allow, enable, or otherwise support the transmission by email, telephone, or facsimile of mass unsolicited, commercial advertising or solicitations to entities other than user's own existing customers, or （ii）enable high volume, automated, electronic processes that send queries or data to the systems of Registry Operator or any ICANN-accredited registrar. 用户对数据的使用。注册机构运营商将允许用户为合法目的而使用区域文件；前提是（a）用户采取一切合理措施防止未经授权访问、使用和泄露数据；（b）在任何情况下，注册机构运营商都不允许用户使用这些数据注册机构运营商都不能被要求允许用户使用这些数据（i）允许、帮助或通过其他方式支持以电子邮件、电话或传真形式，向用户自己现有客户之外的实体，发送大量未经允许的商业广告或推销信息；（ii）启用高容量的自动电子流程，向注册机构运营商或互联网名称与数字地址分配机构（ICANN）委任的任何注册商的系统发送查询或数据。

2.1.6 **Term of Use.** Registry Operator, through CZDA Provider, will provide each user with access to the zone file for a period of not less than three （3）months. Registry

Operator will allow users to renew their Grant of Access. 使用期限。注册机构运营商（在中央区域数据访问 [CZDA] 提供商协助下）应为每个用户提供不短于三（3）个月的区域文件访问权限。

2.1.7 **No Fee for Access.** Registry Operator will provide, and CZDA Provider will facilitate, access to the zone file to user at no cost. 免费访问。注册机构运营商（在中央区域数据访问 [CZDA] 提供商协助下）应为用户提供免费的区域文件访问权限。

2.2. Co-operation 合作

2.2.1 **Assistance.** Registry Operator will co-operate and provide reasonable assistance to ICANN and the CZDA Provider to facilitate and maintain the efficient access of zone file data by permitted users as contemplated under this Schedule. 协助。注册机构运营商应与 ICANN 及 CZDA 提供商合作并向其提供合理援助，允许用户根据本附表促进和维护区域文件数据的高效访问。

2.3. **ICANN Access.** Registry Operator shall provide bulk access to the zone files for the TLD to ICANN or its designee on a continuous basis in the manner ICANN may reasonably specify from time to time. 互联网名称与数字地址分配机构（ICANN）访问。注册机构运营商应向 ICANN 或其指定方通过 ICANN 可以不时规定的合理方式提供 TLD 区域文件批量访问权限。

2.4. **Emergency Operator Access.** Registry Operator shall provide bulk access to the zone files for the TLD to the Emergency Operators designated by ICANN on a continuous basis in the manner ICANN may reasonably specify from time to time. 应急运营商访问。注册机构运营商应向 ICANN 指定方通过 ICANN 可以不时规定的合理方式向紧急运营商提供 TLD 区域文件访问权限。

3. Bulk Registration Data Access to ICANN ICANN 批量注册数据访问

3.1. **Periodic Access to Thin Registration Data.** In order to verify and ensure the operational stability of Registry Services as well as to facilitate compliance checks on accredited registrars, Registry Operator will provide ICANN on a weekly basis（the day to be designated by ICANN）with up-to-date Registration Data as specified below. Data will include data committed as of 00:00:00 UTC on the day previous to the one designated for retrieval by ICANN. 少量注册数据定期访问。为了验证并确保注册服务的运行稳定性且便于对认可的注册商实施合规性检查，注册机构运营商应按照以下规定于每周

（ICANN 指定的日期）向 ICANN 提供最新的注册数据。数据应包括由 ICANN 指定检索数据的前一天 UTC 时间 00:00:00 承诺的数据。

3.1.1 **Contents.** Registry Operator will provide, at least, the following data for all registered domain names: domain name, domain name repository object id（roid）, registrar id（IANA ID）, statuses, last updated date, creation date, expiration date, and name server names. For sponsoring registrars, at least, it will provide: registrar name, registrar repository object id（roid）, hostname of registrar Whois server, and URL of registrar. 内容。注册机构运营商应至少向所有注册域名提供以下数据：域名、域名资源库对象 ID（ROID）、注册 ID（IANA ID）、状态、上次更新日期、创建日期、截止日期与名称服务器名称。对于赞助注册商来说，至少应提供：注册名称、注册资源库对象 ID（ROID）、注册商 Whois 查询服务器的主机名和注册商网址。

3.1.2 **Format.** The data will be provided in the format specified in Specification 2 for Data Escrow（including encryption, signing, etc.）but including only the fields mentioned in the previous section, i.e., the file will only contain Domain and Registrar objects with the fields mentioned above. Registry Operator has the option to provide a full deposit file instead as specified in Specification 2. 格式。这些数据托管（包括加密、签名等）的格式将于规范 2 中规定，但仅包括在前款中提到的领域，即该文件应仅包含具上述域的域名及注册商对象。注册机构运营商可以选择提供规范 2 中指定的一份完整的存储文件。

3.1.3 **Access.** Registry Operator will have the file（s）ready for download as of 00:00:00 UTC on the day designated for retrieval by ICANN. The file（s）will be made available for download by SFTP, though ICANN may request other means in the future. 访问。注册机构运营商应具备将于 ICANN 指定的检索日 UTC 时间 00:00:00 下载的文件。该文件将由 SFTP 下载，尽管 ICANN 可能会在将来要求提供其他手段。

3.2. **Exceptional Access to Thick Registration Data.** In case of a registrar failure, deaccreditation, court order, etc. that prompts the temporary or definitive transfer of its domain names to another registrar, at the request of ICANN, Registry Operator will provide ICANN with up-to-date data for the domain names of the losing registrar. The data will be provided in the format specified in Specification 2 for Data Escrow. The file will only contain data related to the domain names of the losing registrar. Registry Operator will provide the data within 2 business days. Unless otherwise agreed by Registry Operator and ICANN, the file will be made available for download by ICANN in the same manner as the data specified in Section 3.1 of this Specification. 大量注册数据特殊访问。如果发生注册失败、认证失败、法庭命令等促使其域名向第三方注册商进行暂时或永久转让的情况，注册机构运营商应在 ICANN 的请求下向 ICANN 提供失败注册商域名的最新数据。该数据应按照规范 2 规定的格式进行数据托管。文件应仅含有失败注册商域名的最新数据。注册机构运营商应在 2 个工作日内提供数据。除非注册机构运营商及 ICANN 另有约定，文件应由 ICANN 按照本规定第 3.1 款指定的方式进行下载。

SPECIFICATION 5 SCHEDULE OF RESERVED NAMES AT THE SECOND LEVEL IN GTLD REGISTRIES 规范 5 通用顶级域名（gTLD）注册机构二级保留名称明细表

Except to the extent that ICANN otherwise expressly authorizes in writing, Registry Operator shall reserve (i.e., Registry Operator shall not register to any third party, delegate, use or otherwise make available such labels to any third party, but may register such labels in its own name in order to withhold them from delegation or use and such registrations will not be considered Transactions (as defined in Section 6.1) for purposes of calculating the Registry-level transaction fee to be paid to ICANN by Registry Operator pursuant to Section 6.1) names formed with the following labels from initial (i.e. other than renewal) registration within the TLD: 除互联网名称与数字地址分配机构（ICANN）另行以书面形式明确授权，否则，注册机构运营商应保留（即，注册机构运营商不得注册、授权、使用或以其他方式为任何第三方提供此类标签，但可以在其自己的名称中注册此类标签，以便阻止授权或使用这些标签）由在顶级域名（TLD）内首次（即并非续签）注册的下列标签组成的名称：

1. Example. The label "EXAMPLE" shall be reserved at the second level and at all other levels within the TLD at which Registry Operator makes registrations. 标签"EXAMPLE"应在第二级和注册机构运营商提供注册的顶级域名（TLD）内的其他所有级别保留。

2. Two-character labels. All two-character labels shall be initially reserved. The reservation of a two-character label string may be released to the extent that Registry Operator reaches agreement with the government and country-code manager. The Registry

Operator may also propose release of these reservations based on its implementation of measures to avoid confusion with the corresponding country codes. 二字符标签。应在一开始就保留所有二字符标签。如果注册机构运营商与政府以及国家和地区代码管理员达成协议，对二字符标签字符串的保留应取消。注册机构运营商也可以在采取措施以避免与相应国家和地区代码混淆的前提下，提议取消这些保留。

3. **Tagged Domain Names.** Labels may only include hyphens in the third and fourth position if they represent valid internationalized domain names in their ASCII encoding（for example "xn--ndk061n"）. 有标记的域名。如果标签在其 ASCII 编码中表示有效国际化域名，则连字号只能位于标签的第三位和第四位（例如"xn--ndk061n"）。

4. **Second-Level Reservations for Registry Operations.** The following names are reserved for use in connection with the operation of the registry for the TLD. Notwithstanding the foregoing provisions of this Specification 5, Registry Operator may use them, but upon conclusion of Registry Operator's designation as operator of the registry for the TLD they shall be transferred as specified by ICANN: NIC, WWW, IRIS and WHOIS. 用于注册机构运营的二级保留。应保留下列名称，用于与顶级域名（TLD）注册机构运营商有关的方面。尽管规范 5 中有上述规定，注册机构运营商可以使用它们，但顶级域名（TLD）注册机构成立后，注册机构运营商即失去指定资格，就应按互联网名称与数字地址分配机构（ICANN）的要求将它们转让：NIC、WWW、IRIS 和 WHOIS。

5. **Country and Territory Names.** The country and territory names contained in the following internationally recognized lists shall be initially reserved at the second level and at all other levels within the TLD at which the Registry Operator provides for registrations: 国家和地区名称。以下国际公认的列表中包含的国家和地区名称一开始应在第二级和注册机构运营商提供注册的顶级域名（TLD）内的其他所有级别保留：

5.1. the short form（in English）of all country and territory names contained on the ISO 3166-1 list, as updated from time to time, including the European Union, which is exceptionally reserved on the ISO 3166-1 list, and its scope extended in August 1999 to any application needing to represent the name European Union <http://www.iso.org/iso/support/country_codes/iso_3166_code_lists/iso-3166-1_decoding_table.htm#EU>; ISO 3166-1 列表中包含的所有国家和地区名称的简称（英文）不断进行更新，包括特别保留

在 ISO 3166-1 列表中的欧盟以及 1999 年 8 月扩充后的范围，以及以欧盟名义出现的任何应用。

5.2. the United Nations Group of Experts on Geographical Names, Technical Reference Manual for the Standardization of Geographical Names, Part III Names of Countries of the World; and 联合国地理名称专家组的《地理名称标准化技术参考手册》中的第三部分 - 世界各国家和地区名称，以及

5.3. the list of United Nations member states in 6 official United Nations languages prepared by the Working Group on Country Names of the United Nations Conference on the Standardization of Geographical Names; provided, that the reservation of specific country and territory names may be released to the extent that Registry Operator reaches agreement with the applicable government (s), provided, further, that Registry Operator may also propose release of these reservations, subject to review by ICANN's Governmental Advisory Committee and approval by ICANN. 由联合国地名标准化会议的国名工作组用 6 种联合国官方语言制定的联合国成员国列表。前提是，特定国家和地区的名称保留可能被延展到注册机构运营商与适用政府达成协议的程度；此外，注册机构运营商也可以提出释放这些保留，但必须经由 ICANN 政府咨询委员会审查及 ICANN 批准。

6. International Olympic Committee; International Red Cross and Red Crescent Movement. The following names shall be initially reserved at the second level within the TLD: 国际奥林匹克委员会；国际红十字及红新月运动。

7. Intergovernmental Organizations. 政府间组织

The following names shall be initially reserved at the second level within the TLD: 以下名称最初应保留在 TLD 二级域名类别。

[Note: Additional Board specified Intergovernmental Organization names may be added to this Specification pursuant to ICANN Board resolutions 2012.11.26.NG01 and 2012.11.26.NG02] [注：其他董事会指定的政府间组织名称可能会根据 ICANN 董事会决议 2012.11.26.NG01 和 2012.11.26.NG02 加入到这一规格]

SPECIFICATION 6 REGISTRY INTEROPERABILITY AND CONTINUITY SPECIFICATIONS 规范6 注册机构互操作性、持续性和性能规范

1. Standards Compliance 标准遵从性

1.1. DNS. Registry Operator shall comply with relevant existing RFCs and those published in the future by the Internet Engineering Task Force (IETF) including all successor standards, modifications or additions thereto relating to the DNS and name server operations including without limitation RFCs 1034, 1035, 1982, 2181, 2182, 2671, 3226, 3596, 3597, 4343, and 5966. DNS。注册机构运营商应实施并遵守与以下内容有关的现有RFC和今后由互联网工程任务组（IETF）发布评议请求（RFC）（其中包括所有后续标准、修改或补充）：域名系统（DNS）和名称服务器运营（包括但不限于现有评议请求（RFC）1034、1035、1982、2181、2182、2671、3226、3596、3597、4343和5966）；

1.2. EPP. Registry Operator shall comply with relevant existing RFCs and those published in the future by the Internet Engineering Task Force (IETF) including all successor standards, modifications or additions thereto relating to the provisioning and management of domain names using the Extensible Provisioning Protocol (EPP) in conformance with RFCs 5910, 5730, 5731, 5732, 5733 and 5734. If Registry Operator implements Registry Grace Period (RGP), it will comply with RFC 3915 and its successors. If Registry Operator requires the use of functionality outside the base EPP RFCs, Registry Operator must document EPP extensions in Internet-Draft format following the guidelines described in RFC 3735. Registry Operator will provide and update the relevant documentation of all the EPP Objects and Extensions supported to ICANN prior to deployment. EPP。注册机构运营商应遵守相关现有RFC及未来由IETF发表的RFC，包括与RFC 5910、5730、5731、5732、5733和5734使用EPP的域名供应及管理相关的所有后续标准、修改或补充。如果注册机构运营商实施注册宽限期（RGP），则必须遵守RFC 3915及其后续规定。如果注册机构运营商要求使用基本可扩展供应协议（EPP）RFC之外的功能，则根据RFC 3735中的指南所述，注册机构运营商必须提供互联网草案格式的EPP扩展机制的文件。部署之前，注册机构运营商要向ICANN提供和更新受支持的所有EPP对象和扩展的相关文档。

1.3. DNSSEC. Registry Operator shall sign its TLD zone files implementing Domain

Name System Security Extensions（"DNSSEC"）. During the Term, Registry Operator shall comply with RFCs 4033, 4034, 4035, 4509 and their successors, and follow the best practices described in RFC 4641 and its successors. If Registry Operator implements Hashed Authenticated Denial of Existence for DNS Security Extensions, it shall comply with RFC 5155 and its successors. Registry Operator shall accept public-key material from child domain names in a secure manner according to industry best practices. Registry shall also publish in its website the DNSSEC Practice Statements（DPS）describing critical security controls and procedures for key material storage, access and usage for its own keys and secure acceptance of registrants' public-key material. Registry Operator shall publish its DPS following the format described in RFC 6841. DNSSEC。注册机构运营商应在实施域名系统安全扩展（简称"DNSSEC"）的顶级域名（TLD）区域文件上签名。在此期限内，注册机构运营商应遵守RFC 4033、4034、4035、4509及其后续规定，并遵循RFC 4641及其后续规定中描述的最佳做法。如果注册机构运营商实施用于域名系统（DNS）安全扩展的哈希鉴定否定存在，它应该遵循RFC 5155及其后续规定。注册机构运营商应根据行业最佳做法，以安全的方式接受子域名的公钥材料。注册机构还应在其网站中发布域名系统安全扩展（DNSSEC）做法声明（DPS），说明密钥材料存储的重要安全控制措施和程序、自有密钥的访问和使用，以及注册人公钥材料的安全接受。注册机构运营商应按照RFC6841中描述的格式公布DPS。

1.4. **IDN.** If the Registry Operator offers Internationalized Domain Names（"IDNs"）, it shall comply with RFCs 5890, 5891, 5892, 5893 and their successors. Registry Operator shall comply with the ICANN IDN Guidelines at<http://www.icann.org/en/topics/idn/implementation-guidelines.htm>, as they may be amended, modified, or superseded from time to time. Registry Operator shall publish and keep updated its IDN Tables and IDN Registration Rules in the IANA Repository of IDN Practices as specified in the ICANN IDN Guidelines. IDN。如果注册机构运营商提供国际化域名（IDN），则需要遵守RFC 5890、5891、5892、5893及后续规定。注册机构运营商应该遵守位于<http://www.icann.org/en/topics/idn/implementation-guidelines.htm>的互联网名称与数字地址分配机构（ICANN）国际化域名（IDN）指导原则。这些指导原则可能随时被修正、修改或取代。如互联网名称与数字地址分配机构（ICANN）国际化域名（IDN）指南中所规定的那样，注册机构运营商应在实行国际化域名（IDN）的互联网号码分配

当局（IANA）库中发布并随时更新其国际化域名（IDN）表和国际化域名（IDN）注册规则。

1.5. **IPv6.** Registry Operator shall be able to accept IPv6 addresses as glue records in its Registry System and publish them in the DNS. Registry Operator shall offer public IPv6 transport for, at least, two of the Registry's name servers listed in the root zone with the corresponding IPv6 addresses registered with IANA. Registry Operator should follow "DNS IPv6 Transport Operational Guidelines" as described in BCP 91 and the recommendations and considerations described in RFC 4472. Registry Operator shall offer public IPv6 transport for its Registration Data Publication Services as defined in Specification 4 of this Agreement; e.g. Whois（RFC 3912）, Web based Whois. Registry Operator shall offer public IPv6 transport for its Shared Registration System（SRS）to any Registrar, no later than six months after receiving the first request in writing from a gTLD accredited Registrar willing to operate with the SRS over IPv6. IPv6。注册机构运营商应该能够接受IPv6地址作为注册系统中的黏合记录，并在域名系统（DNS）中公布它们。注册机构运营商应至少为根区域中列出的两个注册机构名称服务器（具有在互联网号码分配当局 [IANA] 中注册的相应IPv6地址）提供公共IPv6传输。注册机构运营商应遵循BCP 91中所述的"域名系统（DNS）IPv6传输运营指南"以及评议请求（RFC）所述建议及考虑。注册机构运营商应按照本协议规范4中的定义为注册数据发布服务提供公共IPv6传输；例如Whois（RFC 3912）、基于Web的WHOIS。收到通用顶级域名（gTLD）认证注册商希望通过收到IPv6运营共享注册系统（SRS）的第一个书面申请之后，注册机构运营商应在六个月内为该注册商提供用于其共享注册系统（SRS）的公共IPv6传输。

2. Registry Services 注册服务

2.1. **Registry Services.** "Registry Services" are, for purposes of the Registry Agreement, defined as the following: （a）those services that are operations of the registry critical to the following tasks: the receipt of data from registrars concerning registrations of domain names and name servers; provision to registrars of status information relating to the zone servers for the TLD; dissemination of TLD zone files; operation of the registry DNS servers; and dissemination of contact and other information concerning domain name server registrations in the TLD as required by this Agreement; （b）other products or services that the Registry Operator is required to provide because of the establishment of a Consensus

Policy as defined in Specification 1; (c) any other products or services that only a registry operator is capable of providing, by reason of its designation as the registry operator; and (d) material changes to any Registry Service within the scope of (a), (b) or (c) above. 注册服务。注册协议中的"注册服务"定义如下：(a)对于完成以下任务的至关重要的注册机构运营服务：从注册商处接收与域名和名称服务器注册有关的数据；为注册商提供与顶级域名（TLD）区域服务器有关的状态信息；传播顶级域名（TLD）区域文件；注册机构域名系统（DNS）服务器的运营；根据此协议的要求，传播与顶级域名（TLD）中域名服务器注册有关的联系人信息和其他信息；(b)根据规范1中规定的合意政策要求注册机构运营商提供的其他产品或服务；(c)由注册机构运营商特性决定的只能由注册机构运营商提供的任何其他产品或服务；(d)在上述(a)、(b)或(c)项范围内，对任何注册服务的重大更改。

2.2. **Wildcard Prohibition.** For domain names which are either not registered, or the registrant has not supplied valid records such as NS records for listing in the DNS zone file, or their status does not allow them to be published in the DNS, the use of DNS wildcard Resource Records as described in RFCs 1034 and 4592 or any other method or technology for synthesizing DNS Resources Records or using redirection within the DNS by the Registry is prohibited. When queried for such domain names the authoritative name servers must return a "Name Error" response (also known as NXDOMAIN), RCODE 3 as described in RFC 1035 and related RFCs. This provision applies for all DNS zone files at all levels in the DNS tree for which the Registry Operator (or an affiliate engaged in providing Registration Services) maintains data, arranges for such maintenance, or derives revenue from such maintenance. 通配符禁止。对于域名未注册、注册人未提供要在域名系统（DNS）区域文件中列出的有效记录（如名称服务器[NS]记录）或域名状态不允许在域名系统（DNS）中公布这些域名的情况，禁止注册机构使用RFC1034和4592中所述的域名系统（DNS）通配符资源记录，或用于合成域名系统（DNS）资源记录和在域名系统（DNS）中使用重定向的其他方法或技术。当查询此类域名时，权威名称服务器必须返回"名称错误"响应（也称为NXDOMAIN），如RFC 1035和相关RFC中所述的RCODE 3。此规定适用于域名系统（DNS）树中所有级别的所有域名系统（DNS）区域文件，注册机构运营商（或提供注册服务的附属机构）为这些文件维护数据、安排此类维护或通过此类维护获取收入。

3. Registry Continuity 注册连续性。

3.1. High Availability. Registry Operator will conduct its operations using network and geographically diverse, redundant servers (including network-level redundancy, end-node level redundancy and the implementation of a load balancing scheme where applicable) to ensure continued operation in the case of technical failure (widespread or local), or an extraordinary occurrence or circumstance beyond the control of the Registry Operator. 高可用性。注册机构运营商应使用网络和分布于不同地理区域的冗余服务器(包括网络级冗余、终端节点级冗余和实施负载平衡方案)进行运营,以确保在发生技术故障(广泛或局部)、企业破产或超出注册机构运营商控制能力的非常情况下仍能继续运营。

3.2. Extraordinary Event. Registry Operator will use commercially reasonable efforts to restore the critical functions of the registry within 24 hours after the termination of an extraordinary event beyond the control of the Registry Operator and restore full system functionality within a maximum of 48 hours following such event, depending on the type of critical function involved. Outages due to such an event will not be considered a lack of service availability. 非常事件。如果发生超出注册机构运营商控制能力的非常事件,注册机构运营商应使用商业上合理的措施在此类事件结束后24小时内恢复注册机构的关键职能,并在此类事件结束后最多48小时内恢复全部系统功能(具体取决于所涉及的关键职能类型)。因此类事件而发生的宕机不属于缺乏服务可用性的情况。

3.3. Business Continuity. Registry Operator shall maintain a business continuity plan, which will provide for the maintenance of Registry Services in the event of an extraordinary event beyond the control of the Registry Operator or business failure of Registry Operator, and may include the designation of a Registry Services continuity provider. If such plan includes the designation of a Registry Services continuity provider, Registry Operator shall provide the name and contact information for such Registry Services continuity provider to ICANN. In the case of an extraordinary event beyond the control of the Registry Operator where the Registry Operator cannot be contacted, Registry Operator consents that ICANN may contact the designated Registry Services continuity provider, if one exists. Registry Operator shall conduct Registry Services Continuity testing at least once per year. 业务连续性。注册机构运营商应留有一份业务连续性计划,准备在发生超出注册机构运营商控制

能力之外的非常事件或注册机构运营商业务出现问题时维护注册服务，还可能要包括指定注册服务连续性提供商。如果此类计划的内容包括指定注册服务连续性提供商，则注册机构运营商应向互联网名称与数字地址分配机构（ICANN）提供所指定的注册服务连续性提供商的名称和联系信息。如果发生超出注册机构运营商控制能力的非常事件，并且无法联系到注册机构运营商，则注册机构运营商同意互联网名称与数字地址分配机构（ICANN）联系指定的注册服务连续性提供商（如果有）。注册机构运营商每年至少应执行一次注册服务连续性测试。

4. Abuse Mitigation 减少滥用

4.1. **Abuse Contact.** Registry Operator shall provide to ICANN and publish on its website its accurate contact details including a valid email and mailing address as well as a primary contact for handling inquires related to malicious conduct in the TLD, and will provide ICANN with prompt notice of any changes to such contact details. 滥用联系人。注册运营机构应向ICANN提供其准确的联系人详细信息，并将其发布到网站上，包括有效的电子邮箱和邮寄地址，以及与TLD恶意操作相关的查询处理，如需对此类联系人详细信息进行任何修改，应及时通知ICANN。

4.2. **Malicious Use of Orphan Glue Records.** Registry Operator shall take action to remove orphan glue records（as defined at ）when provided with evidence in written form that such records are present in connection with malicious conduct. 对黏合记录的恶意使用。注册运营机构在具备与此类恶意行为相关书面证据的情况下，应采取措施消除孤立的黏合记录（在此处定义：http://www.icann.org/en/committees/security/sac048.pdf）。

5. Supported Initial and Renewal Registration Periods 支持的初始及续签注册期

5.1. **Initial Registration Periods.** Initial registrations of registered names may be made in the registry in one（1）year increments for up to a maximum of ten（10）years. For the avoidance of doubt, initial registrations of registered names may not exceed ten（10）years. 初始注册期。注册名称的初始注册可在一(1)至十(10)年内完成，以单位年为增量。为免存疑，注册名称的初始注册不宜超过十（10）年。

5.2. **Renewal Periods.** Renewal of registered names may be made in one（1）year increments for up to a maximum of ten（10）years. For the avoidance of doubt, renewal of registered names may not extend their registration period beyond ten （10） years from the time of the renewal. 续约期。注册名称的续约可在一（1）至（10）年内完成，以单位年为增量。为免存疑，注册名称的续约自续约期始不宜超过十（10）年。

SPECIFICATION 7 MINIMUM REQUIREMENTS FOR RIGHTS PROTECTION MECHANISMS 规范 7 对权利保护机制的最低要求

1. Rights Protection Mechanisms. Registry Operator shall implement and adhere to any rights protection mechanisms （"RPMs"） that may be mandated from time to time by ICANN. In addition to such RPMs, Registry Operator may develop and implement additional RPMs that discourage or prevent registration of domain names that violate or abuse another party's legal rights. Registry Operator will include all ICANN mandated and independently developed RPMs in the registry-registrar agreement entered into by ICANN-accredited registrars authorized to register names in the TLD and require each registrar that is a party to such agreement to comply with the obligations assigned to registrars under all such RPMs. Registry Operator shall implement in accordance with requirements established by ICANN each of the mandatory RPMs set forth in the Trademark Clearinghouse （posted at [url to be inserted when final Trademark Clearinghouse is adopted]）, which may be revised by ICANN from time to time. Registry Operator shall not mandate that any owner of applicable intellectual property rights use any other trademark information aggregation, notification, or validation service in addition to or instead of the ICANN-designated Trademark Clearinghouse. 权利保护机制。注册运营商要应用并遵守互联网名称与数字地址分配机构（ICANN）随时要求的所有权利保护机制（简称"RPM"）。除了这些RPM，注册运营商还可制定并应用其他的RPM，以阻止或预防注册违反或滥用对方合法权利的域名。注册运营商应把互联网名称与数字地址分配机构（ICANN）要求的、单独制定的所有RPM，写入与经授权可在顶级域名（TLD）中注册名称的互联网名称与数字地址分配机构（ICANN）认可注册商达成的注册机构—注册商协议文件中，并且要求每个注册商作为协议签署方在所有RPM下履行各自的责任。

2. Dispute Resolution Mechanisms. Registry Operator will comply with the following dispute resolution mechanisms as they may be revised from time to time: 争议解决机制。注册运营商要遵守以下可能随时进行修订的争议解决机制：

a. the Trademark Post-Delegation Dispute Resolution Procedure（PDDRP）and the Registration Restriction Dispute Resolution Procedure（RRDRP）adopted by ICANN（posted at [urls to be inserted when final procedure is adopted]）. Registry Operator agrees to implement and adhere to any remedies ICANN imposes（which may include any reasonable remedy, including for the avoidance of doubt, the termination of the Registry Agreement pursuant to Section 4.3（e）of the Registry Agreement）following a determination by any PDDRP or RRDRP panel and to be bound by any such determination; and 互联网名称与数字地址分配机构（ICANN）采用的商标授权后争议解决程序（PDDRP）和注册限制争议解决程序（RRDRP）（发布在 [采用最终程序时要插入的URL] 上）。

b. the Uniform Rapid Suspension system（"URS"）adopted by ICANN（posted at [url to be inserted]）, including the implementation of determinations issued by URS examiners. 互联网名称与数字地址分配机构（ICANN）采用的统一的快速暂停系统（简称"URS"，发布在 [要插入的URL] 上），包括采用URS专家组成员做出的决议。

SPECIFICATION 8 SPECIFICATION 8 CONTINUED OPERATIONS INSTRUMENT 规范8持续运营凭证

1. The Continued Operations Instrument shall（a）provide for sufficient financial resources to ensure the continued operation of the critical registry functions related to the TLD set forth in Section 6 of Specification 10 to this Agreement for a period of three（3）years following any termination of this Agreement on or prior to the fifth anniversary of the Effective Date or for a period of one（1）year following any termination of this Agreement after the fifth anniversary of the Effective Date but prior to or on the sixth（6th）anniversary of the Effective Date, and（b）be in the form of either（i）an irrevocable standby letter of credit, or（ii）an irrevocable cash escrow deposit, each meeting the requirements set forth in in item 50（b）of Attachment to Module 2 - Evaluation Questions and Criteria - of the gTLD Applicant Guidebook, as published and supplemented by ICANN prior to the date hereof（which is hereby incorporated by reference into this Specification 8）. Registry Operator shall use its best efforts to take all actions necessary or advisable to maintain in effect the Continued Operations Instrument

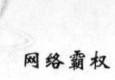

for a period of six (6) years from the Effective Date, and to maintain ICANN as a third party beneficiary thereof. If Registry Operator elects to obtain a irrevocable standby letter of credit but the term required above is unobtainable, Registry Operator may obtain a letter of credit with a one year term and an "evergreen provision," providing for annual extensions, without amendment, for an indefinite number of additional periods until the issuing bank informs ICANN of its final expiration or until ICANN releases the letter of credit as evidenced in writing, if the letter of credit otherwise meets the requirements set forth in item 50 (b) of Attachment to Module 2 - Evaluation Questions and Criteria - of the gTLD Applicant Guidebook, as published and supplemented by ICANN prior to the date hereof; provided, however that if the issuing bank informs ICANN of expiration of such letter of credit prior to the sixth (6th) anniversary of the Effective Date, such letter of credit must provide that ICANN is entitled to draw the funds secured by the letter of credit prior to such expiration. The letter of credit must require the issuing bank to give ICANN at least 30 calendar days' notice of any such expiration or non-renewal. If the letter of credit expires or is terminated at any time prior to the sixth (6th) anniversary of the Effective Date, Registry Operator will be required to obtain a replacement Continued Operations Instrument. ICANN may draw the funds under the original letter of credit, if the replacement Continued Operations Instrument is not in place prior to the expiration of the original letter of credit. Registry Operator shall provide to ICANN copies of all final documents relating to the Continued Operations Instrument and shall keep ICANN reasonably informed of material developments relating to the Continued Operations Instrument. Registry Operator shall not agree to, or permit, any amendment of, or waiver under, the Continued Operations Instrument or other documentation relating thereto without the prior written consent of ICANN (such consent not to be unreasonably withheld). 持续运营凭证将(a)提供充足的财务资源,以确保与《申请人指导手册》(发布在[推出该手册的最终版本时要插入的URL]上,作为制定规范8的参考依据)第[__]节中所列的顶级域名(TLD)有关的基本注册机构职能在以下时间段内的持续运营：在生效日期起五(5)周年(含)之前终止此协议后的三(3)年时间内,或者生效日期起五(5)周年后但生效日期起六(6)周年(含)之前终止此协议后的一(1)年时间内(b)将采用(i)不可撤销的备用信用证书或(ii)不可撤销的现金托管寄存的方式,每种方

式都需要符合《申请人指导手册》（发布在[推出该手册的最终版本时要插入的URL]上，作为制定规范8的参考依据）第[__]节中所列的要求。注册运营商将尽全力采取所有必要或适当的措施，以保持持续运营凭证在生效日期起的六（6）年时间内有效，并使互联网名称与数字地址分配机构（ICANN）保持为第三方受益人。注册运营商将为互联网名称与数字地址分配机构（ICANN）提供与持续运营凭证有关的所有最终文档的副本，并合理通知互联网名称与数字地址分配机构（ICANN）有关持续运营凭证的材料的制定。事先未经互联网名称与数字地址分配机构（ICANN）的书面许可（此类许可不会无理由拒绝），注册运营商不应同意或允许修改或放弃持续运营凭证或与此有关的其他文档。

2. If, notwithstanding the use of best efforts by Registry Operator to satisfy its obligations under the preceding paragraph, the Continued Operations Instrument expires or is terminated by another party thereto, in whole or in part, for any reason, prior to the sixth anniversary of the Effective Date, Registry Operator shall promptly （i） notify ICANN of such expiration or termination and the reasons therefor and （ii） arrange for an alternative instrument that provides for sufficient financial resources to ensure the continued operation of the critical registry functions related to the TLD set forth in Section 6 of Specification 10 to this Agreement for a period of three （3） years following any termination of this Agreement on or prior to the fifth anniversary of the Effective Date or for a period of one （1） year following any termination of this Agreement after the fifth anniversary of the Effective Date but prior to or on the sixth （6） anniversary of the Effective Date （an "Alternative Instrument"）. Any such Alternative Instrument shall be on terms no less favorable to ICANN than the Continued Operations Instrument and shall otherwise be in form and substance reasonably acceptable to ICANN. 尽管注册运营商在尽最大努力履行他们在上一段落中涵盖的义务，但如果持续运营凭证到期，或在生效日期起六（6）周年之前因任何原因被第三方全部或部分终止，那么注册运营商应立即（i）通知互联网名称与数字地址分配机构（ICANN）凭证的到期或终止以及相应原因（ii）准备备用凭证（简称"备用凭证"）来提供充足的财务资源，以确保与顶级域名（TLD）有关的注册服务能在以下时间段内持续运营：在生效日期起五（5）周年（含）之前终止此协议后的三（3）年时间内，或者生效日期起五周年后但生效日期起六（6）周年（含）之前终止此协议后的一（1）年时间内。对于互联网名称与数字地址分配机构（ICANN）来说，此类备用凭证中的任何条款均不逊色于持续运营凭证，因此在形式和内容上都应

得到互联网名称与数字地址分配机构（ICANN）的认可。

3. Notwithstanding anything to the contrary contained in this Specification 8, at any time, Registry Operator may replace the Continued Operations Instrument with an Alternative Instrument that (i) provides for sufficient financial resources to ensure the continued operation of the critical registry functions related to the TLD set forth in Section 6 of Specification 10 to this Agreement for a period of three (3) years following any termination of this Agreement on or prior to the fifth anniversary of the Effective Date or for a period one (1) year following any termination of this Agreement after the fifth anniversary of the Effective Date but prior to or on the sixth (6) anniversary of the Effective Date, and (ii) contains terms no less favorable to ICANN than the Continued Operations Instrument and is otherwise in form and substance reasonably acceptable to ICANN. In the event Registry Operator replaces the Continued Operations Instrument either pursuant to paragraph 2 or this paragraph 3, the terms of this Specification 8 shall no longer apply with respect to the original Continuing Operations Instrument, but shall thereafter apply with respect to such Alternative Instrument (s), and such instrument shall thereafter be considered the Continued Operations Instrument for purposes of this Agreement. 如果有任何内容违背了此规范 8 中的规定，注册运营商随时可将持续运营凭证替换为可起到以下作用的备用凭证：(i)提供充足的财务资源,以确保与顶级域名(TLD)有关的重要注册服务能在以下时间段内持续运营：在生效日期起五（5）周年（含）之前终止此协议后的三（3）年时间内，或者生效日期起五（5）周年后但生效日期起六（6）周年（含）之前终止此协议后的一（1）年时间内，（ii）对于互联网名称与数字地址分配机构（ICANN）来说，所含条款不逊色于持续运营凭证，因此在形式和内容上都应得到互联网名称与数字地址分配机构（ICANN）的认可。如果注册运营商按照第 2 段或第 3 段（本段）替换持续运营凭证，则此规范 8 将不再适用于持续运营凭证，而是适用于此类替换凭证。本协议中的此类凭证故应被视为续运营凭证。

SPECIFICATION 9 SPECIFICATION 9 REGISTRY OPERATOR CODE OF CONDUCT 规范 9* 注册机构运营商行为准则

1. In connection with the operation of the registry for the TLD, Registry Operator will not, and will not allow any parent, subsidiary, Affiliate, subcontractor or other

related entity, to the extent such party is engaged in the provision of Registry Services with respect to the TLD（each, a "Registry Related Party"）, to: 关于 TLD 注册机构的运营，注册机构运营商不允许任何母公司、子公司、附属机构、分包商或其他相关实体（均称为"注册机构相关方"）进行以下行为：

a. directly or indirectly show any preference or provide any special consideration to any registrar with respect to operational access to registry systems and related registry services, unless comparable opportunities to qualify for such preferences or considerations are made available to all registrars on substantially similar terms and subject to substantially similar conditions; 在注册系统及相关注册服务操作访问方面直接或间接向任何注册商提供任何优先权或任何特殊考虑，除非对于所有注册商来说，在大致相同条款及条件下获得此类优先权或考虑的机会具有可比性；

b. register domain names in its own right, except for names registered through an ICANN accredited registrar that are reasonably necessary for the management, operations and purpose of the TLD provided, that Registry Operator may reserve names from registration pursuant to Section 2.6 of the Registry Agreement; 动用自己的权利注册域名，以下情况除外：通过互联网名称与数字地址分配机构（ICANN）认可的注册商注册对于顶级域名（TLD）的管理、运营和用途有必要的域名；注册机构运营商可以按照注册协议第 2.6 款内容保留域名；

c. register names in the TLD or sub-domains of the TLD based upon proprietary access to information about searches or resolution requests by consumers for domain names not yet registered（commonly known as, "front-running"）; 基于消费者搜索或解析未注册域名请求相关的专有信息访问权限，为 TLD 或 TLD 子域注册域名；

d. allow any Affiliated registrar to disclose user data to Registry Operator or any Registry Related Party, except as necessary for the management and operations of the TLD, unless all unrelated third parties（including other registry operators）are given equivalent access to such user data on substantially similar terms and subject to substantially similar conditions; or 允许任何附属注册商将用户数据透露给注册机构运营商或任何相关注册方，应 TLD 管理及运营之需的情况例外，除非所有无关第三方（包括其他注册机构运营商）被授予在大致相同条款及条件下获得此类用户数据源的权限。

e. disclose confidential registry data or confidential information about its Registry

Services or operations to any employee of any DNS services provider, except as necessary for the management and operations of the TLD, unless all unrelated third parties (including other registry operators) are given equivalent access to such confidential registry data or confidential information on substantially similar terms and subject to substantially similar conditions. 将其注册服务或运营相关的保密注册表数据或机密信息透露给任何 DNS 服务供应商的任何雇员,应 TLD 管理及运营之需的情况例外,除非所有的无关第三方(包括其他注册运营商在内)被授予在大致相同条款及条件下获得此类用户数据源的权限。

2. If Registry Operator or a Registry Related Party also operates as a provider of registrar or registrar-reseller services, Registry Operator will, or will cause such Registry Related Party to, ensure that such services are offered through a legal entity separate from Registry Operator, and maintain separate books of accounts with respect to its registrar or registrar-reseller operations. 如果注册机构运营商或注册机构相关方同时也是注册商或注册商分销商服务的供应商,注册机构运营商会让此类注册机构相关方维护与其注册商或注册商分销商运营相关的单独账目。

3. Registry Operator will conduct internal reviews at least once per calendar year to ensure compliance with this Code of Conduct. Within twenty (20) calendar days following the end of each calendar year, Registry Operator will provide the results of the internal review, along with a certification executed by an executive officer of Registry Operator certifying as to Registry Operator's compliance with this Code of Conduct, via email to an address to be provided by ICANN. (ICANN may specify in the future the form and contents of such reports or that the reports be delivered by other reasonable means.) Registry Operator agrees that ICANN may publicly post such results and certification. 注册机构运营商每个日历年开展至少一次内部审核,以确保遵守此行为准则。在每个日历年结束后的二十(20)个日历天内,注册机构运营商将提供内部审核的结果,并提供由注册机构运营商执行的认证,以证明注册机构运营商遵守此行为准则,提供方式是向 ICANN 提供的地址发送电子邮件。(ICANN 可指定将来通过其他合理方式交付报告。)注册运营商同意 ICANN 可以公开发表此类结果及认证。

4. Nothing set forth herein shall: (i) limit ICANN from conducting investigations of claims of Registry Operator's non-compliance with this Code of Conduct; or (ii) provide grounds for Registry Operator to refuse to cooperate with ICANN investigations of

claims of Registry Operator's non-compliance with this Code of Conduct. 本文任何规定均不应：（i）限制互联网名称与数字地址分配机构（ICANN）就注册机构运营商不遵循此行为准则的投诉进行调查；或（ii）给出理由，说明注册机构运营商拒绝配合互联网名称与数字地址分配机构（ICANN）的证据，就注册机构运营商不遵循此行为准则的投诉进行的调查。

5. Nothing set forth herein shall limit the ability of Registry Operator or any Registry Related Party, to enter into arms-length transactions in the ordinary course of business with a registrar or reseller with respect to products and services unrelated in all respects to the TLD. 本文任何规定不应限制注册机构运营商或任何注册相关方在与 TLD 各方无关的产品及服务方面涉足与注册商或经销商间一般业务的公平交易。

6. Registry Operator may request an exemption to this Code of Conduct, and such exemption may be granted by ICANN in ICANN's reasonable discretion, if Registry Operator demonstrates to ICANN's reasonable satisfaction that （i）all domain name registrations in the TLD are registered to, and maintained by, Registry Operator for its own exclusive use;（ii）Registry Operator does not sell, distribute or transfer control or use of any registrations in the TLD to any third party that is not an Affiliate of Registry Operator, and （iii）application of this Code of Conduct to the TLD is not necessary to protect the public interest. 注册机构运营商可以针对此行为准则要求豁免，此类豁免可由 ICANN 酌情处理，前提是注册机构运营商能向 ICANN 作出合理解释，说明（i）TLD 中的所有域名注册均注册到注册机构运营商名下，由其独自占用且维护；（ii）注册机构运营商未将 TLD 中的任何注册信息销售、分发、传输控制或授权给非注册机构运营商的第三方使用；（iii）TLD 行为准则应用并非保护公众利益的必要条件。

SPECIFICATION 10 REGISTRY PERFORMANCE SPECIFICATIONS 规范 10 注册性能规范

1. Definitions 定义

1.1. DNS. Refers to the Domain Name System as specified in RFCs 1034, 1035, and related RFCs. DNS。指在 RFC 1034、1035 及相关 RFC 中规定的域名系统。

1.2. DNSSEC proper resolution. There is a valid DNSSEC chain of trust from the root trust anchor to a particular domain name, e.g., a TLD, a domain name registered under a TLD，etc. DNSSEC 的妥善解析。从根信任锚到特定的域名间有一个有效的 DNSSEC 链，例如，TLD、TLD 名下注册的域名等。

1.3. **EPP**. Refers to the Extensible Provisioning Protocol as specified in RFC 5730 and related RFCs. EPP。指 RFC 5730 及相关 RFC 中规定的可扩展供应协议。

1.4. **IP address**. Refers to IPv4 or IPv6 addresses without making any distinction between the two. When there is need to make a distinction，IPv4 or IPv6 is used. IP 地址。指二者间无任何区分的 IPv4 或 IPv6 地址。对于无须区分的情况，采用 IPv4 或 IPv6。

1.5. **Probes**. Network hosts used to perform （DNS，EPP，etc.）tests（see below）that are located at various global locations. 探头。分布在全球不同区域、用来运行（DNS、EPP 等）测试的网络主机（见下文）。

1.6. **RDDS**. Registration Data Directory Services refers to the collective of WHOIS and Web-based WHOIS services as defined in Specification 4 of this Agreement. RDDS。注册数据目录服务指 WHOIS 和基于 Web 的 WHOIS 服务统称，如本协议规范 4 定义。

1.7. **RTT**. Round-Trip Time or RTT refers to the time measured from the sending of the first bit of the first packet of the sequence of packets needed to make a request until the reception of the last bit of the last packet of the sequence needed to receive the response. If the client does not receive the whole sequence of packets needed to consider the response as received，，the request will be considered unanswered. RTT。往返时间或 RTT 指按照发包顺序从待做出发送请求的第一个包的第一个比特始自需要接收响应的最末一个包的最末一个比特止所需要的时间。如果客户端未能接收到需要考虑接收响应的整个序列的数据包，该请求将被视作无应答。

1.8. **SLR**. Service Level Requirement is the level of service expected for a certain parameter being measured in a Service Level Agreement（SLA）. SLR。服务等级请求是服务等级协议（SLR）中期待测量某个特定参数的服务等级。

2. Service Level Agreement Matrix Parameter 服务等级协议矩阵参数	SLR （monthly basis） SLR（按月）
DNS	DNS service availability 可用的 DNS 服务	0 min downtime = 100% availability 0 分钟下载时间 =100% 可用性
DNS name server availability DNS 名称服务器可用性	≤ 432 min of downtime（≈ 99%） ≤ 432 分钟下载时间（≈ 99%）

	TCP DNS resolution RTT TCP DNS 解析	≤ 1500 ms, for at least 95% of the queries ≤ 1500 毫秒, 至少 95% 的查询
	UDP DNS resolution RTT UDP DNS 解析 RTT	≤ 500 ms, for at least 95% of the queries ≤ 500 毫秒, 至少 95% 的查询
	DNS update time DNS 更新时间	≤ 60 min, for at least 95% of the probes ≤ 60 分钟, 至少 95% 的探针
RDDS	RDDS availability RDDS 可用性	≤ 864 min of downtime (≈ 98%) ≤ 864 分钟的下载时间 (≈ 98%)
	RDDS query RTT RDDS 查询 RTT	≤ 2000 ms, for at least 95% of the queries ≤ 2000 毫秒, 至少 95% 的查询
	RDDS update time RDDS 更新时间	≤ 60 min, for at least 95% of the probes ≤ 60 分钟, 至少 95% 的探针
EPP	EPP service availability EPP 服务可用性	≤ 864 min of downtime (≈ 98%) ≤ 864 分钟的下载时间 (≈ 98%)
	EPP session-command RTT EPP 会话命令 RTT	≤ 4000 ms, for at least 90% of the commands ≤ 4000 毫秒, 至少 90% 的命令
	EPP query-command RTT EPP 查询命令 RTT	≤ 2000 ms, for at least 90% of the commands ≤ 2000 毫秒, 至少 90% 的命令
	EPP transform-command RTT EPP 转化命令 RTT	≤ 4000 ms, for at least 90% of the commands ≤ 4000 毫秒, 至少 90% 的命令

附录三：相关备忘录

谅解备忘录

签署双方：

甲方：因特网名称与数字地址分配机构（ICANN）
乙方：中华人民共和国工业和信息化部（MIIT）中国电信研究院（CATR）

因特网名称与数字地址分配机构（ICANN）是一家公益组织/非营利机构，总部地址：12025 Waterfront Drive, Suite 300 Los Angeles, CA 90094-2536。

中华人民共和国工业和信息化部（MIIT）中国电信研究院（CATR）是一家电信与因特网领域的国家研究机构，总部地址：中国北京海淀区花园北路52号，邮编100191。

ICANN以对全球因特网唯一识别符系统进行整体协调，尤其是确保因特网唯一识别符的平稳与安全运营为己任。ICANN遵照自有条例第1-2章节第1款中规定的任务与核心价值，通过限制自身为取得全球协作收益而进行的活动对因特网创造力、创新性与因特网信息流表示尊重。

中国电信研究院（CATR）作为国家研究机构，扮演着制定公共策略的智库与协调产业政策的平台的角色。CATR 致力于中国因特网与中国因特网团体在该领域国际事务中的安全、稳定、健康发展。

双方深信，彼此间的合作与协作将进一步推动共同目标的形成、促进双边协作、鼓励各方积极参与 ICANN 政策制定过程，加强对因特网多方利益相关者与因特网治理模型的支持。

据此，双方同意签署此份谅解备忘录（MOU）。

第 1 款 合作目标与领域

1.1 此份 MOU 的目标是为双方在中国与亚太地区参与因特网团体建立非排他性合作项目发现机遇。

1.2 双方将在共同利益的可识别领域发现机遇，搭建协作性工作关系，从而：

- 为促进彼此在法律、政策与规则制定方面的理解、信息与材料交换形成对话；
- 促进并鼓励中国公民参与 ICANN 事务，为国家/地区利益相关者与决策制定者搭建一个网络，这些群体可以为 ICANN 的政策制定过程做出贡献；
- 促进 ICANN 工作的多语言访问/参与并尊重文化多样性的其他方面。

第 2 款 合作机制

2.1 此 MOU 是描述双方相互动机的非约束性声明。其下具体活动或项目执行要求双方单独签署一份正式协议，记录相关活动或项目并列出各方相应职责。

2.2 此 MOU 双方将发现并识别多个领域的具体活动，可能涉及有效、实用的合作以及具体合作方法与途径。双方与项目有关的任何信息交换将遵照各自组织机构的政策与流程。

2.3 此项协作的潜在组成部分可能（但不限于）解决以下问题：

- 增进 ICANN 政策文件英译中的准确性与时效性；
- 增进 ICANN 与中国团体的交流，加深中国政府、媒体与产业对 ICANN 的了解；
- 对称 IP 地址与域名领域的学术与公共研究进展；

- 针对因特网管制进行讨论并交换意见；
- 促进中国团体参与ICANN事务与会议的积极性。

第3款 财政安排

双方同意使用各自资金或资金来源行使各自在MOU下的义务。该MOU不代表任何一方的资金承诺。

第4款 ICANN特权、豁免权及便利条件

此MOU中的任何内容不得被解读或诠释为对ICANN通过国际协议与国家适用法律获得特权、豁免权与便利条件的直接/间接放弃或更改。

第5款 MOU生效、延续与终止

此MOU自双方签订之日起生效且保持效力直至任一方提前以书面通知形式终止协议。实际终止日期应为通知发布日期的六十（60）日后。如果MOU由任一方终止，应采取措施确保终止不会对先前的责任、项目或已开展的活动造成影响。

第6款 沟通渠道与通知

6.1 为了便于双方在此MOU框架下落实具体工作安排，沟通双方首层联络人为：

ICANN 联络人

Kuek Yu-Chuang

亚洲全球利益相关者机构副主席

副本须提交至总顾问

地址：12025 Waterfront Drive，Suite 330，Los Angeles，CA 90094，USA

电话：+1 310 823 9358

电子邮件：yuchuang.kuek@icann.org

CATR 联络人

Zhang Yanchuan

副院长

地址：中华人民共和国北京市海淀区花园北路 52 号 邮编 100191

电话：+86 10 62301220

电子邮件：zhangyanchuan@catr.cn

6.2 任一方可以通过书面形式将本条款中指定的其他代表或替代人选告知另一方。

第 7 款补充内容

此 MOU 中的术语与条件仅可通过双方签署的书面补充协议进行更改。

第 8 款争议解决

双方确认彼此将基于良好的诚信通过直接协商方式解决与此 MOU 有关的任何纠纷。

第 9 款无责任

为免存疑，未履行此 MOU 中规定的义务或在此 MOU 下的作为或不作为将不导致金钱方面的责任。

第 10 款保密

此 MOU 中的内容均不得被任一方用于提供任何违反信息保密政策的材料、数据或信息。根据保密信息泄露程度，接收方应按照双方此前实行的保密与非公开协议处理。

兹证明，此 MOU 语言采用英文，原件一式两份，由双方各自授权代表签署执行。

MIIT 中国电信研究院代表　　　　　　因特网名称与数字地址分配机构代表

姓名：Cao Shumin　　　　　　　　　姓名：FADI CHEHADE

职务：院长职务：主席 /CEO

单位：CATR   单位：ICANN

日期：2014年6月22日

地点：伦敦

区域问卷调查

完成该问卷前请阅读"重要背景信息"页

姓名：Jian ZHANG

职务：国际业务与政策制定部负责人

组织机构/所属单位：中国互联网络信息中心

邮寄地址：中国北京市海淀区中关村南四街4号

电话：（86）1058813134   传真：（86）1058812666

电子邮件地址：zhangjian@cnnic.cn

1. 您所属区域是否有兴趣在快速跟踪流程中获得国际化域名（IDN）国家与地区代码通用顶级域名（ccTLD）？

YES

2. 您是否了解国际化域名（IDN）国家与地区代码通用顶级域名（ccTLD）将会是什么样子？

YES

如果答案为肯定，请用贵国官方语言及英语描述国际化域名（IDN）国家与地区代码通用顶级域名（ccTLD）。

".中国"与".中國"在英文中都被称作".China"。

3. 如果答案为否定，将采用哪种官方语言与文本？

语言：   文本：

4. 您能否预估所属区域为快速跟踪流程做好准备的时间框架？

（以半年为单位做粗略估计）

半年内

如不愿将该信息公布在 ICANN 网站，请标注。

感谢您花费时间完成此项问卷调查。

请在 2008 年 10 月 17 日前将填写完整的表格发送电子邮件至 idn-cctld-rfi@icann.org 或发送传真至 +1 310 823 8649。

附录翻译　刘芳

后 记

《网络霸权》这本书终于要出版了，前后拖延跌宕，引起各种争议受到很多压力，总计两年有余。IT 行业是一个在摩尔定律下飞速发展的行业，这两年中我也在不断地丰富书中的内容，从小薄册变成了大部头了。

虽然我在本书中写了网络现存的很多问题，但并不代表我不认同网络经济有利的一面和对世界所带来的改变。此前我曾在不同场合多次说过网络、信息和计算机技术的发展带来的管理成本下降是中国崛起重要的保障。但是网络中的阴暗面、国际间政治经济博弈和利益输送却鲜少听到声音。我们不能只看好的不看坏的，本书的观点不见得大家都能够认同，但我希望能够为大家提供一个不同的视角，让读者有所启发。

我应该算得上是接触网络最早的一批中国人了。大学毕业后，我进入了中国科学院高能物理研究所（简称高能所）工作，高能所是中国最早接入美国因特网的机构之一，虽然那时候浏览器还没有出现，但我们还是可以与美国往来邮件的。后来，我又参与了国家"金卡工程"项目，做过银行等大型 IT 系统集成项目的系统分析师，再后来改行做律师又进入了财经行业，再到研究政治经济战略问题。

三十年前，能够玩电脑是一件让人艳羡的事情，口号是电脑要从娃娃抓起。如今却发展成为另外一个极端，孩子使用电脑的时间稍长，在一些敏感的家长看来孩子将会立即受到伤害似的。同样，对网络经济、网络社会关注的声音一边倒也是存在问题的。本人写本书旨在坚持"一要主权，二要不受制于人"的习总书记原则，让读者正确认识网络世界。

2015 年 10 月 31 日第 25 届 Internet 安全利用学术研讨会在南京举行，倪光南、蔡吉人、沈昌祥、郑建华、林永年等五位院士及吕述望、赵战生、裴定一等知名专家参加并做了专题演讲。在这次会议上我做了关于"互联网+"的负面问题的报告引起热议。这个报告成为了我写本书的基础和发由。

后 记

2016 年 10 月 30 日，由北京知识安全中心以及北京邮电大学主办的第 26 届 Internet 安全利用学术研讨会暨中国网络空间主权高峰论坛在北京召开，参加会议的主要嘉宾有：魏正耀院士、倪光南院士、蔡吉人院士、周仲义院士、丁文华院士、鄂维南院士、柴洪峰院士、吾守尔院士、郑建华院士、陈华平将军，以及相关主管单位领导、专家教授百余人。在这次会上我对区块链的问题进行了深度的分析，得到与会专家的支持，这也是本书部分内容的来源。在日后央行禁止 ICO、比特币等举措上，我当时的分析均得到了印证。

本书的写作得到了中国科学院教授、信息安全国家重点实验室研究员、北京知识安全工程中心主任博士生导师吕述望先生，中国移动通信联合会国际战略研究中心主任牟承晋先生，公安部三所网络身份技术事业部书记严则明先生等国内知名专家学者和相关部门重要人员的大力支持；吉林大学管理学院李北伟教授以及其博士毕菲团队为本书提供了严格审校；因特网接入协议等附件资料由刘芳女士翻译。在这里对为本书提供帮助的专家学者特别予以感谢。

另外，本书参考大量资料和网络文章，并选择优秀相关文章作为背景阅读。由于篇幅有限不能一一感谢，部分文章未能及时找到原作者，笔者一并予以感谢，并愿意按照国家标准支付报酬。如果引述错误或疏漏恭请原作者与我联系定当在再版中予以修正或注明。

张捷于北京中关村

2017 年 10 月

图书在版编目（CIP）数据

网络霸权/张捷著.–武汉：长江文艺出版社，
2017.12（2018.5 重印）
ISBN 978-7-5354-9249-4

I.①网… II.①张… III.①网络经济－研究－中国 IV.① F492

中国版本图书馆 CIP 数据核字 (2016) 第 266458 号

网络霸权

张捷 著

选题产品策划生产机构	北京长江新世纪文化传媒有限公司
总 策 划	金丽红　黎　波　安波舜
策划编辑	刘艳艳
责任编辑	孟　通　　　封面设计	北京兰卡绘世　　　媒体运营	洪振宇
法律顾问	张艳萍　　　内文设计	张景莹　　　责任印制	张志杰　王会利
版权代理	何　红

总 发 行	北京长江新世纪文化传媒有限公司
电　　话	010-58678881　　　传　真	010-58677346
地　　址	北京市朝阳区曙光西里甲 6 号时间国际大厦 A 座 1905 室　　邮　编	100028
出　　版	长江出版传媒　长江文艺出版社
地　　址	湖北省武汉市雄楚大街 268 号湖北出版文化城 B 座 9-11 楼　邮　编	430070
印　　刷	北京玥实印刷有限公司
开　　本	787 毫米 ×1092 毫米　1/16　　　印　张	28.25
版　　次	2017 年 12 月第 1 版　　　印　次	2018 年 5 月第 2 次印刷
字　　数	502 千字
定　　价	68.00 元

盗版必究（举报电话：010-58678881）

（图书如出现印装质量问题，请与选题产品策划生产机构联系调换）